Radiothérapie oncologique

Enjeux biologiques, techniques, organisationnels et cliniques

Collection L'innovation thérapeutique en cancérologie

Une collection dirigée par
Jacques Robert
Professeur émérite de cancérologie biologique
Université de Bordeaux, Institut Bergonié, Bordeaux

Réalisée en partenariat avec
La Société française du cancer

Société Française du Cancer

2e édition

Radiothérapie oncologique

Enjeux biologiques, techniques, organisationnels et cliniques

Coordonné par
Éric F. Lartigau

John Libbey Eurotext

John Libbey Eurotext

Publié par
SAS JLE
30A, rue Berthollet
94110 Arcueil
France

Nos livres : www.librairiejle.com
Nos revues : www.jle.com
Nous contacter : contact@jle.com

ISBN : 978-2-7420-1755-3
ISSN : 2103-4605

Liste des auteurs et autrices

Éric F. Lartigau, Direction Générale, Centre Oscar Lambret et Université de Lille, Lille

---

Benoît Allignet, Département d'oncologie-radiothérapie, Centre Léon Bérard, INSA-Lyon, Université Claude-Bernard Lyon 1, CNRS, Inserm, Laboratoire CREATIS UMR 5220, U1294, Lyon

Jacques Balosso, Services de radiothérapie oncologique et de radiophysique, Centre François Baclesse, Caen ; Centre de protonthérapie de Normandie-CYCLHAD, Hérouville-Saint-Clair

Yves Barbotteau, Centre de radiothérapie Clairval, Ramsay Santé, Marseille

Jérémy Baude, Département d'oncologie-radiothérapie, Centre Georges-François Leclerc, Université Bourgogne Europe, Dijon

Yazid Belkacemi, Service d'oncologie-radiothérapie et Centre des maladies du sein Henri-Mondor, Université Paris-Est Créteil (UPEC), Inserm U955, Institut Mondor de Recherche Biomédicale (IMRB) i-Biot, AP-HP, GHU Henri Mondor, Créteil

Igor Bessières, Département de radiophysique, Centre Georges-François Leclerc, Dijon

Marie-Claude Biston, Département de physique médicale, Centre Léon Bérard, Lyon ; Laboratoire CREATIS, équipe Tomoradio, UMR 5220, Inserm U1044, INSA-Lyon, Université Lyon 1, Villeurbanne

Pierre-Yves Bondiau, Département de radiothérapie, Centre Antoine Lacassagne, Université Cote d'azur, Nice

Chahrazed Boukhobza, Service d'oncologie-radiothérapie et Centre des maladies du sein Henri-Mondor, Université Paris-Est Créteil (UPEC), AP-HP, GHU Henri Mondor, Créteil

Céline Bourgier, University Federation of Radiation Oncology of Mediterranean Occitanie, Institut du cancer de Montpellier (ICM), Université Montpellier, Inserm U1194, Institut de recherche en cancérologie de Montpellier (IRCM), Montpellier

Michel Bourguignon, Inserm U1296 « Radiations : Défense, Santé, Environnement », Lyon ; Faculté de médecine Simone Veil, Université Paris-Saclay (UVSQ), Montigny le Bretonneux

Jean Bourhis, Service de radio-oncologie, Centre hospitalier universitaire vaudois (CHUV), Lausanne, Suisse

Cédric Chevalier, Département d'oncologie-radiothérapie, Centre Georges-François Leclerc, Dijon

Franck Craynest, Direction des systèmes d'information, Centre Oscar Lambret, Lille

Gilles Créhange, Département d'oncologie-radiothérapie, Institut Curie, Paris ; Laboratoire d'imagerie translationnelle en oncologie (LITO), Inserm U1288, Institut Curie, Orsay

Kamel Debbi, Service d'oncologie-radiothérapie et Centre des maladies du sein Henri-Mondor, Université Paris-Est Créteil (UPEC), Inserm U955, Institut Mondor de Recherche Biomédicale (IMRB) i-Biot, AP-HP, GHU Henri Mondor, Créteil

Nicolas Demogeot, Service de radiothérapie, Institut de cancérologie de Lorraine, Vandœuvre-Les-Nancy

Charlotte Demoor, Services de radiothérapie oncologique et de radiophysique, Centre François Baclesse, Caen ; Centre de protonthérapie de Normandie-CYCLHAD, Hérouville-Saint-Clair

Éric Deutsch, Département d'oncologie-radiothérapie, Inserm UMR 1030 Radiothérapie moléculaire et innovations thérapeutiques, Gustave Roussy, Villejuif

Nicolas Foray, Inserm U1296 « Radiations : Défense, Santé, Environnement », Lyon

Vincent Gregoire, Département d'oncologie-radiothérapie, Centre Léon Bérard, Lyon

Noémie Grellier, Service d'oncologie-radiothérapie et Centre des maladies du sein Henri-Mondor, Université Paris-Est Créteil (UPEC), AP-HP, GHU Henri Mondor, Créteil

Jean-Louis Habrand, Services de radiothérapie oncologique et de radiophysique, Centre François Baclesse, Caen ; Centre de protonthérapie de Normandie-CYCLHAD, Hérouville-Saint-Clair

Ali Hammoudi, Bureau des usages numériques, Centre Oscar Lambret, Lille

Rémy Kinj, Service de radio-oncologie, Centre hospitalier universitaire vaudois (CHUV), Lausanne, Suisse

Caroline Lafond, Centre de lutte contre le cancer Eugène-Marquis, Université Rennes 1, Laboratoire Traitement du Signal et de l'Image, UMR 1099, Rennes

Anne Laprie, Département d'oncologie-radiothérapie, Institut universitaire du cancer de Toulouse-Oncopole (IUCT-oncopole), Université Paul-Sabatier Toulouse III, Toulouse

Pierre-Antoine Laurent, Département d'oncologie-radiothérapie, Inserm UMR 1030 Radiothérapie moléculaire et innovations thérapeutiques, Gustave Roussy, Villejuif

Étienne Martin, Département d'oncologie-radiothérapie, Centre Georges-François Leclerc, Dijon

Valentine Martin, Département de cancérologie radiothérapie, Institut Gustave-Roussy, Villejuif ; Institut Curie, site d'Orsay, protonthérapie-radiothérapie (ICPO), Orsay

Charlotte Meyrieux, Département qualité, Institut du Cancer Avignon-Provence (Sainte-Catherine), Avignon

Morgan Michalet, University Federation of Radiation Oncology of Mediterranean Occitanie, Institut du cancer de Montpellier (ICM), Université Montpellier, Inserm U1194, Institut de recherche en cancérologie de Montpellier (IRCM), Montpellier

Fernand Missohou, Services de radiothérapie oncologique et de radiophysique, Centre François Baclesse, Caen ; Centre de protonthérapie de Normandie-CYCLHAD, Hérouville-Saint-Clair

Cyril Moignier, Services de radiothérapie oncologique et de radiophysique, Centre François Baclesse, Caen ; Centre de protonthérapie de Normandie-CYCLHAD, Hérouville-Saint-Clair

David Pasquier, Département d'oncologie-radiothérapie, Centre Oscar Lambret, Université de Lille, UMR 9189, Centre de recherche en informatique, signal et automatique (CRIStAL), Lille

Nicolas Pourel, Pôle de radiothérapie, Institut du Cancer Avignon-Provence (Sainte-Catherine), Avignon

Jessica Prunaretty, University Federation of Radiation Oncology of Mediterranean Occitanie, Institut du cancer de Montpellier (ICM), Université Montpellier, Inserm U1194, Institut de recherche en cancérologie de Montpellier (IRCM), Montpellier

Magali Quivrin, Département d'oncologie-radiothérapie, Centre Georges-François Leclerc, Dijon

Sophie Renard, Service de radiothérapie, Institut de cancérologie de Lorraine, Vandœuvre-Les-Nancy

Édouard Romano, Service de radio-oncologie, Centre hospitalier universitaire vaudois (CHUV), Lausanne, Suisse

Magali Rouffiac, Département d'oncologie-radiothérapie, Centre Georges-François Leclerc, Dijon

Alexandre Taillez, Département d'oncologie-radiothérapie, Centre Oscar Lambret, Lille

Gilles Truc, Département d'oncologie-radiothérapie, Centre Georges-François Leclerc, ICMUB, UMR 6302, Université Bourgogne Europe, Dijon

Jérémi Vu-Bezin, Département d'oncologie-radiothérapie, Institut Curie, Paris

Préface

La radiothérapie s'est imposée dès le début du siècle dernier comme la reine des thérapies du cancer. Cinquante ans avant l'émergence des premiers traitements médicaux, elle avait déjà fait la preuve de son caractère incontournable qui s'est maintenu tout au long des révolutions successives qu'a connues la cancérologie. Puisant dans la physique des radiations son substrat scientifique, la radiothérapie a accompli sa destinée médicale en suivant deux grands objectifs de recherche : mieux comprendre l'interaction des radiations ionisantes avec les cellules et les molécules du vivant ; mieux diriger les rayonnements vers la tumeur pour épargner les tissus sains. Dans ces deux grandes voies complémentaires, une profusion de travaux ont conduit la radiothérapie à des succès thérapeutiques marquants. Le mariage de la physique et de la biologie, consolidé par une inventivité technologique sans pareille, a enfanté une médecine de précision d'une efficacité redoutable. Main de fer pour les cellules cancéreuses, gant de velours pour les tissus sains, la radiothérapie s'est débarrassée progressivement des séquelles que la guérison imposait.

Ces progrès ont été permis par l'incomparable talent des pionniers, dont le dévouement a été malheureusement victime de ces radiations même qu'ils manipulaient sans précautions suffisantes. C'est la radiothérapie, ensemble de techniques complexes et exigeantes, qui a fait prendre conscience de la nécessité de créer des centres spécialisés pour le traitement des cancers, peu après la Grande Guerre. À Bordeaux, sous l'impulsion de Jean-Alban Bergonié, puis à Toulouse, Montpellier, Lyon et Strasbourg, cinq centres sont ainsi créés en 1923, suivis par ceux de Marseille, Villejuif, Paris, Lille et Caen entre 1925 et 1929 [1]. Bien sûr, la chirurgie y avait sa place, mais c'est autour des appareillages de radiothérapie, lourds et coûteux, que s'est structurée la cancérologie. Il est pour le moins curieux que les grands médias, qui claironnent l'arrivée de tout nouveau médicament bien avant qu'il ne soit disponible, ne mentionnent que rarement l'émergence d'un nouveau type d'irradiation, d'un progrès décisif dans l'épargne des tissus sains, de la richesse et de l'inventivité des radiothérapeutes pour assurer à leurs patients une survie prolongée et une meilleure qualité de vie.

Cet ouvrage se présente comme la deuxième édition d'un livre paru en 2009 dans la même collection, sous la direction du même coordinateur, le professeur Éric Lartigau [2]. Mais malgré les apparences, ce n'est pas une simple réédition : c'est une refonte complète qui nous est proposée, qui permet de prendre conscience des immenses progrès qui ont été réalisés en quinze ans. Bien sûr, les grands concepts n'ont pas changé, mais ils se sont affinés : en radiobiologie, imagerie, dosimétrie, sécurité, information des patients ; les titres sont les mêmes, mais que de nouveautés ! Pour montrer l'évolution de la discipline, de nouveaux auteurs ont été recrutés ; certes, les anciens sont toujours là ; mais, même si les concepts n'ont pas changé, un regard différent, les abordant sous un autre angle, était bienvenu pour compléter le regard des anciens.

Les autres parties de l'ouvrage, celle consacrée aux techniques et celle présentant quelques-unes des applications cliniques où la radiothérapie joue un rôle de premier plan, sont, plus encore que la première, le reflet d'une évolution importante de la discipline. Le choix des applications cliniques est révélateur : il ne s'agit pas, dans l'esprit du coordonnateur et des auteurs, de couvrir la totalité des pathologies cancéreuses, mais de porter l'accent sur celles pour lesquelles un saut qualitatif a été accompli. Les nouveaux protocoles de fractionnement pour les cancers du sein, de stéréotaxie pour les cancers du poumon et du foie, de protonthérapie pour les cancers de l'enfant, d'imagerie par résonance magnétique « embarquée » sur des accélérateurs, font l'objet des chapitres les plus novateurs. Il en est de même pour la grande avancée des associations entre immunothérapie et radiothérapie, qui s'est accompagnée d'un renouveau conceptuel remarquable.

Les auteurs des chapitres et le coordonnateur de l'ensemble, le professeur Éric Lartigau, ont mené à bien un travail exceptionnel, et la qualité iconographique des figures qu'ils ont incluses dans l'ouvrage lui apporte une grande originalité. Si le spécialiste y trouve à coup sûr l'information dont il a besoin, en particulier grâce à la richesse documentaire proposée dans les références, le lecteur naïf que je suis trouve à feuilleter cet ouvrage un grand plaisir visuel. La Société française du Cancer, qui patronne cette collection, est tout spécialement redevable à l'équipe éditoriale de John Libbey Eurotext d'avoir mis à la disposition de ce projet leur savoir-faire, leur exigence et leur enthousiasme.

Jacques Robert
Professeur émérite de cancérologie, université de Bordeaux
Directeur de la collection « L'innovation thérapeutique en cancérologie »

Références

[1] Conroy T. La création des centres de lutte contre le cancer. *Innov Ther Oncol* 2024 ; 10 : 411-5.

[2] Lartigau É (dir). *Radiothérapie oncologique. Concepts, techniques et applications cliniques.* John Libbey Eurotext, 2009.

Sommaire

Liste des auteurs et autrices V

Préface IX

Introduction XV

Partie 1
Les concepts

Chapitre 1. **Enjeux et concepts nouveaux en radiobiologie** 3
Nicolas Foray, Michel Bourguignon

Chapitre 2. **Imagerie : définition de la cible et évaluation des résultats** 17
Benoît Allignet, Vincent Gregoire

Chapitre 3. **Dosimétrie : photons et protons** 35
Marie-Claude Biston, Caroline Lafond

Chapitre 4. **Contrôle de qualité des équipements** 57
Yves Barbotteau

Chapitre 5. **Sécurité des traitements et formation des personnels** 73
Nicolas Pourel, Charlotte Meyrieux

Chapitre 6. **Information du patient et optimisation du parcours de soins** 93
Eric F. Lartigau, Ali Hammoudi, Franck Craynest

Partie 2
Les techniques

Chapitre 7. **IMRT : des évolutions technologiques à la médecine basée sur l'évidence** 109
Gilles Créhange, Jérémi Vu-Bezin

Chapitre 8. **Stéréotaxie** 129
Morgan Michalet, Jessica Prunaretty, Céline Bourgier

Chapitre 9. **Techniques d'irradiation par protonthérapie** 145
Pierre-Yves Bondiau

Chapitre 10. **Innovation en radiothérapie : thérapie FLASH** 167
Édouard Romano, Rémy Kinj, Jean Bourhis

Chapitre 11. **Curiethérapie** 173
Sophie Renard, Nicolas Demogeot

Partie 3
Les applications cliniques

Chapitre 12. **Nouveaux fractionnements de la radiothérapie des cancers invasifs du sein** 191
Noémie Grellier, Chahrazed Boukhobza, Kamel Debbi, Yazid Belkacemi

Chapitre 13. **Stéréotaxie des tumeurs du poumon et du foie** 207
Alexandre Taillez, David Pasquier

Chapitre 14. **Traitements guidés par l'IRM** 225
Gilles Truc, Jérémy Baude, Magali Quivrin, Étienne Martin, Magali Rouffiac, Cédric Chevalier, Igor Bessières

Chapitre 15. **Effets de la radiothérapie sur l'immunité antitumorale, à l'origine des associations radiothérapie-immunothérapie** ... 241
Pierre-Antoine Laurent, Eric Deutsch

Chapitre 16. **La protonthérapie prévient les séquelles de la radiothérapie chez l'enfant : mythe ou réalité ? Le paradigme des tumeurs cérébrales** ... 261
Jean-Louis Habrand, Fernand Missohou, Valentine Martin, Charlotte Demoor, Cyril Moignier, Anne Laprie, Jacques Balosso

Index ... 277

Introduction

La radiothérapie oncologique ou « radio-oncologie » en 2025

Dans la première édition de ce livre, publiée en 2009, j'évoquai en introduction « *les bouleversements apparus tout au long d'un siècle d'activité clinique : progrès considérables dans la précision de nos traitements, meilleure compréhension des mécanismes biologiques de la radiosensibilité, montée en puissance des enjeux de sécurité et d'évaluation des pratiques* ».

Les 16 années qui nous séparent de cette première édition ont été marquées par une extraordinaire accélération dans le champ du possible pour notre discipline. La modulation d'intensité est devenue un standard dans toutes les situations, la stéréotaxie a démontré son intérêt clinique au-delà du champ des lésions cérébrales, l'optimisation de nos dosimétries et les systèmes experts de contourage automatiques sont implantés en routine.

Ces bouleversements ont accompagné l'évolution globale de notre société avec une recherche d'efficience dans la prise en charge de patients toujours plus nombreux et de plus en plus âgés. Le monde de l'oncologie-radiothérapie a été au rendez-vous de ces défis mais des nuages persistent du fait notamment des enjeux économiques pour notre système de santé. Dans un monde où tout va de plus en plus vite, notre devoir sera d'intégrer de nouveaux systèmes experts capables d'optimiser le « temps soignant » afin que nous puissions au quotidien mieux informer et accompagner nos patients et leurs proches/aidants. L'évaluation de nos pratiques, au sein de parcours de soins renforcés et évalués par les professionnels, sera le principal défi à relever.

L'avenir pour nos jeunes collaborateurs va donc passer par la poursuite de la mise en œuvre de nouvelles stratégies au bénéfice de nos patients et de la société : nouveaux fractionnements, nouveaux équipements et nouvelles associations avec des traitements systémiques. Ces enjeux sont abordés dans cet ouvrage au travers de concepts, de techniques et d'applications cliniques les plus innovants.

Comme pour l'édition de 2009, ce livre « n'a pas pour vocation de décrire l'intégralité du champ de la radiothérapie en 2025. Il est modestement une base de réflexion et d'aide à la compréhension des enjeux biologiques, techniques, organisationnels et cliniques de notre spécialité ».

Très bonne lecture.

Éric F. Lartigau
Membre correspondant de l'Académie nationale de médecine

Partie 1
Les concepts

Enjeux et concepts nouveaux en radiobiologie

Nicolas Foray, Michel Bourguignon

Depuis plus d'un siècle, la radiothérapie (RT) et la radiobiologie ont développé un partenariat fructueux, se posant mutuellement des questions dont la résolution a été à l'origine de progrès pour les patients. Le but de ce premier chapitre est de cerner les enjeux et les concepts nouveaux de la radiobiologie à travers des exemples représentatifs de l'évolution de la RT. Nous y ferons en particulier un réexamen des concepts fondateurs de la radiobiologie et nous nous focaliserons sur l'effet *bystander*, l'hypo/hyperfractionnement de la dose, la RT FLASH et les biomarqueurs de la réponse individuelle aux rayonnements ionisants [1.1-1.4].

La radiobiologie est l'étude des effets biologiques des radiations ionisantes (RI) dans toutes leurs dimensions, c'est-à-dire qu'elle concerne les phénomènes physico-chimiques (microdépôts d'énergie et radiolyse de l'eau), moléculaires (formation, signalisation et réparation des dommages de l'ADN et des chromosomes), cellulaires (arrêts du cycle et morts cellulaires), tissulaires et cliniques (réactions inflammatoires et radio-immunes, état général post-irradiation). À ces événements correspondent des périodes de temps bien spécifiques : les phénomènes physiques, chimiques, moléculaires, cellulaires, tissulaires surviennent ainsi respectivement entre 10^{-15} et 1 seconde, de 1 seconde à quelques minutes, de quelques minutes à quelques heures, de quelques heures à quelques jours, de quelques jours à quelques années (**Fig. 1.1**).

Tout au long de son histoire, la radiobiologie est restée intimement liée à la RT et à ses progrès. Elle a pu apporter des réponses fondamentales aux questions posées par les médecins, comme pour la prédiction des toxicités radio-induites ou de l'efficacité des traitements irradiants. À l'inverse, les bases de données radiobiologiques ont pu bénéficier des développements technologiques du radiodiagnostic et de la RT. En particulier, les nouvelles modalités comme la radiochirurgie stéréotaxique, l'hadronthérapie, le FLASH, l'introduction de l'imagerie dans les traitements posent aujourd'hui des questions récurrentes pour les radiobiologistes : c'est notamment le cas de l'effet du fractionnement de la dose, du débit de dose, de la réirradiation. Aujourd'hui, les

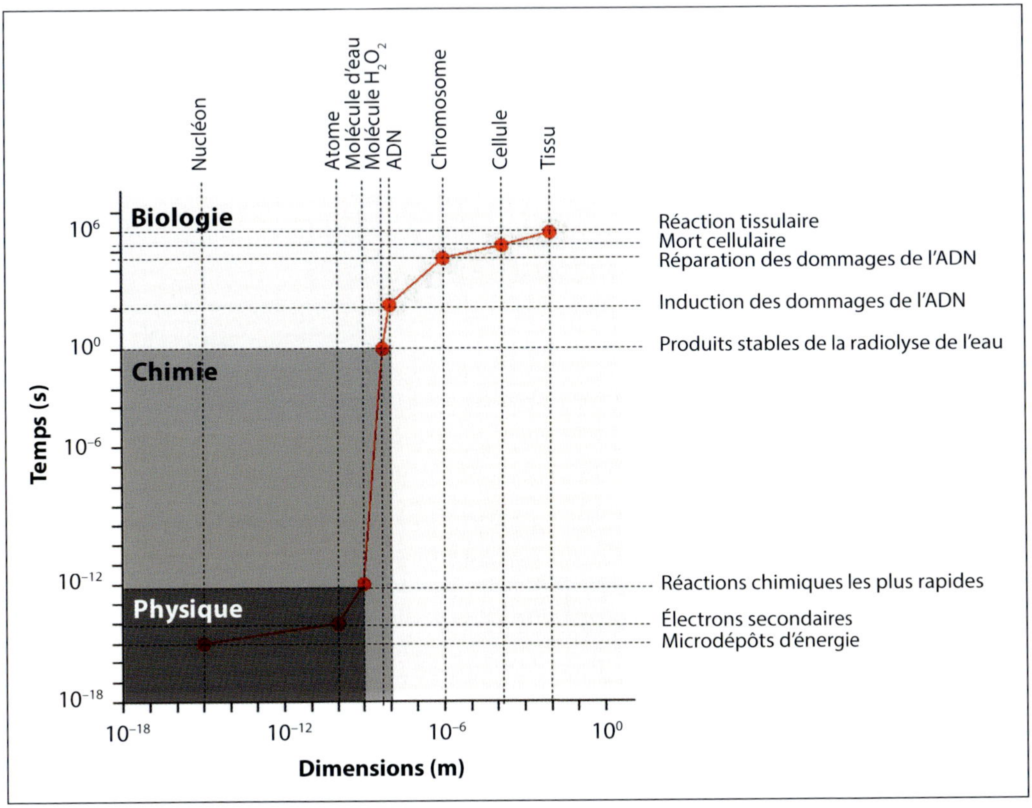

Figure 1.1. Relation entre le temps et les dimensions en radiobiologie. L'échelle d'observation des événements radio-induits en physique, chimie et biologie augmente avec l'échelle des temps des réactions.

radiobiologistes disposent de nouveaux outils pour y répondre : l'essor des technologies de biologie moléculaire et du génie génétique (séquençage, Crispr-rad9), le volume d'informations (big data) et son traitement par intelligence artificielle (IA) [1.5-1.7] devraient faciliter leurs tâches. De tels outils peuvent concerner la visualisation et la quantification des dommages radio-induits de l'ADN au sein même des cellules (immunofluorescence, ultramicroscopie) mais aussi l'analyse de l'expression, des mutations ou des transformations de milliers de gènes grâce aux plateformes automatisés à haut débit de génomique, de protéomique ou de métabolomique.

Une perte de mémoire des concepts fondateurs ?

Les données obtenues avec les technologies nouvelles paraissent naturellement plus attractives que les anciennes, mais les grands flux de données peuvent également s'accompagner d'une certaine perte de mémoire des concepts acquis lors des décennies précédentes. C'est notamment le cas de la place toujours considérable accordée à la loi de Bergonié et Tribondeau lors des cours, des tutoriels ou dans de nombreux articles alors que cette loi est fausse [1.8, 1.9]. En 1906, Bergonié et Tribondeau établissaient un lien entre la radiosensibilité et la prolifération cellulaire : « *Les rayons X agissent sur les cellules d'autant plus efficacement que les cellules ont une plus grande activité de reproduction, que leur devenir caryocinétique est plus long, que leur morphologie et leur fonction sont au moins définitivement fixées.* » [1.10]. Cette observation générale devint vite généralisée puis érigée sous la forme d'une loi sur laquelle de nombreux scientifiques et cliniciens justifièrent les principes de la RT. Pourtant, dès 1908, Claudius Regaud dont la technique de coloration histologique innovante avait justement été utilisée par Bergonié et Tribondeau contesta la portée de leurs conclusions en produisant de nombreux contre-exemples : en effet, des cellules quiescentes peuvent être très radiosensibles et des cellules proliférantes très radiorésistantes. Regaud résuma ses arguments sous la forme d'une expression cinglante : « *Une jolie formule pour une première approximation : la loi de Bergonié et Tribondeau est fausse* ». C'est d'ailleurs la réponse aux travaux de Bergonié et Tribondeau qui encouragea Regaud à s'intéresser aux effets des RI [1.9, 1.11] (**Fig. 1.2**).

C'est aussi Claudius Regaud, toujours en 1908, qui conclut fort justement, ne l'oublions pas, que le noyau est la partie de la cellule la plus radiosensible [1.9]. En effet, 45 ans avant la découverte de l'ADN, Regaud montra l'importance primordiale du noyau cellulaire dans la réponse biologique à l'irradiation (**Fig. 1.2**). Pourtant, face aux difficultés tant conceptuelles que techniques pour établir une corrélation entre les dommages radio-induits de l'ADN et la réponse aux radiations, quelques laboratoires prônent toujours l'idée que la mort cellulaire radio-induite ne trouve pas sa cause dans le noyau mais dans le cytoplasme, les mitochondries ou les membranes. Les dommages de ces organelles peuvent contribuer à la réponse aux radiations mais la théorie de la cible et les très abondantes bases de données nous montrent aujourd'hui la prépondérance de l'atteinte du noyau dans la réponse aux RI [1.12]. En parallèle, Regaud montra notamment que des doses élevées (de l'ordre du Gy) peuvent entraîner des arrêts du cycle cellulaire. Ceux-ci furent interprétés comme des périodes de temps exploitées par la cellule pour réparer [1.11]. On sait aujourd'hui qu'au contraire, l'essentiel de la réparation des dommages radio-induits de l'ADN s'effectue bien avant les arrêts du cycle qui dépendent du nombre de dommages de l'ADN non réparés plutôt que du nombre de dommages radio-induits [1.12].

Un autre exemple représentatif de cette perte de mémoire collective est la justification actuelle de la notion d'escalade de dose dans la tumeur, qui reste dans les esprits comme la stratégie « anticancer » la plus efficace : aucune tumeur ne peut résister à une forte dose, mais nous sommes limités par les effets sur les organes à risques et les tissus sains. En effet, l'intérêt d'augmenter la dose dans la tumeur est très souvent associé, et ce fort justement, à la nécessité d'y induire le plus grand nombre de dommages possibles. Pourtant, cette vision, principalement issue des simulations de Monte-Carlo, reflète une vue statique des événements radio-induits et ne tient compte ni de la nature des dommages, ni de la dynamique de la réponse cellulaire au rayonnement, ni des capacités de réparation, ni de la susceptibilité individuelle, ni encore des phénomènes de voisinage comme l'effet *bystander* qui apporte une « dose chimique » supplémentaire non prévue par les lois de la radiophysique (voir *infra*) [1.1]. Un nombre croissant de publications indique pourtant clairement l'inadéquation ou le décalage entre la dose physique calculée et la dose biologique effectivement délivrée. En fait, ce n'est pas le nombre de

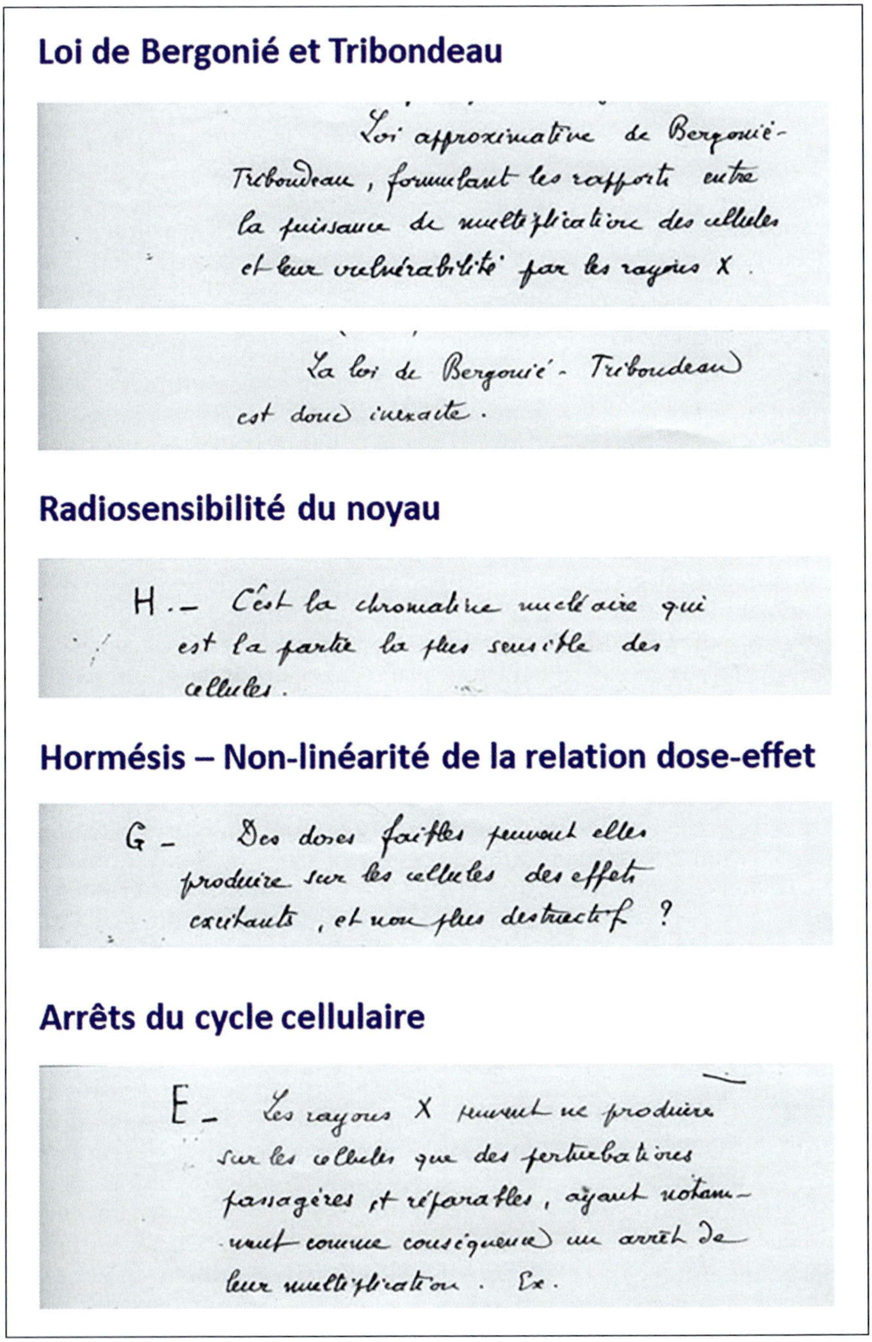

Figure 1.2. Extraits des manuscrits de Claudius Regaud. En 1908, sur quelques pages de papier brouillon, Claudius Regaud résume les conclusions de ses premières expériences radiobiologiques ordonnées des points A à H (extraits issus des archives de l'Institut Curie).

dommages induits qui est prédictif de l'effet létal mais plutôt le nombre de dommages irréparables [1.12]. L'escalade locale de dose n'aura donc d'effet que si les modalités du traitement limitent la réparation des dommages créés. Toutefois, il faut également insister sur le fait que la linéarité de la relation dose-effet est rarement constatée en radiobiologie. Les phénomènes d'hormésis ou d'hyper-radiosensibilité aux faibles doses rendent aujourd'hui possibles des traitements basés sur des doses faibles avec des effets biologiques significatifs [1.13-1.17]. Là encore, les pionniers comme Regaud avaient déjà observé des phénomènes nocifs avec des doses faibles (**Fig. 1.2**). Ces remarques sont également valables pour la relation entre l'effet et le débit de dose. Toute cette argumentation illustre l'importance d'aboutir à une meilleure connaissance de la forme de la relation dose-effet pour chacune des modalités d'irradiation et du statut génétique des patients afin de prédire à la fois la réponse tumorale et l'éventuelle apparition de complications précoces et tardives dans les tissus sains.

L'effet *bystander* remet-il en cause la théorie de la cible ?

Les effets radio-induits de proximité dits effets *bystander* décrivent tous les événements biochimiques se produisant dans des cellules non ciblées à proximité de cellules irradiées et qui se transmettent à travers le milieu intertissulaire de proximité. De tels effets se distinguent des effets abscopiques (ou abscopaux) qui s'observent au-delà du tissu irradié dans d'autres organes par la transmission vasculaire [1.18-1.20]. De tels effets ne sont pas prédits par les simulations de Monte-Carlo car ceux-ci mettent en œuvre des processus biochimiques encore mal élucidés et différés de quelques heures après l'irradiation. Divers protocoles expérimentaux ont été utilisés pour les étudier comme la micro-irradiation ou les transferts de milieux. La littérature scientifique montre aujourd'hui que l'effet *bystander* résulte de l'émission d'un flux d'ions calcium Ca^{2+} provenant des cellules irradiées vers les cellules non irradiées [1.21]. Ce flux est proportionnel à la dose mais atteint son maximum environ 4 heures après l'irradiation : des cassures de l'ADN se forment alors et produisent l'équivalent d'une faible dose qui s'ajoute à la dose initiale et qui s'étale jusqu'à quelques millimètres à quelques centimètres de l'impact initial (**Fig. 1.3**). Ce phénomène peut survenir après une irradiation particulaire (impact ponctuel), comme après un rayonnement électromagnétique (impact homogène), et s'avère fortement dépendant de la dose, du débit de dose, du transfert linéique des particules ou du rayonnement utilisé, du nombre de cellules irradiées et du contenu en calcium du tissu irradié. L'utilisation de phosphates permet de précipiter les ions Ca^{2+} et d'en réduire le flux. Ainsi, il a été constaté que les tissus tout comme les milieux de culture, qui contiennent de fortes concentrations de phosphates inhibent l'effet *bystander*, tandis que les tissus ou les milieux riches en calcium l'augmentent. La contribution de l'effet *bystander* à la dose biologique pourrait représenter 1 à 20 % de la dose initiale appliquée quelques heures après l'irradiation [1.21]. Un tel effet peut avoir des conséquences biologiques significatives et donc doit faire l'objet d'études plus poussées. La nature des radiations (particules ou rayonnement) est d'une grande importance dans l'ampleur de l'effet *bystander*. Au vu de l'essor de la protonthérapie et de la hadronthérapie, il paraît important de bien évaluer

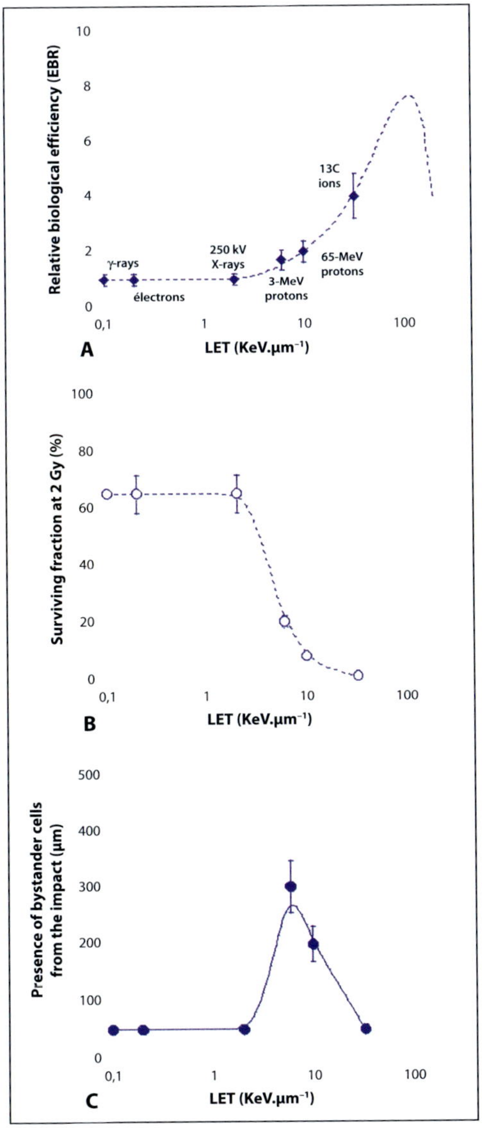

Figure 1.3. Différents aspects de l'effet *bystander* vis-à-vis du TEL. **A.** Illustration de la relation classique entre l'effet biologique relatif (EBR) et le transfert linéique d'énergie (LET) pour des cellules humaines. Plus le TEL augmente, plus l'effet biologique est délétère. Toutefois, au-dessus d'un certain TEL (généralement 100 keV/µm), l'énergie déposée est supérieure à l'effet délétère maximal : c'est l'effet « overkill ». Les données du laboratoire sont montrées sous la forme de losanges bleus [1.42]. **B.** La fraction survivante à 2 Gy diminue avec le TEL (les cassures de l'ADN sont de plus en plus irréparables). Exemple de données sur une cellule humaine (communication, N. Foray). **C.** Étalement de l'effet *bystander* (celles portant des cassures de l'ADN) en fonction du TEL sur des fibroblastes humains. Plus l'énergie locale d'impact est importante, plus l'effet *bystander* s'étale loin des cellules irradiées. Pour des TEL correspondant à l'« overkill », l'énergie déposée n'est pas suffisante pour produire un effet *bystander* durable et étalé (communication, N. Foray).

l'effet *bystander* en fonction du transfert linéique d'énergie. On sait aujourd'hui que plus le dépôt local d'énergie est grand, plus les dommages de l'ADN seront irréparables : c'est notamment le cas des cassures double-brin (CDB). Par exemple, les CDB produites par des ions lourds (ex. : ions carbone) demanderont au moins trois fois plus de temps pour être réparées que les CDB induites par des photons X. À l'inverse, si le dépôt de dose est ponctuel, le nombre de dommages sera plus faible que pour une irradiation homogène comme celle effectuée avec des photons X. Enfin, la reconnaissance des dommages par les systèmes de réparation de l'ADN dépend très fortement de la monomérisation de la protéine ATM dans le cytoplasme et de son transfert dans le noyau. Là encore un dépôt d'énergie très ponctuel produira un nombre plus limité de monomères d'ATM qu'une irradiation homogène. En résumé, les dommages de l'ADN des rayonnements X ou gamma pourraient être plus nombreux, plus facilement reconnaissables et plus faciles (rapides) à réparer que des irradiations particulaires. À l'inverse, un dépôt massif d'énergie ponctuel comme ceux produits par les particules produirait un effet *bystander* plus étendu qu'un rayonnement homogène (**Fig. 1.3**). Ainsi la géométrie de la tumeur et la teneur en calcium de la tumeur et des tissus sains pourraient aussi rentrer en compte dans la réponse clinique finale à la protonthérape ou à la hadronthérapie. C'est désormais à l'aulne de ces nouveaux paramètres qu'il faudra comparer les modalités mettant en œuvre des particules et celles basées sur l'hypo ou l'hyperfractionnement (voir *supra*).

Enfin, les effets de proximité comme l'effet *bystander* ont relancé l'idée de l'importance d'une analyse tridimensionnelle de la réponse en fonction de la dose. Récemment, des analyses par voxels sont apparues dans la littérature comme des outils puissants pour exploiter les informations tridimensionnelles issues de la distribution de dose planifiée à la tumeur [1.22, 1.23]. Ces analyses permettent d'identifier des sous-régions anatomiques d'un ou plusieurs organes dans lesquelles la dose d'irradiation est associée à une toxicité donnée. Ces méthodes reposent sur un alignement anatomique précis. Les corrélations entre la dose tridimensionnelle et une toxicité donnée peuvent être explorées voxel après voxel. Plusieurs sous-régions anatomiques associées à une toxicité génito-urinaire, gastro-intestinale, cardiaque, pulmonaire ou hématologique ont déjà été identifiées dans la littérature pour l'irradiation de la prostate, de la tête et du cou ou du thorax. L'analyse par voxel apparaît donc d'abord particulièrement intéressante pour augmenter la capacité de prédiction de la toxicité en identifiant des sous-régions spécifiques dans les organes à risque dont l'irradiation est hautement prédictive d'une toxicité spécifique. Le deuxième intérêt est potentiellement de diminuer la toxicité radio-induite en limitant la dose dans les sous-régions prédictives, tout en ne diminuant pas la dose dans le volume cible [1.22, 1.23].

L'hypo/hyperfractionnement de la dose révèle des effets non linéairement liés à la dose ?

L'une des avancées technologiques de la RT de ces vingt dernières années est le retour en grâce de l'hypofractionnement avec la RT stéréotaxique corporelle (SBRT). Historiquement, la RT hypofractionnée a longtemps été associée à des complications graves, tandis que la RT hyperfractionnée, avec plusieurs séances quotidiennes d'environ 2 Gy, était connue pour les réduire [1.2, 1.17]. Dans les années 1930, « l'école allemande » avec Holzknecht et Wintz appliquait préférentiellement la RT hypofractionnée, tandis que « l'école française », de l'Institut Curie à Paris avec Regaud, Coutard et Del Regato, prônait la RT hyperfractionnée [1.24-1.26]. Cependant, en irradiant les tumeurs par de nombreux minifaisceaux non coplanaires convergeant vers la tumeur avec une précision submillimétrique, l'approche stéréotaxique récente a considérablement amélioré le ciblage des tumeurs, relançant alors le vieux débat sur la RT hypo ou hyperfractionnée [1.27]. En particulier, alors que l'hypofractionnement peut concerner d'autres modalités de RT, il reste intimement lié à la radiothérapie stéréotaxique (SBRT), et l'efficacité de cette modalité spécifique a souvent été attribuée, au moins partiellement, à l'hypofractionnement [1.28, 1.29]. Certains auteurs ont suggéré que de longues périodes entre deux séances de RT pourraient faciliter les réactions immunitaires, la réoxygénation tumorale ou le repeuplement, mais ces dernières caractéristiques n'ont pas été corrélées à la radiosensibilité dans un modèle unifié [1.30, 1.31]. De plus, les réactions immunitaires et le repeuplement tumoral nécessitent un effet de destruction cellulaire significatif. En ce qui concerne les dommages à l'ADN, si le temps entre chaque session est prolongé au-delà de 24 heures, aucun nombre significatif de dommages supplémentaires à l'ADN n'est créé ou réparé, et par conséquent, aucun effet de destruction cellulaire supplémentaire n'est produit [1.12]. En d'autres termes, en considérant les cassures d'ADN non réparées, prolonger le temps entre les sessions de RT plus de 24 heures ne devrait pas protéger beaucoup plus de tissus sains ni tuer davantage de cellules tumorales et, par conséquent, ne devrait pas favoriser la survenue de réactions immunitaires et la repopulation tumorale [1.12]. Dans une modalité de RT hypofractionnée (que ce soit SBRT ou non), l'hypofractionnement de la dose totale est susceptible de produire des effets additifs, mais non supra-additifs. À l'inverse, au lieu de considérer l'hypofractionnement des fortes doses délivrées pendant tout le traitement mais plutôt l'hyperfractionnement des faibles doses lors de chaque séance, une augmentation significative de l'effet peut être observée si le phénomène d'hypersensibilité aux faibles doses se produit. Ainsi, certains effets spécifiques des faibles doses pourraient expliquer qu'une RT hypofractionnée est applicable sans toxicité majeure, à condition bien sûr que les tissus sains ne soient pas eux-mêmes hypersensibles aux faibles doses [1.17]. L'ajout de séquences d'imagerie pendant la RT pose également la question de l'impact des faibles doses (répétées) dans la réponse des tumeurs et des tissus sains. Là encore, la question de la réponse adaptative (succession d'une faible dose puis d'une forte dose) est une vieille question de radiobiologie qui continue d'être documentée depuis les années 1950 [1.32]. On voit bien à travers ces exemples combien il est important de mieux connaître les mécanismes intrinsèques de la réponse individuelle aux radiations, notamment pour de très faibles doses.

Radiothérapie FLASH : une prochaine énigme pour les radiobiologistes

Depuis les travaux pionniers de l'équipe de Vincent Favaudon à l'Institut Curie sur des électrons pulsés, la RT à très haut débit de dose (≥ 40 Gy/s) pendant un temps très court (RT FLASH) est devenue une modalité innovante aux premiers résultats très encourageants avec les prototypes actuels [1.3, 1.33, 1.34]. L'un des principaux avantages de la RT FLASH serait de réduire le temps d'irradiation à moins de 1 seconde, ce qui éviterait tout mouvement pendant le traitement. De nombreuses études radiobiologiques et précliniques montrent que la RT FLASH épargnerait spécifiquement les tissus sains. Toutefois, les nombreux protocoles utilisés, faisant varier la nature des particules (électrons, protons), la valeur du débit, la dose, la dose totale, la nature du tissu cible n'ont pas simplifié la tâche des radiobiologistes pour comprendre les mécanismes spécifiques sous-jacents. En particulier, il a été évoqué que le très haut débit de dose produirait une réduction rapide de l'oxygène dans les tissus irradiés. Cette diminution de l'oxygène affecterait la radiolyse de l'eau et la formation d'espèces réactives de l'oxygène, et diminuerait la radiosensibilité des tissus. Les tumeurs étant généralement déjà hypoxiques, un différentiel serait produit entre tissus sains et tumeurs et les tissus sains seraient épargnés [1.3]. Toutefois, une telle hypothèse est controversée aujourd'hui. Une autre hypothèse concernerait les interactions entre traces de particules en suggérant que l'effet FLASH est causé par l'interaction d'espèces radiolytiques générées par des pistes ionisantes adjacentes. Cependant, cette hypothèse expliquerait difficilement le différentiel entre tissus sains et tumeurs et surtout n'obéirait pas au grand principe que les traces de particules ne peuvent se croiser qu'à des doses de l'ordre du MGy [1.3, 1.35]. Aujourd'hui, l'effet du débit de dose reste encore une énigme en radiobiologie mais encore faudrait-il dissocier l'effet du débit *per se*, de l'effet des particules impliquées (LET, effet *bystander*) avec les différences de radiosensibilités entre tissus.

De nouveaux biomarqueurs pour la réponse individuelle aux RI : radiosensibilité, radiosusceptibilité et radiodégénerescence

Depuis les années 1930, dans les publications de la CIPR, le terme « radiosensibilité » était utilisé dans un sens très large et synonyme de :

- cancers radio-induits, par exemple « les enfants sont plus radiosensibles que les adultes » ou « la thyroïde est un organe radiosensible » ;
- de vieillissement tissulaire accéléré comme les cataractes radio-induites, par exemple « les yeux sont radiosensibles » ;
- toxicité radio-induite sous forme de réactions tissulaires indésirables comme observée en RT [1.36].

Ces trois modalités de réponse qui sont observables en RT ne peuvent plus être confondues aujourd'hui car il convient de les regarder séparément pour y apporter des réponses spécifiques.

Une conséquence pratique d'une telle confusion est de laisser croire qu'un patient « radiosensible » peut avoir le même risque quantitatif de cancers radio-induits, de cataractes radio-induites et de réactions tissulaires indésirables post-RT. L'un des exemples représentatifs est la radiosensibilité des patients atteints du syndrome de Li-Fraumeni : ils sont prédisposés aux cancers mais montrent rarement des toxicités tissulaires post-RT. De plus, cette confusion peut soulever des problèmes évidents, car les cancers, les cataractes ou les réactions tissulaires de toxicité radio-induits n'obéissent pas aux mêmes lois d'incidence et ne correspondent pas au même niveau de gravité [1.12, 1.36]. Afin d'éviter toute confusion dans les termes et les descriptions cliniques, nous avons proposé la définition des notions suivantes [1.12] :

- la radiosensibilité est la prédisposition aux événements tissulaires indésirables considérés comme effets radio-induits non cancéreux et attribuables à la mort cellulaire. Ce sont notamment des complications de la RT alors qu'il n'y a eu aucune erreur dans la délivrance de la dose, que ce soit dans son intensité ou dans sa géométrie balistique. La radiosensibilité est généralement corrélée à des cassures double-brin de l'ADN (CDB) non réparées ;
- la radiosusceptibilité est la prédisposition aux cancers radio-induits considérés comme des effets radio-induits non toxiques attribuables à la transformation cellulaire et à l'instabilité génomique. Ces effets sont notamment responsables des cancers secondaires à la RT. La radiosusceptibilité est généralement corrélée à des CDB mal réparées à l'ADN et à la perte du contrôle du cycle cellulaire ;
- la radiodégénérescence est la prédisposition au vieillissement tissulaire accéléré radio-induit considéré comme un effet non cancéreux attribuable à des mécanismes de mort par sénescence. Cet effet est par exemple responsable de cataractes post-radiques. La radiodégénérescence est généralement corrélée à des cassures de l'ADN non réparées qui s'accumulent dans la cellule et sont tolérées un temps par la cellule.

Au début des années 1980, aucune de ces trois notions n'était associée à des biomarqueurs spécifiques. Durant les deux dernières décennies, un progrès considérable a été observé dans la compréhension des mécanismes intrinsèques. Aujourd'hui, on peut affirmer sans trop d'erreurs que la radiosensibilité clinique (quantifiée par les grades CTCAE ou RTOG) ou cellulaire (quantifiée par la SF2) est quantitativement corrélée au nombre de CDB non réparées mais surtout au nombre de CDB reconnues par le mode de réparation par suture ATM-dépendant. En particulier, une corrélation quantitative a été révélée entre les grades CTCAE et le nombre maximal de foci pATM mesuré dans les mêmes conditions d'irradiation [1.4, 1.37] (**Fig. 1.4**). La radiosusceptibilité et le risque de cancer sont corrélés à la fois au nombre de CDB mal réparées portant des mutations quantifiables par la technique HPRT par exemple et au manque d'arrêt en G2 quantifiables par le test G2/M (G2 assay) [1.38]. Il a été montré que les cellules issues de syndromes de prédisposition au cancer montraient un taux de foci MRE11 précoces anormalement élevé [1.39] (**Fig. 1.4**). Enfin, plus récemment, le vieillissement radio-induit a été associé à la formation de couronnes périnucléaires d'ATM qui s'agglutinent autour du noyau des cellules au fur et à mesure du stress [1.40, 1.41] (**Fig. 1.4**).

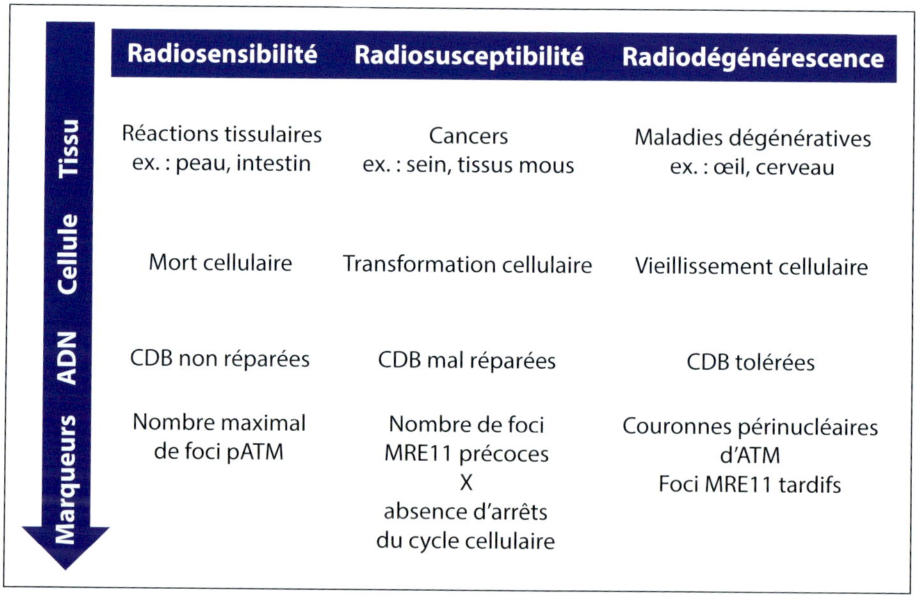

Figure 1.4. Les trois conséquences majeures d'une irradiation : origines suivant l'échelle tissulaire, cellulaire et moléculaire et les biomarqueurs correspondants.

Conclusion et perspectives

La RT est, à côté de la chirurgie et de la chimiothérapie, une méthode de traitement qui a démontré son utilité dans plus de la moitié des situations cliniques en cancérologie. L'innovation en RT reste forte et le succès de ses modalités nouvelles est intimement lié à la compréhension des mécanismes mis en jeu que seule la radiobiologie est capable d'élucider. Le partenariat fructueux entre RT et radiobiologie va donc se poursuivre pendant de très nombreuses années. Chacun des sujets abordés dans ce chapitre ouvre la voie à de nouvelles questions :

- l'ensemble des concepts fondateurs de la RT devraient être systématiquement revisités à la lumière des nouvelles modalités de traitement ;
- l'effet *bystander* conduit-il à modifier les protocoles de RT, par exemple dans la définition du volume cible à irradier ?
- les phénomènes radiobiologiques lors de l'hyperfractionnement et du FLASH doivent être explorés en détail, et ce pour chaque type de rayonnement y compris les hadrons, afin d'accompagner au mieux le développement de ces techniques ;
- le dépistage d'une anomalie de la réponse individuelle aux RI devrait devenir routinier et sa prise en compte faire l'objet de recommandations pratiques.

S'il n'est pas possible de prédire totalement l'avenir de la RT, radiothérapeutes et radiobiologistes peuvent l'inventer ensemble.

Références

[1.1] Mothersill C, Rusin A, Fernandez-Palomo C, Seymour C. History of bystander effects research 1905-present; what is in a name? *Int J Radiat Biol* 2018 ; 94 : 696-707.

[1.2] Cosset JM, Mornex F, Eschwège F. Hypofractionnement en radiothérapie : l'éternel retour [Hypofractionation and radiotherapy: «the eternal return»]. *Cancer Radiother* 2013 ; 17 : 355-62.

[1.3] Atkinson J, Bezak E, Le H, Kempson I. The current status of FLASH particle therapy: a systematic review. *Phys Eng Sci Med* 2023 ; 46 : 529-60.

[1.4] Le Reun E, Bodgi L, Granzotto A, *et al.* Quantitative Correlations between Radiosensitivity Biomarkers Show That the ATM Protein Kinase Is Strongly Involved in the Radiotoxicities Observed after Radiotherapy. *Int J Mol Sci* 2022 ; 23 : 10434.

[1.5] Tyumentseva M, Tyumentsev A, Akimkin V. CRISPR/Cas9 Landscape: Current State and Future Perspectives. *Int J Mol Sci* 2023 ; 24 : 16077.

[1.6] Vogelius IR, Petersen J, Bentzen SM. Harnessing data science to advance radiation oncology. *Mol Oncol* 2020 ; 14 : 1514-28.

[1.7] Wilson LJ, Kiffer FC, Berrios DC, *et al.* Machine intelligence for radiation science: summary of the Radiation Research Society 67th annual meeting symposium. *Int J Radiat Biol* 2023 ; 99 : 1291-300.

[1.8] Haber AH, Rothstein BE. Radiosensitivity and rate of cell division: «law of Bergonié and Tribondeau». *Science* 1969 ; 163 : 1338-9.

[1.9] Vogin G, Foray N. The law of Bergonié and Tribondeau: a nice formula for a first approximation. *Int J Radiat Biol* 2013 ; 89 : 2-8.

[1.10] Bergonié J, Tribondeau L. Interprétation de quelques résultats de la radiothérapie et essai de fixation d'une technique rationnelle. *Comptes-rendus de l'Académie des Sciences* 1906 ; 143 : 983-4.

[1.11] Regaud, C. Travaux avec Thomas Nogier. Recherches sur les rayons X et la radiothérapie. Recherches sur les rayons X et la radiothérapie. Fonds Claudius Regaud (1905-1940). Institut Curie, Paris 1908, CR1B.

[1.12] Foray N, Bourguignon M, Hamada N. Individual response to ionizing radiation. *Mutat Res Rev Mutat Res* 2016 ; 770 (Pt B) : 369-86.

[1.13] Luckey TD. *Hormesis with ionizing radiation.* CRC Press : New York, USA, 1980.

[1.14] Joiner MC, Marples B, Lambin P, Short SC, Turesson I. Low-dose hypersensitivity: current status and possible mechanisms. *Int J Radiat Oncol Biol Phys* 2001 ; 49 : 379-89.

[1.15] Devic C, Bodgi L, Granzotto A, *et al.* Le phénomène d'hypersensibilité aux faibles doses : une énigme de la radiobiologie enfin résolue ? *Médecine nucléaire* 2016 ; 40 : 254-7.

[1.16] Le Reun E, Foray N. Low-Dose Radiation Therapy (LDRT) against Cancer and Inflammatory or Degenerative Diseases: Three Parallel Stories with a Common Molecular Mechanism Involving the Nucleoshuttling of the ATM Protein? *Cancers (Basel)* 2023 ; 15 : 1482.

[1.17] Le Reun E, Granzotto A, Pêtre A, *et al.* Influence of the Hypersensitivity to Low Dose Phenomenon on the Tumor Response to Hypofractionated Stereotactic Body Radiation Therapy. *Cancers (Basel)* 2023 ; 15 : 3979.

[1.18] Mothersill C, Rusin A, Seymour C. Relevance of Non-Targeted Effects for Radiotherapy and Diagnostic Radiology; A Historical and Conceptual Analysis of Key Players. *Cancers (Basel)* 2019 ; 11 : 1236.

[1.19] Mothersill C, Seymour C. Radiation-induced bystander effects: past history and future directions. *Radiat Res* 2001 ; 155 : 759-67.

[1.20] Mothersill C, Seymour C. Radiation-induced bystander and other non-targeted effects: novel intervention points in cancer therapy? *Curr Cancer Drug Targets* 2006 ; 6 : 447-54.

[1.21] Restier-Verlet J, Joubert A, Ferlazzo ML, *et al.* X-rays-Induced Bystander Effect Consists in the Formation of DNA Breaks in a Calcium-Dependent Manner: Influence of the Experimental Procedure and the Individual Factor. *Biomolecules* 2023 ; 13 : 542.

[1.22] Sosa-Marrero C, Acosta O, Pasquier D, *et al.* Voxel-wise analysis: A powerful tool to predict radio-induced toxicity and potentially perform personalised planning in radiotherapy. *Cancer Radiother* 2023 ; 27 : 638-42.

[1.23] Mylona E, Ebert M, Kennedy A, *et al.* Rectal and Urethro-Vesical Subregions for Toxicity Prediction After Prostate Cancer Radiation Therapy: Validation of Voxel-Based Models in an Independent Population. *Int J Radiat Oncol Biol Phys* 2020 ; 108 : 1189-95.

[1.24] del Regato JA. Fractionation: a panoramic view. *Int J Radiat Oncol Biol Phys* 1990 ; 19 : 1329-31.

[1.25] Ellis, F. Fractionation in radiotherapy. *In :* Deeley TJ, Wood CAP, eds. *Modern trends in radiotherapy.* London : Buttersworth 1967 : 34-51.

[1.26] Willers H, Beck-Bornholdt HP. Origins of radiotherapy and radiobiology: separation of the influence of dose per fraction and overall treatment time on normal tissue damage by Reisner and Miescher in the 1930s. *Radiother Oncol* 1996 ; 38 : 171-3.

[1.27] Lasak JM, Gorecki JP. The history of stereotactic radiosurgery and radiotherapy. *Otolaryngol Clin North Am* 2009 ; 42 : 593-9.

[1.28] Klement RJ, Sonke JJ, Allgäuer M, *et al.* Estimation of the α/β ratio of non-small cell lung cancer treated with stereotactic body radiotherapy. *Radiother Oncol* 2020 ; 142 : 210-6.

[1.29] Stuschke M, Pöttgen C. Altered fractionation schemes in radiotherapy. *Front Radiat Ther Oncol* 2010 ; 42 : 150-6.

[1.30] Nahum AE. The radiobiology of hypofractionation. *Clin Oncol (R Coll Radiol)* 2015 ; 27 : 260-9.

[1.31] Brand DH, Kirby AM, Yarnold JR, Somaiah N. How Low Can You Go? The Radiobiology of Hypofractionation. *Clin Oncol (R Coll Radiol)* 2022 ; 34 : 280-7.

[1.32] Devic C, Ferlazzo ML, Foray N. Influence of Individual Radiosensitivity on the Adaptive Response Phenomenon: Toward a Mechanistic Explanation Based on the Nucleo-Shuttling of ATM Protein. *Dose Response* 2018 ; 16 : 1559325818789836.

[1.33] Favaudon V, Caplier L, Monceau V, *et al.* Ultrahigh dose-rate FLASH irradiation increases the differential response between normal and tumor tissue in mice. *Sci Transl Med* 2014 ; 6 : 245ra93.

[1.34] Favaudon V, Fouillade C, Vozenin MC. Radiothérapie « flash » à très haut débit de dose : un moyen d'augmenter l'indice thérapeutique par minimisation des dommages aux tissus sains ? [Ultrahigh dose-rate, «flash» irradiation minimizes the side-effects of radiotherapy]. *Cancer Radiother* 2015 ; 19 : 526-31.

[1.35] Goodhead DT. The initial physical damage produced by ionizing radiations. *Int J Radiat Biol* 1989 ; 56 : 623-34.

[1.36] Britel M, Bourguignon M, Foray N. Radiosensitivity: A term with various meanings at the origin of numerous confusions. A semantic analysis. *Int J Radiat Biol* 2018 ; 94 : 503-12.

[1.37] COPERNIC project investigators; Granzotto A, Benadjaoud MA, Vogin G, *et al.* Influence of Nucleoshuttling of the ATM Protein in the Healthy Tissues Response to Radiation Therapy: Toward a Molecular Classification of Human Radiosensitivity. *Int J Radiat Oncol Biol Phys* 2016 ; 94 : 450-60.

[1.38] El Nachef L, Berthel E, Ferlazzo ML, *et al.* Cancer and Radiosensitivity Syndromes: Is Impaired Nuclear ATM Kinase Activity the Primum Movens? *Cancers (Basel)* 2022 ; 14 : 6141.

[1.39] El-Nachef L, Al-Choboq J, Restier-Verlet J, *et al.* Human Radiosensitivity and Radiosusceptibility: What Are the Differences? *Int J Mol Sci* 2021 ; 22 : 7158.

[1.40] Berthel E, Pujo-Menjouet L, Le Reun E, *et al.* Toward an Early Diagnosis for Alzheimer's Disease Based on the Perinuclear Localization of the ATM Protein. *Cells* 2023 ; 12 : 1747.

[1.41] Al-Choboq J, Mathis T, Restier-Verlet J, *et al.* The Radiobiological Characterization of Human and Porcine Lens Cells Suggests the Importance of the ATM Kinase in Radiation-Induced Cataractogenesis. *Cells* 2023 ; 12 : 2118.

[1.42] Maalouf M, Granzotto A, Devic C, *et al.* Influence of Linear Energy Transfer on the Nucleo-shuttling of the ATM Protein: A Novel Biological Interpretation Relevant for Particles and Radiation. *Int J Radiat Oncol Biol Phys* 2019 ; 103 : 709-18.

Chapitre
2

Imagerie : définition de la cible et évaluation des résultats

Benoît Allignet, Vincent Gregoire

Les progrès des technologies d'imagerie ont été absolument majeurs durant ces dernières décennies, avec l'essor et la démocratisation de l'imagerie par résonnance magnétique (IRM) et de la tomographie par émission de positons couplée à la tomodensitométrie (TEP-TDM). Elles ont en effet pu profiter, entre autres, des avancées dans les domaines mathématique, informatique (capacités de calcul, logiciels), instrumental (ex. : matériaux supraconducteurs) mais aussi physicochimique *via* le développement d'agents de contraste et de radiopharmaceutiques de nouvelle génération.

Les techniques d'imagerie ont ainsi pris une place importante dans l'exercice médical, quelle que soit la spécialité.

La pratique de l'oncologie-radiothérapie nécessite un bilan initial, une définition des volumes à traiter et de ceux à protéger, une évaluation de la réponse et un suivi thérapeutique précis. Elle a ainsi été bouleversée par les progrès de l'imagerie. En premier lieu, la planification de traitement sur des radiographies en deux dimensions a laissé place à une radiothérapie (RT) conformationnelle tridimensionnelle basée sur des images tomodensitométriques. Cette définition anatomique plus précise était un préalable nécessaire au développement d'une RT de haute technicité, traitant des volumes mieux sélectionnés et plus restreints, avec escalade de dose et doses par fraction plus élevées, tout en limitant les toxicités sur les organes de proximité. Des techniques telles que la RT et la protonthérapie par modulation d'intensité, respectivement IMRT et IMPT, ou la RT en conditions stéréotaxiques ont ainsi pu voir le jour grâce à cet élargissement de l'index thérapeutique.

Néanmoins, la délinéation des volumes s'est complexifiée, nécessitant de définir un langage commun indépendant des techniques utilisées et de la langue maternelle pour rapporter les pratiques de chacun. Ce travail d'harmonisation a été mené par l'*International Commission on Radiation Units and Measurements* (ICRU) qui a publié diverses recommandations de description des volumes et des doses dans ses rapports : 50 en 1993, 62 en 1999 et 83 en 2010. Son objectif n'est pas d'imposer une prescription en termes de technique et de niveau dose, mais d'en homogénéiser le report. De cette façon, les méthodes et résultats peuvent être interprétés correctement, sans ambiguïté, et permettent des essais cliniques multicentriques et l'implémentation de nouvelles techniques partout dans le monde.

Ce langage commun associé à l'essor de l'imagerie a permis des évolutions paradigmatiques dans la définition des volumes de RT. La vision purement anatomique dans un objectif de traitement s'est maintenant enrichie. Les volumes intègrent maintenant des données biologiques, considèrent aussi le micro-environnement tumoral, peuvent être adaptés durant le traitement, et les données radiomiques de ces volumes peuvent être utilisées pour prédire la réponse ou évaluer le pronostic. Nous allons ici tâcher de rapporter les relations étroites entre les techniques d'imagerie et leurs innovations, les volumes de RT et l'évaluation de la réponse.

Généralités

La définition de différents volumes à traiter et de divers organes de voisinage à protéger, respectivement appelés « volumes cibles » et « organes à risque » est le préalable à la planification dosimétrique de toute RT. Comme précédemment mentionné, la définition de ces volumes a régulièrement été harmonisée par l'ICRU afin de tenir compte des évolutions techniques à la fois en thérapie mais aussi en imagerie. Cette harmonisation a trait aux versants conceptuels et méthodologiques des volumes de RT : « comment je dois procéder et rapporter ce que je fais ». En revanche, la délinéation des volumes en pratique (« quelles sont leurs limites anatomiques ») fait l'objet de recommandations, de consensus internationaux et d'essais thérapeutiques [2.1, 2.2], et s'affine à l'aide des connaissances cliniques, biologiques, pathologiques et d'imagerie.

Les données d'imagerie prises en compte peuvent être de différentes natures :

- données qualitatives : dans le cas classique de l'IRM, la caractérisation tissulaire est basée sur l'appréciation subjective d'hypo et d'hypersignaux ;
- données semi-quantitatives : en TEP-TDM, l'intensité d'émission photonique liée à la désintégration radioactive du radiopharmaceutique est quantitativement mesurée par la machine. En revanche, cette valeur n'est pas interprétée directement : elle est d'abord rapportée à l'activité injectée au patient et à sa masse, permettant d'obtenir une valeur de captation standardisée donc semi-quantitative ;
- données quantitatives : c'est le cas de la tomodensitométrie qui permet une cartographie quantitative directe du nombre d'unités Hounsfield des tissus.

Ces données peuvent aussi être vectrices d'informations tissulaires multiples et complémentaires aux données morphologiques, telles que :

- des informations vasculaires, comme les différences de cinétique de perfusion mises en évidence par TDM ou IRM avec injection d'agent de contraste ;

- des informations métaboliques, comme le métabolisme lipidique en TEP-TDM à la 18-fluorocholine ;
- des informations physicochimiques, comme la restriction des mouvements des molécules d'eau, reflet de la densité cellulaire, par IRM de diffusion (Fig. 2.1).

L'ensemble de ces données pourra être exploité par le radiothérapeute dans le processus de contourage.

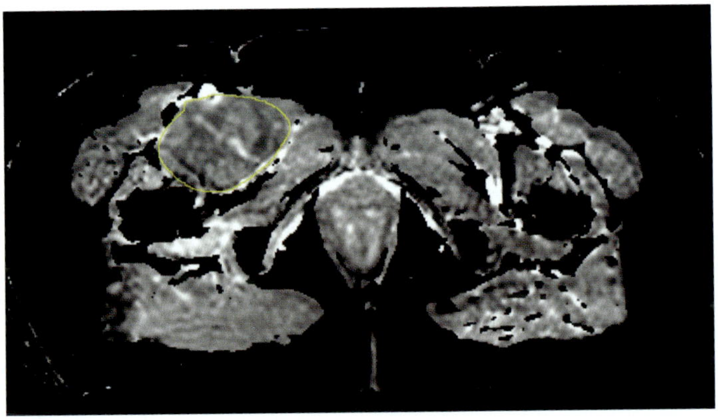

Figure 2.1. Cartographie IRM de coefficient apparent de diffusion dans le cadre d'un sarcome du scarpa droit (délimité en jaune sur la vue axiale).

Définition des volumes cibles

Volume tumoral macroscopique

Le volume tumoral macroscopique (*gross tumor volume* [GTV]) correspond à l'ensemble des lésions tumorales palpables, mesurables, et/ou visibles cliniquement à l'endoscopie ou à l'imagerie. Les GTV peuvent ainsi inclure la tumeur primitive, les adénopathies macroscopiquement envahies, mais aussi les métastases. C'est dans la définition de ce(s) GTV que les données d'imagerie tomographiques ont pris une place cruciale. Les imageries planaires, bien qu'encore largement utilisées en diagnostic, sont peu utilisées dans la préparation et dans l'évaluation de l'efficacité de la RT.

Les données d'imagerie peuvent avoir plusieurs rôles, non exclusifs :

- identifier des lésions profondes non accessibles à l'examen clinique et non visibles en imagerie radiographique planaire (Fig. 2.2) ;
- caractériser des lésions douteuses : le caractère hyperfixant la ^{18}F-DOPA d'une lésion cérébrale précédemment irradiée est par exemple en faveur d'une récidive tumorale plutôt que d'une radionécrose [2.3] (Fig. 2.3), pouvant ainsi amener à discuter une réirradiation du volume mis en évidence ;

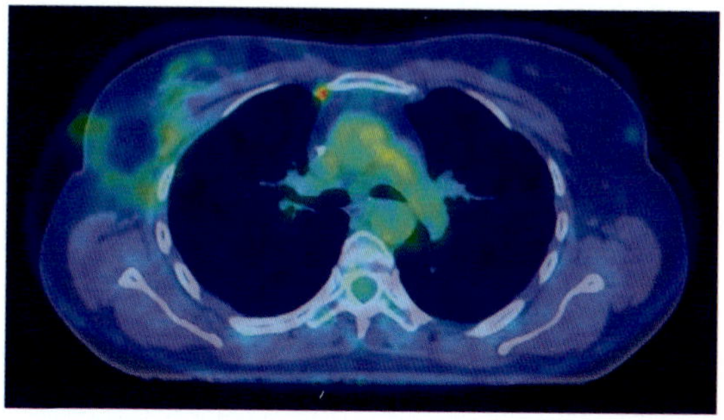

Figure 2.2. Adénopathie non résécable de la chaîne mammaire interne droite dans le cadre d'un carcinome infiltrant non spécifique du sein droit. Image axiale de TEP au ^{18}FDG recalées sur le scanner dosimétrique.

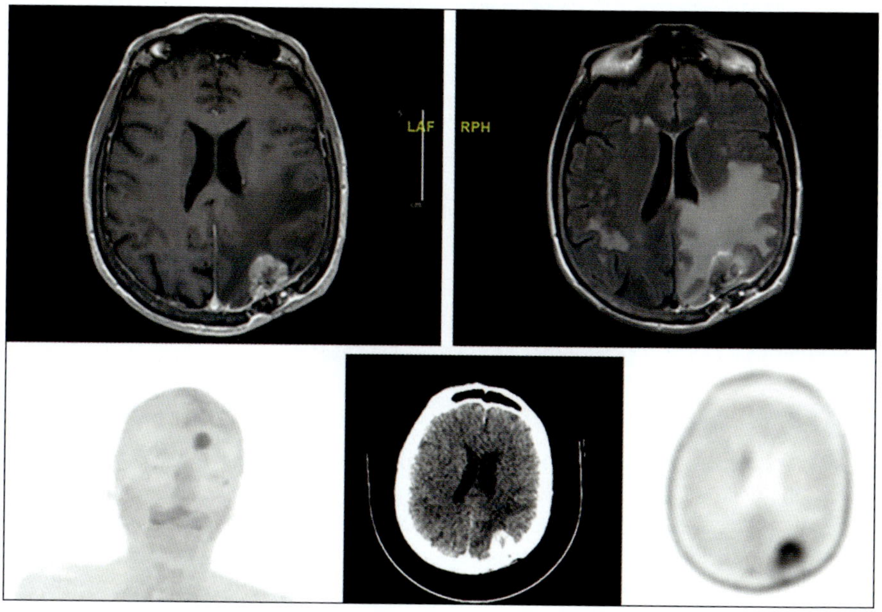

Figure 2.3. Progression prouvée histologiquement d'une lésion secondaire précédemment irradiée. En haut : l'IRM était en faveur d'une radionécrose symptomatique, mais l'hypermétabolisme au TEP à la dopamine (en bas à gauche : vue coronale, en bas à droite : vue axiale) était, lui, en faveur d'une récidive. (Aimablement fournie par le Dr A. Moreau).

- améliorer la précision et la reproductibilité du GTV, permis par exemple par un contraste tissulaire de l'IRM supérieur à celui de la TDM. Son utilisation permet de visualiser des lésions cérébrales (**Fig. 2.4**) ou de délimiter précisément des tumeurs intrapelviennes ou de la sphère oto-rhino-laryngée (**Fig. 2.5**). La TEP-TDM au ^{18}FDG peut aussi distinguer le volume tumoral au sein d'une zone homogène telle qu'une atélectasie (**Fig. 2.6**).

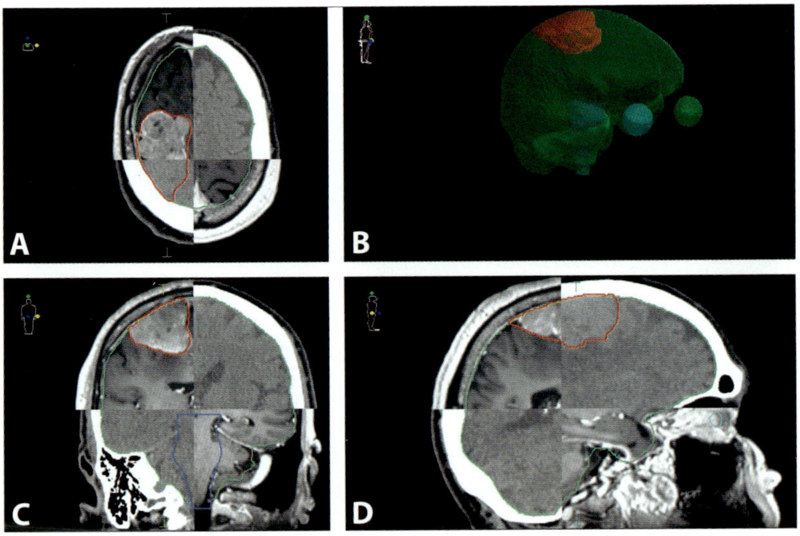

Figure 2.4. Recalage rigide IRM sur scanner dosimétrique dans le cadre d'un traitement de méningiome frontopariétal droit. Volume tumoral macroscopique délimité en rouge. **A.** Vue axiale. **B.** Reconstruction 3D. **C.** Vue coronale. **D.** Vue sagittale.

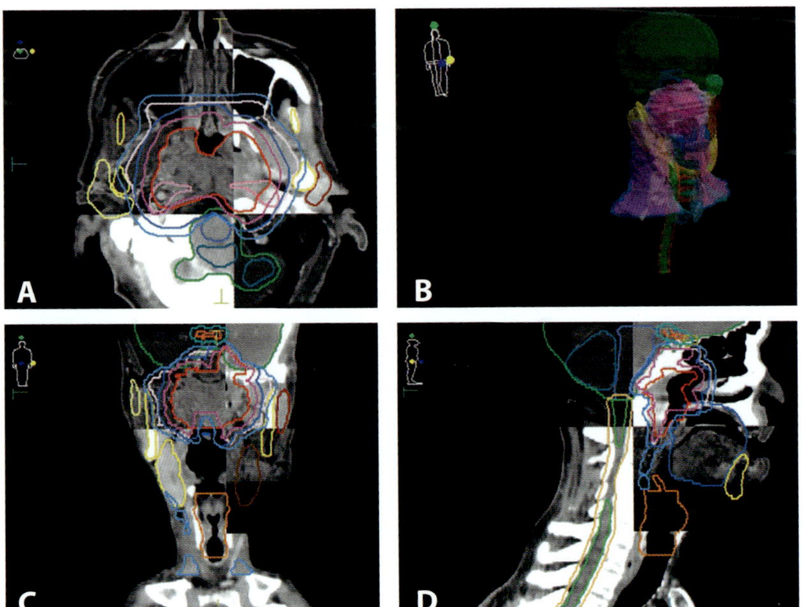

Figure 2.5. Volumes de traitement d'un carcinome indifférencié nasopharyngé, délinéés sur TDM après coregistration sur IRM permettant d'améliorer sensiblement le contraste au niveau des tissus mous. Volume tumoral macroscopique délimité en rouge. **A.** Vue axiale. **B.** Reconstruction 3D. **C.** Vue coronale. **D.** Vue sagittale.

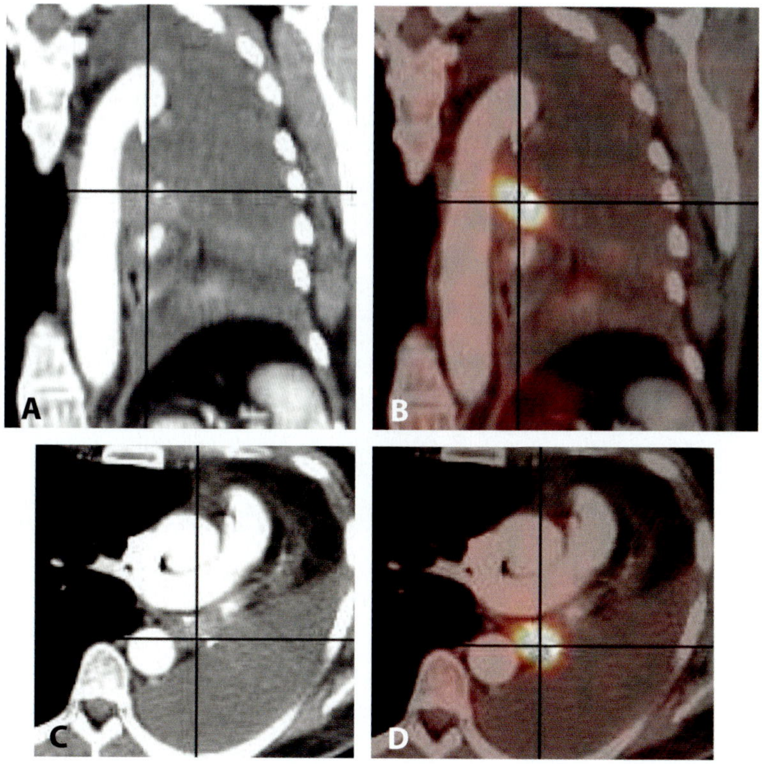

Figure 2.6. Comparaison entre un CT (**A, C**) et un PET-CT (**B, D**) dosimétrique dans le cadre d'un cancer bronchique non à petites cellules. **A, B.** Vues coronales. **C, D.** Vues axiales. (Aimablement fournie par le Pr D. de Ruysscher).

Afin de permettre à la fois la dosimétrie sur les données du scanner dédié et un contourage précis à l'aide des autres modalités d'imageries, ces examens sont fréquemment coregistrés. Cette coregistration apporte en revanche son lot d'incertitudes, par exemple du fait d'un positionnement du patient différent. Afin de s'en affranchir, différentes méthodes sont en développement pour générer des images tomodensitométriques à partir de données IRM (**Fig. 2.7**) et pouvoir effectuer les calculs dosimétriques sans réalisation de TDM.

Pour un même cancer, différentes imageries peuvent s'avérer utiles en fonction du stade de la maladie. Dans le cas d'une tumeur prostatique, la délinéation précise de la tumeur primitive peut s'aider de l'IRM (**Fig. 2.8**), tandis qu'en situation de récidive l'identification des lésions peut être réalisée par TEP-TDM au PSMA marqué au Gallium 68 (^{68}Ga-PSMA) (**Fig. 2.9**).

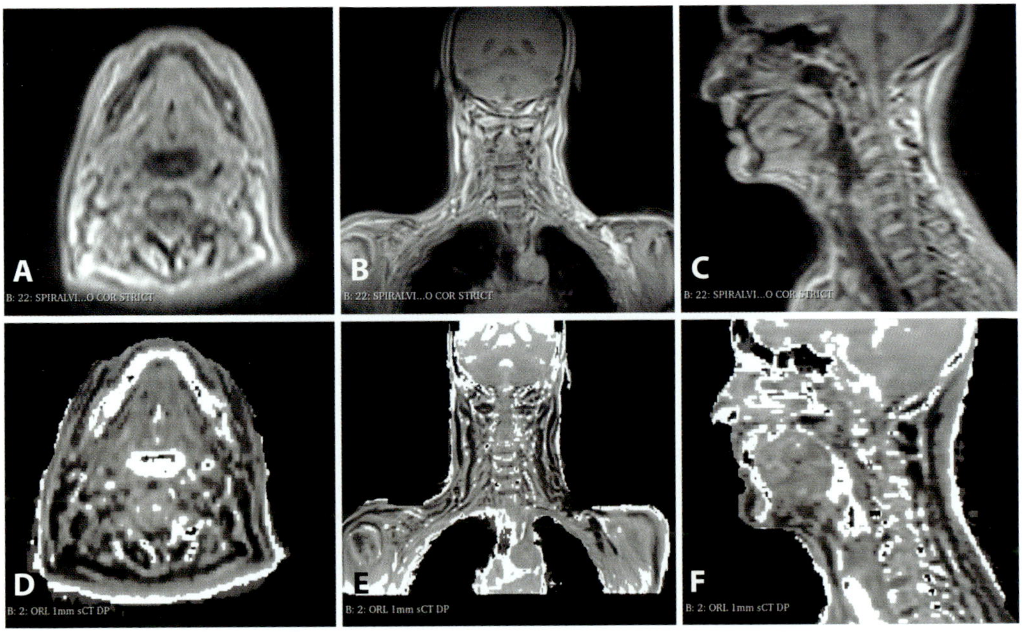

Figure 2.7. Image de densité de proton (en bas) calculée à partir de données IRM (en haut). **A, D.** Vues axiales. **B, E.** Vues coronales. **C, F.** Vues sagittales. (Aimablement fournie par L. Sayaque).

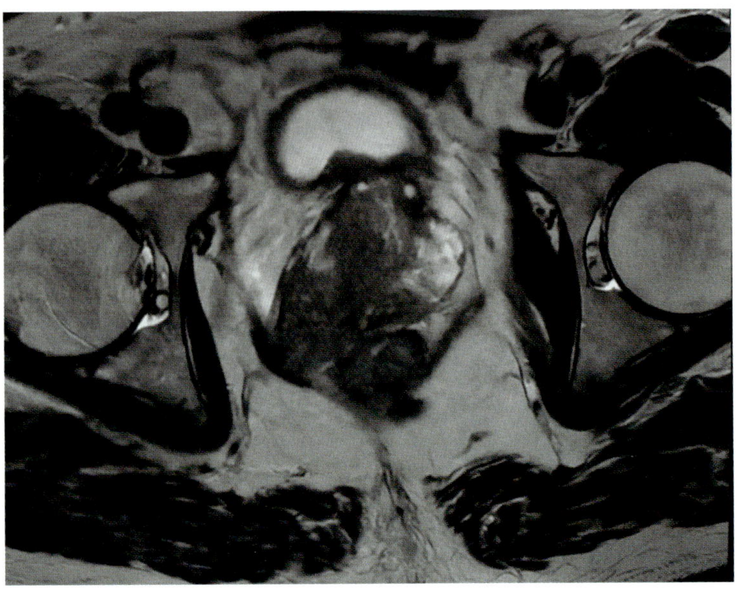

Figure 2.8. Volumineuse tumeur prostatique, avec large effraction capsulaire latéralisée à droite (en vue axiale hyposignal T2), envahissant le fascia rectal.

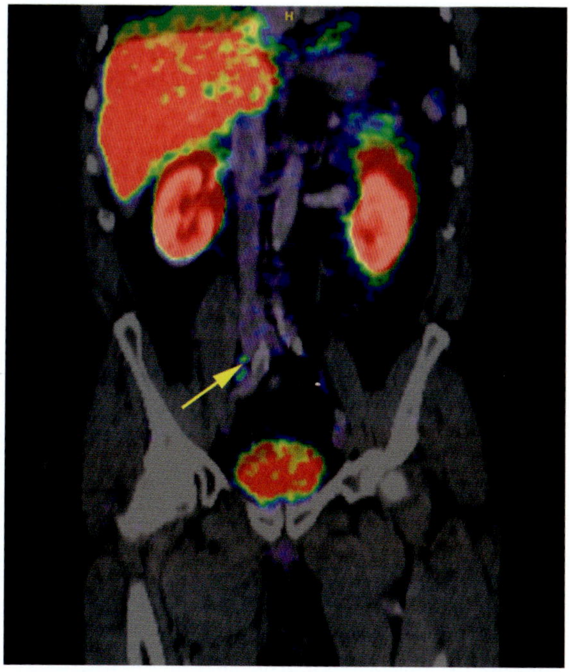

Figure 2.9. PET-CT au ^{68}Ga-PSMA (vue coronale) mettant en évidence une oligorécidive bifocale illiaque commune droite d'un adénocarcinome prostatique (flèche jaune).

Volume cible anatomoclinique

Le volume cible anatomoclinique (*clinical target volume* [CTV]) correspond à la maladie à la fois clinique et infraclinique, donc au GTV et aux zones de potentiel envahissement microscopique. La définition de ce CTV nécessite donc une délinéation précise du GTV, mais aussi des connaissances oncologiques sur la maladie elle-même : distance à risque d'envahissement local microscopique, voies anatomiques de dissémination, barrières anatomiques (os ou fascia musculaire) pouvant contenir une infiltration, aires de drainage lymphatique à risque, etc.

Les données d'imagerie seront donc cruciales dans la définition du CTV lui-même afin d'identifier les structures potentiellement atteintes. En cas de tumeur rectale, les aires ganglionnaires inguinales et les fosses ischiorectales ne seront des zones de drainage à considérer qu'en cas d'atteinte du canal anal ou du sphincter externe.

Les progrès d'imagerie permettent aussi de mieux comprendre les mécanismes de dissémination tumorale. L'IRM en tenseur de diffusion est une technique permettant d'évaluer la diffusion anisotropique, c'est-à-dire dans une direction préférentielle non aléatoire, des molécules d'eau. Cette approche permet l'étude des fibres de substance blanche cérébrale (**Fig. 2.10**) et des anomalies du connectome. En cas de tumeur gliale, ces anomalies pourraient être en lien avec de la maladie microscopique et donc inciter à une intégration de ces zones dans le CTV [2.4].

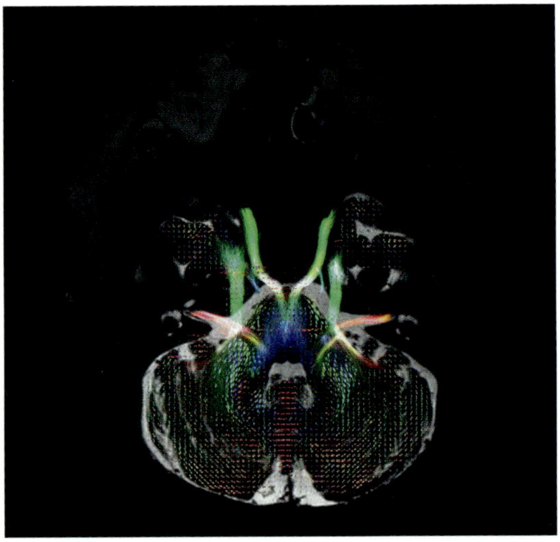

Figure 2.10. Image axiale d'IRM en tenseur de diffusion superposée sur la coupe pondérée T2 correspondante. (Aimablement fournie par le Pr T. Jacquesson).

Volume de planification et volume cible interne

Le volume cible de planification (*planning target volume* [PTV]) est un concept géométrique visant à s'assurer que la dose prescrite soit effectivement délivrée au CTV. Pour cela, la marge du CTV au PTV prend en compte des incertitudes de différentes natures, incluant à la fois les variations de positionnement du patient, les mouvements internes inter et intrafraction, les incertitudes de délinéation des GTV et CTV, ainsi que les incertitudes liées à la délivrance du faisceau de traitement lui-même. Du fait de sa nature géométrique et non clinique, le PTV sort du spectre de ce chapitre et ne sera pas traité ici dans son entièreté. En revanche, une partie du PTV va ici nous intéresser car basée sur des informations physiologiques : les mouvements internes des organes.

Plusieurs techniques de gestion des mouvements existent, dont la plus répandue est la création d'un volume cible interne (*internal target volume* [ITV]) incluant toutes les positions occupées par le CTV au cours du temps. Un ITV peut être utilisé essentiellement pour :

- les tumeurs intrathoraciques ou hépatiques : un scanner dosimétrique 4D est alors réalisé, synchronisé à la respiration, et avec reconstruction d'images correspondant à différentes phases respiratoires (généralement 10). La délinéation du CTV sur les différentes phases permet ainsi l'obtention d'un ITV (**Fig. 2.11**) ;
- les cancers de vessie : la réplétion vésicale étant variable au cours du temps, la réalisation de plusieurs scanners dosimétriques dont un à vessie pleine est parfois pratiqué afin de s'assurer d'une délinéation robuste d'un ITV vésical ;
- les cancers du col utérin : du fait de la variabilité de réplétion vésicale, l'antéversion de l'utérus peut être plus ou moins importante. Ainsi, certains centres réalisent plusieurs scanners à différents niveaux de réplétion afin de prendre en compte les mouvements utérins de bascule.

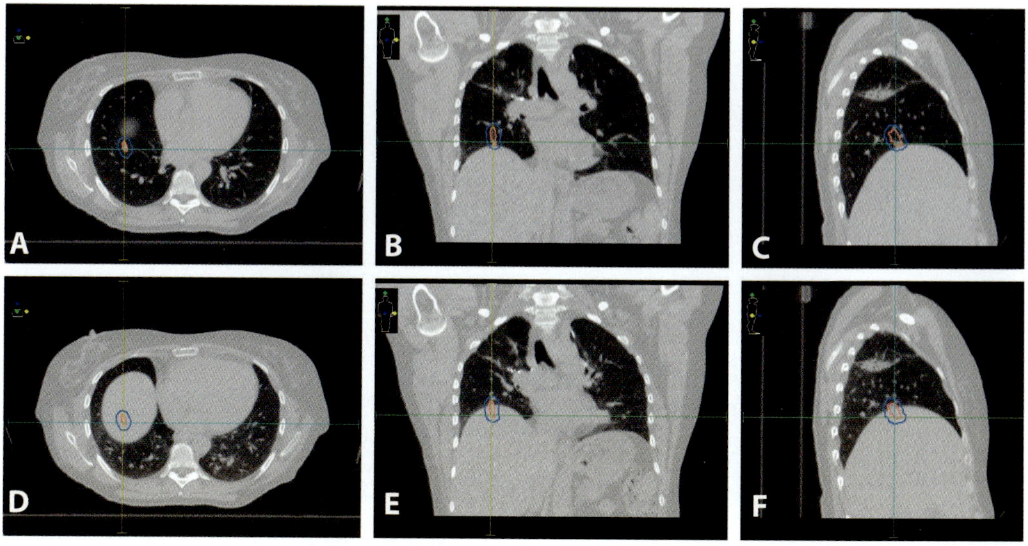

Figure 2.11. Scanner dosimétrique 4 dimensions, avec phases en fin d'inspiration (en haut) et fin d'expiration (en bas) d'un adénocarcinome bronchique lobaire inférieur droit. En rouge pâle l'ITV, en bleu le PTV. **A, D.** Vues axiales. **B, E.** Vues coronales. **C, F.** Vues sagittales.

Les systèmes d'imagerie embarqués sur les accélérateurs linéaires peuvent aussi réaliser des acquisitions en 4 dimensions. Cela permet, le plus souvent, de s'assurer avant traitement que le volume cible interne reste confiné dans le PTV. Sur certaines machines, des acquisitions en temps réel peuvent même être réalisées :

- pour s'assurer que le faisceau d'irradiation suive la tumeur (*tracking*), comme c'est le cas des machines CyberKnife®;
- pour n'irradier la tumeur que lorsqu'elle se situe dans une zone limitée (*gating*).

Alors que la méthode ITV a essentiellement un objectif de couverture correct des volumes cibles, les méthodes de *gating* et *tracking* visent à utiliser les imageries 4D pour limiter l'irradiation des organes à risque de voisinage.

Imagerie moléculaire et radiothérapie guidée par la biologie

L'imagerie moléculaire correspond à l'utilisation d'imageries non invasives afin de visualiser des caractéristiques ou processus biologiques tissulaires. Ces données peuvent refléter l'hétérogénéité d'agressivité ou de radiorésistance intratumorale. Elles peuvent donc être intégrées dans la planification de RT afin de délivrer une dose hétérogène. L'objectif sera donc d'optimiser le contrôle tumoral en augmentant la dose sur les zones considérées à haut risque, tout en préservant les organes alentours. Ce concept de RT guidée par la biologie est plus souvent appelé par sa dénomination anglaise « dose-painting ».

Ce *dose-painting* peut être considéré à deux échelles :

- soit la dose d'irradiation est adaptée à la valeur de chacun des voxels, méthode alors appelée « dose painting by numbers » ;
- soit des seuils peuvent être fixés pour délimiter un petit nombre de sous-volumes qui recevront différents niveaux de dose, méthode alors appelée « dose painting by contours » (**Fig. 2.12**).

Ces méthodes sont applicables à de nombreuses pathologies et peuvent intégrer diverses données :

- dans les cancers de prostate, sur les zones à forte charge tumorale mises en évidence à l'IRM [2.5] ;
- dans les cancers de la sphère ORL, sur les zones hypermétaboliques au TEP-TDM utilisant des marqueurs de l'hypoxie [2.6] (**Fig. 2.13**).

A

B

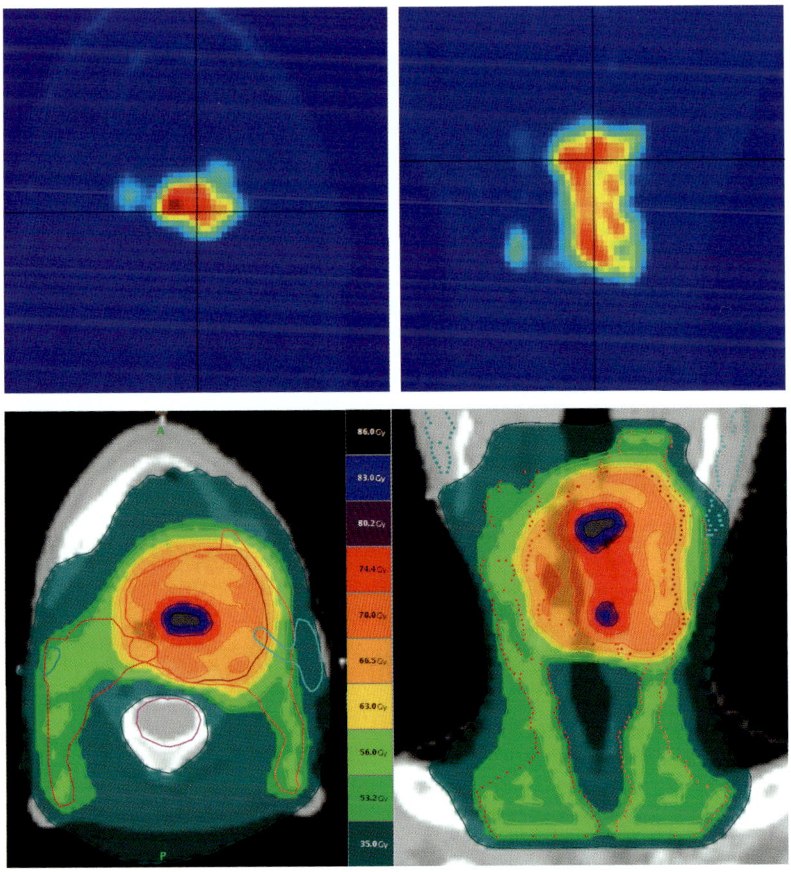

Figure 2.12. Radiothérapie avec *dose-painting* basé sur données TEP-TDM au FDG d'un carcinome épidermoïde oropharyngé gauche. **A.** Vues coronales. **B.** Vues axiales. (Aimablement fournie par le Dr S. Differding).

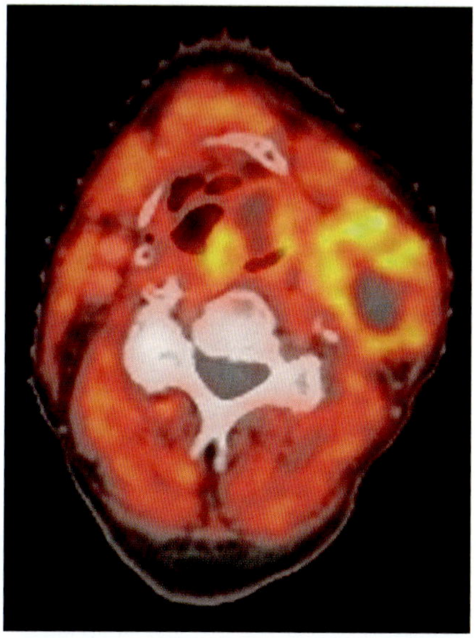

Figure 2.13. Coupe axiale d'une TEP-TDM au ^{18}F-FAZA d'un carcinome épidermoïde oropharyngé avec adénopathie nécrotique jugulocarotidienne supérieure gauche, mettant en évidence des zones hypoxiques (hyperfixantes) et nécrotiques (hypodenses et non perfusées) tumorales et ganglionnaires.

Définition des organes à risque

Les organes au voisinage des volumes cibles peuvent s'avérer, eux aussi, irradiés, et ainsi être à risque de complication à court et/ou à long terme. De la même façon que pour les volumes cibles, la définition des organes à risque (*organs at risk* [OAR]) bénéficie aussi des progrès de l'imagerie. Ainsi, certains OAR difficilement identifiables sur tomodensitométrie font maintenant l'objet de considérations dosimétriques depuis la démocratisation de l'IRM. C'est le cas de l'hippocampe lors de certaines irradiations cérébrales (Fig. 2.14). Cette préservation hippocampique pourrait ainsi permettre une meilleure préservation des fonctions cognitives.

L'imagerie moléculaire permet aussi de faire évoluer la façon de considérer les OAR. Ces examens permettent en effet non seulement l'étude anatomique habituelle, mais y ajoutent des données concernant la fonction de l'organe. Les macroagrégats d'albumine marqués au Galium 68 (^{68}Ga-MAA) peuvent être utilisés pour évaluer la perfusion pulmonaire, et donc mettre en évidence des zones plus ou moins fonctionnelles [2.7]. Des études sont en cours pour évaluer l'utilité de l'épargne de ces zones plus fonctionnelles.

Les progrès techniques se poursuivent, et la façon de réfléchir et définir les OAR continuera donc d'évoluer. L'intégration de l'IRM en tenseur de diffusion dans la définition des volumes de RT pourrait ainsi permettre une épargne préférentielle de faisceaux de conduction nerveuse importante (Fig. 2.15).

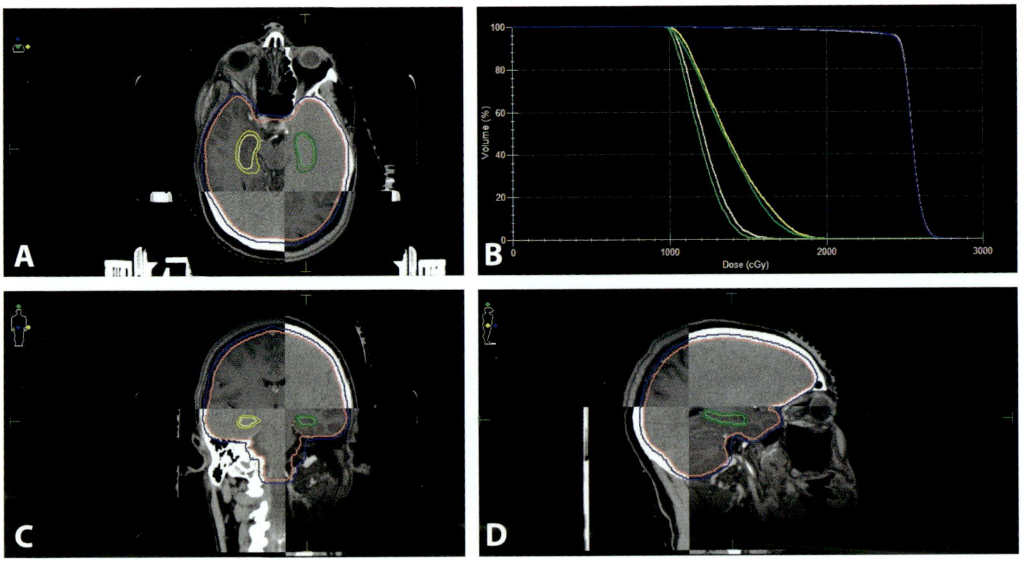

Figure 2.14. Scanner dosimétrique coregistré avec une IRM, dans le cadre d'une irradiation prophylactique cérébrale d'un carcinome bronchique à petites cellules réalisée avec épargne hippocampique. **A.** Vue axiale. **B.** L'histogramme dose-volume permet de s'assurer d'une bonne couverture des volumes cibles par la dose prescrite (courbes rose et bleu) et que le pourcentage de volume des organes à risque recevant une certaine dose reste limité (courbes jaunes et vertes). **C.** Vue coronale. **D.** Vue sagittale.

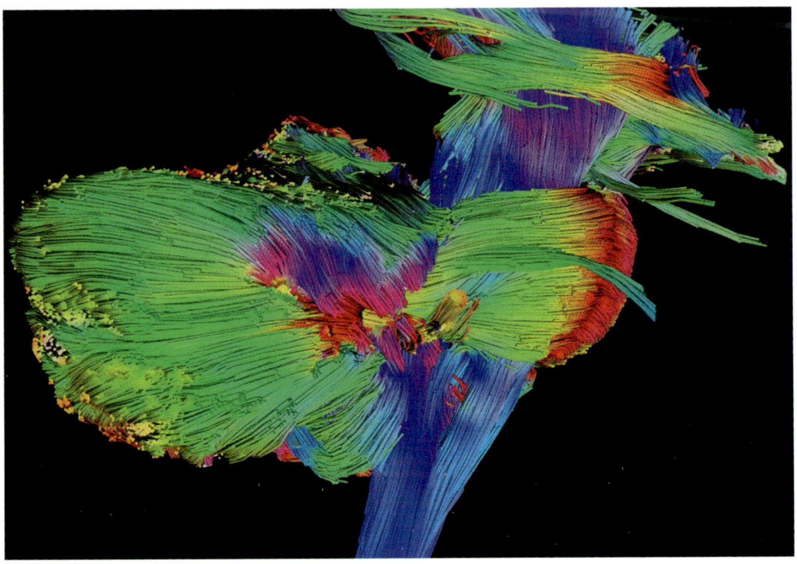

Figure 2.15. Image 3D d'IRM en tenseur de diffusion centrée sur la fosse cérébrale postérieure. (Aimablement fournie par le Pr T Jacquesson).

Les progrès de l'intelligence artificielle ont permis une démocratisation de l'auto-segmentation. Outre un gain de reproductibilité et de temps, ces techniques pourraient faire émerger de nouveaux OAR. Certaines supra-structures encore non considérées, car difficilement délimitables en pratique clinique quotidienne, pourraient ainsi émerger. Ainsi, alors que la préservation des fonctions cognitives réside actuellement essentiellement dans l'épargne hippocampique, le système limbique dans son ensemble (hippocampe, amygdale, gyrus cingulaire, fornix et hypothalamus) pourrait faire l'objet de contraintes dosimétriques particulières.

Imagerie et radiothérapie adaptative

Il peut être décidé de modifier durant le traitement les volumes précédemment définis. Cette RT dite « adaptative » peut être motivée par des modifications anatomiques du patient ou de la tumeur, ou bien en cas de déviation dans la dose réellement délivrée (Fig. 2.16).

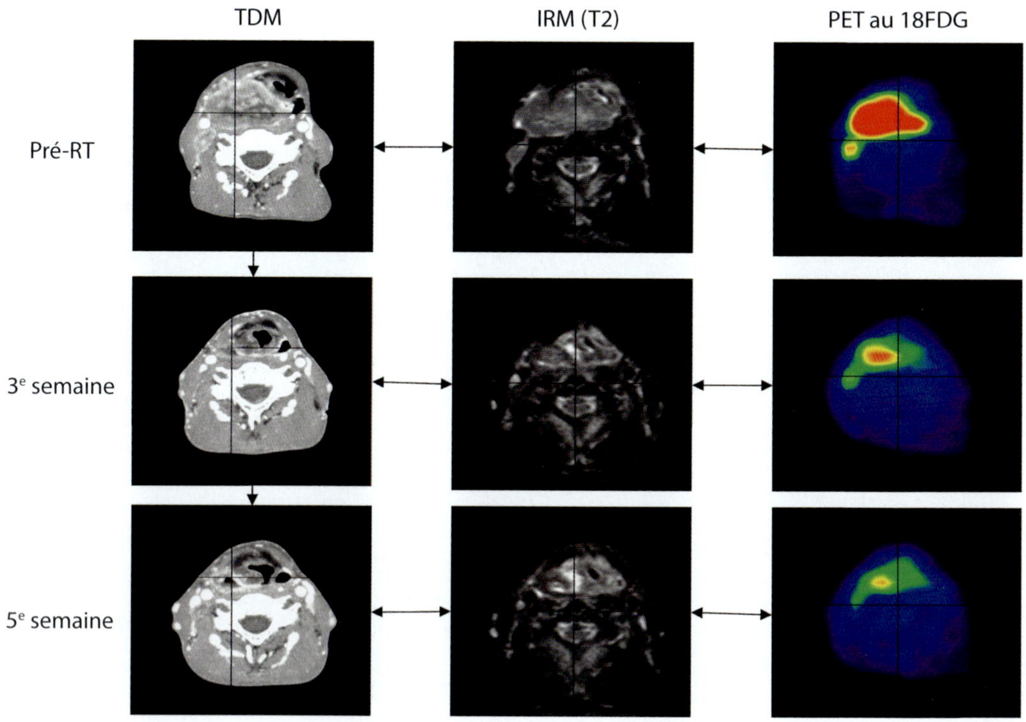

Figure 2.16. Modifications anatomiques observées en cours de radiothérapie d'une tumeur hypopharyngée selon trois modalités d'imagerie en comparaison avec l'imagerie prétraitement.

Les objectifs peuvent résider dans une diminution de la dose aux OAR afin d'en limiter les séquelles, ou bien une augmentation de la dose sur les volumes résiduels [2.8, 2.9]. Ces modifications peuvent être mises en évidence par les différents systèmes de RT guidée par l'image. En cas de RT adaptée à l'anatomie :

- les imageries kV-kV peuvent mettre en évidence une majoration importante d'un lymphocèle en cas d'irradiation mammaire ;
- les imageries tomographiques coniques (*cone beam computed tomography* [CBCT]) peuvent mettre en évidence une perte de poids rapide en cas d'irradiation de cancers de la tête et du cou.

En cas de RT adaptée à la réponse, l'objectif recherché peut être une augmentation de dose sur un volume résiduel donc considéré plus radiorésistant ou bien l'assurance de l'épargne initialement prévue des OAR [2.9, 2.10].

Plusieurs équipements intègrent à ce jour des systèmes d'imagerie et de replanification (Ethos® et accélérateurs linéaires couplés à une IRM, appelés IRM-Linac), permettant une RT adaptative quotidienne (**Fig. 2.17**). Certains patients avec des localisations tumorales à haut risque de complication, donc difficilement accessibles à des traitements standards, peuvent ainsi être facilement traités. L'adaptation aisée du plan de traitement et la réduction des marges qui en résulte permettent par exemple de réduire les effets indésirables aigus génito-urinaires et gastro-intestinaux dans les cancers de prostate traités sur IRM-Linac [2.11]. Les progrès dans les domaines instrumentaux et logiciels pourront rendre ces machines plus accessibles à la fois financièrement et logistiquement, *via* une meilleure automatisation des tâches.

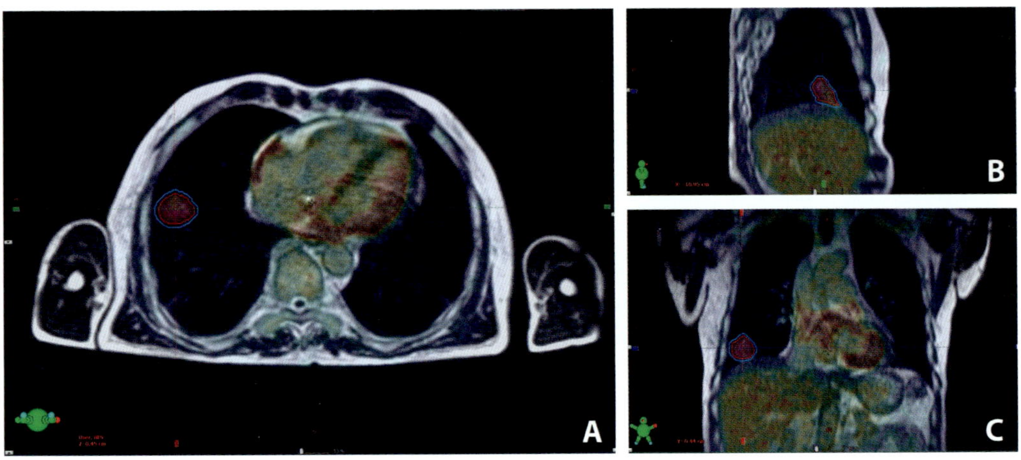

Figure 2.17. Recalage d'images TEP sur IRM dans le cadre d'une planification de traitement en conditions stéréotaxiques sur IRM couplée à un accélérateur linéaire avec *gating* en temps réel. En rouge : GTV (avec GTV = CTV). En bleu : PTV. **A.** Vue axiale. **B.** Vue sagittale. **C.** Vue coronale.

Évaluation de la réponse thérapeutique

L'utilisation de données d'imagerie est aussi essentielle à la prédiction et à l'évaluation de la réponse thérapeutique afin d'orienter les traitements ou le suivi. En cas de tumeur de la sphère oto-rhino-laryngée traitée par radiochimiothérapie, la persistance d'un hypermétabolisme ganglionnaire peut orienter vers un curage ganglionnaire de clôture [2.12].

Certains critères ont été développés pour évaluer la réponse tumorale sur les imageries post-traitement. Les plus fréquemment utilisés sont les RECIST (*response evaluation criteria in solid tumors*) et PERCIST (*PET response criteria in solid tumors*), basés essentiellement sur des critères morphologiques simples tels que le plus grand axe lésionnel. Néanmoins, ces critères peuvent être pris à défaut par certaines tumeurs [2.13], amenant à conserver un regard critique sur ces scores et à développer des méthodes alternatives plus avancées et/ou plus spécifiques à chaque type tumoral.

Grâce aux progrès informatiques, il est maintenant possible d'analyser un grand nombre de données par apprentissage automatisé (*machine learning*) ou profond (*deep learning*). C'est le cas entre autres des données numériques issues d'imageries médicales. Leur étude quantitative définit le domaine récent des analyses radiomiques. Ainsi en intégrant des données plus complexes, telles que des informations de texture, la complexité et l'hétérogénéité du volume tumoral sont mieux prises en compte (**Fig. 2.18**). Des modèles sont actuellement développés afin de prédire la réponse aux traitements ou d'en évaluer l'efficacité.

Ce pan de recherche encore récent fait face à diverses problématiques telles que la difficulté de reproductibilité intra et intermachines, d'autant plus en cas de données qualitatives ou semi-quantitatives. Outre des efforts de standardisation méthodologique, des progrès dans les méthodes mêmes d'imagerie pourraient résoudre une partie de ces problèmes. C'est le cas de certaines méthodes d'IRM permettant d'acquérir des données quantitatives, plus robustes et reproductibles, tels que les coefficients apparents de diffusion (ADC) ou certains paramètres pharmacocinétiques (K^{trans}) respectivement en séquences de diffusion et de perfusion.

Conclusion

Les relations entre les différentes imageries médicales et la RT résident donc tout à la fois dans :

- le diagnostic, la caractérisation des lésions pour identifier les différents volumes ;
- la définition anatomique précise de ces volumes et la prise en compte de données biologiques *via* l'imagerie moléculaire ;
- le suivi en cours et à distance du traitement ;
- la prédiction à la fois de la réponse de la tumeur et du pronostic du patient.

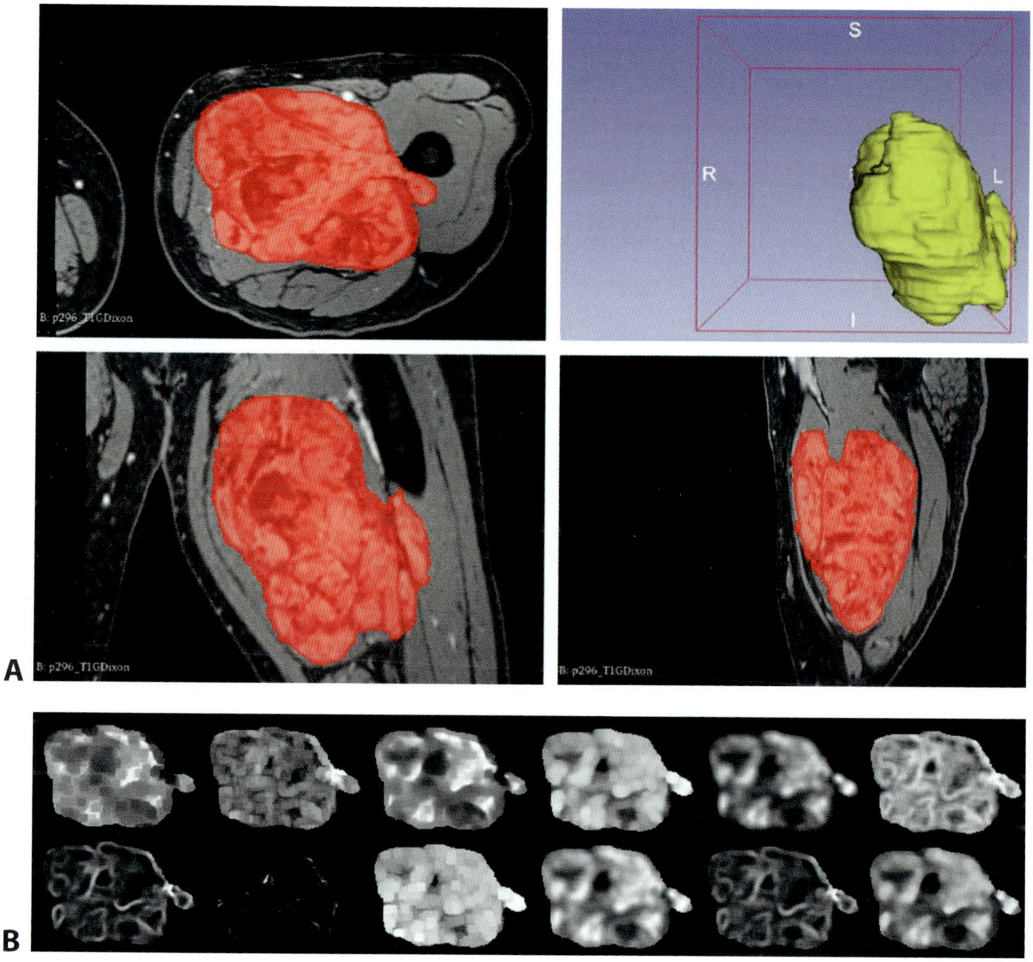

Figure 2.18. **A.** Sarcome de cuisse gauche (en surbrillance rouge ; vues axiale en haut à gauche, coronale en bas à gauche et sagittale en bas à droite) avec modélisation tridimensionnelle (en haut à droite). **B.** Présentation de 12 cartographies d'analyse radiomique tridimensionnelle de la coupe axiale correspondante.

Les progrès scientifiques en cours dans de nombreux domaines (pharmacie, intelligence artificielle, biologie moléculaire, instrumentation, etc.) continueront d'apporter leurs lots d'évolutions techniques, mais aussi conceptuelles. Tout ceci permettra d'enrichir nos pratiques, au bénéfice direct des patients.

Remerciements

Avec le soutien financier de l'ITMO Cancer d'Aviesan dans le cadre de la stratégie décennale de lutte contre les cancers 2021-2030, sur des fonds gérés par l'Inserm.

Références

[2.1] Grégoire V, Evans M, Le QT, *et al.* Delineation of the primary tumour Clinical Target Volumes (CTV-P) in laryngeal, hypopharyngeal, oropharyngeal and oral cavity squamous cell carcinoma: AIRO, CACA, DAHANCA, EORTC, GEORCC, GORTEC, HKNPCSG, HNCIG, IAG-KHT, LPRHHT, NCIC CTG, NCRI, NRG Oncology, PHNS, SBRT, SOMERA, SRO, SSHNO, TROG consensus guidelines. *Radiother Oncol* 2018 ; 126 : 3-24.

[2.2] Salembier C, Villeirs G, De Bari B, *et al.* ESTRO ACROP consensus guideline on CT- and MRI-based target volume delineation for primary radiation therapy of localized prostate cancer. *Radiother Oncol* 2018 ; 127 : 49-61.

[2.3] Lizarraga KJ, Allen-Auerbach M, Czernin J, *et al.* 18F-FDOPA PET for Differentiating Recurrent or Progressive Brain Metastatic Tumors from Late or Delayed Radiation Injury After Radiation Treatment. *J Nucl Med* 2014 ; 55 : 30-6.

[2.4] Wei Y, Li C, Cui Z, *et al.* Structural connectome quantifies tumour invasion and predicts survival in glioblastoma patients. *Brain* 2023 ; 146 : 1714-27.

[2.5] Kerkmeijer LGW, Groen VH, Pos FJ, *et al.* Focal Boost to the Intraprostatic Tumor in External Beam Radiotherapy for Patients With Localized Prostate Cancer: Results From the FLAME Randomized Phase III Trial. *J Clin Oncol* 2021 ; 39 : 787-96.

[2.6] Welz S, Paulsen F, Pfannenberg C, *et al.* Dose escalation to hypoxic subvolumes in head and neck cancer: A randomized phase II study using dynamic [^{18}F]FMISO PET/CT. *Radiother Oncol* 2022 ; 171 : 30-6.

[2.7] Lucia F, Hamya M, Pinot F, *et al.* A Feasibility Study of Functional Lung Volume Preservation during Stereotactic Body Radiotherapy Guided by Gallium-68 Perfusion PET/CT. *Cancers (Basel)* 2023 ; 15 : 1726.

[2.8] Castelli J, Thariat J, Benezery K, *et al.* Weekly Adaptive Radiotherapy vs Standard Intensity-Modulated Radiotherapy for Improving Salivary Function in Patients With Head and Neck Cancer. *JAMA Oncol* 2023 ; 9 : 1056.

[2.9] Vera P, Le Tinier F, Chaumet-Riffaud P, *et al.* 1291O Radiotherapy boost to 74 Gy based on FDG-PET at 42 Gy of radiochemotherapy (RCT) in patients with inoperable stage III non-small cell lung cancer (RTEP7 – IFCT 1401): A prospective multicentre, open-label, randomised, controlled trial. *Ann Oncol* 2023 ; 34 : S745.

[2.10] Giraud N, Schneiders FL, van Sornsen de Koste JR, *et al.* Tumor volume changes during stereotactic ablative radiotherapy for adrenal gland metastases under MRI guidance. *Radiother Oncol* 2023 ; 186 : 109749.

[2.11] Kishan AU, Ma TM, Lamb JM, *et al.* Magnetic Resonance Imaging–Guided vs Computed Tomography–Guided Stereotactic Body Radiotherapy for Prostate Cancer. *JAMA Oncol* 2023 ; 9 : 365.

[2.12] Mehanna H, McConkey CC, Rahman JK, *et al.* PET-NECK: a multicentre randomised Phase III non-inferiority trial comparing a positron emission tomography–computerised tomography-guided watch-and-wait policy with planned neck dissection in the management of locally advanced (N2/N3) nodal metastases in patients with squamous cell head and neck cancer. *Health Technol Assess* 2017 ; 21 : 1-122.

[2.13] Allignet B, Meurgey A, Bouhamama A, *et al.* Impact of histological subtype on radiological and pathological response after neoadjuvant radiotherapy in soft tissue sarcoma. *Eur J Surg Oncol* 2021 ; 47 : 2995-3003.

Chapitre 3

Dosimétrie : photons et protons

Marie-Claude Biston, Caroline Lafond

La radiothérapie (RT) des cancers utilise des rayonnements ionisants afin de détruire les cellules cancéreuses. Grâce à une optimisation dosimétrique, l'objectif est d'arriver à délivrer la dose prescrite au volume cible planifié (PTV) tout en épargnant au maximum les organes à risque (OAR) et les tissus sains à proximité.

Depuis plusieurs années, les techniques de traitement ainsi que les technologies associées n'ont cessé d'évoluer permettant de délivrer des doses plus optimales aux PTV en obtenant des distributions de dose de plus en plus conformées, tout en réduisant la dose aux OAR.

En RT externe, de par leur grande efficacité et leur facilité de production, les rayonnements les plus couramment utilisés (> 99 % des patients) sont des faisceaux de rayons X et des faisceaux d'électrons, produits par des accélérateurs linéaires (Linac). Cependant, d'autres particules ionisantes présentent une potentielle supériorité par rapport aux photons soit grâce à une plus grande efficacité biologique, soit grâce à une plus grande précision balistique. C'est le cas des protons. Néanmoins, ces particules sont produites par des accélérateurs de type cyclotrons ou synchrocyclotrons, qui imposent une infrastructure complexe dont la taille et le coût font que la technique de protonthérapie est encore peu développée.

Dans ce chapitre, nous allons présenter les grandeurs dosimétriques permettant de caractériser la dose dans le patient. Nous décrirons ensuite les technologies permettant de délivrer les traitements de RT avec des photons et des protons ainsi que les distributions de dose spécifiques à ces différentes particules. Dans la seconde partie de ce chapitre, nous décrirons les différents types de planifications dosimétriques ainsi que les outils nécessaires à la réalisation d'un plan de traitement. Enfin, nous évoquerons les axes de développement autour de la planification.

Grandeurs dosimétriques

Selon l'observatoire national de la radiothérapie, la RT externe a comptabilisé presque 240 000 nouveaux traitements en 2021, 62 % étaient réalisés avec de la modulation d'intensité, 13 % en conditions stéréotaxiques et 0,5 % en protonthérapie. La curiethérapie a concerné 7 157 patients en 2021 [3.1].

La RT utilise le concept de dose absorbée plus souvent nommée simplement « dose ». La dose correspond au rapport entre la quantité d'énergie déposée par un rayonnement ionisant par unité de masse. L'unité de la dose est le gray (Gy) qui correspond à 1 Joule par kilogramme ($J.kg^{-1}$). L'oncologue-radiothérapeute va prescrire à la tumeur une dose totale exprimée en Gy qui doit être délivrée de façon plus ou moins fractionnée et selon un étalement précis. Par exemple, pour un cancer du sein traité par RT externe, l'oncologue-radiothérapeute peut prescrire 40,05 Gy en 15 fractions quotidiennes de 2,67 Gy réparties sur 3 semaines.

En RT externe, la source de rayonnement est externe au patient et est fournie très majoritairement par un accélérateur linéaire d'électrons. Cette machine permet d'accélérer des électrons à des énergies très élevées allant majoritairement jusqu'à 6 MeV mais parfois jusqu'à 25 MeV. Ces électrons sont ensuite transformés en photons nommés photons de 6 MV ou 25 MV respectivement.

L'électron Volt (eV) est l'énergie accumulée par une charge élémentaire dont la charge électrique est égale à $1,6022 \times 10^{-19}$ C (coulomb) accélérée sous une différence de potentiel de 1 volt (V).

Pour le cas particulier de la protonthérapie, la source de rayonnement peut être un cyclotron, un synchrocyclotron ou un synchrotron qui va accélérer des protons jusqu'à des énergies de 200 à 250 MeV.

En curiethérapie, la source de rayonnement est une source radioactive interne au patient. Une source radioactive est caractérisée par son activité (A) qui correspond au nombre de désintégrations par unité de temps. Son unité est le becquerel (Bq) avec 1 Bq égal à 1 s^{-1}. Une source radioactive émet des rayonnements qui peuvent être variés : photon gamma (γ), particule bêta (β), particule alpha (α).

Les effets des rayonnements sur les tissus sont variables en fonction de la qualité du rayonnement utilisé, c'est-à-dire s'il s'agit d'électrons, de photons, de protons ou de particules alpha, etc. et en fonction de leur énergie (ou spectre énergétique) associée. La notion de transfert d'energie linéique (TEL) permet de caractériser l'énergie transférée d'une particule à la matière par unité de distance. Son unité s'exprime en $keV.\mu m^{-1}$. Les photons sont considérés comme des rayonnements à faible TEL (faiblement ionisants) contrairement aux protons qui sont considérés comme des rayonnements à fort TEL (fortement ionisants).

Les matériaux ont des capacités variables pour arrêter ou ralentir les rayonnements. On parle de pouvoir d'arrêt défini par l'énergie moyenne perdue par unité de distance le long du trajet de la particule incidente. Son unité s'exprime en MeV/cm. Le pouvoir d'arrêt total est la somme du pouvoir d'arrêt de collision (lié aux interactions des électrons) et du pouvoir d'arrêt radiatif (ou *bremsstrahlung*, lié aux interactions des photons). Pour les photons, le pouvoir d'arrêt est caractérisé par la section efficace qui traduit la probabilité d'interaction entre les photons incidents et le matériau.

Technologies de traitement

Accélérateurs linéaires

Un accélérateur linéaire conventionnel est un dispositif permettant d'accélérer des électrons à travers une cavité linéaire ou section accélératrice, grâce à des ondes électromagnétiques de haute fréquence. Le faisceau d'électrons de haute énergie peut être directement utilisé à des fins de traitement (cela concerne un pourcentage des traitements très faible), ou être converti en faisceau de photons par production de rayonnement de freinage en bombardant une cible de matériau à Z élevé, située dans la tête de l'accélérateur. Des pulsations de haute tension, dont la fréquence est de l'ordre du MHz sont envoyées par une alimentation dans un magnétron ou un klystron et en même temps dans un canon à électrons servant à produire les électrons et à les injecter dans la section accélératrice (Fig. 3.1). Le magnétron ou le klystron ont pour rôle de produire le champ électromagnétique de haute fréquence qui va être envoyé dans le tube d'accélération par l'intermédiaire d'un guide d'ondes et qui va transporter ces électrons.

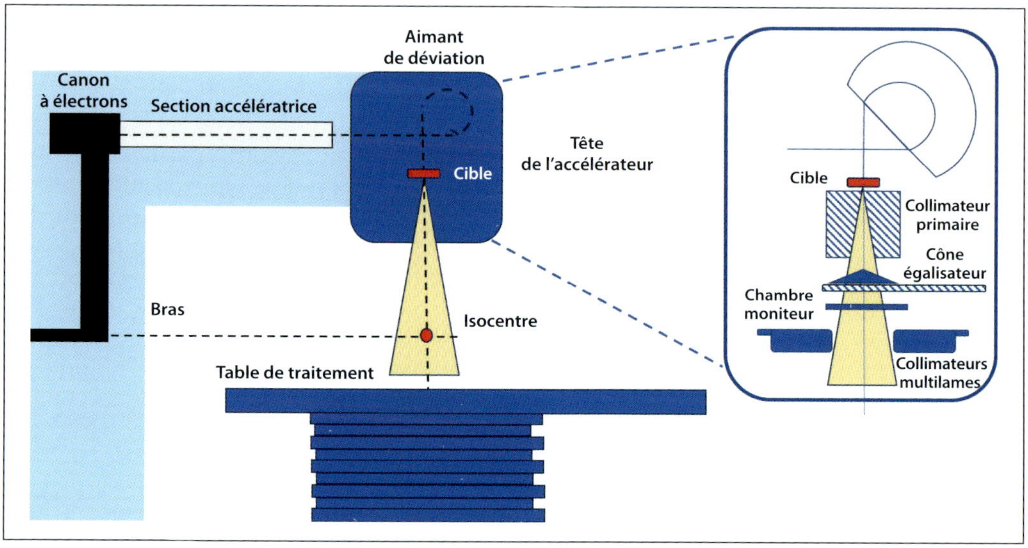

Figure 3.1. Schéma de principe d'un accélérateur linéaire.

La section accélératrice est un tube en cuivre composé de multiples cavités résonantes. Le champ électromagnétique produit par le magnétron ou le klystron produit une onde stationnaire dans les cavités résonantes. Le tube d'accélération est placé dans un vide poussé afin que les électrons accélérés subissent le moins possible de collisions avec des particules résiduelles. Les électrons sont injectés dans le tube avec une énergie de l'ordre de 50 keV. Sur une distance de 1 mètre environ, ils acquièrent une énergie pouvant aller jusqu'à 25 MeV. La section accélératrice étant positionnée perpendiculairement au faisceau d'irradiation, le faisceau d'électrons doit être dévié pour pouvoir être aligné dans la direction de traitement. Pour ce faire, un aimant de déviation est positionné dans la tête de l'accélérateur et permet de dévier les électrons de 270°, pour une rotation au-dessus de la section accélératrice. La tête d'accélérateur est composée entre autres d'une cible amovible (matériau de Z élevé) permettant la production de faisceaux de photons, grâce à la production d'un rayonnement dit « de freinage ».

Parmi les autres composants, on retrouve des chambres d'ionisation permettant de contrôler non seulement le débit du faisceau pour le réguler, mais également de vérifier la symétrie du faisceau afin de garantir une homogénéité sur l'ensemble du champ irradié. La taille et la forme du champ de traitement sont définies grâce à la présence de mâchoires mobiles, ainsi que de collimateurs multilames (MLC).

Le bras de l'accélérateur qui contient l'ensemble des éléments décrits ci-dessus (hormis l'alimentation et le magnetron/klystron) permet d'irradier le patient dans toutes les directions, en effectuant une rotation de 360° autour du patient allongé sur la table, dans un plan parallèle au faisceau de rayonnement. Ce bras tourne autour d'un point fixe qui est l'isocentre de la machine. Enfin, la table de traitement peut également effectuer une rotation de 180° autour de cet isocentre.

D'autres types d'accélérateurs ayant une architecture différente, et produisant des photons de 6 MV uniquement sont également disponibles. Le premier type d'accélérateur possède une architecture de type tunnel, similaire à un tomodensitomètre. L'accélérateur est installé dans un anneau qui tourne autour du patient. En particulier, pour la tomothérapie hélicoïdale (Radixact® de la société Accuray), la table sur laquelle le patient est positionné se déplace longitudinalement dans l'anneau pendant toute l'irradiation à la manière d'un examen tomodensitométrique, ce qui permet d'irradier en continu sur une grande longueur (jusqu'à 130 cm), alors que pour la technologie précédente, la longueur maximum de champ d'irradiation sans faire de jonction est généralement de 40 cm. La tomothérapie hélicoïdale possède également un MLC. À la différence d'un accélérateur conventionnel où les lames se déplacent pour s'adapter à la forme de la tumeur, celles de la tomothérapie hélicoïdale vont s'ouvrir et se fermer très rapidement en fonction des projections autour du patient, permettant ainsi de générer un nombre important de mini-faisceaux. D'autres accélérateurs de type tunnel ont des MLC de technologie similaire à celui d'un accélérateur conventionnel : ce sont le cas, en particulier, des IRM-Linac et des Halcyon™/Ethos™ de la société Varian.

Les IRM-Linac sont des accélérateurs monoénergie couplés à une IRM. Cela permet de visualiser, avant et pendant la délivrance du traitement, les volumes cibles avec un très bon contraste des tissus mous contrairement aux imageries basées RX. Leur développement est très récent et deux types de machine sont actuellement utilisés en clinique :

le MRIdian® de ViewRay basé sur un IRM bas champ de 0,35 Tesla et le Unity® de la société Elekta basé sur une IRM de champ standard 1,5 Tesla. La très bonne qualité d'image et la possibilité de multiplier les images par séance de traitement font que ces machines sont très majoritairement utilisées pour faire de la radiothérapie adaptative *online* (voir *supra*). Il est à noter que, à la différence des technologies tunnel, la table de traitement d'un accélérateur conventionnel peut subir des rotations de plus ou moins 90° autour de l'isocentre, permettant ainsi de réaliser des incidences dites « non coplanaires », c'est-à-dire dans d'autres plans que le plan transverse du patient.

Une autre technologie, le CyberKnife®, possède un accélérateur de photons de 6 MV monté sur une tête au bout d'un bras robotisé, et qui se déplace avec 6 degrés de liberté. Il peut être équipé d'un MLC mais également de collimateurs coniques ou en iris de différents diamètres permettant de délivrer le traitement grâce à une multitude de mini-faisceaux non coplanaires.

Enfin, il existe d'autres machines plus confidentielles, non décrites dans cette partie, qui sont utilisées pour des techniques de traitement et des localisations tumorales spécifiques.

Accélérateurs circulaires

La production de protons impose une infrastructure beaucoup plus complexe construite autour d'un cyclotron, d'un synchrocyclotron ou d'un synchrotron, avec lequel on va générer le faisceau. Comme décrit au chapitre 2, ces différents accélérateurs reposent tous sur le principe de continuellement accélérer des particules chargées dans un anneau circulaire, grâce à l'action d'un champ magnétique. Ce champ magnétique peut être fixe ou variable en fonction de la technologie. Les particules atteignent ensuite la périphérie de la machine où elles sont éjectées de l'accélérateur avec une énergie appropriée (typiquement 70-230 MeV). Le faisceau va ensuite alimenter une ou plusieurs salles de traitement. Différentes configurations de salles sont disponibles :

- des salles avec des incidences de faisceau fixe, avec une direction de faisceau soit verticale, soit horizontale, soit oblique, sachant qu'une même salle peut être équipée de deux incidences différentes ;
- des salles équipées de bras isocentriques, permettant, comme pour une RT utilisant des photons, avec un accélérateur classique, de tourner autour du patient et de ne pas être limité d'un point de vue balistique. On note toutefois que l'encombrement et le poids d'un bras produisant des protons (environ 120 tonnes) sont beaucoup plus importants que ceux d'un bras produisant des électrons ou des photons (environ 5 tonnes).

Le coût et l'encombrement non négligeables de telles structures ont mené les constructeurs à également réfléchir à des solutions compactes plus économiques et plus facilement intégrables au sein d'un service de RT. Cela est rendu possible grâce à la diminution de la taille du cyclotron qui se retrouve ainsi embarqué sur le bras de l'accélérateur. Cette solution ne permet de desservir qu'une salle de traitement.

Distribution de dose

L'énergie des électrons produits par un accélérateur linéaire se situe principalement entre 4 et 20 MeV. Dans un milieu équivalent-eau (le corps humain est composé à 70 % d'eau), la profondeur du maximum de dose se situe entre 1,3 et 6,6 cm environ, mais au-delà de cette profondeur, la dose chute brutalement (Fig. 3.2). Ainsi, on utilise préférentiellement ces faisceaux pour le traitement de tumeurs superficielles, préservant ainsi les tissus se situant en aval de la lésion.

L'énergie des photons produits par un accélérateur linéaire se situe principalement entre 6 et 25 MV. Dans un milieu équivalent-eau, la profondeur du maximum de dose est située entre 1,5 et 3,5 cm, et la profondeur du 50 % de dose est située entre 15 et 20 cm (Fig. 3.2). Contrairement aux faisceaux d'électrons, la dose délivrée aux tissus profonds est importante. De plus, les tissus sains situés en amont vont également rece-

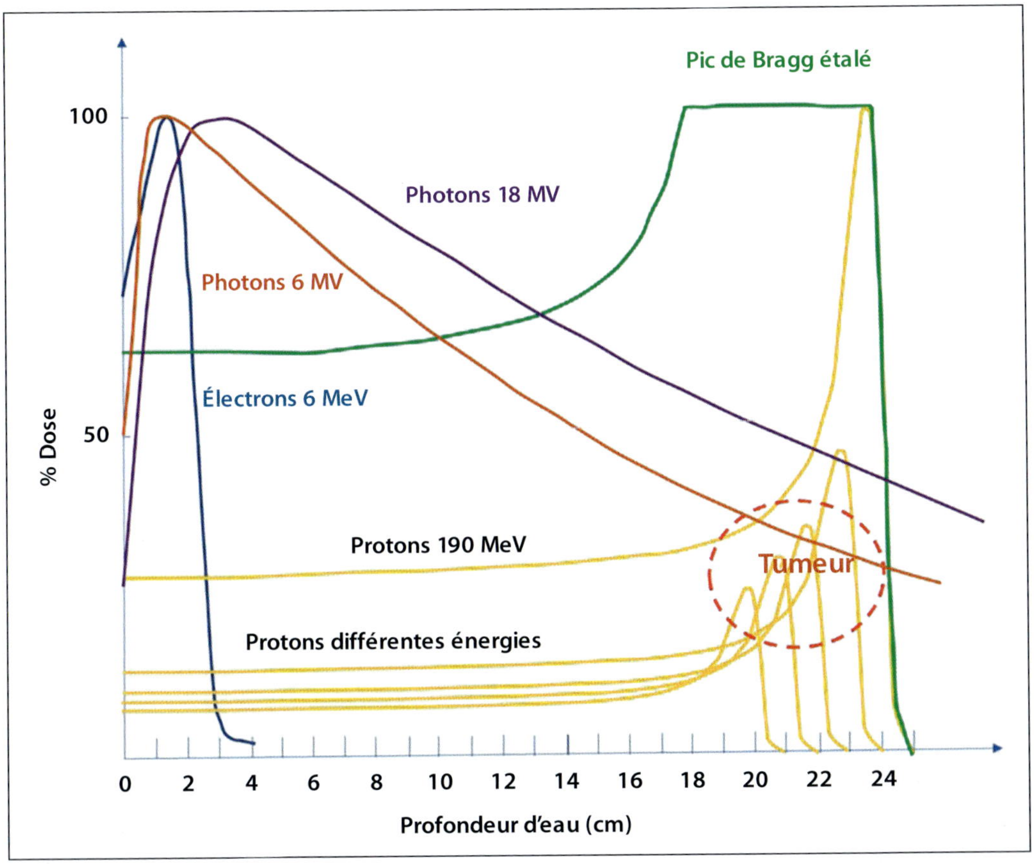

Figure 3.2. Comparaison des rendements de dose en profondeur pour différentes particules.

voir une dose plus importante que la tumeur. Si l'on veut limiter la dose aux tissus sains situés en amont et en aval de la tumeur, l'un des principes de base de la RT par faisceaux de photons consiste à utiliser plusieurs incidences pour maximiser la dose dans la zone où les faisceaux se recoupent, et minimiser la dose en dehors de cette zone.

La première étape a été la radiothérapie conformationnelle tridimensionnelle (RTC-3D). Cette technique consiste à utiliser des incidences fixes (généralement 2 à 12 incidences de faisceaux parallèles/opposés) et à chaque incidence, à adapter la forme du faisceau d'irradiation à celle de la tumeur, grâce à la présence du MLC. Pendant la phase de planification, l'opérateur (physicien ou dosimétriste) choisit l'énergie des faisceaux, les incidences de manière pertinente par rapport à la géométrie des volumes, la contribution en dose de chaque faisceau et potentiellement la présence d'accessoire comme un filtre en coin pour délivrer la dose prescrite à la tumeur.

La présence du MLC au niveau de la tête de l'accélérateur a permis l'émergence de techniques majeures telles que la radiothérapie conformationnelle avec modulation d'intensité (RCMI ou *intensity modulated radiotherapy* [IMRT]) décrite en partie 2. Comme la RTC-3D, cette technique a d'abord été déployée en utilisant des incidences de faisceaux fixes. L'intensité de chaque faisceau est modulée grâce à un déplacement pas à pas (*step and shoot*) ou bien en continu des lames (*sliding window*) dans le faisceau, ce qui permet d'obtenir des distributions de dose beaucoup plus conformées que la RTC-3D. Cette technique a connu de nombreuses évolutions techniques, avec la possibilité de combiner le déplacement en continu à vitesse variable des lames avec une rotation en continu à vitesse variable du bras de l'accélérateur et une variation en continu du débit de dose autour du patient. Cette technique est appelée VMAT (*volumetric modulated arc therapy*).

Ainsi, par rapport à la RTC-3D, ces techniques ont permis de mieux cibler la tumeur et de réduire les toxicités graves en limitant les doses élevées à une petite quantité de tissus sains. Toutefois, ce meilleur ciblage associé à la multitude de portes d'entrées des faisceaux se fait au détriment d'une exposition plus importante de tissus sains à des doses faibles potentiellement responsables de cancers radio-induits.

Dans le cas particulier des protons, la dose déposée dans les tissus en surface est faible ce qui est un avantage indéniable par rapport aux photons (**Fig. 3.2**). Le dépôt de dose se fait à une profondeur précise sur une longueur limitée, c'est le pic de Bragg. Cette profondeur est ajustable en faisant varier l'énergie du faisceau. La largeur du pic de Bragg peut également être modifiée par différentes techniques (**Fig. 3.2**), notamment en faisant varier l'énergie du faisceau de protons afin d'offrir une plus large plage d'utilisation efficace en clinique puisque les tumeurs font rarement quelques millimètres d'épaisseur. Au-delà de ce pic, la dose résiduelle est quasi nulle, contrairement aux photons. Il est ainsi possible d'arrêter le rayonnement en amont d'une structure à risque. Un autre avantage est la faible diffusion latérale du faisceau : sur les bords du faisceau, la zone de diffusion (pénombre latérale) s'élargit au fur et à mesure de la pénétration du faisceau en profondeur. Toutefois, elle reste presque tout le temps (sauf en toute fin de parcours) inférieure à celle des autres rayonnements utilisés en RT. Ainsi, l'exploitation combinée de la pénombre latérale et du parcours fini des particules permet d'optimiser la distribution de la dose sur le volume à traiter, tout en minimisant la dose dans les tissus sains avoisinants.

Le **tableau 3.1** récapitule les caractéristiques des particules décrites précédemment, ainsi que les principales indications pour lesquelles elles sont choisies, lorsqu'elles sont disponibles.

Sur la **figure 3.3**, sont représentés des exemples de dosimétries comparatives obtenues avec une technique VMAT utilisant 1 à 2 arcs de faisceaux de photons, et une technique utilisant 2 à 4 incidences fixes de faisceaux de protons, pour différentes localisations. Le bénéfice des protons est clairement visible dans chacun des cas, avec une nette réduction de la dose à l'encéphale sain pour les indications cérébrales, et à l'intestin pour la localisation sacrée.

La **figure 3.2** et le **tableau 3.1** sont donnés à titre indicatif et les valeurs sont soumises à variation (pour approfondir le sujet : [3.2]).

Tableau 3.1. Caractéristiques des faisceaux de traitement.

Particules	Rendement en profondeur	Profondeur du maximum	Indications
Électrons 6-20 MeV	Mauvais 50 % à ≈ 2-8 cm	1,3-6 cm	Tumeurs surfaciques ou semi-profondes
Photons de haute énergie 6-25 MV	Bon 50 % à ≈ 15-20 cm	1,5-3,5 cm	Tout type de tumeurs : dose en surface importante, dose en sortie importante
Protons	Pic de Bragg	Ajustée en fonction de l'énergie	Toutes indications : 50 MeV = tumeurs ophtalmiques > 50 MeV = tumeurs profondes Dose en sortie de pic de Bragg quasi nulle

Planification dosimétrique

Calcul de dose

L'estimation de la dose délivrée au patient repose sur l'utilisation d'algorithmes de calcul de dose. Il existe différents types d'algorithmes dont la précision en particulier en condition d'hétérogénéités tissulaires importantes (cavités aériennes, tissus pulmonaires, os, etc.) est variable sur la prise en compte correcte du parcours des électrons secondaires. Les algorithmes les plus performants du marché reposent sur des méthodes de simulation Monte-Carlo, sur des méthodes de superposition et de convolution de kernels type CCC (*collapsed cone convolution*) ou encore sur des méthodes analytiques type AAA (*analytical anisotropic algorithm*). Ces algorithmes sont souvent regroupés dans une classification sous le nom d'algorithme de type B. Par opposition, les algorithmes de type A sont des algorithmes de calcul de dose plus simples (demandant des temps de calcul plus courts) mais estimant de façon moins précise la dose,

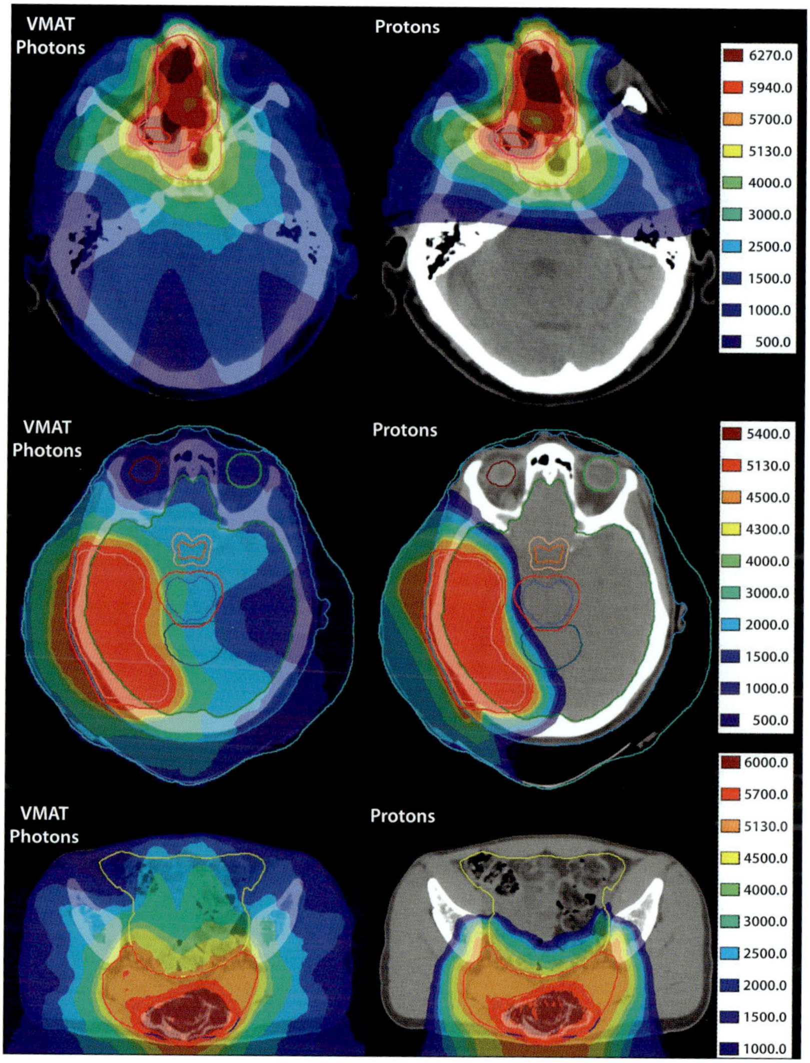

Figure 3.3. Exemples de distributions de doses obtenues avec des faisceaux de photons de 6 MV en technique VMAT, en comparaison avec une dosimétrie réalisée avec des faisceaux de protons d'énergie variable allant jusqu'à 190 MeV.

en particulier au niveau des hétérogénéités tissulaires. C'est le cas par exemple des algorithmes de type « pencil beam ». Actuellement, avec la précision des techniques utilisées et les performances des systèmes de calcul, il est très fortement recommandé d'utiliser des algorithmes de type B. Les algorithmes de type A sont encore utilisés pour des calculs intermédiaires de la dose lors du processus itératif d'optimisation en dosimétrie inverse expliqué ci-après. Dans ce cas, un calcul final basé sur un algorithme de type A sera réalisé.

Principe dosimétrie directe et inverse

Notons que le développement des techniques de RCMI par faisceaux fixes ou VMAT n'aurait pas été possible sans l'émergence de nouveaux algorithmes, au niveau des logiciels de planification de traitement (*treatment planning system* [TPS]), permettant de réaliser une optimisation dite inverse. En RCMI, la planification dosimétrique est basée sur la résolution du problème inverse en raison de la multiplication des paramètres variables à optimiser. Le but de la planification dosimétrique inverse est de trouver les profils des faisceaux optimaux parmi l'ensemble des solutions possibles. Le schéma général de la planification inverse est le suivant :

- l'opérateur renseigne les objectifs de dose attendus pour le patient ;
- le logiciel inverse optimise la fluence du faisceau grâce à un processus itératif dont l'objectif est de minimiser une fonction objectif qui traduit l'écart entre la dose attendue par l'opérateur et celle proposée par le système ;
- une segmentation est réalisée afin de traduire la fluence théorique du faisceau en fluence réalisable par l'accélérateur, c'est-à-dire en une combinaison de positions de lames et de pondération en dose des faisceaux.

Ainsi généralement la planification inverse en RCMI utilise deux algorithmes : un premier pour l'optimisation de la fluence et un second pour la segmentation. Certains logiciels réalisent une planification RCMI en une seule étape en prenant en compte les paramètres du collimateur pendant l'optimisation de la fluence.

Avant de commencer le processus inverse, l'opérateur doit définir une série de paramètres balistiques comme l'énergie, le nombre et la position des faisceaux en cas de RCMI par faisceaux fixes ou la position de début et de fin du ou des arcs en cas de VMAT. L'opérateur doit également renseigner un ensemble de paramètres lors du processus inverse (**Fig. 3.4**). Il s'agit des objectifs de doses à atteindre mais aussi des paramètres propres au processus itératif d'optimisation et à l'algorithme de segmentation. L'ensemble du champ de la RCMI peut être approfondi dans l'ouvrage *Intensity Modulated Radiation Therapy* [3.3].

Dosimétrie robuste

Depuis de nombreuses années, que ce soit en RTC-3D ou en RCMI, le volume sur lequel on prescrit la dose est représenté par le PTV (voir **chapitre 2**). Le PTV est un concept géométrique défini de telle sorte que le CTV reçoive la dose prescrite malgré les incertitudes liées à la préparation et à la réalisation du traitement [3.4]. Considéré depuis de nombreuses années comme un outil efficace pour tenir compte de ces incertitudes, il est depuis peu challengé par un nouveau concept : la planification robuste. Celle-ci comprend deux étapes fondamentales : l'optimisation robuste et l'évaluation de la robustesse du plan de traitement obtenu.

Avec l'optimisation robuste, les incertitudes de traitement sont directement incorporées dans la fonction objectif décrite au paragraphe précédent, et la prescription de dose

ROI	Function	Description	Weight
	Physical composite objective		
PTV_69,96 Gy	Uniform dose	Uniform dose 6996 cGy	50.00
PTV_52,80 Gy	Uniform dose	Uniform dose 5280 cGy	60.00
Parotide_D	Max EUD	Max EUD 2000 cGy, Parameter A 1	5.00
Parotide_G	Max EUD	Max EUD 1000 cGy, Parameter A 1	5.00
Levres	Max EUD	Max EUD 1800 cGy, Parameter A 1	1.00
Cavite_buccale	Max DVH	Max DVH 2800 cGy to 70.00% volume	1.00
Oreille_Int_D	Max dose	Max dose 3800 cGy	1.00
Constricteurs_horsPTV_I	Max EUD	Max EUD 4400 cGy, Parameter A 1	1.00
Cavite_buccale_horsPTV	Max EUD	Max EUD 3000 cGy, Parameter A 1	1.00
Levres	Max DVH	Max DVH 3000 cGy to 2.00% volume	1.00
Sous_max_G	Max EUD	Max EUD 3500 cGy, Parameter A 1	1.00
Tronc+5mm	Max dose	Max dose 4500 cGy	1.00
Moelle+5mm	Max dose	Max dose 4000 cGy	5.00
External	Dose fall-off	Dose fall-off [H]7000 cGy [L]3500 cGy, Low dose distance 1.00 cm	20.00
External	Dose fall-off	Dose fall-off [H]7000 cGy [L]1100 cGy, Low dose distance 4.00 cm	5.00
External	Dose fall-off	Dose fall-off [H]5200 cGy [L]2600 cGy, Low dose distance 1.00 cm	20.00
External	Dose fall-off	Dose fall-off [H]5200 cGy [L]800 cGy, Low dose distance 4.00 cm	5.00

Figure 3.4. Exemple de prescription dans le cas d'une optimisation inverse en ORL (prescription en *boost* intégré à deux niveaux de dose 69,96 Gy et 52,80 Gy). Les objectifs de dose sont classiquement fixés sur les PTV en termes de dose à atteindre, sur les OAR en termes de dose maximale, ponctuelle ou sur un volume, et sur les tissus sains en termes de gradient de dose.

se fait directement sur le CTV (**Fig. 3.5**). L'opérateur va indiquer au TPS la magnitude des erreurs susceptibles d'apparaître durant le traitement. En pratique, ces erreurs sont traduites :

- en distance ou « précision de repositionnement » (souvent comprise entre 3 et 5 mm et bien souvent associée à la précision du système d'imagerie et à la performance du système de contention) ;
- en précision au niveau du parcours des particules (exprimée en pourcent). Ce paramètre est spécifique à la protonthérapie uniquement, puisque, contrairement aux photons, les mouvements internes des organes ou les modifications de l'anatomie du patient peuvent gravement nuire à la distribution de la dose en raison de la chute brutale de la dose distale. De plus, la performance des algorithmes de calcul sur un CT est sensiblement inférieure pour ces particules par rapport aux faisceaux de photons.

Une fois ces paramètres fixés, dans le processus d'optimisation robuste, la fonction de coût va être optimisée à la fois pour le scénario nominal (où l'on considère zéro erreur) et pour les différents scénarios d'erreurs pour assurer une couverture de volume cible adéquate en présence des incertitudes de magnitudes fixées par l'opérateur. Par exemple, si on fixe une erreur de positionnement de 3 mm dans chacune des directions, ainsi qu'une erreur sur le parcours des protons de 5 % pour une dosimétrie en protonthérapie, le TPS va optimiser à partir du scénario nominal et va également considérer 20 autres scénarios perturbés (déplacements de +/– 3 mm alternativement dans chacune des directions ; perturbation du parcours de – 5 %, 0 % et 5 %).

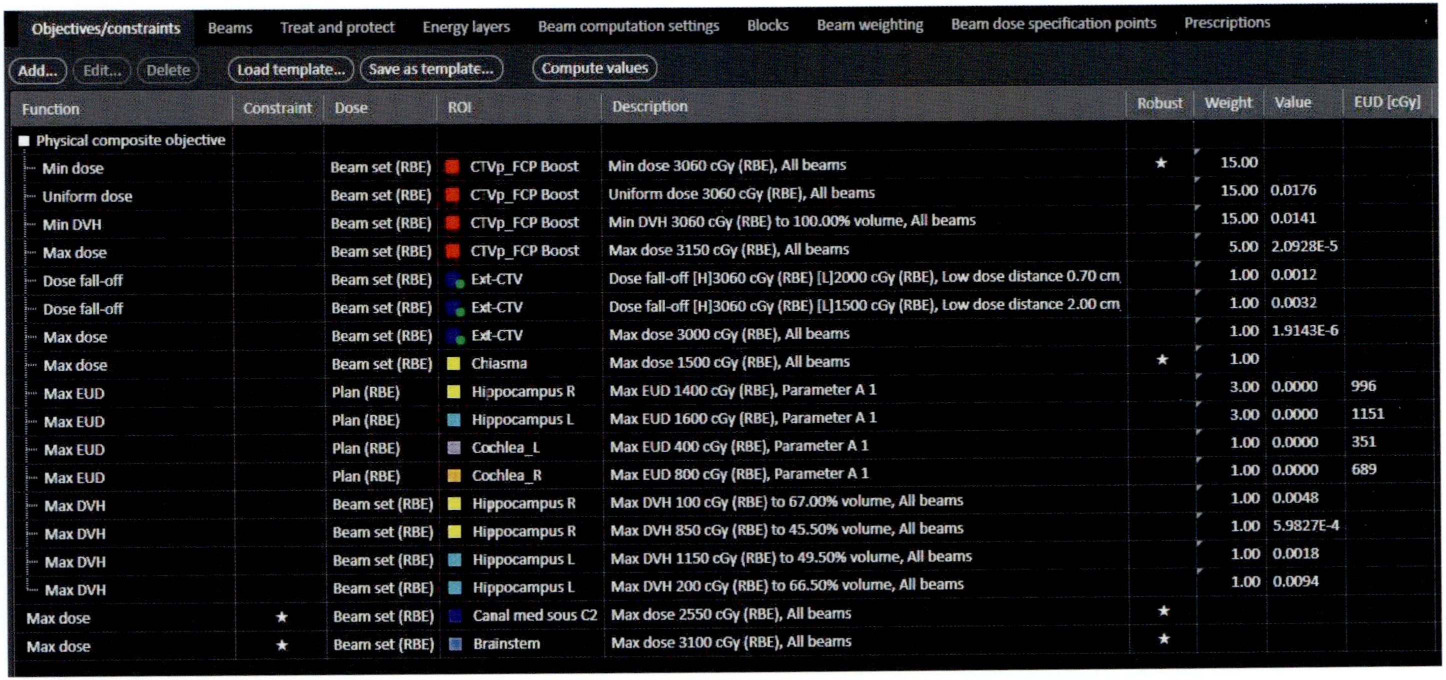

Function	Constraint	Dose	ROI	Description	Robust	Weight	Value	EUD [cGy]
Physical composite objective								
Min dose		Beam set (RBE)	CTVp_FCP Boost	Min dose 3060 cGy (RBE), All beams	★	15.00		
Uniform dose		Beam set (RBE)	CTVp_FCP Boost	Uniform dose 3060 cGy (RBE), All beams		15.00	0.0176	
Min DVH		Beam set (RBE)	CTVp_FCP Boost	Min DVH 3060 cGy (RBE) to 100.00% volume, All beams		15.00	0.0141	
Max dose		Beam set (RBE)	CTVp_FCP Boost	Max dose 3150 cGy (RBE), All beams		5.00	2.0928E-5	
Dose fall-off		Beam set (RBE)	Ext-CTV	Dose fall-off [H]3060 cGy (RBE) [L]2000 cGy (RBE), Low dose distance 0.70 cm		1.00	0.0012	
Dose fall-off		Beam set (RBE)	Ext-CTV	Dose fall-off [H]3060 cGy (RBE) [L]1500 cGy (RBE), Low dose distance 2.00 cm		1.00	0.0032	
Max dose		Beam set (RBE)	Ext-CTV	Max dose 3000 cGy (RBE), All beams		1.00	1.9143E-6	
Max dose		Beam set (RBE)	Chiasma	Max dose 1500 cGy (RBE), All beams	★	1.00		
Max EUD		Plan (RBE)	Hippocampus R	Max EUD 1400 cGy (RBE), Parameter A 1		3.00	0.0000	996
Max EUD		Plan (RBE)	Hippocampus L	Max EUD 1600 cGy (RBE), Parameter A 1		3.00	0.0000	1151
Max EUD		Plan (RBE)	Cochlea_L	Max EUD 400 cGy (RBE), Parameter A 1		1.00	0.0000	351
Max EUD		Plan (RBE)	Cochlea_R	Max EUD 800 cGy (RBE), Parameter A 1		1.00	0.0000	689
Max DVH		Beam set (RBE)	Hippocampus R	Max DVH 100 cGy (RBE) to 67.00% volume, All beams		1.00	0.0048	
Max DVH		Beam set (RBE)	Hippocampus R	Max DVH 850 cGy (RBE) to 45.50% volume, All beams		1.00	5.9827E-4	
Max DVH		Beam set (RBE)	Hippocampus L	Max DVH 1150 cGy (RBE) to 49.50% volume, All beams		1.00	0.0018	
Max DVH		Beam set (RBE)	Hippocampus L	Max DVH 200 cGy (RBE) to 66.50% volume, All beams		1.00	0.0094	
Max dose	★	Beam set (RBE)	Canal med sous C2	Max dose 2550 cGy (RBE), All beams	★			
Max dose	★	Beam set (RBE)	Brainstem	Max dose 3100 cGy (RBE), All beams	★			

Figure 3.5. Exemple de prescription dans le cas d'une optimisation robuste = la dose est prescrite sur le CTV.

Une fois la dosimétrie terminée, le médecin radiothérapeute va tout d'abord valider la distribution de dose du scénario nominal (plan nominal). Un exemple de distribution de dose est donné en **figure 3.6**. Toutefois, cette validation est insuffisante et doit être complétée par une évaluation de la dosimétrie en présence des incertitudes susceptibles de se dérouler pendant le traitement. Ainsi, la plupart des TPS proposent dans un second temps, de recalculer le plan de traitement correspondant à chacun de ces scénarios perturbés (**Fig. 3.7**). Grâce à ces outils, on obtient un histogramme

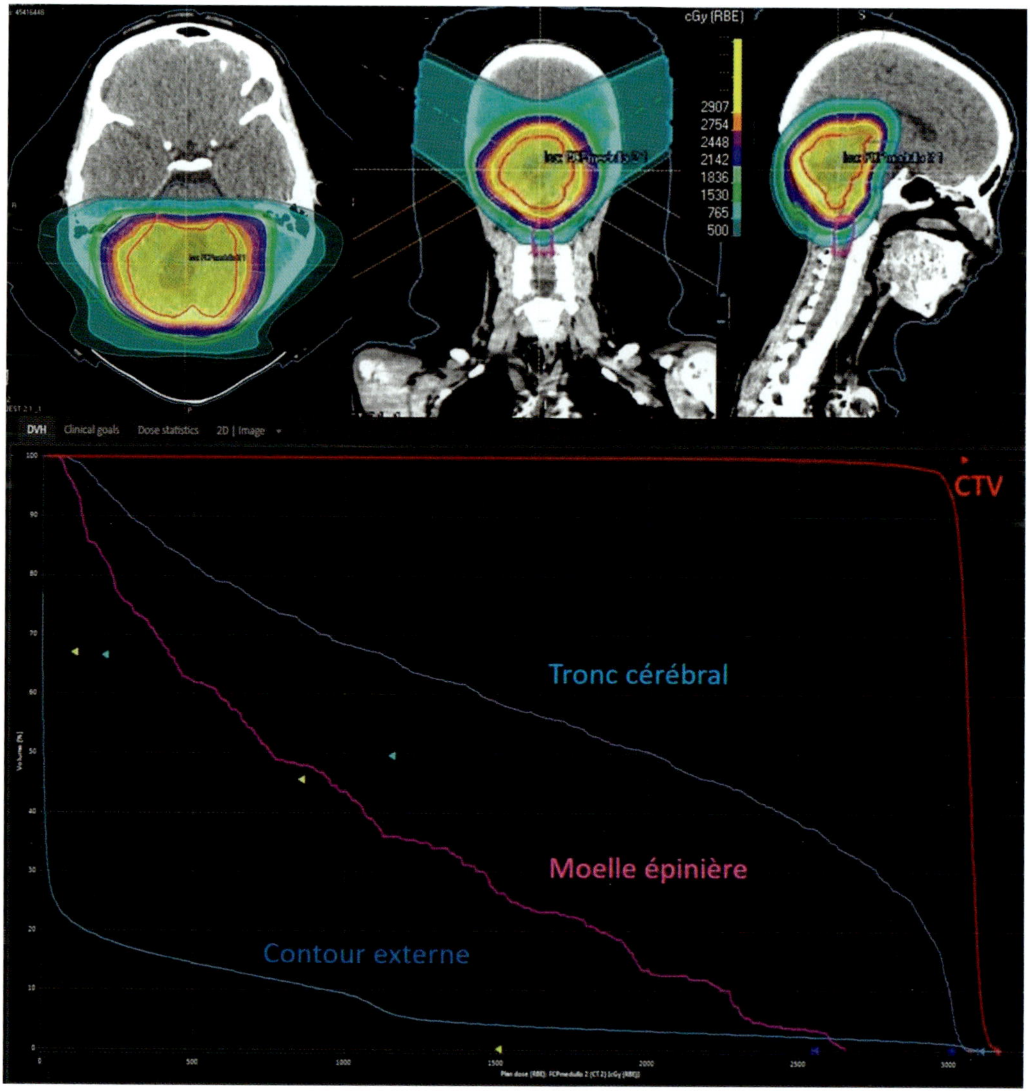

Figure 3.6. Exemple d'HDV et de distribution de dose obtenus avec deux faisceaux de protons obliques sur un CTV tumoral de la fosse cérébrale postérieure dans le cas d'une optimisation robuste.

dose-volume (HDV) perturbé représentant l'ensemble de ces scénarios. Plus les courbes HDV sont resserrées, plus la distribution de dose est robuste pour l'organe considéré. Dans l'exemple considéré en **figure 3.6**, la distribution de dose est robuste sur le CTV. Elle assure que dans 98 % des scénarios le CTV est bien couvert par l'isodose 95 %. Sur la moelle en C2, la dosimétrie est robuste au niveau de la dose maximale (< 29 Gy sur l'ensemble des scénarios), alors que la dose moyenne peut grandement varier d'un scénario à l'autre.

Il est à noter que l'émergence de cette technique de planification n'aurait pu se faire sans les récents progrès réalisés au niveau hardware et au niveau de la puissance de calcul des stations de travail. Dans l'exemple présenté, il faut aujourd'hui moins de 5 minutes pour recalculer la dose dans 21 scénarios, en utilisant une grille de calcul de 2 mm.

Figure 3.7. Exemple d'HDV perturbés obtenus lors de l'évaluation de la robustesse du plan nominal présenté sur la **figure 3.5**. Les courbes HDV pour le CTV sont très rapprochées, ce qui est synonyme de robustesse au niveau de la dose délivrée au CTV. L'analyse (sous l'HDV) montre que l'isodose 29,07 Gy (95 % de la dose prescrite) entoure 95 % du volume dans 98 % des scénarios, et 97 % du volume dans 69 % des scénarios.

Axes de développement

Radiothérapie adaptative et cumul de dose

L'imagerie 3D couplée aux Linac, basée RX tel que le CBCT (*cone beam computed tomography*) ou plus récemment IRM, permet de visualiser et de suivre les modifications anatomiques survenant en cours de traitement. C'est ainsi que le principe de la radiothérapie adaptative (RTA) s'est développé. Il s'agit d'une RT basée sur l'utilisation de plusieurs plans de traitement pendant une même séquence de traitement afin de maintenir la qualité de traitement [3.5]. Les différents plans de traitement sont définis pour prendre en compte des modifications anatomiques et/ou morphologiques. Celle-ci peut également se définir comme une boucle de rétroaction corrective afin d'assurer l'adéquation entre la dose planifiée et la dose délivrée. Deux grands types de RTA existent : la RTA en temps réel (*online*) et la RTA en différé (*off-line*). Ces deux types de RTA peuvent être combinés pour proposer une RTA dite hybride.

La RTA en temps réel est une adaptation du plan de traitement pendant la séance, lorsque le patient est présent sur la table de traitement. Cette méthode a l'avantage de corriger les modifications prévisibles, comme une fonte tumorale progressive au décours du traitement, mais aussi des modifications imprévisibles/aléatoires comme un mouvement incontrôlé du patient et ou de l'organe. L'inconvénient majeur est le temps que cette méthode demande avec une immobilisation du patient longue et des ressources humaines importantes. De plus, le processus de décision doit être très rapide, ce qui peut s'avérer parfois délicat. Des progrès sont attendus dans les années à venir pour diminuer le temps de traitement avec une automatisation des étapes d'actions (fusion, segmentation, optimisation inverse, validation) et de décision. Cela sera très certainement accompagné par une délégation de tâches actuellement réalisées par les radiothérapeutes et physiciens médicaux vers les manipulateurs en électroradiologie. Un exemple d'application de la RTA en temps réel est l'utilisation d'IRM-Linac avec une adaptation du plan de traitement à l'image du jour (Fig. 3.8). Le *workflow* du patient commence par l'acquisition d'images CT et IRM du patient en position de traitement. Puis les contours des volumes cibles et des OAR sont définis et une planification inverse est réalisée. Ce plan de traitement ne sera jamais délivré tel quel au patient mais servira de référence à la RTA quotidienne (prise de décision pour le choix du type d'adaptation à réaliser, adaptation des contours, adaptation du plan, évaluation dosimétrique). À chaque séance de traitement, une nouvelle image IRM est acquise et un recalage d'image est réalisé avec l'image IRM de référence. Sur la base des modifications anatomiques visibles, la décision est prise de réaliser : soit une adaptation très simple du plan de traitement en cas de modifications assez minimes, soit une adaptation complète du plan qui passe par de nouveaux contours des volumes cibles et des OAR et par un nouveau plan de traitement. Lors de la délivrance du plan de traitement, des images IRM en continu sont acquises afin de visualiser le mouvement des organes de façon dynamique, le traitement pourra ainsi être stoppé en cas de mouvement trop important. Il faut noter que les séances sur les IRM-Linac sont longues de 30 minutes pour des cas simples (peu de modifications anatomiques) à 90 minutes pour des cas plus complexes.

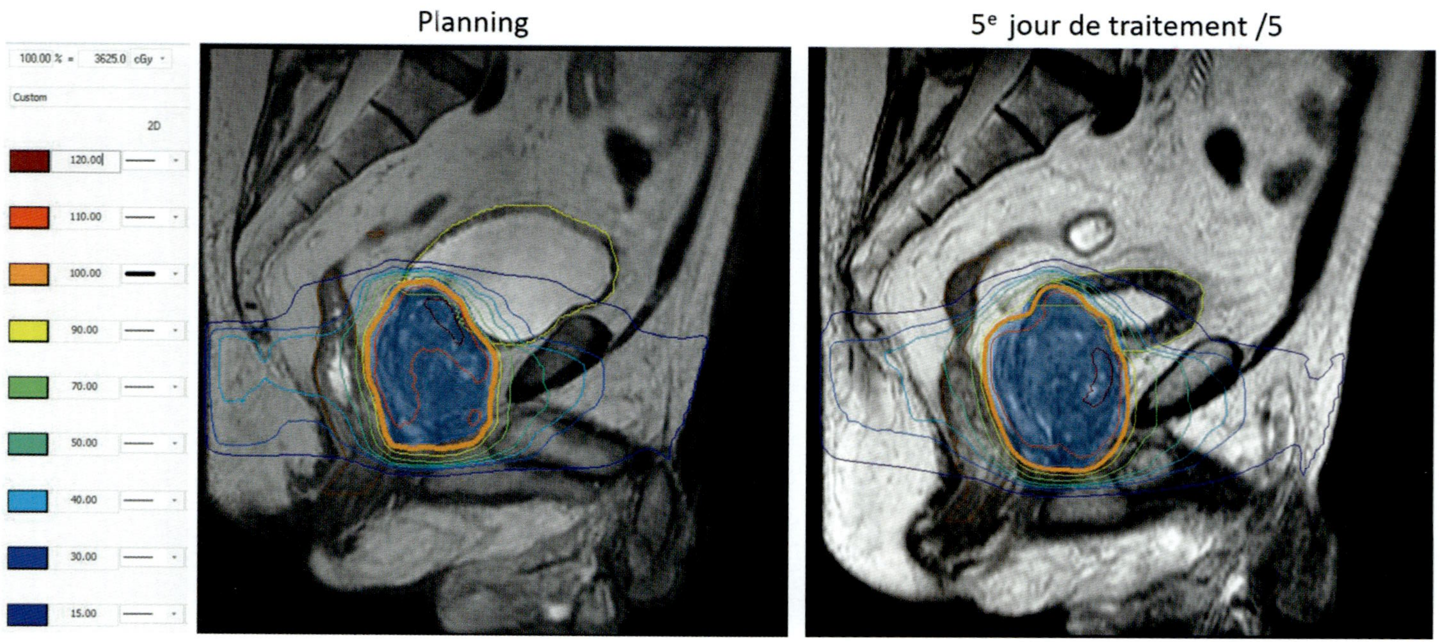

Figure 3.8. Exemple de RTA *online* pour un patient traité sur IRM-Linac (Unity®/Elekta) pour un cancer de la prostate (PTV en bleu, vessie en jaune, rectum en marron). Une adaptation des contours à l'image IRM du jour a été réalisée et un nouveau plan de traitement a été optimisé pour conserver une bonne couverture du volume cible et une bonne épargne des OAR.

La RTA en différé est une adaptation du plan de traitement en l'absence du patient. Le nouveau plan de traitement est réalisé entre les séances de traitement. Ce type de RTA permet de corriger uniquement des modifications systématiques et/ou progressives. Elle a l'avantage de ne pas immobiliser le patient sur la table de traitement mais nécessite de recommencer de façon complète le *workflow* patient (scanner de simulation, définition des contours, planification dosimétrique, contrôle qualité du plan de traitement, etc.) et donc est également très consommatrice de temps. Une des difficultés de déploiement de cette méthode de RTA est la prise de décision pour réaliser ou non une adaptation du plan (critères de déclenchement difficiles à définir). La RTA en différé s'applique bien aux modifications anatomiques progressives survenant sur beaucoup de patients traités sur la sphère ORL comme une fonte tumorale, une réduction du volume des parotides et rapprochement de la ligne médiane ou encore une perte de poids (**Fig. 3.9**).

Le troisième type de RTA correspondant à une combinaison entre la RTA *online* et *off-line* est la RTA par bibliothèque de plans de traitement. La définition des différents plans est réalisée en amont de la séance, et le choix du plan du jour à utiliser est réalisé en temps réel lorsque le patient est sur la table de traitement après imagerie du patient. Cette méthode de RTA corrige uniquement des modifications prévisibles. Une des limitations de cette RTA est le nombre fini de plans qui est fixé *a priori* et qui ne permet donc pas de s'adapter à toutes modifications. Ce type de RTA se prête bien à des traitements de cancers de la vessie ou de cancers du col de l'utérus (**Fig. 3.10**). La forme des volumes cibles va être corrélée à la réplétion vésicale qui peut varier d'un jour à l'autre. Ainsi, il est facile de réaliser par exemple trois plans de traitement sur la base de CT de planification acquis avec trois remplissages de vessie différents (vessie vide, vessie avec un remplissage intermédiaire, vessie pleine). Puis chaque jour une imagerie 3D visualise le niveau de remplissage de la vessie et idéalement le volume tumoral permettant de choisir le plan de traitement le plus proche possible de la situation du jour.

La RTA pose la question du suivi de la dose délivrée séance après séance et le cumul de la dose. Le cumul de doses ne peut pas être immédiat en raison des modifications des volumes intrinsèques à la RTA, en particulier en cas de modifications de volumes majeures comme des fontes tumorales (disparition de matière). Deux méthodes existent dans la littérature soit une méthode reposant sur une propagation de l'énergie, qui nécessite une cartographie indépendante en énergie et en masse (nécessitant un calcul Monte-Carlo), soit une méthode de déformation des matrices de dose basée sur un recalage d'image déformable initial (application sur la matrice de dose des mêmes champs de déformation existant entre deux images). Cette deuxième méthode est celle proposée par les outils actuels du marché. Mais elle est soumise à controverse car elle repose sur une interpolation trilinéaire de la dose et ne prend pas en compte les caractéristiques physiques du milieu. Le cumul de dose avec cette méthode est soumis à de grandes incertitudes qu'il faut savoir appréhender. Mais pour le moment aucune recommandation n'existe pour valider complètement ces outils de cumul de dose.

À noter que la question du cumul de la dose est également cruciale en cas de réirradiation. À la problématique de la méthode du cumul de dose s'ajoute la problématique de prise en compte de l'effet de récupération cellulaire encore mal connu.

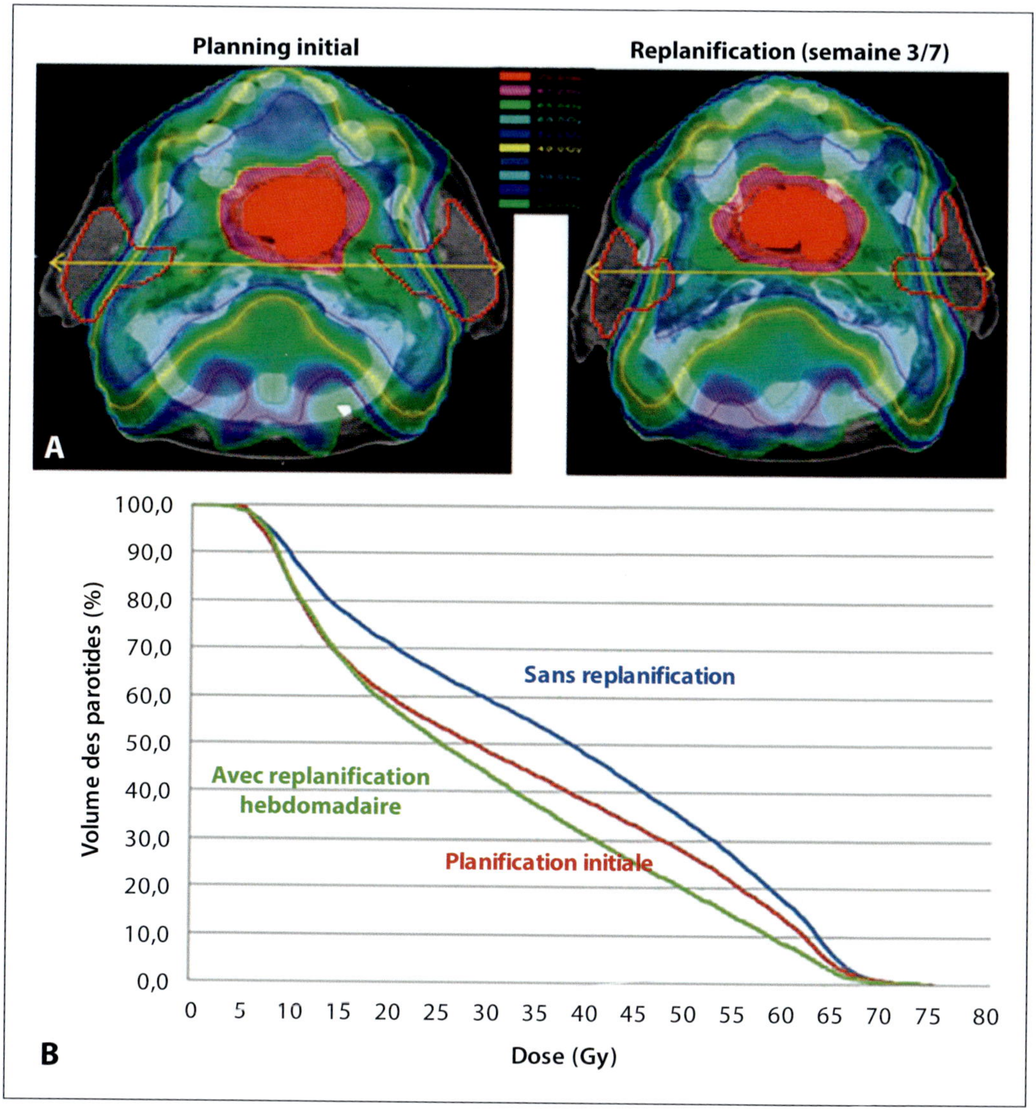

Figure 3.9. Exemple de RTA *off-line* pour un patient traité pour un cancer ORL localement avancé. **A.** De façon hebdomadaire, un nouveau scanner était acquis afin de réaliser une nouvelle planification, cela permettait de prendre en compte la modification du volume tumoral (surface rouge), la diminution des parotides (lignes rouges sur coupes axiales) et la perte de poids du patient (lignes jaunes). **B.** La RTA avec replanification hebdomadaire (ligne verte) a permis de diminuer la dose moyenne des parotides de 5 Gy par rapport à la planification initiale (ligne rouge) alors que sans replanification la dose reçue aurait été largement supérieure à la dose planifiée (ligne bleue) [3.6].

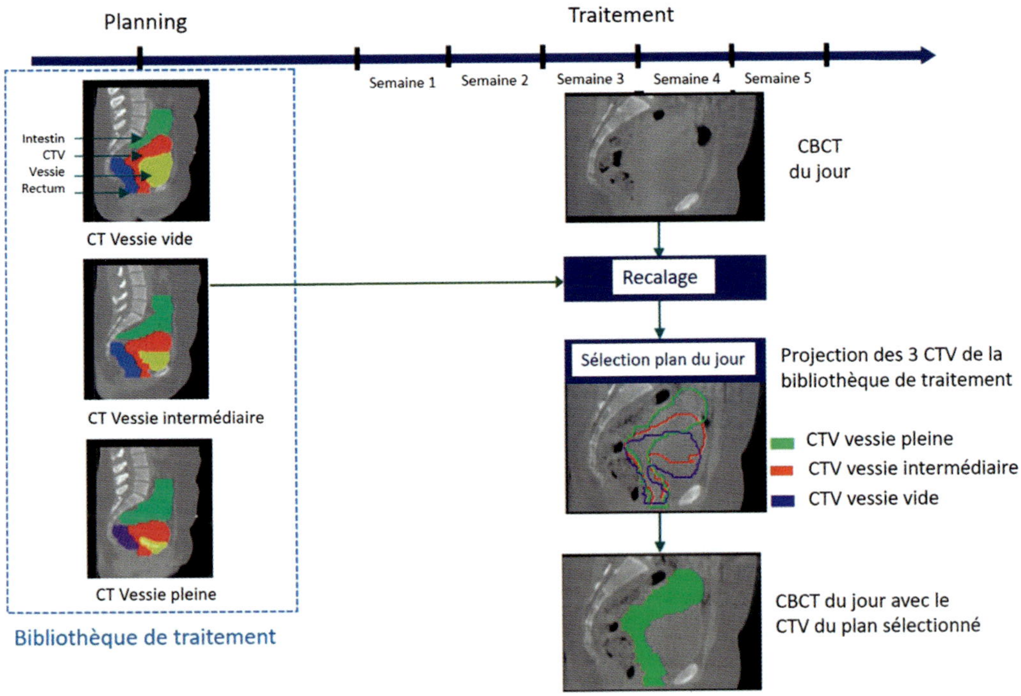

Figure 3.10. Exemple de RTA par bibliothèque de plan de traitement pour un cancer du col localement avancé. Trois planifications sont réalisées correspondant à trois réplétions vésicales. À chaque séance une imagerie CBCT est réalisée et recalée avec le scanner de référence (vessie intermédiaire). Le plan du jour est choisi en se basant sur la projection des 3 CTV tumoraux (correspondant aux 3 réplétions vésicales) sur le CBCT du jour [3.7].

Automatisation

Ces dernières années ont vu apparaître à différentes étapes de la prise en charge du patient en RT, des solutions basées sur l'utilisation de l'intelligence artificielle (IA) ou d'autres algorithmes puissants capables de mimer voire de surpasser un opérateur manuel. Tandis que beaucoup de ces solutions en sont encore à l'étape de développement, certaines applications, telles que la segmentation automatique des OAR et de certains CTV ganglionnaires, ou la planification automatique sont déjà utilisées en routine [3.8, 3.9].

En particulier, l'autosegmentation est une réalité dans un grand nombre d'hôpitaux, et un certain nombre d'industriels proposent maintenant des solutions commerciales pour les images CT. On retrouve dans la littérature beaucoup d'études dans lesquelles sont comparées ces solutions. Celles-ci peuvent être basées sur de l'IA et donc requièrent pour l'apprentissage une grande base de données de CT avec des contours réalisés par des experts. Ces données peuvent être monocentriques ou multicentriques. Plus les données sont hétérogènes, plus l'algorithme aura besoin d'un nombre de données importantes pour l'apprentissage, pour être performant. D'autres solutions utilisant des atlas de généralement 10-20 patients rigoureusement sélectionnés (de préférence avec indice de masse corporelle variable), reposent sur des algorithmes de recalage déformables. L'avantage de la méthode atlas est qu'elle peut être rapidement mise en place, notamment par rapport à une méthode basée IA qui serait alimentée uniquement avec des données monocentriques. L'avantage de l'IA c'est le temps pour générer les contours (1-2 min pour un CT *versus* environ 10 min pour les méthodes basées sur des atlas).

Plus généralement, parmi les avantages de l'autosegmentation, on retrouve la diminution de la variabilité interopérateur et le gain de temps considérable pour l'opérateur, même si, à ce jour, les contours nécessitent toujours d'être retouchés manuellement.

Un autre domaine où l'IA s'est immiscée dans le *workflow* de traitement en RT, c'est la planification automatique [3.10]. Il s'agit là encore d'une étape cruciale, puisque, aujourd'hui encore, le dosimétriste ou le physicien peut consacrer plusieurs heures à la planification d'un plan de traitement complexe tel que celui d'un cancer de la tête et du cou, où beaucoup d'OAR sont à considérer autour des volumes cibles. Dans les solutions cliniques, ou en passe de l'être, on retrouve le *knowledge-based planning*, qui consiste à alimenter une bibliothèque de données (> 100-150 données) pour un protocole clinique donné. Sur la base de cette bibliothèque de données, en considérant des caractéristiques comme la distance entre les OAR et les volumes cibles, l'algorithme est capable de prédire la distribution de dose sur le nouveau CT, et donc de proposer des points de dose HDV aux différents OAR, qui peuvent être utilisés comme objectifs de doses dans une prescription. Outre le gain de temps, l'avantage de cette technique est la diminution de la variabilité interopérateur. Moins limitantes, certaines méthodes d'apprentissage profondes sont capables de prédire une distribution de dose entière plutôt qu'un nombre restreint de points HDV. Toutefois, dans les limitations inhérentes à ces méthodes, il y a le temps nécessaire pour élaborer une base de données pour chaque nouveau protocole, et également le fait que l'algorithme ne proposera jamais une solution qui sera meilleure que celles avec lesquelles il a fait son apprentissage.

Enfin, d'autres méthodes font appel à des algorithmes permettant de faire de l'optimisation multicritères (MCO). Dans les méthodes les plus rapides et compétitives avec les algorithmes d'IA, il y a la méthode *a priori* MCO. Dans cette méthode, l'algorithme génère directement et automatiquement une solution unique. Cette solution est obtenue à partir d'une prescription avec des objectifs et des contraintes, rangés par ordre de priorité. Dans les avantages de cette solution : elle ne repose pas sur une bibliothèque de plans de traitement et ne cherche donc pas à reproduire une qualité de plan ; elle va essayer de pousser l'optimisation aussi loin que possible (au-delà du minimum demandé lorsque c'est réalisable pour les organes prioritaires), ce qui signifie qu'elle est capable de surpasser un opérateur manuel. Dans les contraintes, il faut une prescription par protocole, mais le temps d'élaboration reste largement inférieur à celui de la constitution d'une base de données pour les solutions IA.

Ainsi, l'automatisation de toutes ces tâches chronophages liées à l'activité de dosimétrie, offre de vraies perspectives dans la rapidité de prise en charge du patient et dans la personnalisation de cette prise en charge en fonction de « l'anatomie du jour » du patient.

Conclusion

La qualité des traitements en RT repose sur la qualité de la planification dosimétrique. Nous avons vu qu'il existe une très grande variété technique des traitements tant sur le plan des machines de traitement, des particules utilisées ou encore des stratégies de planification. Ainsi, pour proposer le traitement optimal au patient il faut savoir au cas par cas l'orienter vers la bonne technique de traitement.

Les axes de développement autour de la planification ont toujours pour objectif d'améliorer la personnalisation du traitement au patient avec notamment la prise en compte des modifications anatomiques pouvant survenir en cours de traitement. Cela est rendu possible grâce aux progrès de l'imagerie et aux progrès informatiques.

Références

[3.1] INCA. Résultats de l'Observatoire national de la radiothérapie 2022 (données 2021).

[3.2] Mayles P, Nahum A, Rosenwald JC. *Handbook of radiotherapy physics: theory and practice.* Taylor & Francis Group, LLC 2007.

[3.3] Das IJ, Sanfilippo NJ, Fogliata A, Cozzi L. *Intensity Modulated Radiation Therapy: A clinical overview.* Bristol, UK : IOP Publishing Ltd 2020.

[3.4] Biston MC, Chiavassa S, Grégoire V, Thariat J, Lacornerie T. Time of PTV is ending, robust optimization comes next. *Cancer Radiother* 2020 ; 24 : 676-86.

[3.5] Lafond C, Simon A, Henry O, *et al.* Adaptive radiotherapy in routine use? State of the art: The medical physicist's point of view. *Cancer Radiother* 2015 ; 19 : 450-7.

[3.6] Castelli J, Simon A, Louvel G, *et al.* Impact of head and neck cancer adaptive radiotherapy to spare the parotid glands and decrease the risk of xerostomia. *Radiat Oncol* 2015 ; 10 : 6.

[3.7] Rigaud B, Simon A, Gobeli M, *et al.* CBCT-guided evolutive library for cervical adaptive IMRT. *Med Phys* 2018 ; 45 : 1379-90.

[3.8] Costea M, Zlate A, Durand M, *et al.* Comparison of atlas-based and deep learning methods for organs at risk delineation on head-and-neck CT images using an automated treatment planning system. *Radiother Oncol* 2022 ; 177 : 61-70.

[3.9] Costea M, Zlate A, Serre AA, *et al.* Evaluation of different algorithms for automatic segmentation of head-and-neck lymph nodes on CT images. *Radiother Oncol* 2023 ; 188 : 109870.

[3.10] Meyer P, Biston MC, Khamphan C, *et al.* Automation in radiotherapy treatment planning: Examples of use in clinical practice and future trends for a complete automated workflow. *Cancer Radiother* 2021 ; 25 : 617-22.

Chapitre 4

Contrôle de qualité des équipements

Yves Barbotteau

Les programmes de contrôle des performances des équipements utilisés en radiothérapie (RT) ont été mis en place à partir des années 1970 par des sociétés savantes de physique médicale telles que l'AAPM (The American Association of Physicists in Medicine), l'IPEM (Institute of Physics and Engineering in Medicine) et la SFPM (Société Française de Physique Médicale). Ces programmes ont évolué au gré des avancées technologiques dans le domaine.

Un des principaux objectifs de ces contrôles est de s'assurer de la constance des performances des éléments de l'appareil de traitement, tant du point de vue mécanique que dosimétrique. Tous les éléments de la chaîne de traitement pouvant avoir un impact sur la qualité et/ou la sécurité des traitements par RT et dont les performances peuvent être mesurées ou calculées, doivent être potentiellement contrôlés, et des tests spécifiques sont définis ainsi que leurs fréquences. Les tolérances sur les résultats pour les paramètres contrôlés sont également établies, ce qui doit déclencher une intervention de maintenance en cas de non-respect de ces tolérances. Pour autant le contrôle de qualité ne se limite pas à l'appareil de traitement. Tous les équipements matériels et logiciels participant au traitement par RT sont contrôlables. Parmi ces équipements, on peut citer le logiciel de planification des traitements (*treatment planning system* [TPS]), le tomodensitomètre de simulation ou bien encore les nouveaux logiciels basés sur l'IA [4.1], etc.

Le contrôle de qualité des équipements est considéré comme un élément essentiel du programme d'assurance qualité en RT externe. Ce programme étant lui-même un pilier de la qualité et de la sécurité des traitements par RT externe, en garantissant la délivrance de traitements techniquement optimaux et en limitant autant que faire se peut le risque d'incident voire d'accident.

Dans la plupart des pays disposant d'un système de santé développé, les recommandations des professionnels en matière de contrôle de qualité ont été rendues obligatoires par la réglementation. En France, c'est l'ANSM (Agence nationale de sécurité du médicament et des produits de santé) qui établit les modalités des contrôles de qualité des appareils émetteurs de rayonnements ionisants. En particulier, la décision du 28/02/2023 fixant les modalités du contrôle de qualité des installations de RT externe et de radiochirurgie précise l'organisation et les modalités du contrôle de qualité des équipements impliqués dans le traitement par RT externe [4.2].

En France, ce programme de contrôle de qualité des équipements de RT se distingue par l'existence de deux types de contrôle : le contrôle de qualité dit interne, réalisé par l'exploitant, et le contrôle de qualité externe, réalisé par une entité indépendante de l'exploitant. Ce contrôle externe comporte deux volets :

- l'audit du contrôle de qualité interne, réalisé par un organisme d'inspection accrédité à cet effet par le COFRAC (Comité français d'accréditation) selon la norme ISO 17020 ;
- le contrôle de qualité externe, réalisé sous forme d'audit dosimétrique par un laboratoire accrédité à cet effet par le COFRAC selon la norme ISO 17025.

La dernière décision de l'ANSM amène une avancée importante. Pour la première fois, elle laisse à l'exploitant – et donc au physicien médical – le choix des méthodologies de contrôle de qualité des équipements dès lors que celles-ci permettent d'obtenir les résultats escomptés et avec un niveau de précision compatible avec les tolérances définies. La décision de l'ANSM est suffisamment ouverte pour s'adapter aux nouveaux appareils de traitement, y compris ceux qui ne sont pas encore sur le marché. En effet, l'obligation porte sur la construction d'un programme de contrôle qualité à partir d'unités de contrôle à choisir en fonction de l'appareil de traitement et de son utilisation clinique. Si une unité est manquante dans la décision, car elle correspond par exemple à une nouvelle technologie, l'exploitant a l'obligation de construire et d'ajouter à son programme de contrôle de qualité, une unité de contrôle dédiée à partir des recommandations du constructeur ou des sociétés savantes.

Au-delà des contrôles de qualité réglementaires, qui s'intéressent essentiellement au contrôle de chaque élément de la chaîne de traitement, le contrôle de qualité prétraitement permet, en théorie, d'évaluer la capacité de l'appareil de traitement à délivrer fidèlement le plan de traitement au préalable calculé sur le TPS.

Dans la première partie de ce chapitre, les principales améliorations de la nouvelle décision de l'ANSM seront présentées. Une seconde partie sera dédiée au contrôle de qualité prétraitement et à ses limites. Enfin, la dernière partie précisera le rôle toujours essentiel de l'audit externe dosimétrique.

Améliorations réglementaires du contrôle de qualité

Les principales nouveautés et améliorations de ce texte réglementaire concernent le contrôle du MLC (*multileaf collimator*) en mode dynamique, dans le cadre des techniques de traitement utilisant la modulation d'intensité, le contrôle des systèmes de vérification du positionnement du patient par imagerie et la possibilité laissée à l'exploitant de compléter son programme de contrôle qualité par des tests spécifiques dans le cadre, par exemple, d'une nouvelle technique (illustré dans cette partie par l'IRM-Linac).

De plus, la nouvelle décision de l'ANSM laisse à l'exploitant le soin de choisir son matériel de contrôle de qualité dès lors qu'il est adapté à la réalisation du contrôle. Cet aspect est fondamental car les méthodes et les outils de contrôle s'adaptent aux nouvelles techniques de traitement.

Matériel de contrôle de qualité adapté aux nouvelles techniques de traitement

Le cas de l'imageur « portal » (*electronic portal imaging device* [EPID]) est notable. La vocation première de cet imageur est la vérification du positionnement du patient en utilisant le faisceau de traitement. La génération actuelle de ce type de détecteur numérique à conversion indirecte (une plaque phosphorescente convertit les photons X en photons lumineux qui sont ensuite convertis en charge électrique par une matrice de détecteur en silicium amorphe) a des propriétés intrinsèques (linéarité de réponse, uniformité de réponse, résolution spatiale, faible rémanence) qui en font un détecteur de choix pour le contrôle de qualité de l'appareil de traitement (Fig. 4.1).

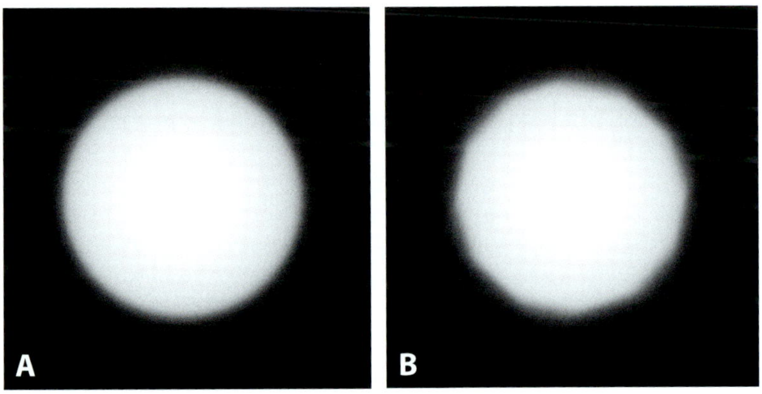

Figure 4.1. Exemple d'images du champ de traitement d'un CyberKnife© M6 réalisées avec un imageur portal électronique indépendant de l'appareil de traitement. **A.** Champ circulaire obtenu avec cône de 60 mm de diamètre. **B.** Dodécagone obtenu avec l'IRIS de 60 mm.

Contrôles de qualité dédiés à la technique VMAT

Introduite il y a une dizaine d'années, la technique VMAT (*volumetric modulated arc therapy*) a supplanté les techniques plus classiques d'IMRT (*intensity modulated radiotherapy*) sur les appareils de traitement de type isocentrique. Cette technique met en œuvre simultanément une rotation du bras de l'appareil, à vitesse variable, une modulation du débit du faisceau et un mouvement continu des lames du MLC. Les variations de vitesse du bras, de mouvement des lames et du débit du faisceau, sont gérées par l'appareil de traitement.

Dans ce contexte, la précision du déplacement mécanique des lames composant le MLC est un facteur important de la précision de la délivrance du traitement par la technique VMAT. Cette précision mécanique doit être contrôlée par des tests spécifiques [4.3, 4.4]. Deux types de tests permettent de vérifier cette précision lorsque le MLC est utilisé en mode dynamique, à débit et vitesse de bras constants :

- un test basé sur l'analyse du niveau de signal à chaque jonction entre plusieurs bandes d'irradiation censées être jointives (*picket fence*) : les bandes d'irradiation sont larges et planifiées pour être parfaitement contiguës. En VMAT, elles sont délivrées avec le bras en rotation ;
- un test basé sur la position et la largeur de fentes distantes (*garden fence*) : les fentes d'irradiation sont de largeur et de position connues. En VMAT, elles sont délivrées avec le bras en rotation.

Les tests basés sur des jonctions de bandes et ceux basés sur des fentes fines (1 mm) sont adaptés à une analyse visuelle des images obtenues. En revanche, pour une analyse quantitative de la précision du MLC (position et largeur des fentes), il convient d'utiliser le test *garden fence* avec des fentes distantes dont la largeur est supérieure au double de la pénombre du MLC (ex. : 10 mm pour des photons de 6 MV). L'imageur EPID permettra une analyse quantitative précise, c'est-à-dire capable de voir des écarts de positionnement de lames inférieurs ou égaux à 0,1 mm, à condition (**Fig. 4.2**) :

- de corriger l'image obtenue de l'affaissement de l'EPID sous l'influence de la gravité pendant la rotation du bras [4.4] ;
- d'utiliser un logiciel d'analyse adapté et dont les limites sont maîtrisées [4.5].

Avec d'autres tests spécifiques, il est également possible de contrôler l'asservissement du débit de dose avec la vitesse des lames (rotation de bras à vitesse constante) et l'asservissement du débit de dose avec la vitesse du bras (vitesse des lames du MLC constante). Dans les deux cas, il s'agit d'irradier plusieurs bandes avec la même dose mais avec des combinaisons de paramètres de vitesse de lames/débit de dose et des paramètres de débit de dose/vitesse de bras différents.

Contrôles de qualité des systèmes d'imagerie basse énergie (kV)

À l'exception des appareils de type IRM-Linac et de certains appareils de radiochirurgie, tous les appareils de traitement par RT sont équipés d'un système d'imagerie kilovoltage (kV), utilisé en mode planaire (2D-kV) et/ou en mode tomographique (3D-kV). Ce système d'imagerie est impliqué dans :

- la vérification du positionnement du patient au préalable de la délivrance de son traitement ;
- le suivi de la cible (*tracking*) dans le cadre de l'irradiation des tumeurs mobiles ;
- la radiothérapie adaptative en temps réel (*online*).

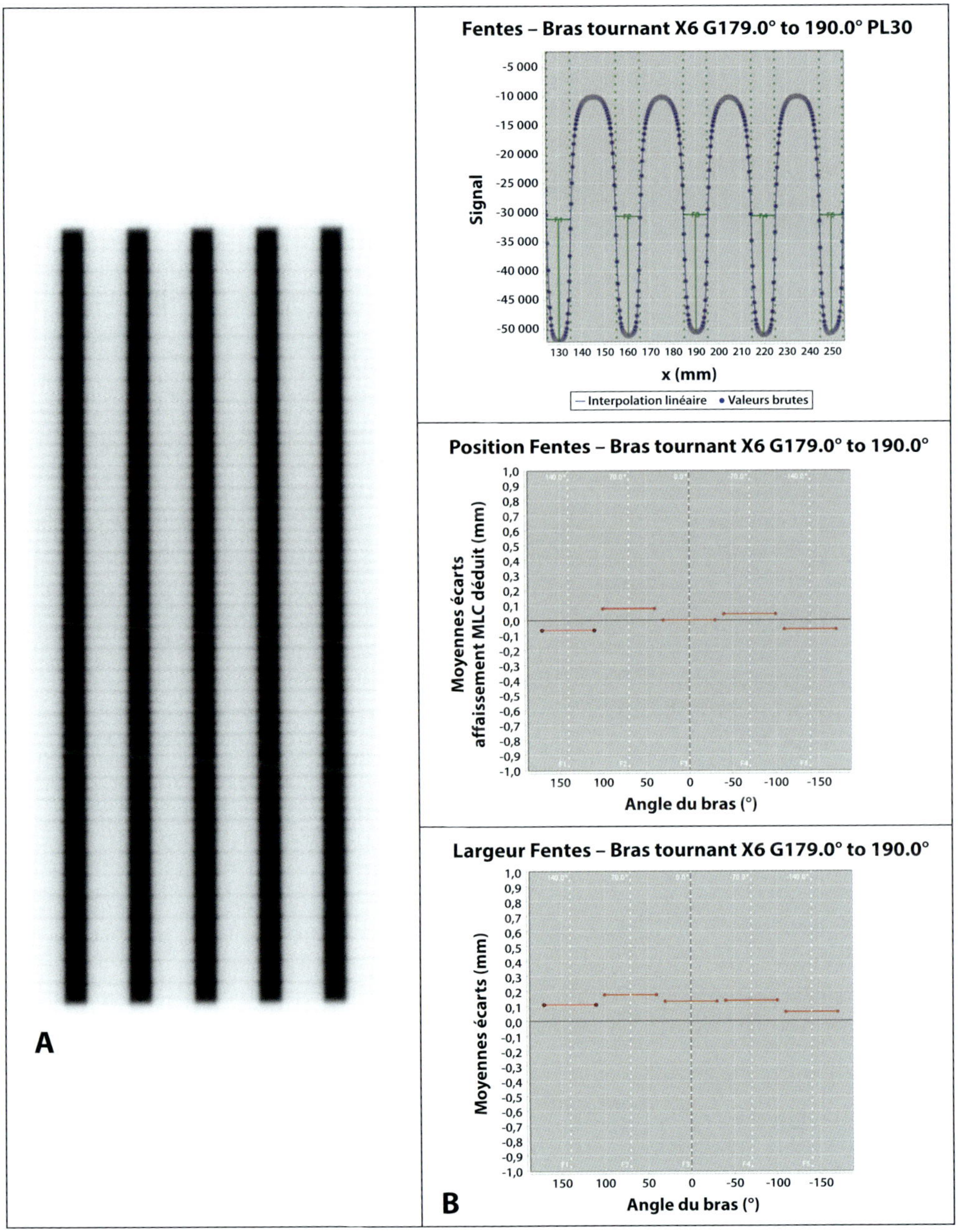

Figure 4.2. Test *garden fence* réalisé sur un TrueBeam™ (Varian Medical Systems) équipé d'un MLC Millenium 120 lames et d'un EPID AS1200. **A.** Le test est réalisé sur une rotation complète et les 5 fentes de 1 cm sont délivrées avec un faisceau 6 MV. **B.** Les résultats de l'analyse de l'image par le module MLC-dyn du logiciel Qualimagiq (Qualiformed) : en haut, le profil du signal obtenu sur la 30e paire de lame et au milieu et en bas, respectivement, les écarts moyens des positions et largeurs des 5 fentes.

La stabilité des performances de ces imageurs en termes de qualité image est donc cruciale pour la qualité du traitement et ils doivent, à ce titre, être contrôlés. Il est également indispensable de contrôler l'alignement des systèmes de coordonnées d'imagerie kV avec l'isocentre de traitement.

Qualité image : tests spécifiques au mode radiographie (mode planaire)

De manière assez classique, la qualité d'image est évaluée à partir de métriques utilisées en radiologie [4.6] :

- bruit ;
- homogénéité du signal ;
- résolution spatiale à haut contraste ;
- détectabilité à bas contraste ;
- distorsions géométriques.

L'effet talon de l'anode d'une part, l'interception du faisceau conique par un capteur plan d'autre part, font que l'image d'un faisceau nu (sans milieu diffusant) n'est intrinsèquement pas homogène. Des compensations électroniques ou numériques existent pour pallier ces inhomogénéités de réponse de l'imageur mais il faut s'assurer de leur stabilité dans le temps [4.2]. Par ailleurs, l'efficacité du capteur baisse tout au long de sa vie, et il convient notamment de vérifier la constance du rapport signal sur bruit, dans des conditions prédéfinies.

Qualité image : tests spécifiques au mode kV-CBCT (mode tomographique)

L'imagerie volumétrique par faisceau conique (*cone beam computed tomography* [CBCT]) est obtenue à partir de multiples projections acquises lors de la rotation du couple source kV-détecteur, autour du patient. Pour ce type d'imagerie, la qualité d'image est évaluée à partir des métriques classiques de la tomodensitométrie [4.6] (**Fig. 4.3**) :

- bruit ;
- homogénéité du signal de l'eau ;
- stabilité du signal de l'eau ;
- stabilité de réponse à des matériaux de différentes densités électroniques ;
- résolution spatiale à haut contraste ;
- détectabilité à bas contraste ;
- distorsions géométriques ;
- épaisseur de la coupe reconstruite.

D'autres métriques dites avancées sont également nécessaires pour contrôler ce type d'imagerie, comme le spectre de puissance du bruit (*noise power spectrum* [NPS]) qui évalue la structure du bruit (**Fig. 4.4**) et ainsi la capacité du système d'imagerie à détecter une lésion. Cette métrique est devenue pertinente avec l'arrivée des algorithmes itératifs pour reconstruire les coupes tomographiques. Ces algorithmes ont en effet comme particularité de modifier la répartition fréquentielle du bruit par rapport à la classique reconstruction par rétroprojection filtrée [4.7, 4.8].

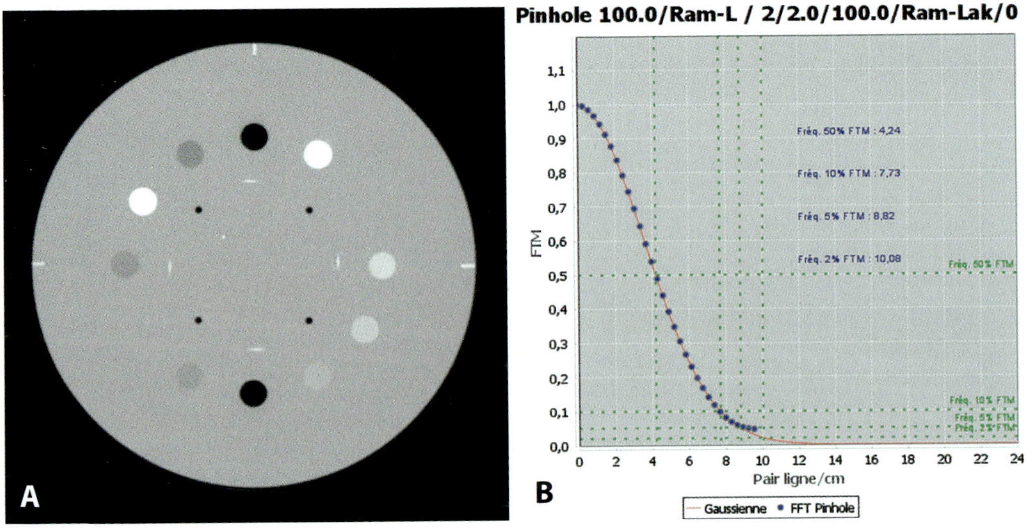

Figure 4.3. **A.** Image kV-CBCT du module CTP732 de l'objet-test Catphan® 604, obtenu sur un TrueBeam™ (Varian Medical Systems). Ce module permet de contrôler l'épaisseur de coupe, la taille du pixel, la stabilité des UH et la FTM (dont la mesure est présentée en **B**).

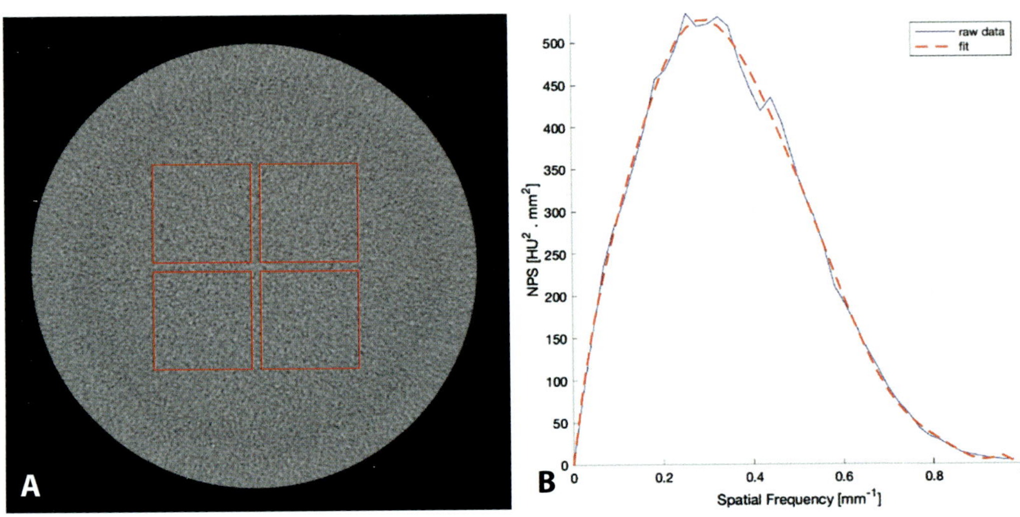

Figure 4.4. **A.** Image kV-CBCT du module CTP729 de l'objet-test Catphan® 604, obtenu sur un TrueBeam™ (Varian Medical Systems). Ce module permet de contrôler le bruit, l'homogénéité et le NPS (dont le résultat obtenu avec le logiciel iQMetrix-CT est présenté en **B**).

Au-delà de la qualité d'image améliorée [4.9], ces nouveaux algorithmes ainsi que les améliorations technologiques (ex. : algorithme iCBCT et détecteur HyperSight™ de Varian Medical Systems) permettent une stabilité et une précision des unités Hounsfield (UH) comparables au scanner de simulation, prérequis indispensable dans le cadre de la radiothérapie adaptative *online* [4.10].

Contrôle de qualité des appareils de type IRM-Linac

Le couplage d'une IRM à un accélérateur linéaire (Linac) est une prouesse technologique qui nécessite des contrôles de qualité spécifiques qu'il est possible de regrouper en trois catégories [4.11] :

- contrôles tenant compte des spécificités de la géométrie de l'appareil et de l'influence du champ magnétique statique sur le faisceau ;
- contrôles des images produites par résonance magnétique, en remplaçant les tests spécifiques au CBCT par ceux spécifiques à l'IRM et notamment les distorsions géométriques ;
- vérification de l'alignement du système de coordonnées de l'IRM sur le système de coordonnées des faisceaux de traitement.

Par ailleurs, la présence permanente du champ magnétique statique impose d'utiliser du matériel de contrôle qualité amagnétique pour éviter tout accident de type « effet missile » et des détecteurs dont la réponse n'est pas perturbée (ou puisse être corrigée) par cet environnement fortement magnétique. Les IRM utilisent deux types de champ magnétique statique : le champ magnétique principal B_0 en charge de créer une aimantation macroscopique permanente induisant une précession magnétique autour de l'axe de B_0 et qui se doit d'être uniforme sur tout le volume exploré d'intérêt dans le patient, auquel se superposent des gradients de champ magnétique d'intensité faible vis-à-vis du champ principal mais qui suffit à créer une modification connue de la fréquence de précession en fonction de la localisation du signal IRM dans le patient. Compte tenu des niveaux d'intensité entre ces deux types de champs magnétiques statiques, seul le champ principal peut influer sur le faisceau de traitement.

La **Figure 4.5**, issue du rapport écrit par le consortium Elekta sur l'IRM-Linac [4.11], illustre l'effet du champ magnétique principal B_0 sur la distribution de dose à travers un milieu uniforme ainsi qu'à l'interface entre deux matériaux de densités différentes.

Dans un milieu uniforme, la distribution de dose se déporte vers une direction perpendiculaire à la trajectoire du faisceau de photons et au champ magnétique B_0. Cela se traduit par un décalage des bords du champ et une asymétrie du faisceau et notamment de sa pénombre.

D'autres effets peuvent être observés aux interfaces de milieux de différentes densités électroniques. Si les électrons produits par le faisceau de photons sortent d'un matériau de densité élevée pour entrer dans un matériau de densité plus faible, ils peuvent « revenir » dans le matériau de densité plus élevée, ce qui augmente la dose à l'interface (**Fig. 4.5**). Cet effet est appelé ERE (*electron return effect*). Si les électrons qui sortent dans

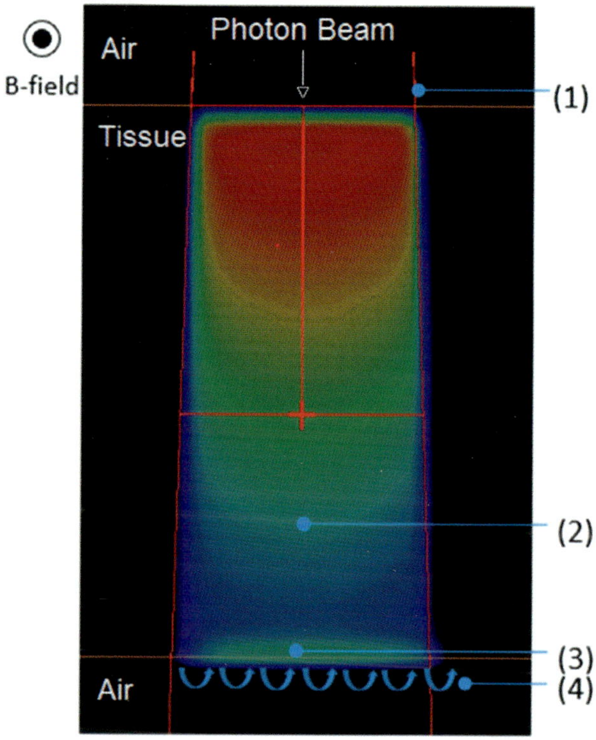

Figure 4.5. Effets sur la distribution de dose pour un champ d'irradiation 10 × 10 cm^2 dans le plan perpendiculaire au champ B_0. Les traits rouges (**1**) représentent les limites supposées du champ d'irradiation en l'absence du champ magnétique ; (**2**) est la distribution de dose en présence du champ magnétique B_0 dans laquelle on note un décalage significatif des limites du champ d'irradiation vers la droite de la figure ; (**3**) illustre l'effet ERE et (**4**) l'effet ESE. (Illustration sous licence Creative Commons Attribution).

l'air ne sont pas réabsorbés, ils se déplacent en spirale le long du champ B_0. Cet effet appelé ESE (*electron streaming effect*) peut provoquer une augmentation de la dose absorbée dans des zones situées hors du champ d'irradiation.

Les TPS utilisés pour ces IRM-Linac doivent prendre en compte l'ensemble de ces effets pour fournir une représentation fidèle de la distribution de la dose qui sera réellement délivrée dans le patient. Ces spécificités de l'IRM-Linac devront faire l'objet selon la nouvelle réglementation d'une unité de contrôle à écrire par le centre.

Contrôle de qualité des appareils de traitement innovants

Les appareils de traitement basés sur des technologies nouvelles redonnent ses lettres de noblesse au contrôle de qualité mais, en contrepartie, elle le complexifie en rendant indispensable l'introduction de nouvelles méthodes pour réaliser les mesures de contrôle de qualité et les analyser. Nous citerons l'usage détourné de l'EPID et les logiciels d'analyse automatique qui vont jusqu'à l'intégration par le constructeur de contrôles automatisés (ex. : système MPC, Machine Performance Check, de Varian Medical Systems). Cette simplicité de réalisation et d'analyse de contrôles de qualité complexes et la plus grande fiabilité des appareils de traitement, laissent à penser que la délégation de ces contrôles est plus pertinente qu'autrefois. Il convient toutefois de garder à l'esprit que cette facilité cache souvent la complexité des mécaniques et des asservissements mis en œuvre lors de la délivrance du traitement, et que la perte de compétence inhérente à la délégation des contrôles peut constituer un risque.

A contrario, les appareils innovants obligent le physicien médical à repenser le contrôle de leurs performances mais également son positionnement vis-à-vis de ces contrôles. Citons, à titre d'exemples, l'appareil de traitement robotisé CyberKnife® d'Accuray, qui est dépourvu d'isocentre, de champ lumineux, de télémètre et d'EPID ou l'IRM-Linac Unity© d'Elekta qui oblige le physicien médical à prendre en compte une imagerie, l'IRM, plus complexe à appréhender et son influence sur le faisceau de traitement.

Contrôle de qualité prétraitement

Le contrôle de qualité prétraitement (*delivery quality assurance* [DQA]) consiste à vérifier, par une mesure réalisée sous l'appareil de traitement, la correspondance entre la distribution de dose planifiée sur le TPS et la distribution de dose délivrée. Il permet donc de vérifier, pour chaque plan de traitement, l'exactitude :

- des calculs réalisés par le TPS ;
- du transfert des données entre le TPS, le système d'enregistrement et de vérification des données de traitement (*record and verification* [R&V]) et l'appareil de traitement ;
- de la délivrance des faisceaux de traitement.

Avec le développement de la planification inverse et les techniques de modulation d'intensité, le contrôle de qualité prétraitement est considéré comme un élément central de la sécurité des traitements.

La mesure de dose absorbée, en un ou plusieurs points, effectuée dans un fantôme équivalent eau est une technique fiable et pratique, qui a été largement utilisée pour l'IMRT au début des années 2000. Puis, l'introduction de l'index gamma permettant de comparer deux distributions de dose, en termes de dose dans les zones de faible gradient de dose et en termes de distance dans les zones de fort gradient de dose, a permis, d'abord sur des films puis sur des matrices de détecteurs, d'évaluer l'accord entre les distributions de dose calculées et délivrées. Le développement des techniques complexes de traitement s'est accompagné d'améliorations techniques au niveau du matériel de contrôle de qualité prétraitement, notamment des détecteurs, des fantômes qui les contiennent et des logiciels d'acquisition et d'évaluation des distributions de dose en 3D.

Limites du contrôle de qualité prétraitement

Toutefois le contrôle de qualité prétraitement souffre de plusieurs limites désormais parfaitement identifiées, et qui peuvent être regroupées comme suit [4.12] :

- limites liées à la géométrie du fantôme portant le détecteur ;
- limites liées au détecteur ;
- limites liées à l'index gamma (y compris au logiciel de comparaison des distributions de dose).

Le contrôle de qualité prétraitement sera aveugle aux éventuelles erreurs de prise en compte des hétérogénéités dans le patient par l'algorithme de calcul dès lors que le fantôme sera uniforme. Plus généralement, la géométrie simpliste du fantôme (en général un cylindre) éloigne les conditions du contrôle de la réalité clinique (pas de prise en compte des contentions par exemple).

Le critère en distance (*distance-to-agreement* [DTA]) de l'index gamma perd de sa précision lorsque la résolution spatiale du détecteur est faible : ce n'était pas le cas avec les films mais cette limitation est apparue avec leur remplacement par des matrices de détecteurs bien plus pratiques à utiliser mais qui ont des résolutions spatiales très en deçà. Les constructeurs de ces matrices compensent cette faible résolution spatiale par des interpolations plus ou moins sophistiquées mais qui souvent, ne suffisent pas à éviter des erreurs d'évaluations de l'index gamma en termes de distance. De plus, les méthodes d'interpolation auront une incidence sur le résultat de l'index gamma [4.13].

L'index gamma lui-même a ses limites. Sa structure discontinue de tolérance (ensemble d'ellipses de tolérance autour des points de la distribution de dose de référence) peut conduire à des faux positifs et ce d'autant plus que la résolution spatiale du détecteur est faible. Par ailleurs, le résultat de l'évaluation du plan de traitement dépendra du seuil en dose à partir duquel la comparaison est menée : en baissant ce seuil on augmente artificiellement le pourcentage de points satisfaisant les critères de dose et de distance de l'index gamma. La normalisation du critère en dose est également critique, et l'interprétation de l'évaluation du plan dépendra du choix de la méthode de normalisation entre une normalisation globale ou une normalisation locale. Pour finir, l'index gamma ne fait intervenir aucune considération clinique.

Illusion de la sécurité ?

Plusieurs études démontrent que le contrôle de qualité prétraitement ne permet pas de détecter des erreurs d'irradiation parfois grossières. Concernant l'IMRT, en 2014 Kry *et al.* comparent les résultats des contrôles de qualité prétraitement avec les résultats d'audits dosimétriques [4.14] ; ils alertent sur l'incapacité des contrôles de qualité prétraitement à détecter des plans qui sont considérés comme inacceptables (écart de dose > 7 %). D'autres études concernant le VMAT démontrent que les méthodes et matériels utilisés couramment dans les centres de radiothérapie ne sont pas suffisamment sensibles pour détecter des erreurs volontairement induites concernant l'exactitude de positionnement des lames du MLC, l'angle du collimateur, l'angle du bras ou le débit de dose de l'appareil de traitement, à des magnitudes supérieures aux tolérances réglementaires du contrôle de qualité de l'appareil de traitement [4.15, 4.16].

Seravalli *et al.* ont réalisé un audit dosimétrique aux Pays-Bas, publié en 2018 [4.17], à partir de plans VMAT prédéfinis et identiques pour tous les centres participants ; 16 % des plans dont les contrôles de qualité prétraitement avaient été réalisés sur une matrice donnaient un résultat différent de l'audit dosimétrique : 10 % de faux positif (le résultat de l'audit dosimétrique est hors tolérance alors que le contrôle de qualité prétraitement passe les critères du centre) et 6 % de faux négatif.

Plus récemment, Lehmann *et al.* ont proposé d'utiliser l'audit dosimétrique afin d'évaluer les centres sur leurs propres capacités à détecter des erreurs avec leurs matériels et méthodes de contrôle de qualité prétraitement [4.18].

Notons par ailleurs que des enquêtes internationales rapportent que lorsqu'un contrôle de qualité prétraitement d'un plan de traitement conduit à un résultat non conforme, les actions correctrices sont principalement : refaire le contrôle et/ou accepter le résultat après analyse du résultat du contrôle [4.19, 4.20].

Vers la fin du contrôle de qualité prétraitement ?

Les limites du contrôle de qualité prétraitement comme il est majoritairement mené actuellement, questionnent sur la capacité de cet outil, devenu pourtant un standard, à réellement vérifier la correcte délivrance du traitement planifié. C'est ainsi que d'autres outils ont émergé pour tenter de lever partiellement ces limites.

Les logiciels de double calcul de dose dont le rôle principal est de vérifier de manière indépendante la justesse d'un plan de traitement calculé par le TPS, ont beaucoup évolué. Ils sont désormais de classe TPS : algorithmes de type B ou C, calcul sur les mêmes images que le TPS, et les résultats sont, selon le logiciel, exprimés sous forme de comparaison d'histogramme dose-volume, de comparaison de dose dans les structures du plan de traitement (volumes cibles et organes à risques) et également de comparaison par index gamma. Ces logiciels sont plus efficaces que les contrôles de qualité prétraitement à détecter des erreurs de modélisation [4.21]. Mais ces logiciels de double calcul doivent également être évalués et contrôlés [4.22].

Une autre voie consiste à utiliser les fichiers log générés par les appareils de traitement pour chaque faisceau d'irradiation délivré. Ces fichiers qui contiennent tous les paramètres de traitement à une fréquence plus ou moins élevée selon le type d'appareil, peuvent permettre de reconstruire une dosimétrie qui, même si elle ne prend pas en compte la géométrie du patient le jour du traitement, prend en compte de manière détaillée les caractéristiques du faisceau réellement délivré. Par ailleurs, la fréquence très élevée des contrôles menés avec ces fichiers, rend possible la surveillance de la plupart des paramètres d'irradiation à l'aide des cartes de contrôle proposées dans le cadre de la MSP (maîtrise statistique des procédés), voire des modèles de prédictions basés sur l'IA. Mais il conviendra tout de même d'appréhender selon l'appareil, les limites de ces fichiers log.

Pour les séances de traitement de radiothérapie adaptative *online*, le contrôle de qualité prétraitement peut être avantageusement remplacé par un double calcul avant la délivrance du plan et une analyse des fichiers log *a posteriori* de la séance.

Audits dosimétriques

Les audits dosimétriques externes sont un élément important des programmes d'assurance qualité. À grande échelle, ils fournissent des données qui peuvent aider à créer, maintenir et renforcer les normes réglementaires. À l'échelle locale, ils peuvent potentiellement identifier des problèmes non détectés par le personnel du centre de radiothérapie.

La vérification externe du débit de dose de référence est la mesure la plus fondamentale qui permet d'assurer que l'appareil de traitement a été correctement étalonné et d'éviter une erreur systématique sur les traitements des patients. Cette vérification est réalisée pour toutes les énergies utilisées en clinique.

Plusieurs causes peuvent être à l'origine d'une erreur d'étalonnage [4.23] : une défaillance de l'appareil de traitement ou des détecteurs, une erreur de mesure ou encore une mauvaise application du protocole d'étalonnage.

La dernière décision de l'ANSM renforce l'audit externe dosimétrique, en conservant la vérification du débit de dose de référence mais également en introduisant l'obligation d'un audit dosimétrique des techniques avancées sous la forme d'un contrôle *end-to-end* [4.2].

Conclusion

Les améliorations des matériels et logiciels de contrôle mis à disposition du physicien médical et les facilités d'utilisations qui en découlent constituent une évolution majeure. Toutefois, le contrôle de qualité reste une tâche complexe. La nouvelle décision de l'ANSM améliore drastiquement le contrôle réglementaire, en France, en permettant à l'exploitant d'adapter son programme de contrôle de qualité aux spécificités techniques de l'appareil de traitement et également à son utilisation clinique. Les techniques modernes de traitement sont également mieux prises en compte (MLC en mode dynamique, systèmes d'imagerie, etc.).

Enfin, le contrôle de qualité prétraitement a besoin d'être repensé. Les limites de ce contrôle tel que réalisé actuellement sont souvent mal appréhendées. Une meilleure imbrication entre le double calcul, l'analyse des fichiers log, les contrôles de l'appareil de traitement et les audits dosimétriques externes devrait permettre de lever ces limites.

Remerciements

L'auteur tient particulièrement à remercier Stéphane Beaumont pour ses nombreux et précieux conseils lors de la relecture de ce chapitre.

Références

[4.1] IAEA. Artificial Intelligenge in Medical Physics: roles, responsabilities, education and training of clinically qualified medical physicists, 2023 : https://www-pub.iaea.org/MTCD/publications/PDF/TCS83web.pdf

[4.2] Décision du 28/02/2023 fixant les modalités du contrôle de qualité des installations de radiothérapie externe et de radiochirurgie.

[4.3] Ling C, Zhang P, Archambault Y, Bocanek J, Tang G, LoSasso T. Commissioning and Quality Assurance of RapidArc Radiotherapy Delivery System. *Int J Radiat Oncol Biol Phys* 2008 ; 72 : 575-81.

[4.4] Rapport SFPM n° 34. Assurance qualité en radiothérapie par modulation d'intensité rotationnelle, 2018.

[4.5] Boudet J, Aubignac L, Beneux A, Mazoyer F, Bessieres I. Evaluation of QA software system analysis for the static picket fence test. *J Appl Clin Med Phys* 2022 ; 23 : e13618.

[4.6] *Handbook of Basic Quality Control Tests for Diagnostic Radiology*. IAEA Human Health Series No. 47. Vienna : IAEA, 2023.

[4.7] Rapport SFPM n° 41. Système d'analyse automatisé des images tomodensitométriques incluant des métriques de qualité image adaptées aux reconstructions de nouvelles générations, 2023.

[4.8] Greffier J, Barbotteau Y, Gardavaud F. iQMetrix-CT: New software for task-based image quality assessment of phantom CT image. *Diagn Interv Imaging* 2022 ; 103 : 555-62.

[4.9] Robar JL, Cherpak A, MacDonald RL, *et al.* Novel Technology Allowing Cone Beam Computed Tomography in 6 Seconds: A Patient Study of Comparative Image Quality. *Pract Radiat Oncol* 2024 ; 14 : 277-86.

[4.10] Lim R, Penoncello GP, Hobbis D, Harrington DP, Rong Y. Technical note: Characterization of novel iterative reconstructed cone beam CT images for dose tracking and adaptive radiotherapy on L-shape linacs. *Med Phys* 2022 ; 49 : 7715-32.

[4.11] Roberts DA, Sandin C, Vesanen PT, *et al.* Machine QA for the Elekta Unity system: A Report from the Elekta MR-linac consortium. *Med Phys* 2021 ; 48 : e67-e85.

[4.12] Miften M, Olch A, Mihailidis D, *et al.* Tolerance limits and methodologies for IMRT measurement-based verification QA: Recommendations of AAPM Task Group No. 218. *Med Phys* 2018 ; 45 : e53-e83.

[4.13] Hussein M, Clark CH, Nisbet A. Challenges in calculation of the gamma index in radiotherapy – Towards good practice. *Phys Med* 2017 ; 36 : 1-11.

[4.14] Kry SF, Molineu A, Kerns JR, *et al.* Institutional Patient-specific IMRT QA Does Not Predict Unacceptable Plan Delivery. *Int J Radiation Oncol Biol Phys* 2014 ; 90 : 1195-2101.

[4.15] Liang B, Liu B, Zhou F, Yin FF, Wu Q. Comparisons of volumetric modulated arc therapy (VMAT) quality assurance (QA) systems: sensitivity analysis to machine errors. *Radiat Oncol* 2016 ; 11 : 146.

[4.16] Tattenberg S, Hyde D, Milette MP, Parodi K, Araujo C, Carlone M. Assessment of the Sun Nuclear ArcCHECK to detect errors in 6MV FFF VMAT delivery of brain SABR using ROC analysis. *J Appl Clin Med Phys* 2012 ; 22 : 35-44.

[4.17] Seravalli E, Houweling AC, Van Battum L, *et al.* Auditing local methods for quality assurance in radiotherapy using the same set of predefined treatment plans. *Phys Imaging Radiat Oncol* 2018 ; 5 : 19-25.

[4.18] Lehmann J, Hussein M, Barry MA, *et al.* SEAFARER – A new concept for validating radiotherapy patient specific QA for clinical trials and clinical practice. *Radiother Oncol* 2022 ; 171 : 121-8.

[4.19] Mehrens H, Taylor P, Followill DS, Kry SF. Survey results of 3D-CRT and IMRT quality assurance practice. *J Appl Clin Med Phys* 2020 ; 21 : 70-6.

[4.20] Chan GH, Chin LCL, Abdellatif A, *et al.* Survey of patient-specific quality assurance practice for IMRT and VMAT. *J Appl Clin Med Phys* 2021 ; 22 : 155-64.

[4.21] Kry SF, Glenn MC, Peterson CB, *et al.* Independent recalculation outperforms traditional measurement-based IMRT QA methods in detecting unacceptable plans. *Med Phys* 2019 ; 46 : 3700-8.

[4.22] Zhu TC, Stathakis S, Clark JR, *et al.* Report of AAPM Task Group 219 on independent calculation-based dose/MU verification for IMRT. *Med Phys* 2021 ; 48 : e808-e829.

[4.23] Kry SF, Peterson CB, Howell RM, *et al.* Remote beam output audits: A global assessment of results out of tolerance. *Phys Imaging Radiat Oncol* 2018 ; 7 : 39-44.

Chapitre
5

Sécurité des traitements et formation des personnels

Nicolas Pourel, Charlotte Meyrieux

La publication de l'arrêté du 22 janvier 2009 portant homologation de la décision n° 2008-DC-0103 de l'Autorité de sûreté nucléaire (ASN) a révolutionné le management des départements de radiothérapie (RT) en France et structuré la prise en charge des patients dans les suites de l'accident de RT d'Épinal [5.1]. Apportant à notre communauté professionnelle une prise de conscience de la nécessité d'une meilleure gestion des risques spécifiques liés aux techniques complexes de la RT moderne, telle que la radiothérapie conformationnelle en modulation d'intensité ou la radiothérapie en conditions stéréotaxiques (RTS), elle a permis notamment d'objectiver la nécessité absolue de disposer d'un personnel en nombre et en qualification suffisants. Un corps de métier nouveau a également émergé pour apporter son expertise aux médecins oncologues-radiothérapeutes (OR), médicaux (PM) et manipulateurs en électroradiologie médicale (MERM) dans la structuration de la sécurité des traitements : les qualiticiens. La Société française de radiothérapie oncologique (SFRO) s'est impliquée dans la diffusion de recommandations sur la gestion de la qualité et de la sécurité en RT dès 2016 [5.2]. Elles ont récemment été actualisées en intégrant notamment l'obligation d'audit clinique des centres, complément indispensable des inspections de l'ASN portant essentiellement sur l'aspect radioprotection des patients et des personnels des centres de RT [5.3]. Le corolaire de la sécurité des traitements est la formation des personnels de RT : introduit dans le code de la santé publique par la loi dite HPST (Hôpital, Patient, Santé et Territoires) de 2009, puis réformé en 2016 par la loi de modernisation de notre système de santé, le développement professionnel continu a pour finalité l'amélioration de la qualité, de la sécurité et de la pertinence des soins [5.4]. Au-delà de l'obligation de tout employeur d'assurer le développement professionnel continu dans le secteur de la santé, l'ASN au travers de sa décision 2021-DC-0708 du 6 avril 2021 a mis l'accent sur la nécessité d'habilitation des personnels, démarche ambitieuse et novatrice, permettant une meilleure maîtrise de techniques de plus en plus complexes et innovantes (radiothérapie guidée par l'image, radiothérapie stéréotaxique ou radiothérapie adaptative, entre autres) [5.5]. Aussi, ce chapitre est-il dédié à ces deux aspects fondamentaux de la gestion hospitalière : la sécurité des traitements et la formation des personnels sans lesquels le déploiement d'une RT de qualité est compromis.

Sécurité des traitements

Outils de base de la gestion des risques

Politique sécurité en radiothérapie — Programme d'amélioration continue de la qualité — Système documentaire

L'arrêté du 22 janvier 2009 précise les éléments à déployer pour la mise en place d'un système qualité/gestion des risques en RT. Un calendrier avait été établi pour que chaque centre s'approprie la démarche en implémentant progressivement les outils nécessaires [5.1]. Régulièrement inspectés par l'ASN, les centres français les ont mis en place depuis 2009. Les principaux outils qualité que l'on retrouve aujourd'hui sont les suivants :

- la politique qualité/gestion des risques de la RT, formalisant l'engagement de la direction dans la démarche qualité/gestion de risques en présentant les axes retenus pour son déploiement ;
- le programme (ou plan) d'amélioration continue de la qualité (PAQ), annuel ou pluriannuel, déclinaison de la politique qualité en objectifs prioritaires et en actions d'amélioration ;
- le système documentaire (Fig. 5.1), constitué des éléments de la démarche proprement dite comme le manuel qualité, les procédures et documents d'enregistrement, mais également des documents participant à la dynamique de la démarche : comptes rendus, rapports d'évaluation, etc. ou encore documents externes (réglementations, recommandations notamment) [5.6].

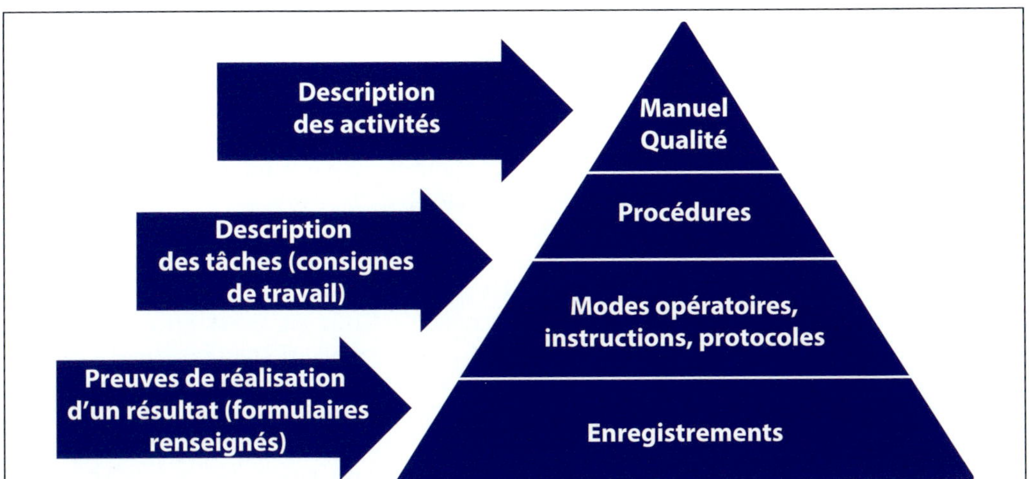

Figure 5.1. La pyramide documentaire (source : Institut du Cancer Avignon-Provence).

Étude des risques encourus par le patient

En matière de gestion des risques, la décision ASN de 2009 prévoyait la réalisation d'une analyse *a priori* de ceux-ci, ce qui, à l'époque, ne faisait pas partie des outils maîtrisés par les départements de RT en général [5.1]. Il s'agit ici de la réalisation d'une étude des risques auxquels les malades peuvent être exposés tout au long du processus de soins de RT externe ou de curiethérapie. Ce travail a pour principal objectif de sécuriser les pratiques en identifiant les actions nécessaires à mettre en œuvre pour s'assurer que la dose délivrée, le volume traité et les organes irradiés ou protégés soient conformes à la prescription médicale. Historiquement, l'ASN a proposé un guide d'autoévaluation sur ce point [5.7]. Beaucoup de centres français se sont ensuite formés à des méthodologies comme l'analyse des modes de défaillances, de leurs effets et de leur criticité (AMDEC) ou l'analyse préliminaire des risques [5.8, 5.9]. Ces méthodes, très fines et pointilleuses, permettent d'agir sur la base d'une sécurité réglée de la pratique de RT faisant appel à une anticipation des situations susceptibles de se produire et à la mise en place de règles et de moyens pour y faire face. Leur défaut tient au fait qu'elles reposent essentiellement sur l'analyse d'erreurs humaines, démarche présomptive considérée comme peu valorisante par les soignants. Elles nécessitent également une formation spécifique des équipes qui l'utilisent, sont chronophages et parfois détaillées à l'excès, et reposent sur la description du processus de soin étudié (ex. : radiothérapie adaptative), la cartographie des risques correspondante et, *in fine,* sur des scores de criticité dont la valeur est relative et discutable [5.9] (Fig. 5.2, Tab. 5.1 et 5.2). L'équipe de soin, en fonction des différents scores de criticité nette, tenant compte de la notion de maîtrise, est ensuite en mesure de déduire un certain nombre d'actions d'améliorations de la prise en charge des patients, limitant ainsi le risque de la nouvelle technique de RT en développement dans le centre [5.3] (Tab. 5.3).

L'Institut de radioprotection et de sûreté nucléaire (IRSN) a beaucoup plus récemment développé une méthodologie dite « espace de partage et d'exploitation de la complexité du travail » (EPECT), qui se distingue en particulier de l'AMDEC sur l'analyse de modes de réussite sécurisés (et non pas d'échec) selon que les professionnels de santé exercent dans une situation de travail normale ou dégradée [5.10] (Fig. 5.2 et 5.3). L'évaluation est qualitative avec une contextualisation des risques et les actions d'amélioration

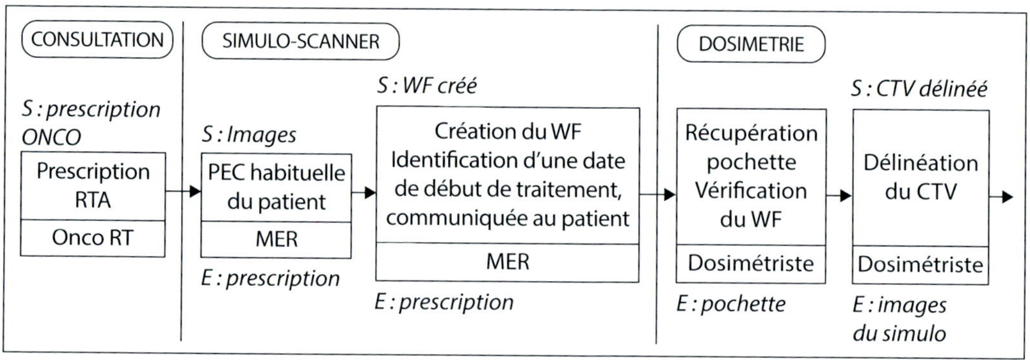

Figure 5.2. Extrait de la description de processus radiothérapie adaptative (source : Institut du Cancer Avignon-Provence).

Tableau 5.1. Éléments de base d'un tableau d'analyse des risques AMDEC utilisé à l'Institut du Cancer Avignon-Provence, par exemple pour la radiothérapie adaptative : descriptif de l'étape de préparation du traitement ; identification des modes de défaillance ; formulation des effets possibles de la défaillance ; identification des causes possibles de la défaillance ; présentation des éléments de surveillance déjà en place, cotation de la gravité, de la fréquence et de la maîtrise du risque ; proposition d'actions d'amélioration, avec son pilote et son échéance de réalisation.

ANALYSE DES MODES DE DEFAILLANCE, DE LEURS EFFETS ET DE LEUR CRITICITE Création 19/02/2023
PROJET RADIOTHERAPIE ADAPTATIVE
WF RTA ETHOS

Etape	Mode de défaillance potentielle	Effets possibles de la défaillance	Causes possibles de la défaillance	Plan de surveillance actu	G	F	M	IR	Actions préconisées
Hautes densités	Densité affectée erronée	Dosimétrie sous optimale	Visa physicien Vérification physicien	Visa physicien Vérification physicien	2	2	0,8	3,2	à mettre dans la CL dosi + CL physicien
	Contourage partiel / trop important / trop petit	Dosimétrie sous optimale	Contourage automatique erroné	Visa physicien Vérification physicien	2	2	0,8	3,2	à mettre dans la CL dosi + CL physicien
Calcul dosimétrique => 3 plans disponibles	Absence de calcul	Pas dosimétrie	Etapes précédentes non validées	/	1	1	0,2	0,2	
	Absence d'un ou plusieurs plans	Pas dosimétrie	Bug informatique, coupure réseau	Affichage	1	1	0,4	0,4	
	Dosimétrie non optimale par rapport à l'attendu	Perte de temps à traitement non optimal	Critères dosimétriques /protocole dosimétrique non adapté Critères dosimétriques améliorables Anatomie complexe	Affichage : alerte visuelle	3	3	0,4	3,6	
Prévisa									
Réalisation du prévisa contenu à déterminer / info sur plan à privilégier via notes (non) => dans la note de tâche médecin	Choix du mauvais plan	Dosimétrie sous optimale	Erreur sur le nom du plan à privilégier	Validation médicale Visa physicien Note, journal	3	3	0,8	7,2	Proposer un seul plan Former les médecins
	Non détection d'un élément à corriger	Perte de temps à traitement non optimal ou impossible	Formation Inattention	Validation médicale Visa physicien	4	3	0,6	7,2	

Tableau 5.2. Matrice de criticité (AMDEC).

A. Première matrice : gravité par fréquence (criticité brute).

G x F	1	2	3	4	5
1	1	2	3	4	5
2	2	4	6	8	10
3	3	6	9	12	15
4	4	8	12	16	20
5	5	10	15	20	25

B. Seconde matrice utilisée à l'Institut du Cancer Avignon-Provence : corrigée de la notion de maîtrise (criticité nette).

M / G x F	1 à 5	6 à 10	11 à 15	16 à 20	21 à 25
0,2	1	2	3	4	5
0,4	2	4	6	8	10
0,6	3	6	9	12	15
0,8	4	8	12	16	20
1	5	10	15	20	25

reposant sur la notion de sécurité réglée (comme l'AMDEC), mais également de sécurité gérée, reposant essentiellement sur la fiabilisation des pratiques et une saine évolution de l'outil de travail. La limite de cette dernière méthode est qu'elle permet difficilement d'anticiper les risques dans un environnement de travail nouveau, réel ou virtuel (nouvelle machine, nouvelle technique ou nouveau logiciel de travail). Mais en cela, elle rejoint les méthodes précédemment citées.

Tableau 5.3. Éléments de base d'un plan d'action issu d'une cartographie des risques radiothérapie adaptative (source : Institut du Cancer Avignon-Provence) : intitulé de l'action ; origine de l'action ; responsable de sa mise en œuvre ; échéances : échéance prévisionnelle, nouvelle échéance en cas report, échéance effective ; état de l'action (non commencée, en cours, finalisée) ; commentaire sur l'avancée de l'action.

Intitulé de l'action	Si EI / AMDEC / ..., libellé	Qui	Fin prévue		Échéance repoussée		Fin effective		État	Avancement (Date + commentaire)
			T	Année	T	Année	T	Année		
définir les modalités d'alerte des acteurs quand une prescription est créée et quand une prescription est modifiée	Oubli de programmation de RV par le simulo-scanner Non prise en compte de modification de prescription	Sce info / PM	T3	2023					en cours	janv 2023 : idéal avoir un historique des modif de prescription mais difficile à avoir dans ONCO = piste = pdf. Discussions en cours avec informatique
Intégrer les tâches "ancien traitement" sur le WF de base	Non prise en compte de l'ancien traitement Oubli d'associer le médecin principal dans la tâche	EJ PM	T2	2022	T2	2023			non commencé	jan 2023 : nécessaire car pas le papier sous les yeux. Méthodo à définir.
Rédaction d'un PO d'utilisation des différents environnements	Information erronée saisie	MZ	T3	2022	T3	2023			en cours	janv 2023 : à finaliser. Rédaction des différents environnements OK mais à spécialiser en fonction des métiers
Utiliser le Journal pour tous les utilisateurs	Données non à jour	PM	T4	2022			T4	2022	finalisé	

Figure 5.3. Bulletin n° 20 de l'ASN. La sécurité du patient, octobre 2023 (reproduit avec l'autorisation de l'ASN) [5.10].

Mise en œuvre d'un système de recueil des événements indésirables

La mise en place et l'exploitation d'un système visent à recueillir les événements indésirables ou dysfonctionnements, qui alimenteront notamment au fil de l'eau l'analyse des risques encourus par les patients ainsi que le comité de retour d'expérience (CREX, voir *infra*). Le personnel de tout centre de RT doit disposer d'un outil facilement accessible de déclaration des événements indésirables, y être formé afin que les déclarations soient claires, objectives et non ambiguës. L'engagement de la direction de tout centre de RT est fondamental afin de permettre la libre expression sur le sujet des écarts à la norme, presque incident (*near miss*) et incidents : il peut être utile également de rédiger une charte de non-punition des déclarants afin de les protéger de toute mesure disciplinaire (notion de culture juste) [5.2, 5.11].

Structurer et piloter la démarche de gestion des risques

Responsable opérationnel du système de management et de la qualité

Chaque centre a identifié un responsable opérationnel du système de management de la qualité (ROSMQ) conformément à l'arrêté du 22 janvier 2009. Ce dernier est issu soit du corps des soignants, avec une sensibilité et au mieux une formation à la gestion de la qualité et des risques, soit issu du corps administratif avec un bagage qualité-gestion des risques solide mais capable de travailler avec les acteurs de terrain du secteur de RT. Il est indispensable que la direction ait défini le temps de travail nécessaire à l'accomplissement de sa mission. Une fois les éléments du SMQ constitués, l'enjeu consiste à le maintenir et à l'animer, travail de longue haleine au sein duquel tous les corps de métier doivent être impliqués, chacun à leur niveau et selon ses compétences. Le ROSMQ détient un rôle de chef d'orchestre, au côté de la hiérarchie et plus particulièrement la direction, dont l'implication dans ce suivi est un élément inconditionnel de la pérennité du système [5.12].

Déploiement d'une culture en faveur de la sécurité

Le rôle du management dans le développement de cette culture est une dimension essentielle à prendre en compte, qui doit se traduire par des actions concrètes : prise en considération des suggestions des équipes et des problématiques récurrentes de sécurité (ce qui nécessite une liberté d'expression partagée au sein de l'équipe), culture non punitive de l'erreur, mise en valeur du travail d'équipe. La culture de sécurité est indissociable de la démarche de gestion des risques. La Haute Autorité de santé souligne cette nécessité : la culture sécurité « *donne du sens aux outils mis en place en les inscrivant dans un ensemble cohérent de pratiques et de comportements.* », elle « *participe ainsi aux performances des organisations de santé en leur permettant d'être informées, fiables, sûres résilientes et apprenantes.* » [5.13].

Comité de retour d'expérience

La présence d'un CREX pluriprofessionnel a pour fonction d'analyser les causes profondes des événements signalés par les soignants et pour objectif de définir et de suivre la mise en œuvre des actions d'amélioration nécessaires à la progression de la sécurité des soins au sein du centre de RT. Ses participants sont formés à l'analyse de causes profondes. Le centre de RT est là aussi libre de choisir la méthode qui lui convient le mieux dont, par exemple, la méthode ORION® ou la méthode ALARM [5.14, 5.15]. Un comparatif des différentes méthodes est présenté dans le guide « Radiation Protection n° 181 » de la Commission européenne [5.16].

Les prérequis à la mise en place d'une démarche de retour d'expérience sont les suivants :

- l'implication de l'institution dans ce type de démarche, favorisant une culture positive de l'erreur ;
- l'existence d'un système de signalement des incidents (encore appelés événements indésirables), accessible, bien compris et utilisé par les professionnels et géré de telle sorte que ces données soient exploitables ;
- l'absence de sanction pour la personne à l'origine de l'événement : l'erreur est humaine, la faute étant de ne pas la déclarer… ;
- la formation des personnels à l'importance et aux modalités de déclaration (culture sécurité) ainsi que sur le contenu de cette dernière : le message étant que l'institution souhaite travailler sur ses incidents afin de prévenir les accidents. Il est attendu surtout des déclarations sur des situations qui n'ont pas eu de conséquence pour le patient *in fine*. Il ne faut pas attendre l'accident majeur pour déclarer.

L'analyse des incidents dans le cadre des démarches de retour d'expérience s'effectue par le biais d'un comité pluriprofessionnel, non hiérarchique, dont la liste des membres est arrêtée par la direction. Les participants sont formés à la méthode d'analyse retenue. Le comité dispose d'un règlement intérieur, précisant notamment sa fréquence de réunion.

La décision n° 2021-DC-0708 de l'ASN renforce les attendus relatifs à l'analyse des événements [5.5] :

- rechercher les causes profondes, quelle que soit leur origine (matérielles, humaines, organisationnelles, etc.) ;
- identifier les barrières de sécurité qui ont fonctionné et celles qui n'ont pas fonctionné (article 11) ;
- intégrer les enseignements tirés de l'analyse systémique des événements dans l'étude des risques *a priori* ;
- partager et communiquer en interne sur le retour d'expérience.

Dans le cadre de la méthode ORION©, les participants choisissent sur une période donnée un événement qui sera ensuite analysé par un pilote. Il présentera au comité son analyse et des propositions d'actions d'amélioration. Ensemble, ils en retiendront certaines et définiront pour chacune un délai de mise en œuvre et un responsable. Trois éléments clés sont à prendre en compte :

- la communication autour de l'activité du comité en charge de la démarche de retour d'expérience, afin d'informer les professionnels non membres de cette instance des décisions prises et de les inciter à déclarer, dans l'objectif de développer la culture sécurité de l'institution ;
- le suivi des actions : effectué de manière régulière, il permet de pérenniser la démarche et de l'ancrer dans l'organisation courante du centre ;
- l'évaluation des actions, destinée à s'assurer de leur efficacité.

Un temps doit être pris collégialement par les personnes participant à la démarche de retour d'expérience, *a minima* avec le responsable de la démarche de retour d'expérience, le responsable du suivi des actions et les représentants des différentes catégories professionnelles, afin de vérifier si l'action mise en œuvre a obtenu l'effet escompté, et si ce n'est pas le cas, de décider de la suite à donner. Il pourra s'agir de la reformulation de l'action, si par exemple le contexte a changé, ou de la définition d'une autre action pour atteindre l'objectif premier. Le compte rendu de l'analyse systémique est alors un élément indispensable à prendre à compte dans ce cas de figure, afin de s'assurer que les causes de l'incident étudié pourront être éliminées (ou atténuées) par la définition de cette nouvelle action [5.2]. Cette phase est peut-être aujourd'hui la plus complexe à mettre en œuvre afin de trouver le système satisfaisant pour réaliser ces évaluations, en restant pragmatique et maîtriser le temps consacré à cette activité.

La méthodologie ORION© a été privilégiée par la majorité des centres de RT [5.14]. Le principe est de choisir un événement sur une période donnée et de l'analyser de manière approfondie [5.17]. Sur cette période, plusieurs incidents vont être relevés pour un seul retenu pour analyse. Ce dernier, en général, présente un potentiel de risque important, avec une conséquence sur la qualité des soins délivrés. Il peut être un ESR qui sera déclaré à l'ASN. De ce fait, les autres événements présentés en CREX vont être commentés mais non étudiés avec une méthode d'analyse systémique. De par leur faible gravité en termes de radioprotection ou d'impact clinique, ils ne monopolisent pas l'attention des CREX. Ils sont laissés de côté par cette instance. Par exemple, à l'Institut du Cancer Avignon-Provence (Sainte-Catherine) [5.18], en moyenne 12 % des événements déclarés vont bénéficier d'une analyse de causes profondes par la méthode ORION©. Majoritairement, les professionnels du service de RT sont satisfaits de ce résultat car il témoigne de leur implication dans une démarche de gestion des risques et de sécurisation des soins. Mais d'un autre côté il est possible de s'interroger sur le devenir des autres événements, c'est-à-dire ces 88 % non retenus pour analyse.

Cette situation peut également conduire à deux cas de figure :

- la sous-estimation des incidents peu graves, statistiquement parlant : l'intérêt à les déclarer étant faible puisque non retenus pour analyse, les professionnels s'essoufflent dans leur mission de signalement, ils éprouvent une certaine lassitude à les déclarer. Le système de gestion des risques se voit privé d'informations : la base de données concernant les risques avérés est incomplète ;
- s'ils sont toujours déclarés, ils représentent alors un ensemble de déclarations inexploitées pourtant bien réel, qui peut générer un sentiment de frustration de la part des membres du CREX : des événements se produisent mais il n'y a pas de réelle discussion autour, et pas de définition d'actions pour y remédier. Des questionnements sont alors entendus sur le réel intérêt de la démarche puisque ces questions-là ne sont pas travaillées et donc pas résolues.

De plus, certains sont récurrents, ce qui accroît le sentiment d'impuissance des professionnels, même si les conséquences en termes de dose délivrée sont nulles : retards horaires dans des programmations de traitement, problèmes de communication autour de la prise en charge avec des professionnels extérieurs, validation de dossier dans des délais différents de ceux prévus mais acceptables en termes de prise en charge, etc. Il appartient ainsi à chaque centre de définir une stratégie pour traiter ces signalements en dehors des CREX et ne pas laisser inexploitée une mine de données indispensables à sa démarche de gestion des risques. Cette activité peut prendre différentes formes : temps régulier en équipe pour traiter ces irritants, gestion au fil de l'eau par le responsable du traitement des événements indésirables, *reporting* régulier auprès d'une instance de gouvernance ou autre.

Toutefois, ces signaux faibles issus d'un dialogue interdisciplinaire riche, impliquant l'ensemble des professionnels d'un département de RT, sont porteurs d'un terreau fertile pour permettre d'analyser *a priori* les risques et de décrypter l'impact que va avoir un changement de pratique ou de matériel à l'occasion notamment de l'implémentation d'une nouvelle technique de RT [5.2, 5.18, 5.19].

Évolution des systèmes qualité/gestion des risques

Accompagnement du changement

Il s'agit ici de définir et mettre en œuvre un processus pour maîtriser les changements pouvant impacter la qualité et la sécurité de la prise en charge des patients. Ces dernières années, les services de RT ont pu utiliser des outils combinant gestion de projets et analyse de risque *a priori* pour accompagner les changements envisagés dans leurs structures dans le cadre d'un management bien maîtrisé. Cette disposition transparaît également dans la mise à jour de décision de l'ASN [5.5]. Elle permet d'organiser les différentes étapes pour aboutir au déroulement optimal du projet et en atteindre ainsi les objectifs. Chaque centre formalise son support, permettant de cadrer le projet et de ne pas oublier les différents axes à travailler (choix d'équipements, travaux nécessaires le cas échéant, formalisation des consignes, formation), et incluant un temps d'analyse *a priori* des risques. Un diagramme de Gantt vient souvent l'illustrer [5.20-5.22].

Dans ce contexte, une dimension essentielle à prendre en compte est le dimensionnement du projet. En effet, le responsable de l'activité de RT recherche en permanence l'adéquation des ressources humaines et matérielles en regard du projet médical de RT incluant les données d'activité, réglementaires, de sécurité et de qualité des soins, etc. La place des institutions et, en particulier ici pour les moyens humains, des directions des ressources humaines est essentielle.

Afin d'illustrer cette partie, on peut citer l'exemple de la gestion de projet à travers le travail en cours mené à la demande de l'ASN par l'IRSN et les professionnels de la RT. Ce travail porte sur l'impact des modifications en RT (IMRTH). Ce travail a été initié dans la suite des recommandations du groupe de travail Groupe permanent d'experts en radioprotection pour les applications médicales et médicolégales des rayonnements ionisants (GPMED) sur les conditions de mise en œuvre des nouvelles techniques et pratiques en RT [5.23].

Le projet IMRTH a été initié en 2017 suite au constat établi sur la base d'événements de radioprotection survenus dans le cadre de traitements par irradiation de cancers montrant que des changements techniques ou organisationnels pouvaient fragiliser les lignes de défense mises en place pour sécuriser le processus de soin. L'ASN a alors sollicité l'IRSN afin de définir un outil (ou une démarche) simple et opérationnel visant à aider les centres de RT à s'approprier les modifications matérielles et/ou techniques et n'engendrant pas une charge significative de travail supplémentaire pour les équipes. Les conclusions de ce groupe de travail IMRTH ont été publiées en 2021 [5.24].

En tout état de cause, implémenter une nouvelle technique, une modification d'organisation ou autre nouveauté impactant l'activité du centre de RT requiert une charge de travail supplémentaire, qui peut être impossible à assumer avec l'effectif préexistant. Il est recommandé ainsi que cette charge de travail soit évaluée dans la gestion du projet, associant tous les professionnels de la RT, afin de pouvoir prévoir les ressources humaines supplémentaires en conséquence et de les adapter aux objectifs du projet. Il est instamment recommandé de respecter l'adéquation entre « nouveau développement » et ressources humaines.

Les moyens humains, qui dépendent fortement de l'importance et de la durée du projet, doivent être en nombre suffisant pour permettre la recette et la mise en œuvre de la technique concernée, ensuite pour la faire fonctionner avec les objectifs cliniques préalablement fixés.

Le dimensionnement doit s'appuyer sur les dispositions réglementaires et les recommandations existantes, les référentiels de bonnes pratiques issus des sociétés savantes et impliquer les directions des structures concernées.

Audit par les pairs

En août 2013, l'Autorité de sûreté nucléaire a saisi le GPMED afin que ce groupe émette des recommandations sur les conditions de mise en œuvre des nouvelles techniques en RT et des pratiques associées [5.23]. La mise à jour de la décision ASN de 2021 formalise cette demande [5.5]. Plusieurs pays européens réalisent déjà ces audits, notamment dans le cadre d'un partenariat avec l'IAEA [5.25]. SFRO, SFPM, AFPPE et AFQSR ont joint leurs forces pour théoriser un système d'audit des centres de RT par les pairs qui viendrait avantageusement compléter, dans l'intérêt des équipes soignantes et des patients, les nécessaires inspections de l'ASN portant sur la radioprotection [5.26]. Le but de ce dispositif est d'améliorer et d'homogénéiser les pratiques. Il s'agit également de répondre à l'obligation d'audit clinique prévue par les directives européennes (article 58 (e) de la directive 2013/59/EURATOM du conseil du 5 décembre 2013) traduite dans la réglementation française par le dispositif d'évaluation des pratiques cliniques [5.27]. Cette obligation est formulée dans l'article R.1333-73 du code de la santé publique. Une première approche de mise en place de l'évaluation des pratiques professionnelles, à des fins de formation, a été initiée en 2013 par la HAS essentiellement sous forme d'auto-évaluation. Par ailleurs, en 2015, le GPMED a recommandé la réalisation d'audits cliniques par les pairs (recommandation R2) après avoir fait le constat que les nouvelles techniques se développaient avec des recommandations insuffisantes et en l'absence d'encadrement spécifique dans le régime actuel d'autorisation de la RT.

L'audit par les pairs est un audit clinique qui vise à améliorer la qualité et le résultat des soins administrés au patient grâce à un examen structuré des pratiques par rapport à des référentiels émanant des sociétés savantes. Les référentiels pourront être évolutifs en fonction, le cas échéant, de l'application de nouveaux textes réglementaires mais aussi en fonction des données acquises de la littérature.

L'audit par les pairs a également pour finalité d'assister les services de RT à adapter leur pratique à l'état de l'art notamment :

- en identifiant les domaines et fonctions qui devraient être optimisés ;
- en proposant des améliorations des procédures de prises en charge des patients ;
- en proposant l'adaptation des pratiques ;
- en fournissant une opinion indépendante sur la prise en charge clinique des patients ;
- en identifiant les bonnes pratiques qui mériteraient d'être partagées avec l'ensemble des professionnels de la RT ;
- en identifiant les besoins en formation continue.

Sa méthodologie repose sur une visite sur site sur 2 jours pleins par une équipe d'auditeurs formés. Le centre devra fournir une liste des documents (type POPM, données de l'observatoire de la RT, politique et manuel qualité, dispositif interne de maintien des compétences, etc.) 2 mois avant la date de la visite, ce qui déclenchera l'envoi de la grille d'autoévaluation qui permettra au centre audité d'appréhender le périmètre de l'audit. En complément des analyses de dossiers patients, d'autres documents seront consultés sur site. L'auditeur mène les entretiens et réalise des observations des pratiques professionnelles et des analyses de dossier afin de fonder ses conclusions sur une analyse objective des faits. L'audit est mené dans le respect de la confidentialité des informations reçues, aucune copie d'information ne sera emportée, ni conservée par les auditeurs à l'issue de la visite. La visite se terminera par une réunion de clôture où les principales conclusions sont exposées. Un rapport d'audit sera rédigé de manière factuelle et précise. Les centres audités pourront commenter et demander d'amender les constats rapportés avant l'émission du rapport d'audit définitif.

Patient acteur de sa sécurité

La thématique du patient acteur de sa sécurité en RT découle des leçons tirées après l'accident de RT d'Épinal [5.28], mais d'une manière plus générale du constat que les accidents/erreurs médicales sont la troisième cause de mortalité dans le système de soins français derrière les accidents cardiovasculaires et le cancer [5.29]. Ainsi, le programme national pour la sécurité des patients 2013-2017 (PNSP) de la HAS comportait dans son volet n° 1 la notion de patient « co-acteur », approche systémique basée sur un décloisonnement du système de santé entre soignants et soignés permettant un nouveau dialogue basé sur l'échange (ex. : le patient peut poser toute question sur son traitement) et la transparence (ex. : déclaration des événements indésirables associés aux soins) dans le but de progresser ensemble vers une meilleure sécurisation des traitements, y compris en RT. Dans la même période, entre 2014 et 2016, l'ASN a été amenée à constater que 44 ESR ont été identifiés pour lesquels les patients ont contribué à la détection ou à la survenue d'un événement (sur un ensemble de 531 déclarations) [5.30]. La contribution du patient a permis, au travers de 16 déclarations, de détecter une erreur :

- de localisation (n = 10, dont 4 erreurs de côté) ;
- d'identité (n = 2) ;

- de positionnement (n = 1) ;
- de fractionnement (n = 1) ;
- de phase de traitement (n = 1) ;
- de nombre de séances (n = 1).

Aussi des dysfonctionnements dans la prise en charge des patients ont été rapportés au travers de 28 déclarations, ceux-ci étant liés :

- à l'identification (n = 19) ;
- au positionnement (n = 6) ;
- à l'interruption (n = 1) ;
- à une grossesse méconnue (n = 2).

Les auteurs de ce bulletin ont donc été amenés à proposer des actions d'améliorations déclinées en trois catégories : recommandations à destination des soignants, ce qu'il faut expliquer aux patients, proposition d'outils. Ces recommandations portent sur trois grandes thématiques : construire une relation de confiance, améliorer la clarté et l'observance des consignes et explications, oser coopérer.

Plus récemment, il a été proposé d'amener dans les centres de cancérologie des patients-experts pour chaque sorte de traitement que ce soit les soins de support, la chimiothérapie ou la RT. L'action de ces anciens patients, aussi appelés « patient ressource » selon un concept défendu par la Ligue contre le cancer, soigneusement sélectionnés, notamment *via* les commissions des usagers, permettra notamment dans l'avenir d'optimiser la qualité de l'information perçue par les patients, leur adhésion au traitement, la coordination des soins et de lutter contre le risque de dépression des patients cancéreux [5.31].

Formation des personnels

Obligations en termes de formation des personnels

Le développement de pratiques avancées par les personnels des centres de RT est un phénomène universel lié à l'émergence de techniques de RT de haute technicité, nécessitant un renforcement de la formation de celles-ci [5.32]. Le cadre réglementaire français régissant cette nécessité tient essentiellement en trois textes :

- code de la santé publique (art. L4351) [5.33] ;
- INCa : critères d'agrément pour la pratique de la RT externe [5.34] ;
- décision n° 2021-DC-0708 de l'ASN : obligations d'assurance-qualité pour les actes utilisant des rayonnements ionisants réalisés à des fins thérapeutiques (publiée au JORF 21 mai 2021) [5.5].

Le code de la santé publique, au travers de son article L. 4351, prévoit notamment que le MERM « *applique les procédures de contrôle des champs d'irradiation* », « *mette en place le patient conformément aux exigences de la technique utilisée* » « *adapte sa pratique professionnelle à l'évolution des sciences et des techniques* » [5.33]. Il précise également que le MERM « *exécute des actes professionnels sous la responsabilité et la surveillance d'un médecin en mesure d'en contrôler l'exécution et d'intervenir immédiatement* ». Contrairement aux idées parfois reçues, la loi permet donc une grande souplesse d'évolution du métier de MERM mais pas sans encadrement, en particulier médical.

Les critères d'agréments de l'INCa en date de 2007 pour la pratique de la RT externe ont défini un certain nombre d'obligations bien assimilées en 2023, comme la permanence de présence médecin/physicien (critère n° 4) dans le centre de RT du premier au dernier malade traité mais également la nécessité de contrôle d'imagerie de positionnement hebdomadaire (critère n° 17), obligation actuellement largement dépassée par l'évolution des techniques modernes d'irradiation comme l'IGRT et la RTS qui viennent par définition avec un contrôle quotidien [5.34].

En conséquence, la nécessité d'une formation continue sur l'imagerie de positionnement adaptée à la technique d'irradiation utilisée reste une des dimensions cruciales de la formation des professionnels de santé au sein d'un centre de RT. Ces mêmes critères de l'INCa prévoient également dans cet esprit deux dispositions aux contours flous qui prévoient l'entretien par le centre de RT d'un plan de formation pluriannuel (critère n° 7) ainsi que d'une liste des personnels formés (critère n° 8).

La décision 2021-DC-0708 de l'ASN apporte un nouvel éclairage sur les obligations des centres de RT en termes de formation des personnels au travers de son article 7 [5.5] :

- le titre I prévoit notamment que le système de gestion de la qualité du centre doit décrire les modalités de formation du personnel notamment sur l'utilisation d'un nouveau dispositif médical participant à la préparation ou au traitement des patients, ainsi que toute nouvelle pratique, que celle-ci soit mise en œuvre sur un dispositif médical existant ou nouveau ;
- le titre II précise que « sont décrites dans le système de gestion de la qualité les modalités d'habilitation au poste de travail pour tous les nouveaux arrivants ou lors d'un changement de poste ou de dispositif médical, ou de la mise en œuvre d'une nouvelle pratique médicale ».

L'esprit de ce dernier texte réglementaire est de permettre un déploiement harmonieux de techniques de RT de haute technicité sur la base d'une coopération renforcée entre corps professionnels d'un département de RT pour assurer l'émergence d'une qualité de traitement supérieure sans faire émerger de nouveaux risques en termes de sécurité. L'ASN suggère ainsi une stratégie de déploiement en trois étapes [5.35] :

- étape 1 : formation des référents et rédaction des modes opératoires ;
- étape 2 : conception des outils et formation des personnels ;
- étape 3 : habilitation interne au poste de travail et validation de l'habilitation.

L'étape 1 consiste à former des MERM référents à l'utilisation d'un dispositif médical ou à une pratique professionnelle particulière par le fabricant du dispositif, par un OR, par un PM ou par un cadre de santé. Vient en parallèle la rédaction des modes opératoires par les référents qui seront validés par une équipe pluridisciplinaire.

L'étape 2 s'articule autour de la conception des outils pour la formation de tous les utilisateurs du dispositif médical ou d'une nouvelle pratique par les référents formés avec notamment une grille des taches à acquérir et à maîtriser à l'issue de la formation. L'encadrement du centre de RT s'attache à organiser la formation de telle sorte que tous les personnels amenés à opérer le nouveau dispositif ou à mettre en œuvre la nouvelle pratique puissent y avoir accès avec également un temps de compagnonnage en binôme avec les référents formés.

L'étape 3 est basée sur la construction d'une grille d'habilitation à laquelle est soumis chaque professionnel formé dont la validation est ultimement assurée par le responsable de l'activité nucléaire (RAN).

La communauté de la RT française n'a pas attendu la publication de ce texte pour intégrer dans sa pratique une politique de qualité et de sécurité lors de l'installation d'un nouvel appareil dans un service de RT [5.21] : cette politique inclut la formation des personnels mais également l'analyse préliminaire des risques-système (analyse des situations dangereuses nouvelles générées par l'utilisation d'un nouvel appareil ou d'une nouvelle pratique) et au travers de scénarios (cartographie des risques). La formation des personnels vient en parallèle de l'installation du nouvel accélérateur ou du déploiement de la nouvelle technique, *in situ* (formation des personnels hospitaliers des MERM) ou *ex situ* (cours théoriques et techniques) pour les PM, OR et dosimétriques par exemple (Fig. 5.4). Le fabricant de l'accélérateur doit bien entendu être partie prenante de ces formations initiales, dont le coût est inclus dans le prix d'achat du dispositif

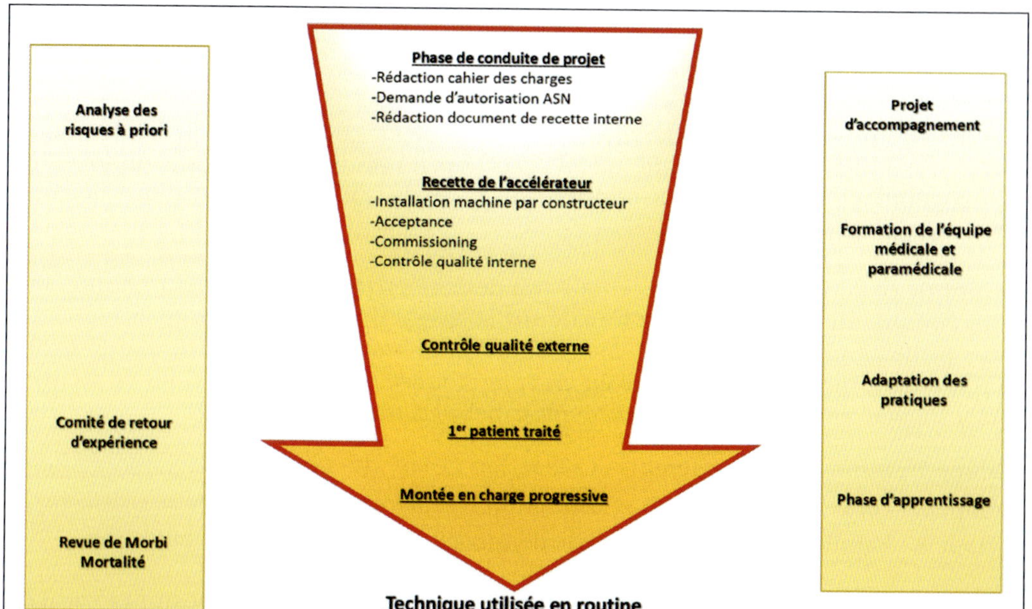

Figure 5.4. Résumé du processus de mise en place d'un nouvel accélérateur ainsi que d'une nouvelle technique de RT (reproduit avec l'autorisation du Pr Philippe Maingon) [5.21].

médical ou comme une option ajoutée à celui-ci. De nouvelles méthodes managériales ont été également développées par la SFRO, la SFPM et l'AFPPE sous la houlette de l'IRSN dans le domaine de la gestion de projet en vue du déploiement d'un nouvel appareil ou d'une nouvelle pratique de RT [5.19].

Système d'habilitation des personnels en radiothérapie

Désormais exigible au sens de la décision de l'ASN 2021-DC-0708 [5.5], l'habilitation des personnels en RT est une méthodologie de gestion de ressources humaines dont le but est la reconnaissance formalisée par le RAN de la maîtrise des tâches à réaliser par chaque professionnel concerné en prenant en compte les exigences réglementaires (diplôme initial et formation continue) et l'expérience de ce professionnel. Cette démarche doit concerner en priorité tout nouveau professionnel d'un département de RT mais également tout professionnel du département en cas de déploiement d'une nouvelle technique de RT.

Les prérequis de cette démarche sur le terrain sont de rassurer l'équipe de soins qu'il ne s'agit pas d'une remise en cause de leur compétence et que le compagnonnage ne saurait à lui seul constituer une habilitation. Par essence, l'habilitation est attribuée après test théorique, compagnonnage et évaluation ; elle peut être validée initialement mais également renouvelée après une période donnée afin de s'assurer du maintien des compétences. Il est en particulier utile de réhabiliter un personnel après une longue période d'interruption d'activité. À l'extrême, une disqualification peut être prononcée après constat de l'incapacité à valider les compétences exigées. L'organisation sur le terrain de l'habilitation est résumée dans la **figure 5.5**.

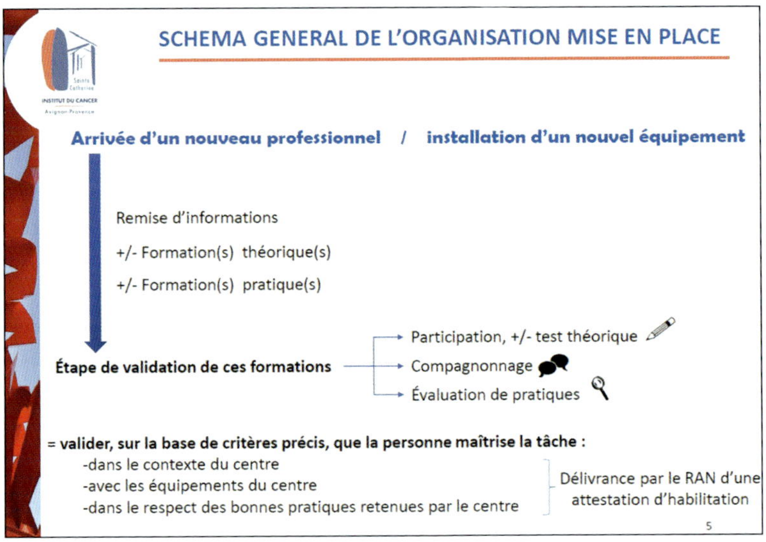

Figure 5.5. Schéma général de l'organisation de l'habilitation (source : Institut du Cancer Avignon-Provence).

La traçabilité de la démarche d'habilitation des personnels est un élément complexe et déterminant de sa réussite. Elle repose sur la mise en place d'un fichier de suivi (type tableur) dont l'enjeu principal est le suivi en temps réel de l'avancée du processus « habilitation ». Ce tableau incorpore le suivi des formations reçues et validées par chacun ainsi qu'un calendrier prospectif de renouvellement de celles-ci. Le suivi du personnel habilité permet ainsi de maintenir la qualité des soins au niveau requis, de gérer le *backup* (type étalonnage, curie, etc.) et de gérer les plannings. Le RAN délivre *in fine* une attestation d'habilitation nominative à chaque personnel.

La mise en place de cette démarche comporte néanmoins un certain nombre de difficultés à contourner. Il faut notamment tenir compte de l'organisation existante au sein du département de RT et des pratiques des personnels pour ne pas aller à l'encontre de l'intérêt de la structure. À titre d'exemple, si un professionnel donné n'est pas habilité sur un thème particulier, il ne pourra pas réaliser la tâche, ce qui risque d'entraîner des ruptures de la continuité des soins d'où des plannings impossibles à tenir et à compléter. Il convient également de ne pas hésiter à envisager des cas particuliers permettant notamment l'auto-habilitation des premiers personnels formés sur un équipement (ex. : par le fabricant de l'accélérateur/du logiciel nouveau), auto-habilitation associée à une dérogation de mise en place couvrant une période « avant mise en œuvre » permettant d'exercer sans que l'habilitation ne soit obligatoire pour cette nouvelle pratique/technique. L'habilitation doit également être impérativement intégrée dans la démarche d'amélioration continue de l'établissement de soins, permettant une révision régulière du processus au niveau de la direction des ressources humaines.

L'Institut du Cancer Avignon-Provence (Sainte-Catherine) a initié sa démarche d'habilitation des personnels du pôle de RT depuis 2022 : démarche de longue haleine en cours, le résumé des bénéfices et risques de la démarche telle qu'évaluée récemment par l'équipe avignonnaise est résumée dans le **tableau 5.4**.

Le processus d'habilitation nécessite, comme tout projet, un accompagnement en termes de communication auprès des différents corps de métier afin qu'il devienne un élément intégré dans la vie quotidienne d'un établissement de santé. Le principal avantage de cet outil de management est de permettre à l'encadrement d'objectiver les forces et les faiblesses de son équipe de soin. Ainsi, les cadres du département de RT seront en mesure de confier plus sereinement une tâche complexe à un professionnel, étant habilité selon les critères que son encadrement a lui-même fixé et donc en adéquation avec le niveau d'exigence spécifié en matière de qualité et de sécurité des soins.

Tableau 5.4. Bilan de la mise en place de la démarche d'habilitation à l'Institut du Cancer Avignon-Provence (Sainte-Catherine) en 2023.

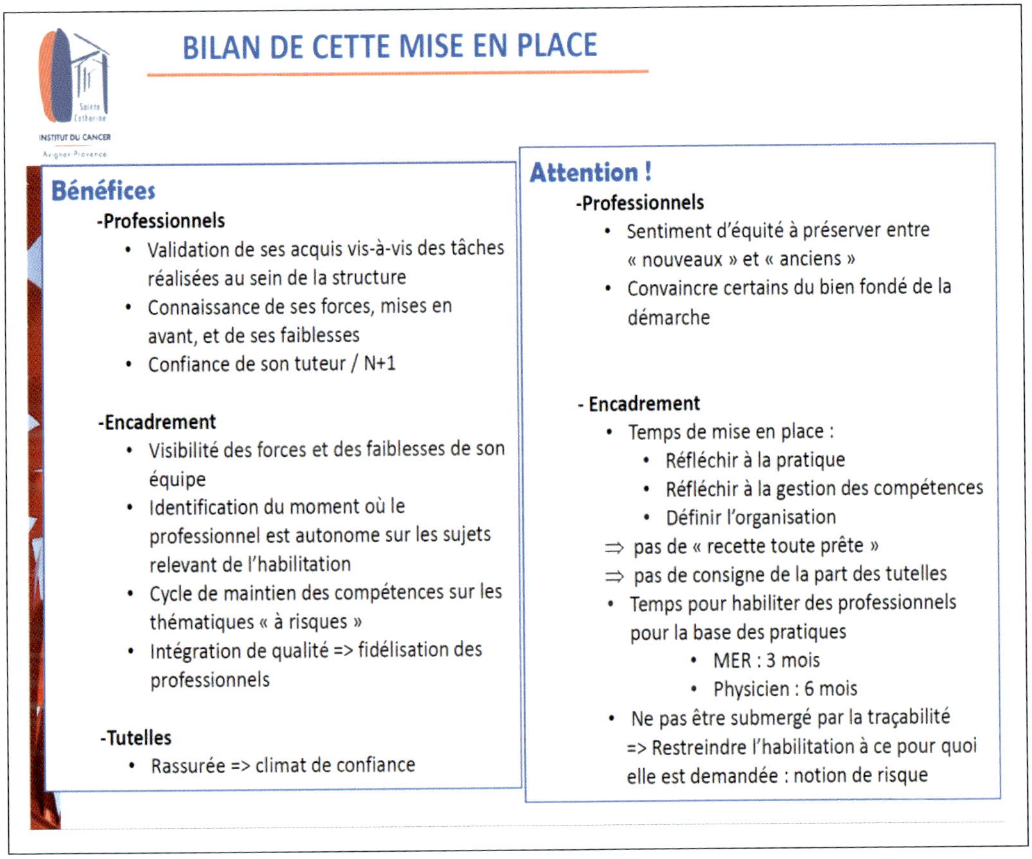

Références

[5.1] Arrêté du 22 janvier 2009 portant homologation de la décision n° 2008-DC-0103 de l'Autorité de sûreté nucléaire du 1er juillet 2008 fixant les obligations d'assurance de la qualité en radiothérapie définies à l'article R. 1333-59 du code de la santé publique.

[5.2] Pourel N, Meyrieux C, Perrin B. Démarches d'amélioration de la qualité et gestion des risques en radiothérapie [Quality and safety management for radiotherapy]. *Cancer Radiother* 2016 ; 20 Suppl : S20-6.

[5.3] Pourel N, Meyrieux C, Lisbona A. Vers une évolution du système qualité/gestion en radiothérapie : gestion de la qualité en radiothérapie. *Cancer Radiother* 2022 ; 26 : 14-9.

[5.4] Code de la santé publique, art. L. 4021-1 à 8, 4e partie, livre préliminaire. Titre II : Développement professionnel continu et certification périodique des professionnels de santé.

[5.5] Arrêté du 17 mai 2021 portant homologation de la décision n° 2021-DC-0708 de l'Autorité de sûreté nucléaire du 6 avril 2021 fixant les obligations d'assurance de la qualité pour les actes utilisant des rayonnements ionisants réalisés à des fins de prise en charge thérapeutique.

[5.6] Barillot I, Chapet S, Farcy Jacquet MP, *et al.* La gestion documentaire : de la théorie à la pratique. *Cancer Radiother* 2008 ; 12 : 606-9.

[5.7] Guide de l'ASN n° 4. Guide d'autoévaluation des risques encourus par les patients en radiothérapie externe, 2009 : https://www.asn.fr/Professionnels/Les-Guides-de-l-ASN/Guide-de-l-ASN-n-4-Auto-evaluation-des-risques-encourus-par-les-patients-en-radiotherapie-externe

[5.8] Meyrieux C, Garcia R, Pourel N, Mège A, Bodez V. Analyse des risques a priori du processus de prise en charge des patients en radiothérapie : exemple d'utilisation de la méthode AMDEC. *Cancer Radiother* 2012 ; 16 : 613-8.

[5.9] Lisbona A, Valero M. Analyse *a priori* des risques. *Cancer Radiother* 2015 ; 19 : 629-33.

[5.10] ASN. Analyse des risques a priori : exemple des interruptions du processus de traitement 2023 : https://www.asn.fr/espace-professionnels/retour-d-experience/bulletin-la-securite-du-patient/analyse-des-risques-a-priori-exemple-des-interruptions-du-processus-de-traitement

[5.11] Hendee WR. Past, Présent and Futuer in Radiotherapy. *In :* Pawlicki T, Dunscombe P, Mundt AJ, Scalliet P, eds. *Quality and Safety in Radiotherapy*. CRC Press, 2011 : 59-62.

[5.12] Ponsard N, Brusadin G, Schick U. Optimisation du rôle du responsable qualité-gestion des risques au sein des sservices de radiothérapie en 2017. *Cancer Radiother* 2017 ; 21 : 670-2.

[5.13] Haute Autorité de Santé. Culture de sécurité : mieux comprendre pour agir plus efficacement, 2019 : www.has-sante.fr/upload/docs/application/pdf/2019-06/la_culture_de_securite.pdf

[5.14] Debouck F, Rieger E, Petit H, Noël G, Ravinet L. Méthode ORION© : analyse systémique simple et efficace des évènements cliniques et des précurseurs survenant en pratique médicale hospitalière. *Cancer Radiother* 2012 ; 16 : 201-8.

[5.15] Roussel P, Amalberti R, Bally B, *et al.* Amélioration des pratiques et sécurité des soins. La sécurité des patients. Mettre en œuvre la gestion des risques associés aux soins en établissement de santé. Des concepts à la pratique. HAS 2012 : http://www.has-sante.fr/portail/jcms/c_1239371/fr/mettre-en-oeuvre-la-gestion-des-risques-associes-aux-soins-en-etablissement-de-sante-guide

[5.16] Commission Européenne. Radiation Protection n° 181. General guidelines on risk management in external beam radiotherapy, 2015 : 39-40.

[5.17] François P, Sellier E, Imbruchia F, Mallaret MR. Le comité de retour d'expérience (CREX) : une méthode pour l'amélioration de la sécurité des soins. *Rev Epidemiol Sante Publique* 2013 ; 61 : 155-61.

[5.18] Pourel N, Meyrieux-Croset C, Isambert A. Les Crex et après… [Experience feedback committees (CREX) and beyond…]. *Cancer Radiother* 2015 ; 19 : 624-8.

[5.19] Edouard M, Amiel-Halm E. Guide pour l'appropriation d'un changement technique ou matériel en radiothérapie. ASN, 2023.

[5.20] Ponsard N, Lasserre L, Caradec A, Couppa E. Gestion du projet de mise en place de la radiothérapie stéréotaxique intracrânienne au Centre finistérien de radiothérapie et d'oncologie. *Cancer Radiother* 2019 ; 23 : 523-5.

[5.21] Martin C, Jumeau R, Blais E, *et al.* Mise en place d'une politique de qualité et de sécurité lors de l'installation d'un nouvel équipement dans un service de radiothérapie. *Cancer Radiother* 2019 ; 23 : 50-7.

[5.22] Bouvet C, Bertin K, Lafond C, Williaume D, de Crevoisier R, Leroy E. Organisation et gestion des risques en radiothérapie stéréotaxique au poste de traitement. *Cancer Radiother* 2018 ; 22 : 532-6.

[5.23] Lartigau ÉF, Lisbona A, Isambert A, *et al.* Conditions de mise en œuvre des « nouvelles techniques et pratiques » en radiothérapie. Synthèse du rapport du groupe de travail issu du groupe permanent d'experts en radioprotection médicale de l'Autorité de sûreté nucléaire [Implementing new technology in radiation oncology: The French agency for nuclear safety (ASN) report]. *Cancer Radiother* 2015 ; 19 : 616-20.

[5.24] IRSN. Guide pour l'appropriation d'un changement technique ou matériel en radiothérapie, 2021 : https://www.irsn.fr/rapport-dexpertise/guide-pour-lappropriation-dun-changement-technique-ou-materiel-radiotherapie

[5.25] Izewska J, Coffey M, Scalliet P, *et al.* Improving the quality of radiation oncology: 10years' experience of QUATRO audits in the IAEA Europe Region. *Radiother Oncol* 2018 ; 126 : 183-90.

[5.26] Charte de l'audit par les pairs en radiothérapie, v2.0. Paris : SFRO/SFPM/AFQSR/AFPPE, 2018.

[5.27] Directive 2013/59/Euratom du Conseil du 5 décembre 2013 fixant les normes de base relatives à la protection sanitaire contre les dangers résultant de l'exposition aux rayonnements ionisants et abrogeant les directives 89/618/Euratom, 90/641/Euratom, 96/29/Euratom, 97/43/Euratom et 2003/122/Euratom, 2014 : https://www.legifrance.gouv.fr/jorf/id/JORFTEXT000028525741

[5.28] Rapport IRSN 2008-02. Améliorer la sécurité des traitements en radiothérapie en développant une culture de sûreté, 2008 : https://www.irsn.fr/sites/default/files/documents/expertise/rapports_expertise/IRSN_Radiotherapie-CulturedeSurete_200802.pdf

[5.29] HAS-DGOS. Promouvoir le patient co-acteur de sa sécurité : enjeux et perspectives, 2016 : https://sante.gouv.fr/IMG/pdf/synthese_des_travaux_des_ateliers_du_seminaire_promouvoir_le_patient_co-acteur_18nov2016.docx.pdf

[5.30] ASN. Le patient partenaire de la sécurité des soins. ASN bulletin la sécurité des soins : pour une dynamique de progrès, n° 11, 2017.

[5.31] Ligue contre le cancer. Patient ressource cancer : une expérience partagée, 2023 : https://www.ligue-cancer.net/sites/default/files/media/downloadable-files/2024-09/2021_lncc_depliant_presentation_patient_ressource_format_numerique.pdf

[5.32] Oliveira C, Barbosa B, Gouto JG, *et al.* Advanced practice roles of therapeutic radiographers/radiation therapists: A systematic review. *Radiography* 2022 ; 28 : 605-19.

[5.33] Article L. 4351 du Code de la Santé Publique, 2017 : https://www.legifrance.gouv.fr/codes/article_lc/LEGIARTI000033896989

[5.34] Institut National du Cancer. Critères d'agrément pour la pratique de la radiothérapie externe, 2007 : https://www.e-cancer.fr

[5.35] ASN. Assurance de la qualité. Actes thérapeutiques mettant en œuvre des rayonnements ionisants. Décision n° 2021-DC-0708, 2021 : https://www.asn.fr

Chapitre 6

Information du patient et optimisation du parcours de soins

Eric F. Lartigau, Ali Hammoudi, Franck Craynest

La notion de parcours de soins a pris une place particulière en cancérologie depuis une dizaine d'années. Un parcours correspond à la coordination des acteurs du soin, internes ou externes à un établissement de santé, permettant une optimisation et une évaluation de la prise en charge. L'adhésion du patient, gage d'optimisation du parcours, nécessite une étroite coordination, un partage d'informations et la prise en compte du rôle de nouveaux acteurs essentiels (proches aidants, coordinateurs de parcours, infirmières de pratiques avancées, lien hôpital-ville, etc.).

Information du patient sur sa prise en charge

Il n'y a pas de parcours de soins possible sans adhésion du patient par le biais d'une information partagée. En cancérologie, l'information juste et éclairée du patient est un sujet parfois difficile à aborder pour les soignants, notamment dans des situations de maladie avancée et de fin de vie.

La loi du 4 mars 2002 (dite Loi Kouchner), relative aux droits des malades et à la qualité du système de santé fut la première loi consacrant le droit du patient à prendre les décisions concernant sa santé et l'obligation des soignants à créer toutes les conditions pour informer les patients et permettre une prise de décision éclairée [6.1]. Certains droits étaient déjà reconnus, mais ce n'est qu'à cette date que ces textes eurent une valeur imposable à tous les professionnels de santé et aux établissements. Parmi les principes fondateurs de cette loi, il y est acté le droit d'accéder à des soins palliatifs et à un accompagnement de fin de vie, en complément des éléments présents depuis juin 1999 dans la loi sur l'accès aux soins palliatifs. Ces dispositions seront reprises ultérieurement dans le cadre de la loi Claeys-Léonetti en 2005 puis 2016.

C'est ainsi également que la notion de personne de confiance est apparue en 2002, seule détentrice avec le patient majeur autonome, de la possibilité d'un accès complet aux informations médicales.

Le code de santé publique nous rappelle (article L. 1110 à L. 1111-2-1 en vigueur au 04/09/2023, modifié par ordonnance n° 2020-232 du 11 mars 2020-art. 1) que « *toute personne a le droit d'être informée sur son état de santé. Cette information porte sur les différentes investigations, traitements ou actions de prévention qui sont proposés, leur utilité, leur urgence éventuelle, leurs conséquences, les risques fréquents ou graves normalement prévisibles qu'ils comportent ainsi que sur les autres solutions possibles et sur les conséquences prévisibles en cas de refus. Elle est également informée de la possibilité de recevoir, lorsque son état de santé le permet, notamment lorsqu'elle relève de soins palliatifs au sens de l'article L. 1110-10, les soins sous forme ambulatoire ou à domicile. Il est tenu compte de la volonté de la personne de bénéficier de l'une de ces formes de prise en charge. Lorsque, postérieurement à l'exécution des investigations, traitements ou actions de prévention, des risques nouveaux sont identifiés, la personne concernée doit en être informée, sauf en cas d'impossibilité de la retrouver. Cette information incombe à tout professionnel de santé et seules l'urgence ou l'impossibilité d'informer peuvent l'en dispenser. Elle est délivrée au cours d'un entretien individuel et la volonté d'une personne d'être tenue dans l'ignorance d'un diagnostic ou d'un pronostic doit être respectée, sauf lorsque des tiers sont exposés à un risque de transmission* ».

En cancérologie, certains articles ont une importance particulière. L'article L. 1111-4, modifié par ordonnance n° 2020-232 du 11 mars 2020-art. 2, rappelle que « *toute personne prend, avec le professionnel de santé et compte tenu des informations fournies, les décisions concernant sa santé. Toute personne a le droit de refuser un soin et de recevoir un traitement. Le suivi du malade reste cependant assuré par le médecin, notamment son accompagnement palliatif. Le médecin a l'obligation de respecter la volonté de la personne après l'avoir informée des conséquences de ses choix et de leur gravité. Si, par sa volonté de refuser ou d'interrompre tout traitement, la personne met sa vie en danger, elle doit réitérer sa décision dans un délai raisonnable et peut faire appel à un autre membre du corps médical. L'ensemble de la procédure est inscrit dans le dossier médical du patient. Le médecin sauvegarde la dignité du mourant et assure la qualité de sa fin de vie en dispensant les soins palliatifs, mentionnés à l'article L. 1110-10* ».

Selon l'article 35 du code de déontologie médicale (article R. 4127-35 du code de la santé publique) : « *Le médecin doit à la personne qu'il examine, qu'il soigne ou qu'il conseille une information loyale, claire et appropriée sur son état, les investigations et les soins qu'il lui propose. Tout au long de la maladie, il tient compte de la personnalité du patient dans ses explications et veille à leur compréhension.* » Toute personne a le droit d'être informée sur son état de santé, dit la loi (article L. 1111-2 du code de la santé publique) et le patient doit pouvoir décider en connaissance de cause et connaître les conséquences prévisibles en cas de refus.

Ainsi, le droit du patient à l'information s'exerce avant tout acte médical, de soins, d'investigation ou de prévention, et l'information doit être synthétique, hiérarchisée, compréhensible et personnalisée. L'information, qui est toujours orale, peut être complétée par un document écrit qui peut être remis au patient pour lui permettre de s'y reporter. Ce document d'information a pour seul objet de donner au patient des renseignements complémentaires et n'a pas à être signé par le patient, au contraire de ce qui est couramment pratiqué dans les pays anglo-saxons. Il incombe en revanche au médecin de prouver qu'il a exécuté son obligation de délivrance de l'information auprès du patient. Cette preuve peut être apportée par tout moyen, et c'est pourquoi il est indispensable de mentionner dans le dossier du patient les informations qui lui ont été délivrées, par qui et à quelle date, ainsi que les difficultés éventuellement rencontrées lors de leur délivrance, de même que les personnes accompagnantes présentes et autorisées par le patient (proche aidant, personne de confiance, etc.). La consultation peut être menée avec l'aide d'un paramédical (infirmier, manipulateur, etc.). Hors le cas particulier de la recherche clinique et de l'inclusion dans une étude, la mise en œuvre d'une technique particulière ou d'une innovation thérapeutique ou technique implique le renforcement de cette obligation d'information et sa traçabilité.

Cette information peut être significativement renforcée par l'engagement des patients comme acteurs de leur soin et de la sécurité des traitements délivrés. Cette notion d'engagement ou d'émancipation au soin, appelée « empowerment » en anglais, reconnaît le rôle crucial que jouent les patients, les familles et les soignants dans la sécurité des soins de santé. Pour l'OMS, les données montrent que lorsque les patients sont associés en tant que partenaires aux soins qu'ils reçoivent, la sécurité, la satisfaction des patients et les résultats sanitaires s'en trouvent nettement améliorés. En devenant des membres actifs de l'équipe soignante, les patients peuvent contribuer à la sécurité des soins qui leur sont prodigués et à celle du système de santé dans son ensemble. L'OMS appelle tous les acteurs à prendre les mesures nécessaires pour que les patients participent à l'élaboration des politiques, soient représentés dans les structures de gouvernance, prennent part à la conception conjointe de stratégies de sécurité et jouent un rôle actif dans les soins qu'ils reçoivent. Cela n'est possible que si l'on offre aux patients, aux familles et aux communautés, aussi divers soient-ils, la possibilité de faire entendre leur voix et d'exprimer leurs préoccupations, leurs attentes et leurs préférences pour une plus grande sécurité, pour un système plus fiable et plus centré sur le patient. Cette collaboration des patients et des familles a été intégrée dans la résolution WHA72.6 « Action mondiale pour la sécurité des patients » et le Plan d'action mondial pour la sécurité des patients 2021-2030 (en anglais) en tant que *principale stratégie pour éliminer les préjudices évitables en milieu médical*. Elle se décline par une Journée mondiale de la sécurité des patients qui a pour but de :

- faire prendre conscience partout dans le monde de la nécessité d'une collaboration active des patients, de leurs familles et des soignants dans tous les contextes et à tous les niveaux des soins de santé pour améliorer la sécurité des patients ;
- faire participer les décideurs, les responsables du secteur de la santé, les personnels de santé et d'aide à la personne, les organisations de patients, la société civile et d'autres acteurs aux efforts déployés pour associer les patients et les familles aux politiques et aux pratiques garantissant la sécurité des soins ;
- donner aux patients et aux familles les moyens de participer activement aux soins qu'ils reçoivent et de contribuer à améliorer la sécurité des soins ;
- préconiser des mesures urgentes à prendre par tous les partenaires pour promouvoir la participation des patients et des familles, dans le droit fil du plan d'action mondial pour la sécurité des patients 2021-2030 ;
- œuvrer ensemble pour des soins de santé plus sûrs.

Le cadre réglementaire portant obligation d'information du patient a maintenant plus de 20 ans. On peut néanmoins être surpris, non pas sur la réalité de cette information qui est en règle délivrée oralement, mais sur la capacité pour les soignants à donner un accès direct au patient à son information médicale écrite. Souvent éparpillée entre les différents acteurs du parcours, cette information reste difficile à structurer, à archiver et à rendre disponible et donc utile.

La longue aventure du dossier médical partagé s'est arrêtée le 1er juillet 2022 ; lancé en novembre 2018, ce carnet de santé numérique regroupait les documents relatifs à la santé d'un patient. Désormais fermés, les dossiers médicaux partagés ont basculé sur le profil « mon espace santé » fin décembre 2022. Il s'agit d'un « *nouveau service sécurisé qui permet à chacun d'être acteur de sa santé au quotidien en donnant accès à un dossier médical ainsi qu'à une messagerie sécurisée de santé* ». Cet outil reste conditionné par l'usage que les patients et les soignants en feront et par la qualité de son alimentation automatique de données provenant des pourvoyeurs de soin. On peut le comparer au dossier pharmaceutique (DP) dont l'ouverture est automatique dès passage en pharmacie de ville depuis le décret du 3 avril 2023, sauf opposition dans un délai de 6 semaines. Le patient peut demander au pharmacien que certaines dispensations de médicaments ne soient pas inscrites dans le DP et refuser l'accès au DP à un pharmacien ou un médecin. Une fois inscrites dans le DP, les informations concernant les médicaments dispensés sont accessibles par les pharmaciens d'officine, les pharmaciens de PUI et les médecins des établissements de santé pendant 12 mois avec le nom, la quantité et la date de dispensation des médicaments, prescrits ou non, ainsi que les informations sur la pharmacie qui a dispensé les médicaments. Ces données sont ensuite conservées par l'hébergeur pendant une durée complémentaire de 2 ans. Au terme de cette durée totale, ces données sont détruites. Le défi va donc être l'interopérabilité entre ces systèmes afin de permettre au patient et à ses soignants un accès en temps réel aux données de soin.

Cette coopération entre professionnels doit s'appuyer sur des systèmes d'information de santé communicants et sécurisés. L'exercice coordonné et la collaboration entre les professionnels (de santé, médicosociaux et sociaux) qui prennent en charge les patients dans le cadre des parcours seront favorisés par un large usage d'outils numériques permettant l'échange et le partage d'informations : MSSanté, DMP (dossier médical partagé), DCC (dossier de cancérologie communicant) et ROR (répertoires opérationnels de ressources), notamment. Ces dispositifs garantiront le respect de la confidentialité des données de santé à caractère personnel ainsi que l'accès des patients aux données les concernant, chaque fois que possible.

Dans l'intervalle, certains établissements ont appliqué sans restriction les termes de la loi de 2002 concernant l'accès du patient à l'intégralité de son dossier de soin. Ainsi depuis 2016 au Centre Oscar Lambret, tous les patients qui le souhaitent ont un accès permanent *via* l'application MonOscar (Play store, Apple store) à l'intégralité de leur dossier médical sur leur outil numérique (smartphone, tablette, ordinateur). Les documents sont strictement les mêmes que ceux à disposition des personnels de l'établissement sans modification ni adaptation. Des règles d'accès ont été validées par la commission médicale d'établissement afin de rendre disponible les documents (comptes rendus opératoires, consultations, radiologie, anatomopathologie) après validation par le médecin référent et information du patient. Les documents sont automatiquement accessibles pour le patient dès validation et au plus tard automatiquement 1 mois après leur rédaction.

À ce jour plus de 25 000 patients du Centre ont accès à leur dossier par cette voie, comprenant de plus des informations sur la prise en charge et des questionnaires de suivi ou de satisfaction.

La mise en œuvre de cette politique de transparence permet de témoigner de l'engagement institutionnel, informe au mieux le patient et sa personne de confiance et donne la garantie aux équipes soignantes de la totale transmission des informations du parcours de soins. Les canaux complémentaires d'information persistent vis-à-vis des correspondants (mails sécurisés, courrier postal) ainsi que le transfert réglementaire d'informations vers « Mon espace santé ». Elle participe activement à la structuration et à la qualité des parcours de soins de l'hôpital, mais surtout à leurs évaluations (délais, séquences, survie globale, événements, etc.).

Qu'est-ce qu'un parcours de soins ?

La loi du 13 août 2004 [6.2] a défini qu'un parcours de soins a pour objectifs de faire bénéficier chaque usager d'un suivi médical coordonné, d'une gestion rigoureuse du dossier médical et d'une prévention personnalisée. Dans ce cadre, cela suppose de désigner un médecin traitant qui doit être consulté préférentiellement, notamment avant toute consultation d'un autre professionnel (dit « correspondant ») pour des soins complémentaires ou des examens. Le non-respect de ce cadre peut entraîner des pénalités financières, avec un montant des remboursements diminués de 40 % si le montant de l'acte est inférieur ou égal à 25 euros. Sous certaines conditions, certains professionnels de santé peuvent néanmoins être consultés sans passer par le médecin traitant (gynécologues, ophtalmologues, psychiatres, etc.) et en cas d'éloignement ou d'urgence. Les textes réglementaires prévus en 2024 vont faire évoluer ces possibilités d'accès facilitées.

Le cas particulier du cancer permet de consulter un spécialiste sans passer par le médecin traitant si un protocole de soins est établi (affection de longue durée). Ce cadre réglementaire a été élargi au fil du temps à des notions plus globales, notamment par la loi de modernisation de notre système de santé qui a posé la question de l'organisation d'une médecine de parcours [6.3]. Cette loi de modernisation considère la façon dont chaque Français, durant un épisode plus ou moins long de sa vie, est soigné, orienté ou accompagné. Elle soutient la mise en place d'une médecine de parcours à travers certaines préconisations comme la promotion des équipes de soins primaires, la constitution de communautés territoriales de santé répondant mieux aux besoins des usagers ou par l'obligation d'une lettre de liaison remise au patient et adressée au médecin traitant le jour de la sortie d'hospitalisation (critère HAS).

De ce fait, un parcours s'entend désormais comme « une prise en charge globale, structurée et continue, réunissant prévention, soins et suivis médicosocial ». Cette définition implique une intervention coordonnée de nombreux professionnels de santé en ville et en établissement de santé ou médicosocial avec la prise en compte, pour chaque patient, de facteurs individuels de potentielle fragilité (âge, éducation, environnement socioéconomique, etc.). L'ensemble de ces paramètres se sont complexifiés au cours de la période récente de crise sanitaire Covid (2020-2022) avec une désaffection des professions de santé, en parallèle à une augmentation des besoins sanitaires (allongement de la durée de la vie, développement des situations médicales chroniques, dépendance, etc.).

Il est possible aujourd'hui de distinguer trois cadres de parcours en santé en fonction de la demande de la personne et des étapes de la vie :

- des parcours de santé prenant en compte l'ensemble des besoins en santé depuis la prévention primaire jusqu'à l'accompagnement médicosocial et le maintien à domicile ;
- des parcours de soins, qui permettent l'accès aux consultations et hospitalisations en soins aigus ou chroniques en cas de maladie ;
- des parcours de vie, qui envisagent la personne dans son environnement familial, professionnel et social.

En cancérologie, le besoin principal est d'offrir des parcours de soins coordonnés et évalués au sein d'un parcours de santé le plus global possible. Il est donc nécessaire d'adapter le système de prise en charge, son organisation multiprofessionnelle, son efficience et son évaluation aux besoins exprimés du patient.

Pour la HAS en 2024 « *il devient indispensable de soutenir les actions en faveur de la qualité des parcours de santé au plus près des besoins des territoires et dans une dynamique d'amélioration continue. Une animation territoriale, ouverte à l'ensemble des acteurs impliqués dans les parcours de santé, est et sera de plus en plus nécessaire. Aussi, dans chaque territoire, des actions en faveur de la qualité des parcours de santé, potentiellement sur un ou des sujets qui correspondent aux priorités du projet régional de santé doivent être encouragées et soutenues. Les structures régionales d'appui, déjà engagées sur ces sujets, doivent être davantage activées par les agences régionales de santé pour déterminer avec les professionnels de santé concernés, et la participation des usagers du système de santé, les voies et les moyens d'animer ces dynamiques territoriales de qualité. La HAS pourrait intervenir en soutien en rendant public, comme elle le fait notamment pour les résultats de la certification des établissements de santé et l'accréditation des médecins, l'ensemble des indicateurs de qualité des parcours dont elle dispose à l'échelon régional* ». [6.4]

Il s'agit donc bien de développer une meilleure coordination des interventions professionnelles, fondées sur de bonnes pratiques, lors des phases aiguës de la maladie comme lors de l'accompagnement global du patient sur le long terme. Cette vision correspond bien à celle développée précédemment en insistant sur la qualité des pratiques et leur évaluation. Des guides sont édités avec des notions bien connues en cancérologie de type « Programme Personnalisé de Soins » (PPS), adaptés à d'autres pathologies chroniques : BPCO, maladie de Parkinson, maladie rénale chronique et insuffisance cardiaque.

Une articulation plus étroite va ainsi être nécessaire entre un « hospitalocentrisme » indispensable en situation aiguë et une organisation de la ville pour les situations plus chroniques. Autrement dit, nous allons devoir être très vigilants quant à l'équilibre assez précaire, pour des raisons principalement économiques, entre les « soins primaires » de proximité et le déploiement d'un « virage ambulatoire » pour les établissements MCO et médicosociaux. L'aspect critique sera que l'hôpital, principalement tourné vers des soins aigus ambulatoires, puisse être valorisé pour des pratiques de court séjour sans risquer de se défausser aux dépens de structures de ville avec un risque de réhospitalisations précoces. *A contrario*, la montée en charge de la chirurgie ambulatoire en oncologie a été rendue possible par la montée en puissance de pratiques de type RAAC ou d'une meilleure coordination avec des structures d'hospitalisation à domicile ou de soins de suite et de réadaptation dans le cadre de parcours mieux coordonnés. Néanmoins, en dehors de quelques expérimentations nationales (article 51 sur la chirurgie des cancers colorectaux), ces parcours restent encore liés à des initiatives locales, non correctement valorisées et donc à risque de non-pérennisation sur le moyen terme.

Cette restructuration en parcours va entraîner l'écriture d'un cahier des charges entre acteurs de la prise en charge, autrement dit une coopération renforcée entre professionnels dans un contexte de ressources contraintes, notamment médicales en soins primaires, pendant encore de nombreuses années. Un exercice coordonné médical et paramédical sera indispensable, et l'évolution vers des maisons et centres de santé au sein des communautés professionnelles territoriales de santé et avec l'aide des plateformes d'appui permettra peut-être de mieux y répondre.

Même si de nombreuses politiques nationales de santé ont été actées (stratégie décennale contre les cancers, handicap, périnatalité, situations chroniques, maladies neurodégénératives, etc.), et du fait de l'hétérogénéité des territoires en termes de besoins de santé, les agences régionales de santé auront un rôle clé de soutien et d'accompagnement à jouer notamment par le biais des projets régionaux de santé. Une vision centralisée des besoins, inadaptée aux enjeux de prévention et de soins dans les territoires, devra être totalement reconfigurée à l'aune de stratégies régionales voire locales [6.5].

Une fois solutionnés, ces enjeux de pratiques interprofessionnelles et de valorisation partagée des actes au sein des parcours et si « l'hôpital n'est plus le centre mais une étape de la prise en charge des patients au sein de parcours de soins structurés », le dernier point sera une transmission sécurisée des données pour tous les acteurs, nous y reviendrons dans le dernier chapitre.

Pour toutes ces raisons, la notion de parcours de soins reste encore fragile. Elle a été analysée de façon critique par l'Institut Montaigne en 2022. Dans un rapport intitulé « Parcours patient : parcours du combattant ? » [6.6]. Dans ce rapport, il était fait état d'un système de soins illisible et de parcours patients chaotiques avec des patients encore largement oubliés dans la gestion et l'organisation des parcours de soins. La notion de

« désert médical », de délais d'attente pour un rendez-vous, de recours aux urgences hospitalières pour des situations ne le nécessitant pas, de l'avis même de patients, restait très présente dans cette analyse. Le vieillissement de la population a entraîné que près de 11 millions de personnes sont aujourd'hui prises en charge au titre des affections longue durée. Pour l'Institut Montaigne « *ces maladies impliquent des prises en charge au long cours dans lesquelles une multitude d'intervenants se succèdent auprès du patient sans coordination entre eux : personnels médicaux, paramédicaux, professionnels du médicosocial, ville, hôpital, etc. Le parcours de soins est devenu complexe et labyrinthique : quel professionnel aller voir ? qui détient mon dossier médical ? quels résultats attendre de tel établissement ? Pour celui qui ne dispose pas de réseau ou de connaissance dans le monde de la santé, l'expérience peut être extrêmement difficile* ».

Le risque d'apparition d'une réelle médecine à deux vitesses semble lié au savoir et à l'accès à des réseaux de connaissance, que par des enjeux financiers, est un risque majeur de dégradation de santé pour certaines populations éloignées du soin (notion d'émancipation). Le constat est que la coordination à travers le transfert d'information entre professionnels relève encore trop du patient lui-même et de ses proches aidants. Ce constat est porteur de questions sur l'observance des traitements, la multiplication des ordonnances et prescriptions et le coût individuel et collectif induit. La France consacre 11,3 % de son PIB à la santé, alors qu'une meilleure coordination des parcours de soins permettrait d'économiser 40 % des ressources consacrées aux maladies chroniques (données OCDE).

Ce rapport fait des préconisations « pour construire les parcours de soins de demain » autour de 5 axes portant sur : les ressources humaines, la qualité des soins, la sécurité/accès/portabilité des données de santé, l'accès à des solutions numériques adaptées aux besoins des patients et enfin la fluidité des passages entre ville, domicile, hôpital et médicosocial.

Parcours évalués et impact en vie réelle

Les collègues danois ont été les premiers à démontrer le lien entre un enregistrement de données de prise en charge en soins courants et son utilisation en termes d'optimisation d'un parcours de soins. Dans un article du *Journal of Thoracic Oncology* publié en 2013, la correction de variations dans les délais de prise en charge des cancers bronchiques a été étudiée dans les 5 centres nationaux de référence [6.7]. Le but de l'étude était de permettre aux 5 centres de délivrer une chimiothérapie postopératoire de cancer bronchique dans des délais attendus pour 85 % de la population prise en charge. L'obtention de l'indicateur cible « 85 % » a été possible en 10 ans, entre 2003 et 2013, et a apporté un bénéfice de survie de 15 % à 2 ans.

Deux éléments clés étaient mis en évidence : la difficulté à corriger les organisations, avec une dégradation initiale des délais avant amélioration, et le bénéfice d'un « effet transparence », chaque centre pouvant se situer par rapport aux autres centres anonymisés.

Afin de mieux décrire l'intégralité d'un parcours, le concept de parcours de soins optimal (*optimal care pathways*) a été créé par les collègues anglo-saxons, notamment australiens et canadiens [6.8-6.16]. Ce concept est basé sur un processus multidisciplinaire de consensus de cliniciens afin d'établir les soins qui devraient être offerts aux patients atteints de cancer. Cette définition tient compte des ressources disponibles et correspond à une organisation optimisée de ressources existantes à un temps donné, avec une volonté d'amélioration progressive quantifiée et non pas un parcours de départ « idéal » ne tenant pas compte des réalités humaines et économiques.

Ces parcours de soins ont été associés à une variabilité réduite des pratiques cliniques, à une diminution de la durée du séjour des patients et des coûts de traitement et à une réduction de la mortalité hospitalière [6.8-6.16]. La mise en œuvre de ces parcours structurés a été relativement lente, notamment du fait de la réticence des cliniciens (perte d'autonomie perçue et limites en ressources humaines) et de systèmes d'information hospitaliers incomplètement numérisés (extraction incomplète de données). Les pathologies les plus étudiées pour définir ces parcours structurés ont été les chirurgies gastro-intestinales, la pédiatrie et l'oncologie [6.8-6.16]. En oncologie, la variabilité du traitement peut être plus faible du fait des recommandations de bonnes pratiques publiées, de la mise en œuvre de critères d'autorisation à la pratique, du caractère partagé de la décision thérapeutique et de la culture d'évaluation des pratiques et de publication des résultats.

Pour tout parcours de soins définit à l'échelle d'un établissement ou en inter-établissements, une similitude peut être recherchée entre un parcours théorique et le parcours réalisé par le patient (diagramme de Sankey), tant à l'échelle d'une étape que pour la trajectoire de soins dans sa globalité.

Néanmoins, ces études de concordance se heurtent souvent à des parcours unicentriques (un seul établissement concerné), à des échantillons limités et au critère de jugement sélectionné *a priori* (examen de seulement certaines parties du parcours ou paramètre global de type survie de la population...) [6.9].

Ainsi, une amélioration significative de survie a été observée dans un groupe de patients porteurs de cancer du côlon dont les soins étaient alignés sur le parcours de soins optimal (OCP introduits de 2013 à 2014) [6.9]. Cette amélioration des résultats ne dépendait pas de nouveaux tests de diagnostic ou de nouveaux traitements, mais était la résultante de l'organisation définie. Pour les patients ayant un cancer du côlon diagnostiqué de 2008 à 2014, et pour les patients traités en premier par chirurgie (n = 10 807), les soins alignés sur les indicateurs de la phase de diagnostic et de traitement de l'OCP défini (44 % des patients) entraînaient un bénéfice de survie et de meilleurs résultats peropératoires. Ce bénéfice en termes de survie persistait en tenant compte des facteurs de confusion potentiels, notamment l'âge, le sexe, le stade de la maladie et la comorbidité. La concordance avec les recommandations du parcours prédiagnostique était associé à un stade inférieur de la maladie au moment du diagnostic, avec moins de chirurgies d'urgence et à une survie améliorée à long terme. Ces résultats ont des implications politiques, car il est démontré qu'une variation subtile des soins au niveau du système pourrait avoir un impact favorable, ou défavorable, sur les résultats obtenus.

Des résultats concordants ont été décrits par une équipe canadienne dans un article publié en 2023 [6.10]. Le respect de l'OCP améliorait la survie globale d'une population de patients porteurs d'un cancer du côlon de stade II avec une diminution significative des coûts de traitement par rapport à la population non observante. Des données démographiques des patients avaient été incluses : âge, sexe, sous-stade du cancer, grade de la tumeur, indicateur d'admission d'urgence pour chirurgie, comorbidité mesurée par l'indice de comorbidité de Charlson, statut de dépistage, territorialité (urbaine ou rurale), pourcentage de la population du voisinage qui était immigrante (indiqué en terciles) et revenu du quartier (indiqué en quintiles). La mesure de la concordance entre le parcours de référence et les parcours observés par les patients a été réalisée. Cette étude a montré que le respect du parcours de référence (OPC) avait une association positive statistiquement significative avec une survie plus longue et une association négative avec les coûts des soins de santé [6.16].

Au Centre Oscar Lambret, une structuration prospective des parcours de soins a été mise en œuvre depuis 2018 (**Fig. 6.1**). Un parcours de soins formalise l'enchaînement des différentes étapes diagnostiques et thérapeutiques. Un des premiers objectifs d'une telle structuration est de réduire les délais entre ces différentes étapes. Certains parcours dont l'intégralité est réalisée au centre sont appelés « intégrés » (cancers du sein, ORL, gynéco, pédiatrie, etc.), d'autres dont des étapes sont réalisées dans d'autres établissements partenaires sont dits « partagés » (thorax, neuro-oncologie, etc.). En 2025, 49 parcours sont décrits dans 8 comités d'organes. Chaque parcours implique une formalisation avec des indicateurs propres aux Centres des indicateurs nationaux (Inca) ou internationaux (ESGO) portant sur l'origine géographique des patients, le niveau de défavorisation sociale de lieu de résidence des patients (*French deprivation* : FDep), les délais de prise en charge, les étapes du parcours et tous indicateurs utiles au pilotage, tels que la morbidité des traitements, l'ordre des séquences thérapeutiques ou encore le statut vital des patients.

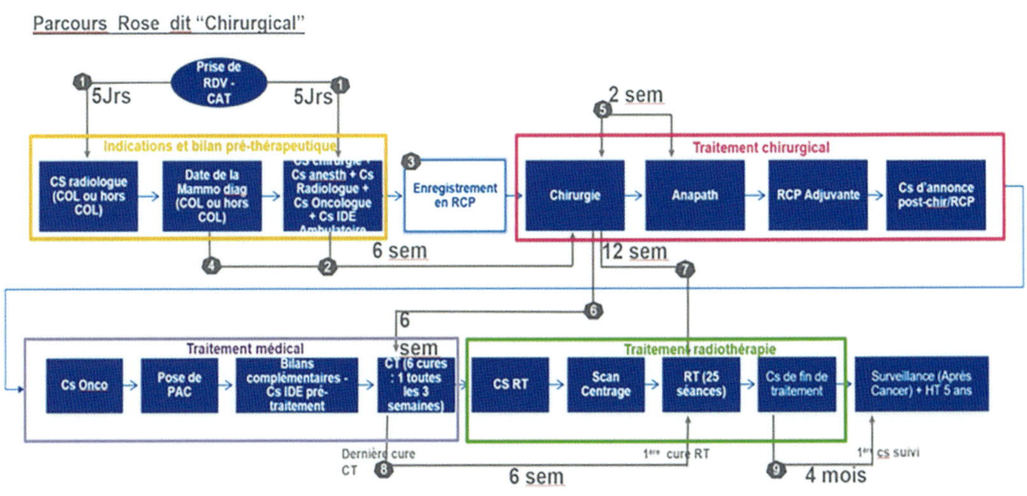

Figure 6.1. Description d'un parcours de soins pour cancer du sein.

Cette structuration prospective en parcours permet une évaluation fine de l'efficience des indicateurs choisis et l'évaluation des résultats à travers la production d'une courbe de survie actuarielle de la population inscrite dans ces parcours.

D'un point de vue méthodologique, cela passe par la formalisation des étapes dites « clés » ayant un impact direct sur la perte de chance des patients. C'est donc l'automatisation de ces indicateurs qui permet le pilotage des différents parcours et rend possible la mise en place de mesures correctrices d'un point de vue organisationnel.

L'un des facteurs clés de succès de ce type d'évaluation réside dans la réutilisation automatisée des données déjà présentes dans le système d'information hospitalier. On vise ici les données structurées issues du dossier patient informatisé (DPI) et des bases du programme de médicalisation des systèmes d'information (PMSI).

Les outils de télésurveillance jouent un rôle grandissant dans le suivi des patients pendant le traitement et également au décours de leur parcours de soins. L'utilisation d'outil de type ePROM (*electronic patients reported outcom measures*) est actuellement prônée pour permettre la remontée d'informations pertinentes du patient vers l'équipe de soins. En France, trois outils de télésurveillance, validés par la HAS, sont actuellement disponibles et partiellement financés. D'autres dispositifs devraient rapidement arriver sur le marché.

Le développement rapide des outils d'intelligence artificielle au service de l'optimisation des parcours de soins va modifier significativement le rapport des patients et des acteurs de santé aux outils numériques [6.17]. Aide à l'efficience des parcours par des analyses fines de signaux faibles au sein de larges cohortes, ces outils devraient permettre aux soignants d'optimiser le temps d'interaction avec les patients et leurs aidants. Cette notion, *a priori* plutôt contre-intuitive, est basée sur la probabilité que les soignants passent moins de temps à répondre aux enjeux de numérisation de l'information et à son traitement. Une diminution du nombre d'interactions avec les claviers et leurs souris (syndrome des clics) est espérée par les professionnels. Parallèlement, l'attente forte des patients est un renforcement de l'interaction humaine avec les professionnels de santé, moins absorbés par le renseignement des DPI (grâce aux nouveaux outils : reconnaissance vocale optimisée, captation en temps réel des consultations, intégration automatique de données, présentation 360° du suivi et de la ligne de vie, etc.). Un congrès récent a été consacré à cette thématique de l'optimisation des parcours de soins [6.18].

Conclusion

L'évaluation des parcours de soins permet d'améliorer les pratiques et les résultats pour les patients pris en charge en soins courants. Une meilleure compréhension du non-respect des parcours devrait améliorer le système de santé en permettant l'élaboration d'interventions ciblées vers les acteurs du soin (proches aidants, lien hôpital-ville, etc.). Les outils numériques existants et à venir doivent aider à mettre en œuvre les meilleures pratiques possibles avec les ressources disponibles en respectant la volonté du patient et de ses aidants.

Références

[6.1] Loi n° 2002-303 du 4 mars 2002 relative aux droits des malades et à la qualité du système de santé. JORF du 5 mars 2002 : https://www.legifrance.gouv.fr/eli/loi/2002/3/4/MESX0100092L/jo/texte

[6.2] Loi n° 2004-810 du 13 août 2004 relative à l'assurance maladie.

[6.3] Loi n° 2016-41 du 26 janvier 2016 de modernisation de notre système de santé.

[6.4] Améliorer la qualité en santé, HAS 2024 https://www.has_sante.fr/upload/docs/application/pdf/202410/ameliorer_la_qualite_en_sante_rapport_danalyse_prospective_has_2024.pdf

[6.5] Santé : faire le pari des territoires. Institut Montaigne rapport, mai 2022.

[6.6] Parcours patient : parcours du combattant ? Institut Montaigne rapport, septembre 2021.

[6.7] Jakobsen E, Green A, Oesterlind K, Rasmussen TR, Iachina M, Palshof T. Nationwide quality improvement in lung cancer care: the role of the Danish lung cancer group registry. *J Thorac Oncol* 2013 ; 8 : 1238-47.

[6.8] Kinsman L, Rotter T, James E, *et al.* What is a clinical pathway? Development of a definition to inform the debate. *BMC Med* 2010 ; 8 : 31.

[6.9] Te Marvelde L, McNair P, Whitfield K, *et al.* Aligment with indices of a care pathway is associated with improved survival. An observational population-based study in colon cancer patients. *EClinical Medicine* 2019 ; 15 : 42-50.

[6.10] Milroy S, Wong J, Eberg M, *et al.* Association between clinical pathway concordance, cost and survival outcomes for stage II colon cancer: a population-based study. *Int J Quall Health Care* 2023 ; 35 : 1-8.

[6.11] Noehammer E, Ponweiser M, Romeyke T, *et al.* Benefits, barriers and determinants of clinical pathway use in Germany, Austria and Switzerland. À pilot study. *Health Serv Manage Res* 2023 ; 36 : 119-26.

[6.12] Neubauer MA, Hoverman JR, Kolodziej M, *et al.* Cost effective-ness of evidence-based treatment guidelines for the treatment of non-small-cell lung cancer in the community setting. *J Oncol Pract* 2010 ; 6 : 12-8.

[6.13] Zon RT, Frame JN, Neuss MN, *et al.* American society of clinical oncology policy statement on clinical pathways in oncology. *J Oncol Pract* 2016 ; 12 : 261-6.

[6.14] Bryan MA, Desai AD, Wilson L, *et al.* Association of bronchiolitis clinical pathway adherence with length of stay and costs. *Pediatrics* 2017 ; 139 : e20163432.

[6.15] Brignole M, Ungar A, Bartoletti A, *et al.* Standardized-care pathway vs. usual management of syncope patients presenting as emergencies at general hospitals. *Europace* 2006 ; 8 : 644-50.

[6.16] Panella M, Marchisio S, Di Stanislao F. Reducing clinical variations with clinical pathways: do pathways work? *Int J Qual Health Care* 2003 ; 15 : 509-21.

[6.17] Basch E, Schrag D, Henson S, *et al.* Effect of Electronic Symptom Monitoring on Patient-Reported Outcomes Among Patients With Metastatic Cancer: A Randomized Clinical Trial. *JAMA* 2022 ; 327 : 2413-22.

[6.18] Collet L. ParKourS 2024 : agir pour améliorer le parcours de soins en oncologie et hématologie. *Innovations & Thérapeutiques en Oncologie* 2024 ; 10 : 117-23.

Pour en savoir plus

- Les 19 recommandations du comité des « sages » pour un projet global pour la stratégie nationale de santé (rapport Cordier).
- La feuille de route de la stratégie nationale de santé.
- L'article 12 de la loi de financement de la sécurité sociale (LFSS) pour 2012.
- L'article 48 de la LFSS pour 2013 (PAERPA).
- L'article 32 de la LFSS pour 2014 (expérimentations de nouveaux modes de rémunération).
- L'article 36 de la LFSS pour 2014 (télémédecine).
- L'article 43 de la LFSS pour 2014 (IRC et radiothérapie).
- L'article 53 de la LFSS pour 2015 (hôtels hospitaliers).

Partie 2
Les techniques

Chapitre 7

IMRT : des évolutions technologiques à la médecine basée sur l'évidence

Gilles Créhange, Jérémi Vu-Bezin

La radiothérapie conformationnelle avec modulation d'intensité (IMRT) est devenue la norme bien avant que des essais randomisés ne suggèrent qu'elle pourrait être meilleure que la radiothérapie conformationnelle conventionnelle 2D ou 3D. Une abondante littérature de séries rétrospectives et d'études de phase I et II a été accumulée au cours de la décennie et a conduit à une diminution significative des toxicités aiguës et tardives dans la plupart des cancers traités par radiothérapie (RT). Le Radiation Oncology Group (ROG) de l'Organisation européenne pour la recherche et le traitement du cancer (EORTC) a défini les exigences de la RT externe avancée dans les essais cliniques multicentriques en précisant que les protocoles devaient être alignés sur les recommandations du rapport 83 de l'International Committee on Radiation Units & Measurements (ICRU) sur la prescription et l'établissement de rapports concernant l'IMRT [7.1]. Par conséquent, l'IMRT et plus récemment la *volumetric modulated arc therapy* (VMAT) se sont rapidement développées dans le monde entier dans la pratique courante et sont devenues les techniques de référence dans les essais de phase III interrogeant l'oncologie radiothérapie depuis une dizaine d'années [7.2]. L'intégration de la gestion des mouvements interfractions et intrafractions de la RT quotidienne guidée par l'image (IGRT) permet un positionnement plus précis de la cible permettant d'améliorer la balance bénéfices/risques de l'IMRT/VMAT.

Les tissus environnants sont protégés grâce à l'IG-IMRT, ce qui permet aussi de réaliser une escalade de la dose par le biais d'une modification du fractionnement en IMRT, soit par un complément de dose focalisé délivré simultanément (SIB), soit grâce à la radiothérapie stéréotaxique intra ou extracrânienne (SRT/SBRT).

Dans ce chapitre, nous avons voulu nous concentrer sur l'évolution des techniques d'IMRT et sur les avantages spécifiques de chaque technique pour la pratique quotidienne en clinique, ainsi que sur les preuves cliniques issues d'essais cliniques randomisés pour lesquels l'IMRT a été comparée aux techniques 2D et 3D afin de démontrer de manière concluante la supériorité de l'IMRT.

Évolution de la technique

Inventé pour conformer les champs de traitement aux volumes cibles dans les années 1990, le collimateur multilames (MLC) a été détourné de son utilisation première pour l'IMRT en créant des ensembles de sous-champs irradiant partiellement les volumes cibles. Ces champs d'intensité hétérogène sont utilisés pour obtenir une distribution de doses homogène dans les volumes cibles de forme complexe. Ceci est rendu possible par la forte capacité de l'IMRT à modeler les isodoses, notamment la possibilité d'obtenir des formes concaves, ce qui était jusque-là impossible avec les champs de radiothérapie conformationnelle. L'IMRT permet ainsi d'assurer une meilleure couverture des volumes cibles tout en diminuant le volume de tissu sain recevant de fortes doses.

Afin de trouver les ensembles de sous-champs dans un temps raisonnable, la planification inverse a très vite fait son apparition. Elle permet d'obtenir par itération une solution pour une distribution de doses voulue. C'est une première automatisation majeure dans le processus de préparation des dosimétries. On définit une distribution de doses voulue par un ensemble de contraintes d'optimisation appliquées à des volumes représentant les cibles ou les organes à risque (OAR). Ces contraintes sont généralement exprimées sous forme de volume recevant un certain niveau de dose. Ce processus d'optimisation inverse a donc nécessité :

- de délinéer tous les volumes d'intérêt ;
- des algorithmes de calcul de dose rapides prenant en compte les hétérogénéités ;
- de mettre en place une gestion des artefacts d'imagerie et des zones de *build-up* pour ne pas tromper l'optimiseur.

L'ensemble permettant de gagner en précision, cela a aussi nécessité d'adapter le positionnement des patients et l'imagerie au poste pour le repositionnement.

Plusieurs inconvénients sont tout de même apparus avec l'utilisation de l'IMRT, en particulier la forte augmentation du nombre d'UM et l'augmentation du temps de traitement. Le premier est généralement associé à un risque iatrogène accru mais aussi à une augmentation du temps de traitement et donc, comme pour le second, à un risque de mouvement intrafraction.

L'IMRT rotationnelle (VMAT) a permis de répondre à ces deux inconvénients. En effet, le nombre d'UM est plus faible d'environ 20 % et le temps d'administration de la dose plus court de plus de 50 % [7.3]. De plus, en multipliant les angles d'incidence des faisceaux, il devient possible d'obtenir des distributions de doses plus homogènes encore dans les cibles et de gagner davantage en précision jusqu'à obtenir des isodoses toriques si nécessaire. Si les fortes doses aux OAR diminuent encore avec le VMAT, le volume du patient recevant de faibles doses augmente [7.4].

La disponibilité croissante de faisceaux sans filtre égalisateur a permis de gagner davantage sur le temps d'irradiation grâce à des débits de doses plus élevés. Ces faisceaux sont adaptés à l'utilisation de l'IMRT car leur hétérogénéité peut être compensée par la modulation du MLC.

Avec la nécessité de délinéer l'ensemble des structures d'intérêt, l'étape d'optimisation du MLC et la nécessité de contrôler tous les plans avant mise en traitement, le délai de prise en charge des patients en IMRT est conséquent et peut affecter le contrôle local. Des technologies récentes permettent d'automatiser certaines étapes particulièrement longues et de diminuer ce délai. La délinéation automatique s'est récemment imposée comme une nouvelle étape dans la prise en charge des patients bien que les contours soient toujours contrôlés par les oncologues radiothérapeutes. Plus récemment, différentes solutions d'optimisation du MLC ont été commercialisées et sont déployées dans un nombre croissant de localisations [7.5]. De même, des solutions existent pour diminuer le nombre de contrôle qualité des plans de traitement [7.6]. La plupart de ces solutions, en plus de gagner en temps, permettent aussi d'améliorer la qualité technique des dossiers des patients. L'homogénéisation de la qualité générale des dossiers est essentielle pour la préparation des bases de données à des études de type « big data ». Ces solutions ont cependant leurs risques inhérents comme les erreurs systématiques et la perte d'expérience des professionnels, sur laquelle même elles s'appuient.

Assurance qualité dans les essais d'IMRT

L'IMRT a souvent été mise en œuvre dans différents pays en même temps que le début d'essais cliniques prospectifs comportant un programme d'assurance qualité et proposant l'IMRT comme une technique possible ou une technique exclusive à utiliser dans l'essai. Les programmes d'assurance qualité inclus dans l'essai et la facilité de mieux respecter les contraintes de dose avec l'IMRT lorsque cela est nécessaire pour valider les contraintes de dose requises ont contribué à promouvoir l'IMRT dans les centres participants. Une assurance qualité rigoureuse est d'une importance cruciale pour les essais cliniques impliquant la RT.

Dans l'étude TROG 08.03 (RAVES) du Trans-Tasman Radiation Oncology Group, comparant la RT adjuvante et la RT postopératoire de sauvetage précoce dans le cancer de la prostate, même si le taux de resoumission des plans en raison d'écarts majeurs par rapport aux exigences dosimétriques était globalement faible, l'IMRT était associée à des taux de resoumission inférieurs à ceux de la radiothérapie 3D (RT-3D) (OR = 0,38, p = 0,05) [7.7]. Dans un essai randomisé sur le cancer de la prostate testant l'hypofractionnement modéré au Royaume-Uni (essai CHHIP), 41 centres ont suivi le programme d'assurance qualité entre 2005 et 2010. L'inclusion dans l'essai a été bénéfique pour l'évolution de la pratique clinique de nombreux centres britanniques, et le programme d'assurance qualité a permis de mettre en œuvre l'IMRT pour la prostate [7.8]. Dans un essai randomisé français d'escalade de dose dans le cancer de l'œsophage, les contraintes requises pour valider le cas de référence étaient initialement très difficiles à gérer en utilisant la RT-3D en raison de l'important volume d'irradiation ganglionnaire prophylactique requis à 40 Gy. Au début de l'étude, très peu de centres français utilisaient l'IMRT pour traiter le cancer thoracique de l'œsophage, et l'IMRT est rapidement devenue un moyen de valider le programme d'assurance qualité de l'essai. Les contraintes de dose aux OAR ont été respectées dans la majorité des cas, sauf pour le cœur, où un tiers des plans présentaient une déviation. Dans l'ensemble, 58 % de tous les traitements ont été planifiés en IMRT, tandis que 42 % l'ont été en 3D-CRT. Un nombre significativement plus élevé de plans a été accepté dans le groupe IMRT par rapport au groupe RT-3D (p = 0,03) [7.9]. Dans un essai randomisé sur le cancer du pancréas, la plupart des patients randomisés dans le bras avec RT ont été traités par IMRT (86 %). Dans le cadre de l'assurance qualité, on a observé un plus grand nombre de resoumissions de plans avec la RT-3D (43 %) qu'avec l'IMRT (31 %) [7.10].

Cancers thoraciques

Cancer du sein

Les champs parallèles tangentiels en 2D provoquent souvent une dose hétérogène à l'intérieur du sein avec des points chauds, responsables de toxicités aiguës ou tardives. Des améliorations dans la distribution de la dose ont été obtenues avec la radiothérapie conformationnelle 3D, mais l'IMRT permet de délivrer une dose beaucoup plus homogène dans tout le sein tout en diminuant les doses délivrées aux organes environnants à risque. Trois essais randomisés ont démontré la supériorité de l'IMRT dans le cancer du sein en termes de toxicités aiguës et tardives et en termes de qualité de vie.

Les résultats à long terme d'un essai canadien avec un suivi de 10 ans n'ont révélé aucune différence dans les résultats cosmétiques et dans l'apparition de la douleur pour les patientes traitées par IMRT par rapport à la RT-2D [7.11]. Certaines limites rendent difficile la généralisation des conclusions de ces essais en raison de techniques obsolètes dans les bras de contrôle (RT-2D) ou de techniques IMRT non avancées (*boost* séquentiel) [7.12-7.14].

Une étude prospective française portant sur 114 femmes traitées par tomothérapie hélicoïdale délivrant 50 Gy au sein et 60 Gy concomitamment (SIB) à la cavité chirurgicale, a révélé des taux de toxicité similaires à ceux rapportés dans d'autres études [7.15]. Plus récemment, un essai randomisé coréen (KROG 15-03) a établi la supériorité de l'IMRT du sein entier avec un SIB à la tumorectomie délivrée sur 5,5 semaines par rapport à la RT-3D du sein entier et un *boost* séquentiel délivré sur 6,5 semaines chez 693 femmes après une chirurgie conservatrice du sein. L'indice de conformité pour la couverture du volume cible était meilleur avec l'IMRT et la dose moyenne au poumon ainsi que les V5-V50 Gy au poumon ipsilatéral ont été fortement réduits grâce à l'IMRT. La toxicité cutanée a également été réduite de manière significative [7.16].

Soumises à une RT postopératoire, 502 patientes atteintes d'un cancer du sein ont été randomisées entre une RT-IMRT avec *boost* intégré (SIB-IMRT) et une RT-3D. Avec un suivi médian de 5 ans, les taux de contrôle local à 2 et 5 ans étaient de 99,6 % dans les deux groupes de traitement. L'aspect cosmétique n'était pas non plus inférieur [7.17]. Le groupe NRG Oncology a rapporté plus récemment les résultats de l'essai de phase III RTOG 1005 qui a évalué la non-infériorité d'une RT postopératoire hypofractionnée du sein entier avec un *boost* concomitant en 3 semaines par rapport à un *boost* séquentiel. L'IMRT a été utilisée chez 19 % des patientes. Avec un suivi médian de 7,3 ans, une non-infériorité a été observée entre les bras (HR : 1,32 [0,84-2,05], IC 90 %, p = 0,039). Des taux faibles et similaires de toxicité radio-induite de grade 3 ou plus ont été observés dans les deux bras (3,3 % *versus* 3,5 %). Aucune observation n'a été faite sur les taux de récidive dans le sein homolatéral, ni sur la toxicité ou les résultats cosmétiques entre les deux bras [7.18].

Dans l'essai de Florence, l'IMRT a été utilisée pour raccourcir la durée globale du traitement et pour diminuer le volume cible en délivrant une IMRT accélérée partielle du sein à 30 Gy en 5 fractions quotidiennes et en la comparant à une IMRT conventionnelle de 50 Gy en 25 fractions délivrés à l'ensemble du sein suivie d'un *boost* tumoral après une chirurgie conservatrice du sein [7.19]. Avec un suivi médian de 10,7 ans, les taux de récidives locales dans le sein homolatéral n'étaient pas statistiquement différents (2,5 % contre 3,7 % dans le bras expérimental, HR : 1,56, p = 0,40). Néanmoins, la RT accélérée partielle du sein en 1 semaine a entraîné beaucoup moins de toxicités aiguë et tardive et a amélioré les résultats cosmétiques évalués par les médecins et les patientes (p = 0,0001 pour tous les critères d'évaluation).

Cancer du poumon

L'IMRT dans le cancer du poumon est de plus en plus utilisée après des années de débats sur le calcul de la dose dans le poumon par rapport à l'air. L'essai clinique du groupe NRG Oncology RTOG 0617 est un essai d'escalade de dose qui n'a pas réussi à démontrer la supériorité d'une escalade de dose à 74 Gy par rapport à 60 Gy de radiochimiothérapie dans le cancer du poumon non à petites cellules (CPNPC) localement avancé. Un taux de survie inférieur a même été observé, remettant en question l'impact de l'escalade de dose sur la toxicité iatrogène liée à l'irradiation et sur la mortalité [7.20]. Dans l'étude RTOG 0617, 53 % des patients ont été traités par RT-3D et 47 % par IMRT. Une analyse secondaire de l'essai a révélé moins de pneumopathies de grade ≥ 3 avec l'IMRT (7,9 % *versus* 3,5 %, p = 0,039) et des doses cardiaques plus faibles, d'autant plus que des maladies plus avancées (stade IIIB) ont été traitées par IMRT et qu'un plus grand volume de traitement planifié a été observé chez les patients traités par IMRT (427 mL *versus* 486 mL, p = 0,005). Le volume de cœur protégé à 40 Gy ou plus était significativement corrélé à la survie globale, et le volume de poumon recevant 20 Gy ou plus (c'est-à-dire V20) était corrélé à la probabilité de développer une pneumopathie ≥ G3 (mais pas V5) [7.21]. Malgré une qualité de vie plus faible dans le bras avec escalade de dose, le déclin de la qualité de vie évalué par le questionnaire FACT-LCS à 12 mois a été réduit de moitié avec l'IMRT (21 % *versus* 46 %, p = 0,003) [7.22].

Cancer de l'œsophage

Le pronostic du cancer de l'œsophage reste sombre (Fig. 7.1). Plusieurs essais dans les années 1990 et 2000 ont testé l'effet de nouveaux schémas de chimiothérapie concomitants ou d'une escalade de dose sans amélioration de la survie. Plus récemment, deux essais randomisés, un néerlandais (ARTDECO) et l'autre français (CONCORDE-PRODIGE 26), ont voulu de nouveau tester le bénéfice en contrôle locorégional d'une RT avec escalade de dose dans les cancers de l'œsophage, à l'ère de l'IMRT [7.23, 7.24]. Ces deux essais sont négatifs sur leur critère de jugement principal. La proportion de patients traités en IMRT dans ARTDECO n'était pas rapportée, alors que 80 % des patients dans CONCORDE étaient traités en IMRT dans les deux bras de traitement. À la différence des résultats de l'essai ancien Intergroup 123, utilisant de la RT-3D avec escalade de dose où une surtoxicité avait été observée pouvant expliquer la surmortalité dans l'essai, ces deux essais récents ont montré l'absence de différences en toxicités aiguës ou tardives, y compris dans CONCORDE quand la RT-3D était comparée à l'IMRT. Une analyse secondaire comparant l'IMRT à la RT-3D a permis de retrouver une amélioration de la survie globale non significative grâce à l'IMRT (survie médiane 25,3 mois en IMRT *versus* 19,2 mois en RT-3D, p = 0,08) [7.25]. L'essai CONCORDE était le seul à bénéficier d'un programme d'assurance qualité de la RT. Une analyse en fonction de la qualité de la RT a permis d'observer une amélioration significative de la survie globale quand les patients étaient traités « per-protocole » ou avec une déviation mineure au protocole comparés à ceux traités en déviation majeure (p = 0,01). Pour rappel, les plans du « benchmark case » analysés avant participation à l'essai pour chaque centre présentaient significativement moins de déviations majeures quand ils avaient été réalisés en technique IMRT [7.9].

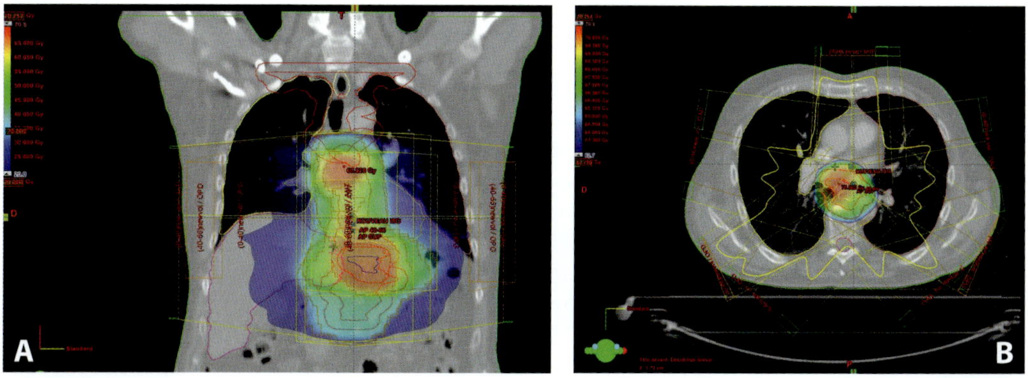

Figure 7.1. A. Vue du thorax et partie supérieure de l'abdomen en coupe coronale d'un cancer du tiers inférieur de l'œsophage localement avancé. L'irradiation des champs pulmonaires et de l'intestin grêle à la dose de 20 Gy ou plus reste limitée malgré l'étendue des volumes cibles. **B.** Coupe axiale du thorax d'un patient présentant un cancer du tiers moyen-tiers inférieur de l'œsophage. Protection des structures cardiaques des hautes doses (isodose 95 %) et des poumons à faible dose (isodose jaune).

Cancers pelviens

Cancer de prostate

La plupart des essais d'escalade de dose dans le cancer de prostate ont été réalisés au début des années 2000 et ont utilisé la RT-3D. L'amélioration du contrôle du PSA a été contrebalancée par une augmentation de la toxicité gastro-intestinale et génito-urinaire avec des doses plus élevées comprises entre 74 et 80 Gy. Dans l'étude néerlandaise randomisée, Al-Mamgani *et al.* ont comparé la toxicité gastro-intestinale et génito-urinaire aiguë et tardive de la 3D-CRT avec un *boost* séquentiel et un SIB-IMRT allant jusqu'à 78 Gy dans un sous-groupe de 78 patients. Ils ont constaté une toxicité gastro-intestinale de grade ≥ 2 plus faible (20 % contre 61 %, p = 0,001) avec le SIB-IMRT. Aucune différence dans l'absence d'échec biochimique à 5 ans n'a été observée [7.26].

Dans l'essai d'escalade de dose RTOG 0126 du NRG Oncology, l'IMRT et la RT-3D conformationnelle ont été comparées chez 748 patients inclus dans le bras d'escalade de dose. Les patients traités par RT-3D avaient reçu 55,8 Gy sur la prostate et les vésicules séminales, suivi d'un *boost* de + 23,4 Gy sur la prostate uniquement. Les patients traités par IMRT ont reçu jusqu'à 79,2 Gy sur la prostate et les vésicules séminales proximales. La région des hautes doses de l'histogramme dose volume analysée (c'est-à-dire V65, V70 et V75) s'est avérée être significativement réduite grâce à l'IMRT (p < 0,0001). En conséquence, les auteurs ont observé un taux significativement plus faible de toxicité gastro-intestinale et génito-urinaire de grade ≥ 2. L'analyse multivariée a révélé une réduction de 26 % du taux de toxicité gastro-intestinale tardive de grade ≥ 2 avec l'IMRT (p = 0,099) [7.27].

Plus récemment, une analyse post-hoc d'un essai randomisé canadien portant sur l'hypofractionnement modéré du pelvis chez des patients atteints d'un cancer de la prostate à haut risque (essai PCS5) a comparé l'IMRT au niveau des ganglions pelviens à la RT-3D avec un suivi adéquat de la toxicité et de l'efficacité. L'IMRT a été utilisée chez 195 patients (60,6 %) et la RT-3D chez 125 patients (39,1 %). Avec un suivi médian > 7 ans, la toxicité gastro-intestinale aiguë et tardive de grade ≥ 2 était significativement meilleure avec l'IMRT qu'avec la 3D-CRT. Aucune différence n'a été constatée en ce qui concerne la toxicité génito-urinaire ou gastro-intestinale de grade 3 ou 4. Les taux de patients en vie avec un contrôle biochimique de la maladie étaient de 85,1 % avec l'IMRT et 88 % avec la RT-3D (HR : 1,35 [0,72-2,52], IC 95 %, p : 0,35) [7.28]. Un autre essai de phase III avec hypofractionnement (NRG Oncology RTOG 0415) n'a révélé aucune différence de toxicité avec l'IMRT par rapport à la RT-3D chez des patients atteints d'un cancer de la prostate à faible risque et traités uniquement sur la prostate [7.29]. Dans l'ensemble, ces deux résultats suggèrent que l'IMRT pelvienne pourrait être bénéfique uniquement en cas d'irradiation concomitante des ganglions pelviens.

Cancers gynécologiques

Dans le cas des cancers gynécologiques, l'IMRT s'est avérée réduire la distribution de dose aux tissus sains du pelvis par rapport aux techniques de radiothérapie conventionnelles [7.30-7.33]. Une vaste étude rétrospective a montré que l'IMRT améliorait même la survie spécifique et la survie globale par rapport à d'autres techniques conventionnelles de radiothérapie [7.34]. En situation postopératoire, deux essais randomisés (TIME-C et PARCER) ont montré que la toxicité gastro-intestinale était moindre avec l'IMRT qu'avec la RT-3D [7.35, 7.36]. Une analyse longitudinale des coûts induits par l'IG-IMRT ou la RT-3D dans l'essai PARCER a montré que, bien que les coûts de l'IG-IMRT au début aient été plus élevés que ceux de la RT-3D, la prise en charge moyenne de la toxicité et l'impact financier annuel étaient 1,50 et 1,44 fois plus élevés avec la RT-3D [7.37]. L'étude RTOG 1203 du NRG Oncology a comparé la RT-3D utilisant une technique dite « en boîte » à l'IMRT chez 278 femmes ayant subi une intervention chirurgicale pour un cancer du col de l'utérus ou de l'endomètre. Le critère d'évaluation principal était la toxicité gastro-intestinale rapportée par les patientes à la fin de la RT. Cinq semaines après la fin de la RT, le score intestinal EPIC moyen a diminué de 23,6 points dans le groupe RT standard et de 18,6 points dans le groupe IMRT ($p = 0,0048$), le score urinaire EPIC moyen a diminué de 10,4 points dans le groupe RT standard et de 5,6 points dans le groupe IMRT ($p = 0,03$) [7.35]. Les femmes traitées par IMRT ont eu significativement moins de diarrhées aiguës (différence de 18 %), de fréquence ou d'incontinence fécale (différence de 8,2 %). Il est à noter que la toxicité rapportée par les cliniciens était similaire quelle que soit la technique utilisée [7.38]. Après 3 ans, les toxicités génito-urinaires et gastro-intestinales se dégradaient toujours avec la RT-3D alors qu'elles s'amélioraient toujours avec l'IMRT, sans différence dans les taux d'échec [7.39]. L'IMRT pelvienne pourrait également mieux épargner la moelle osseuse pelvienne et donc réduire la lymphopénie radio-induite.

Dans l'étude de phase II/III INTERTECC, 101 patientes atteintes d'un cancer du col de l'utérus de stade I à IVA ont été randomisées entre une IMRT avec épargne de la moelle osseuse basée sur la TEP et une IMRT pelvienne conventionnelle. Bien que l'approche d'épargne de la moelle osseuse basée sur la TEP ait réduit la neutropénie aiguë de grade ≥ 3 liée à l'irradiation, les taux de lymphopénie étaient similaires dans les deux groupes. L'administration de la chimiothérapie n'a pas été meilleure avec l'IMRT d'épargne médullaire basée sur la TEP [7.40].

Cancer du rectum

La RT pelvienne préopératoire avec l'administration concomitante de 5-fluorouracile ou de capécitabine entraîne une toxicité gastro-intestinale aiguë connue. L'IMRT peut réduire de manière significative l'exposition de l'intestin. À cette fin, une seule étude prospective de phase II a inclus 72 cancers du rectum de stade II-III sélectionnés pour une radiochimiothérapie préopératoire délivrant 45 Gy au bassin en 25 fractions suivies d'un *boost* de 5,4 Gy à la tumeur primaire. Deux plans ont été réalisés pour chaque patient (1 plan en IMRT et 1 plan en RT-3D), et le meilleur plan de traitement permettant de mieux protéger l'intestin grêle a été choisi. Les plans en IMRT ont permis de mieux couvrir le *planning target volume* des ganglions lymphatiques tout en protégeant mieux l'intestin grêle (45 Gy à 42 cc *versus* 22 cc, $p < 0{,}0001$). L'IMRT a été administrée à 69 patients, tandis que 3 patients ont reçu la RT-3D. Le taux de diarrhée aiguë de grade 2 était de 25 % et de 4 % de grade 3 ou 4 avec l'IMRT [7.41].

Un essai prospectif randomisé de phase II a comparé l'utilisation de l'IMRT à celle de la RT-3D dans la radiochimiothérapie préopératoire du cancer du rectum localement avancé ; 94 patients ont été inclus et traités à 50,4 Gy en 28 fractions dans chaque bras et assignés au hasard à l'IMRT ou à la RT-3D. Bien qu'un avantage dosimétrique ne puisse être nié, aucune différence n'a été observée au niveau de la toxicité gastro-intestinale aiguë ou de la toxicité gastro-intestinale générale. Les taux de toxicité gastro-intestinale de grade 3 étaient respectivement de 18 % et 11 % pour la RT-3D et l'IMRT ($p = 0{,}49$). L'étude a été clôturée prématurément en raison de l'absence de différence [7.42]. La qualité de vie a été évaluée pendant la RT et après 6 mois et 12 mois dans une autre étude. Seules des améliorations limitées de la qualité de vie ont été observées avec l'IMRT [7.43].

Cancer de l'anus

Aucune donnée randomisée comparant l'IMRT et la RT-3D n'a été publiée à ce jour sur ce cancer rare, même si plusieurs grands essais de phase III sur la radiochimiothérapie ont été réalisés. Un essai de phase II du NRG Oncology RTOG 0529 a montré une toxicité moindre et moins d'interruptions de traitement avec l'IMRT, ce qui a permis d'abandonner l'intervalle entre chacune des deux séquences de RT. Une technique de *dose-painting* IMRT a mieux épargné la moelle osseuse, la peau et l'intestin grêle en diminuant la toxicité hématologique aiguë de grade ≥ 2, la toxicité cutanée de grade ≥ 3 et la toxicité gastro-intestinale. La **figure 7.2** met en exergue le volume de la moëlle osseuse du bassin irradié à faible dose (34 Gy) ainsi que la protection de la vessie et de l'intestin grêle. Comme pour d'autres cancers, cette étude multicentrique de phase II avec un solide programme d'assurance qualité a permis la mise en œuvre de l'IMRT dans le cancer de l'anus aux États-Unis [7.44].

La National Cancer Data Base (NCDB) a comparé les deux techniques chez 6 814 patients atteints de cancer de l'anus, 57,4 % d'entre eux ayant été traités par RT-3D et 42,6 % par IMRT. Les patients traités par IMRT avaient bénéficié d'un temps de traitement global significativement plus court et d'une survie globale améliorée ($p = 0{,}039$) [7.45].

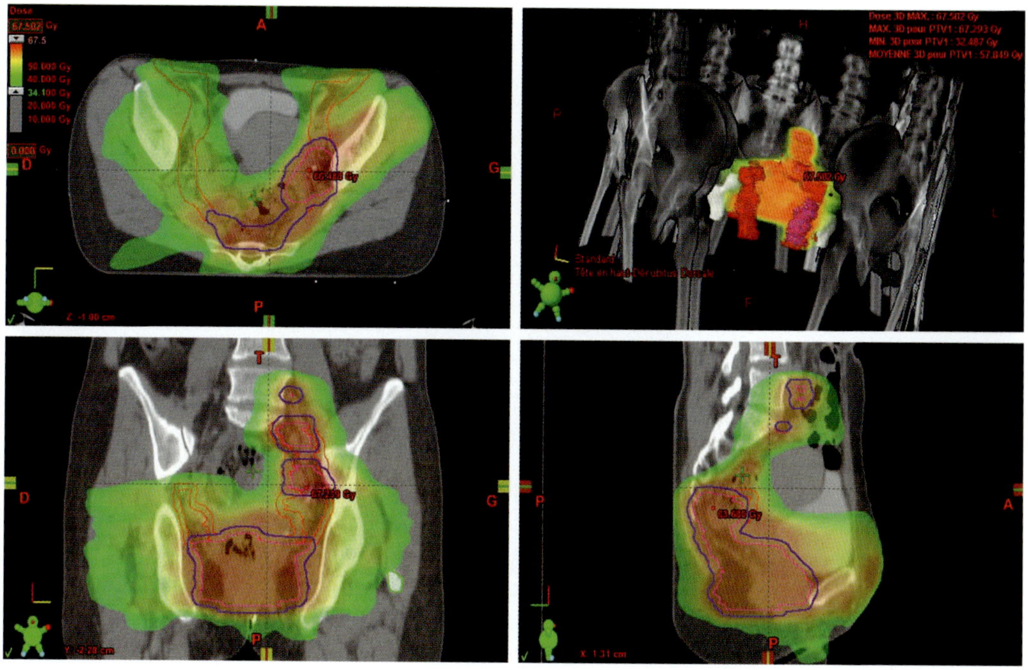

Figure 7.2. Coupes axiale, coronale et sagittale (*digitally reconstructed radiograph* [DRR]) d'une irradiation IMRT du pelvis pour un cancer du canal anal localement avancé avec envahissement ganglionnaire étagé.

Cancers de la tête et du cou

L'IMRT permet une escalade de la dose avec une meilleure épargne des muqueuses et des glandes salivaires. Néanmoins, les taux de toxicités tardives de grade ≥ 3 restent élevés même avec l'IMRT dans les cancers de la tête et du cou (chez 1 patient sur 4 en moyenne) [7.46-7.49].

Une méta-analyse de 5 essais randomisés a été réalisée auprès de 437 patients traités par RT-3D et 434 patients traités par IMRT, dont 82 % avaient un cancer du nasopharynx et 62 % un stade III/IV. Cette méta-analyse a révélé une réduction de 25 % de la xérostomie de grade ≥ 2 (HR : 0,76 [0,66-0,87], IC 95 %, $p < 0,0001$) avec des taux de contrôle local similaires [7.50]. Certains de ces essais randomisés ont rapporté une diminution de la xérostomie sévère avec l'IMRT dans le cancer du nasopharynx [7.51], tandis que d'autres ont constaté une diminution de la xérostomie dans les cancers de l'oropharynx, de l'hypopharynx et du larynx [7.52]. Le flux salivaire a été mieux préservé avec l'IMRT dans le cancer du nasopharynx [7.53]. Ainsi, si la xérostomie est majoritairement préservée avec l'IMRT durant les premières années suivant l'IMRT, elle n'est pas complètement évitée, et certains auteurs ont trouvé un taux nul de xérostomie de grade ≥ 2 à 3 ans, même avec l'IMRT [7.54].

Une petite étude randomisée a comparé l'IMRT conventionnelle à l'IMRT épargnant le lobe parotidien superficiel dans le cancer du nasopharynx et a constaté une diminution du taux de xérostomie à 1 an (83,4 % contre 95 %, $p = 0,007$), avec une différence plus importante si l'on considère uniquement les toxicités de grade 3 (0 % contre 12,5 %, $p < 0,001$) [7.55]. D'autres toxicités aiguës et tardives, telles que la dysphagie, la mucite, la perte de poids, le trismus, la fibrose du cou ou la perte d'audition, peuvent être réduites avec l'IMRT [7.54, 7.56].

Récemment, un essai de phase III a comparé l'IMRT optimisée pour la dysphagie à l'IMRT conventionnelle chez 112 patients atteints de tumeurs oropharyngées ou hypopharyngées. Une contrainte de dose moyenne de 50 Gy aux muscles constricteurs du pharynx en dehors du volume de haute dose était obligatoire. Les patients traités par IMRT optimisée pour la dysphagie présentaient un score de dysphagie significativement amélioré à 1 an, avec un taux plus faible de dysphagie de grade 3-4 (5 % contre 15 %), après un suivi médian de 39,5 mois [7.57].

L'escalade de la dose avec l'IMRT a également été évaluée dans deux essais randomisés utilisant deux techniques différentes. La technique SIB-IMRT a été comparée à l'IMRT conventionnelle chez 209 patients atteints de cancers du nasopharynx. Le SIB-IMRT délivrait respectivement 56 Gy et 70 Gy en 33 fractions pour les régions à faible risque et à haut risque, tandis que l'IMRT conventionnelle a délivré 50 Gy à la région à faible risque, suivi d'un *boost* séquentiel de 10 Gy à la région à haut risque en 35 fractions. Bien qu'aucune amélioration de la survie sans progression à 3 ans n'ait été observée, l'escalade de dose avec le SIB n'a pas entraîné plus de toxicité aiguë de grade ≥ 3 (59,8 % *versus* 58,9 %), ni de toxicité tardive [7.58]. Un essai randomisé de phase II comparant une stratégie adaptative utilisant l'IMRT optimisée sur l'intensité du voxel en ^{18F}FDG-TEP à l'IMRT conventionnelle a montré une augmentation de + 13 % du contrôle local en utilisant la technique de dose-painting [7.59].

Cancer du cerveau

Dans le cas de la RT du cerveau entier pour les métastases cérébrales, la dose de rayonnement reçue par la zone neurodégénérative de l'hippocampe pourrait être corrélée à la toxicité cognitive. L'évitement de l'hippocampe par IMRT pendant la RT du cerveau entier a été comparé à la radiothérapie conventionnelle du cerveau entier dans l'essai NRG Oncology CC001. La mémantine a été administrée en plus dans les deux groupes ; 518 patients ont été inclus et le suivi médian des patients vivants était de 7,9 mois. Les patients traités par une technique d'épargne hippocampique présentaient un risque plus faible de défaillance cognitive en relation avec une moindre détérioration des fonctions exécutives à 4 mois (23,3 % *versus* 40,4 %, $p = 0,01$) ainsi que de l'apprentissage (11,5 % *versus* 24,7 %) et de la mémoire (16,4 % *versus* 33,3 %) à 6 mois. Une moindre fatigue et une amélioration de l'élocution ont également été observées de manière significative. Aucune différence en termes de défaillance intracrânienne n'a été observée entre les deux groupes [7.60].

Métastases rachidiennes

L'étude IRON-1 est une étude randomisée monocentrique qui a comparé deux techniques de RT palliative des os pour métastases vertébrales. Tous les patients des deux groupes ont été traités à 30 Gy en 10 fractions. Le critère d'évaluation principal était la toxicité induite par la RT. Un patient a développé une toxicité de grade 3 à 3 mois avec l'IMRT contre 4 patients avec la RT-3D. Les toxicités les plus fréquentes observées avec l'IMRT étaient la xérostomie et les nausées (29,6 %) et la dyspnée (25,9 %). Avec la RT-3D, les symptômes les plus fréquents étaient l'œsophagite (35,8 %), la xérostomie (35,7 %), les nausées (35,8 %) et la dyspnée (17,9 %) [7.61]. En outre, l'IMRT a permis de réduire la fatigue physique et émotionnelle ainsi que la détresse émotionnelle [7.62].

Conclusion

L'IMRT s'est améliorée technologiquement et s'est imposée comme une technique de référence aujourd'hui dans la majorité des cancers. Des essais randomisés ont permis d'établir un bénéfice clinique de l'IMRT en termes de toxicités sans différences en efficacité. Des analyses comparatives *a posteriori* ont comparé l'IMRT à la RT-3D dans d'autres essais randomisés permettant de renforcer le niveau de preuve clinique et d'en faire la technique de référence pour la radiothérapie curative des cancers. Au-delà des avantages dosimétriques évidents publiés massivement dans la littérature, aujourd'hui un niveau de preuve élevé montre un gain en toxicités ou en qualité de vie (**Tab. 7.1**). Les essais prospectifs cliniques requièrent aujourd'hui au minimum une IMRT comme technique de référence pour traiter des patients inclus dans ces essais, dans leur majorité. L'analyse des essais cliniques montre également que l'IMRT a permis de diffuser plus largement cette technique par une meilleure qualité de la RT délivrée par les centres participants et pouvant aller parfois jusqu'à produire un bénéfice en survie globale comme dans les cancers de l'œsophage.

Tableau 7.1. Synthèse des principaux essais randomisés ayant évalué l'intérêt d'une IMRT dans différents cancers.

Référence	Pathologie	Phase	Randomisation	N	IMRT	Suivi	Gain en toxicités aiguës	Gain en toxicités tardives	Assurance qualité	Efficacité
KROG 15-03	Sein	III	SIB-IMRT 5,5 semaines *versus* RT-3D 6,5 semaines	693	50 %	5 ans	–	Cutané G2+	NR	Survie sans rechute locorégionale à 5 ans similaire 99,6 %
RTOG 1005	Sein	III	RT 25 séances ou 116 séances + *boost* séquentiel *versus* RT 15 séances + *boost* intégré	2 262	19 %	7,3 ans	–	G3+ : 3,3 % *versus* 3,5 %	QA per-protocole : 81 % *versus* 88 % (IMRT)	Bras exp. non inférieur
Essai de FLORENCE	Sein	III	IMRT partielle accélérée 5 séances *versus* RT glande 50 Gy en 25 séances + *boost*	520	50 %	10,7 ans	Diminution des toxicités grâce à l'irradiation partielle en IMRT	Diminution des toxicités Résultats cosmétiques meilleurs (PROM)	NR	RT 2,5 % *versus* 3,7 % (exp.)
RTOG 0617	Poumon	III	74 Gy *versus* 60 Gy	482	47 %	21,3 mois	–	Pneumopathies de G3+ : 7,9 % *versus* 3,5 % (exp.) Cardiovasculaire : 21 % *versus* 11 % (IMRT)	NR	Qualité de vie meilleure en IMRT (21 % *versus* 46 %)
CONCORDE (PRODIGE 26)	Œsophage	III	50 Gy *versus* 66 Gy	217	80 %	3 ans	Similaires	Similaires	Moins de déviations majeures en IMRT Meilleure survie globale si per-protocole ou déviations mineures	Tendance à une meilleure survie globale avec IMRT

Référence	Pathologie	Phase	Randomisation	N	IMRT	Suivi	Gain en toxicités aiguës	Gain en toxicités tardives	Assurance qualité	Efficacité
RTOG 0126	Prostate	III	70 Gy *versus* 79,2 Gy	748	34 %	3,5 ans	Diminution des toxicités GI/GU G2+ (15 % *versus* 9 % IMRT)	Réduction de 26 % des toxicités GI G2+ GI G3+ (5,1 % *versus* 2,6 % à 3 ans)	Aucune différence en couverture des volumes cibles ou des OAR	Similaire
PCS 5	Prostate + pelvis	III	68 Gy en 25 séances *versus* 76 Gy en 38 séances		60,6 %	> 7 ans	Diminution des toxicités GI G2+	Diminution des toxicités GI G2+	NR	Contrôle biochimique 85,1 % (IMRT) *versus* 88 % (RT-3D)
RTOG 0415	Prostate	III	73 Gy en 39 séances *versus* 70 Gy en 28 séances				Pas de différence	Pas de différence	NR	
PARCER	Gynécologie	III	RT-3D *versus* IG-IMRT	300	50 %	46 mois	Diarrhées G2+ : 17,2 % *versus* 26,1 %	GI G2+ : 21,1 % *versus* 42,4 % (RT-3D) GI G3+ : 2,9 % *versus* 15,5 %	Déviations de la RT : 2 en IMRT *versus* 3 en RT-3D	Survie sans maladie, survie sans rechute locorégionale similaires
RTOG 1203	Gynécologie	III	RT-3D *versus* IMRT	289	50 %	37,8 mois	Amélioration du score EPIC et des taux de diarrhées aiguës en IMRT (51,9 % *versus* 33,7 %)	Amélioration des toxicités GI/GU à 3 ans en IMRT	NR	Survie sans maladie, survie sans rechute locorégionale similaires
INTERTECC	Gynécologie	II/III	IMRT avec épargne de la moelle osseuse *versus* IMRT	101	100 %	33 mois	Diminution des neutropénies de G3+	NR	NR	Survie sans progression, survie globale similaires

Référence	Pathologie	Phase	Randomisation	N	IMRT	Suivi	Gain en toxicités aiguës	Gain en toxicités tardives	Assurance qualité	Efficacité
Yariv O *et al.*	Rectum	II	IMRT *versus* RT-3D	72	50 %	NR	Pas de différences 25 % de diarrhées de G2, 4 % G3+	NR	NR	Bénéfices limités en qualité de vie
Kam MK *et al.*	Nasopharynx	II	IMRT *versus* RT-2D	60	50 %	NR	–	Diminution de la xérostomie à 1 an : 39,3 % *versus* 82,1 %	NR	
PARSPORT	Pharynx	III	IMRT avec épargne parotidienne *versus* IMRT	94	100 %	40 mois	–	Diminution de la xérostomie à 1 an (83,4 % *versus* 95 %), mucite, trismus, fibrose, dysphagie	NR	–
DARS	Oropharynx, hypopharynx	III	IMRT avec épargne des muscles constricteurs du pharynx *versus* IMRT	118	100 %	> 3 ans	–	Dysphagie à 1 an G3+ : 5 % *versus* 15 %	NR	NR
NRG Oncology CC001	Métastases cérébrales	III	IMRT avec épargne des hippocampes *versus* IMRT	518	100 %	7,9 mois	Meilleures fonctions cognitives à 4 mois et mémoire à 6 mois	–	NR	Survie sans progression, survie globale similaires
IRON-1	Métastases rachidiennes	II	RT palliative 3D *versus* IMRT palliative	60	50 %	4,3 mois	Diminution de la dysphagie aiguë G3	Similaires	NR	NR

Exp. : expérimental ; G : grade ; GI : gastro-intestinale ; GU : génito-urinaire ; NR : non rapporté ; QA : assurance qualité ; SIB : *simultaneous integrated boost*.

Références

[7.1] Fairchild A, Aird E, Fenton PA, *et al.* EORTC Radiation Oncology Group quality assurance platform: establishment of a digital central review facility. *Radiother Oncol* 2012 ; 103 : 279-86.

[7.2] Peng J, Pond G, Donovan E, Ellis PM, Swaminath A. A Comparison of Radiation Techniques in Patients Treated With Concurrent Chemoradiation for Stage III Non-Small Cell Lung Cancer. *Int J Radiat Oncol Biol Phys* 2020 ; 106 : 985-92.

[7.3] Ballhausen H, Li M, Ganswindt U, Belka C. Shorter treatment times reduce the impact of intra-fractional motion: A real-time 4DUS study comparing VMAT vs. step-and-shoot IMRT for prostate cancer. *Strahlenther Onkol* 2018 ; 194 : 664-74.

[7.4] Otto K. Volumetric modulated arc therapy: IMRT in a single gantry arc. *Med Phys* 2008 ; 35 : 310-7.

[7.5] Meyer P, Biston MC, Khamphan C, *et al.* Automation in radiotherapy treatment planning: Examples of use in clinical practice and future trends for a complete automated workflow. *Cancer Radiother* 2021 ; 25 : 617-22.

[7.6] Noblet C, Maunet M, Duthy M, Coste F, Moreau M. A TPS integrated machine learning tool for predicting patient-specific quality assurance outcomes in volumetric-modulated arc therapy. *Phys Med* 2024 ; 118 : 103208.

[7.7] Trada Y, Kneebone A, Paneghel A, *et al.* Optimizing Radiation Therapy Quality Assurance in Clinical Trials: A TROG 08.03 RAVES Substudy. *Int J Radiat Oncol Biol Phys* 2015 ; 93 : 1045-51.

[7.8] Naismith O, Mayles H, Bidmead M, *et al.* Radiotherapy Quality Assurance for the CHHiP Trial: Conventional Versus Hypofractionated High-Dose Intensity-Modulated Radiotherapy in Prostate Cancer. *Clin Oncol (R Coll Radiol)* 2019 ; 31 : 611-20.

[7.9] Boustani J, Rivin Del Campo E, *et al.* Quality Assurance of Dose-Escalated Radiation Therapy in a Randomized Trial for Locally Advanced Oesophageal cancer. *Int J Radiat Oncol Biol Phys* 2019 ; 105 : 329-37.

[7.10] Tchelebi LT, Winter KA, Abrams RA, *et al.* Analysis of Radiation Therapy Quality Assurance in NRG Oncology RTOG 0848. *Int J Radiat Oncol Biol Phys* 2024 ; 118 : 107-14.

[7.11] Pignol JP, Truong P, Rakovitch E, Sattler MG, Whelan TJ, Olivotto IA. Ten years results of the Canadian breast intensity modulated radiation therapy (IMRT) randomized controlled trial. *Radiother Oncol* 2016 ; 121 : 414-9.

[7.12] Donovan E, Bleakley N, Denholm E, *et al.* Randomised trial of standard 2D radiotherapy (RT) versus intensity modulated radiotherapy (IMRT) in patients prescribed breast radiotherapy. *Radiother Oncol* 2007 ; 82 : 254-64.

[7.13] Mukesh MB, Barnett GC, Wilkinson JS, *et al.* Randomized controlled trial of intensity-modulated radiotherapy for early breast cancer: 5-year results confirm superior overall cosmesis. *J Clin Oncol* 2013 ; 31 : 4488-95.

[7.14] Pignol JP, Olivotto I, Rakovitch E, *et al.* A multicenter randomized trial of breast intensity-modulated radiation therapy to reduce acute radiation dermatitis. *J Clin Oncol* 2008 ; 26 : 2085-92.

[7.15] Pasquier D, Le Tinier F, Bennadji R, *et al.* Intensity-modulated radiation therapy with simultaneous integrated boost for locally advanced breast cancer: a prospective study on toxicity and quality of life. *Sci Rep* 2019 ; 9 : 2759.

[7.16] Choi KH, Ahn SJ, Jeong JU, *et al.* Postoperative radiotherapy with intensity-modulated radiation therapy versus 3-dimensional conformal radiotherapy in early breast cancer: A randomized clinical trial of KROG 15-03. *Radiother Oncol* 2021 ; 154 : 179-86.

[7.17] Horner-Rieber J, Forster T, Hommertgen A, *et al.* Intensity Modulated Radiation Therapy (IMRT) With Simultaneously Integrated Boost Shortens Treatment Time and Is Noninferior to Conventional Radiation Therapy Followed by Sequential Boost in Adjuvant Breast Cancer

Treatment: Results of a Large Randomized Phase III Trial (IMRT-MC2 Trial). *Int J Radiat Oncol Biol Phys* 2021 ; 109 : 1311-24.

[7.18] Vicini FA, Winter K, Freedman GM, *et al.* NRG RTOG 1005: A Phase III Trial of Hypo Fractionated Whole Breast Irradiation with Concurrent Boost vs. Conventional Whole Breast Irradiation Plus Sequential Boost Following Lumpectomy for High Risk Early-Stage Breast Cancer. *Int J Radiat Oncol Biol Phys* 2022 ; 114 : pS1-S.

[7.19] Meattini I, Marrazzo L, Saieva C, *et al.* Accelerated Partial-Breast Irradiation Compared With Whole-Breast Irradiation for Early Breast Cancer: Long-Term Results of the Randomized Phase III APBI-IMRT-Florence Trial. *J Clin Oncol* 2020 ; 38 : 4175-83.

[7.20] Bradley JD, Hu C, Komaki RR, *et al.* Long-Term Results of NRG Oncology RTOG 0617: Standard-Versus High-Dose Chemoradiotherapy With or Without Cetuximab for Unresectable Stage III Non-Small-Cell Lung Cancer. *J Clin Oncol* 2020 ; 38 : 706-14.

[7.21] Chun SG, Hu C, Choy H, *et al.* Impact of Intensity-Modulated Radiation Therapy Technique for Locally Advanced Non-Small-Cell Lung Cancer: A Secondary Analysis of the NRG Oncology RTOG 0617 Randomized Clinical Trial. *J Clin Oncol* 2017 ; 35 : 56-62.

[7.22] Movsas B, Hu C, Sloan J, Bradley J, *et al.* Quality of Life Analysis of a Radiation Dose-Escalation Study of Patients With Non-Small-Cell Lung Cancer: A Secondary Analysis of the Radiation Therapy Oncology Group 0617 Randomized Clinical Trial. *JAMA Oncol* 2016 ; 2 : 359-67.

[7.23] Hulshof M, Geijsen ED, Rozema T, *et al.* Randomized Study on Dose Escalation in Definitive Chemoradiation for Patients With Locally Advanced Esophageal Cancer (ARTDECO Study). *J Clin Oncol* 2021 ; 39 : 2816-24.

[7.24] Crehange G, M'Vondo C. Bertaut A, *et al.* Exclusive Chemoradiotherapy With or Without Radiation Dose Escalation in Esophageal Cancer: Multicenter Phase 2/3 Randomized Trial CONCORDE (PRODIGE-26). *Int J Radiat Oncol Biol Phys* 2021 ; 111 : pS5.

[7.25] Crehange G, M'Vondo C, Bertaut A, *et al.* Dose escalated chemoradiotherapy in esophageal cancer: randomized phase 2/3 CONCORDE trial. ESTRO meeting. *Radiotherapy and Oncology* 2021 ; 161 : S249-S50.

[7.26] Al-Mamgani A, Heemsbergen WD, Peeters ST, Lebesque JV. Role of intensity-modulated radiotherapy in reducing toxicity in dose escalation for localized prostate cancer. *Int J Radiat Oncol Biol Phys* 2009 ; 73 : 685-91.

[7.27] Michalski JM, Yan Y, Watkins-Bruner D, *et al.* Preliminary toxicity analysis of 3-dimensional conformal radiation therapy versus intensity modulated radiation therapy on the high-dose arm of the Radiation Therapy Oncology Group 0126 prostate cancer trial. *Int J Radiat Oncol Biol Phys* 2013 ; 87 : 932-8.

[7.28] Niazi TM, Nabid A, Malagon T, *et al.* Conventional vs. Hypofractionated, Radiotherapy for High-Risk Prostate Cancer: 7-Year Outcomes of the Randomized, Non-Inferiority, Phase 3 PCS5 Trial. *Int J Radiat Oncol Biol Phys* 2022 ; 114 : S3.

[7.29] Carpenter DJ, Salama JK, Lee WR, Boyer MJ. Radiation technique and outcomes following moderately hypofractionated treatment of low risk prostate cancer: a secondary analysis of RTOG 0415. *Prostate Cancer Prostatic Dis* 2024 ; 27 : 95-102.

[7.30] Chen MF, Tseng CJ, Tseng CC, Yu CY, Wu CT, Chen WC. Adjuvant concurrent chemoradiotherapy with intensity-modulated pelvic radiotherapy after surgery for high-risk, early stage cervical cancer patients. *Cancer J* 2008 ; 14 : 200-6.

[7.31] Mundt AJ, Mell LK, Roeske JC. Preliminary analysis of chronic gastrointestinal toxicity in gynecology patients treated with intensity-modulated whole pelvic radiation therapy. *Int J Radiat Oncol Biol Phys* 2003 ; 56 : 1354-60.

[7.32] Mundt AJ, Lujan AE, Rotmensch J, *et al.* Intensity-modulated whole pelvic radiotherapy in women with gynecologic malignancies. *Int J Radiat Oncol Biol Phys* 2002 ; 52 : 1330-7.

[7.33] Brixey CJ, Roeske JC, Lujan AE, Yamada SD, Rotmensch J, Mundt AJ. Impact of intensity-modulated radiotherapy on acute hematologic toxicity in women with gynecologic malignancies. *Int J Radiat Oncol Biol Phys* 2002 ; 54 : 1388-96.

[7.34] Kidd EA, Siegel BA, Dehdashti F, *et al.* Clinical outcomes of definitive intensity-modulated radiation therapy with fluorodeoxyglucose-positron emission tomography simulation in patients with locally advanced cervical cancer. *Int J Radiat Oncol Biol Phys* 2010 ; 77 : 1085-91.

[7.35] Klopp AH, Yeung AR, Deshmukh S, *et al.* Patient-Reported Toxicity During Pelvic Intensity-Modulated Radiation Therapy: NRG Oncology-RTOG 1203. *J Clin Oncol* 2018 ; 36 : 2538-44.

[7.36] Chopra S, Gupta S, Kannan S, *et al.* Late Toxicity After Adjuvant Conventional Radiation Versus Image-Guided Intensity-Modulated Radiotherapy for Cervical Cancer (PARCER): A Randomized Controlled Trial. *J Clin Oncol* 2021 ; 39 : 3682-92.

[7.37] Hande V, Ranjan N, Chopra S, *et al.* Longitudinal Costs of Image-Guided Intensity-Modulated Radiation Therapy Versus Three-Dimensional Conformal Radiation: Lessons From Phase III PARCER Trial for Shaping Resource-Stratified Guidelines in Low – and Middle-Income Countries. *JCO Glob Oncol* 2024 ; 10 : e2300478.

[7.38] Yeung AR, Pugh SL, Klopp AH, *et al.* Improvement in Patient-Reported Outcomes With Intensity-Modulated Radiotherapy (RT) Compared With Standard RT: A Report From the NRG Oncology RTOG 1203 Study. *J Clin Oncol* 2020 ; 38 : 1685-92.

[7.39] Yeung AR, Deshmukh S, Klopp AH, *et al.* Intensity-Modulated Radiation Therapy Reduces Patient-Reported Chronic Toxicity Compared With Conventional Pelvic Radiation Therapy: Updated Results of a Phase III Trial. *J Clin Oncol* 2022 ; 40 : 3115-9.

[7.40] Williamson CW, Sirak I, Xu R, *et al.* Positron Emission Tomography-Guided Bone Marrow-Sparing Radiation Therapy for Locoregionally Advanced Cervix Cancer: Final Results From the INTERTECC Phase II/III Trial. *Int J Radiat Oncol Biol Phys* 2022 ; 112 : 169-78.

[7.41] Yariv O, Kindler J, Weinstock M, *et al.* Preoperative Chemoradiotherapy Utilizing Intensity Modulated Radiation Therapy (IMRT) Compared With 3D Conformal Radiotherapy (3DCRT) for Patients With Locally Advanced Rectal Cancer: Prospective Phase II Study. *Int J Radiat Oncol Biol Phys* 2021 ; 111 : e84.

[7.42] Wallace N, Skourou C, Dunne, *et al.* Acute Gastrointestinal Toxicity Results from a Multi-Institution, Phase 2, Randomized Controlled Trial Comparing 3D-Conformal Radiotherapy (3DCRT) Versus Intensity Modulated Radiotherapy (IMRT) for Locally-Advanced Rectal Cancer (TRI-LARC). *Int J Radiat Oncol Biol Phys* 2022 ; 114 : S151.

[7.43] Geary RL, Gillham C, McVey G, *et al.* Quality of Life Analysis of a Phase II Randomized Controlled Trial Comparing 3D-Conformal Radiotherapy (3D-CRT) and Intensity Modulated Radiotherapy (IMRT) in Locally Advanced Rectal Cancer (TRI-LARC). *Int J Radiat Oncol Biol Phys* 2022 ; 114 : S152.

[7.44] Kachnic LA, Winter K, Myerson RJ, *et al.* RTOG 0529: a phase 2 evaluation of dose-painted intensity modulated radiation therapy in combination with 5-fluorouracil and mitomycin-C for the reduction of acute morbidity in carcinoma of the anal canal. *Int J Radiat Oncol Biol Phys* 2013 ; 86 : 27-33.

[7.45] Elson JK, Kachnic LA, Kharofa JR. Intensity-modulated radiotherapy improves survival and reduces treatment time in squamous cell carcinoma of the anus: A National Cancer Data Base study. *Cancer* 2018 ; 124 : 4383-92.

[7.46] Lee NY, O'Meara W, Chan K, *et al.* Concurrent chemotherapy and intensity-modulated radiotherapy for locoregionally advanced laryngeal and hypopharyngeal cancers. *Int J Radiat Oncol Biol Phys* 2007 ; 69 : 459-68.

[7.47] Givens DJ, Karnell LH, Gupta AK, *et al.* Adverse events associated with concurrent chemoradiation therapy in patients with head and neck cancer. *Arch Otolaryngol Head Neck Surg* 2009 ; 135 : 1209-17.

[7.48] Vlacich G, Spratt DE, Diaz R, *et al.* Dose to the inferior pharyngeal constrictor predicts prolonged gastrostomy tube dependence with concurrent intensity-modulated radiation therapy and chemotherapy for locally-advanced head and neck cancer. *Radiother Oncol* 2014 ; 110 : 435-40.

[7.49] Caudell JJ, Schaner PE, Meredith RF, *et al.* Factors associated with long-term dysphagia after definitive radiotherapy for locally advanced head-and-neck cancer. *Int J Radiat Oncol Biol Phys* 2009 ; 73 : 410-5.

[7.50] Marta GN, Silva V, de Andrade Carvalho H, *et al.* Intensity-modulated radiation therapy for head and neck cancer: systematic review and meta-analysis. *Radiother Oncol* 2014 ; 110 : 9-15.

[7.51] Kam MK, Leung SF, Zee B, *et al.* Prospective randomized study of intensity-modulated radiotherapy on salivary gland function in early-stage nasopharyngeal carcinoma patients. *J Clin Oncol* 2007 ; 25 : 4873-9.

[7.52] Nutting CM, Morden JP, Harrington KJ, *et al.* Parotid-sparing intensity modulated versus conventional radiotherapy in head and neck cancer (PARSPORT): a phase 3 multicentre randomised controlled trial. *Lancet Oncol* 2011 ; 12 : 127-36.

[7.53] Pow EH, Kwong DL, McMillan AS, *et al.* Xerostomia and quality of life after intensity-modulated radiotherapy vs. conventional radiotherapy for early-stage nasopharyngeal carcinoma: initial report on a randomized controlled clinical trial. *Int J Radiat Oncol Biol Phys* 2006 ; 66 : 981-91.

[7.54] Gupta T, Agarwal J, Jain S, *et al.* Three-dimensional conformal radiotherapy (3D-CRT) versus intensity modulated radiation therapy (IMRT) in squamous cell carcinoma of the head and neck: a randomized controlled trial. *Radiother Oncol* 2012 ; 104 : 343-8.

[7.55] Huang H, Miao J, Xiao X, *et al.* Impact on xerostomia for nasopharyngeal carcinoma patients treated with superficial parotid lobe-sparing intensity-modulated radiation therapy (SPLS-IMRT): A prospective phase II randomized controlled study. *Radiother Oncol* 2022 ; 175 : 1-9.

[7.56] Peng G, Wang T, Yang KY, *et al.* A prospective, randomized study comparing outcomes and toxicities of intensity-modulated radiotherapy vs. conventional two-dimensional radiotherapy for the treatment of nasopharyngeal carcinoma. *Radiother Oncol* 2012 ; 104 : 286-93.

[7.57] Nutting C, Finneran L, Roe J, *et al.* Dysphagia-optimised intensity-modulated radiotherapy versus standard intensity-modulated radiotherapy in patients with head and neck cancer (DARS): a phase 3, multicentre, randomised, controlled trial. *Lancet Oncol* 2023 ; 24 : 868-80.

[7.58] Lertbutsayanukul C, Prayongrat A, Kannarunimit D, Chakkabat C, Netsawang B, Kitpanit S. A randomized phase III study between sequential versus simultaneous integrated boost intensity-modulated radiation therapy in nasopharyngeal carcinoma. *Strahlenther Onkol* 2018 ; 194 : 375-85.

[7.59] De Bruycker A, De Neve W, Daisne JF, *et al.* Disease Control and Late Toxicity in Adaptive Dose Painting by Numbers Versus Nonadaptive Radiation Therapy for Head and Neck Cancer: A Randomized Controlled Phase 2 Trial. *Int J Radiat Oncol Biol Phys* 2024 ; 120 : 516-27.

[7.60] Brown PD, Gondi V, Pugh S, *et al.* Hippocampal Avoidance During Whole-Brain Radiotherapy Plus Memantine for Patients With Brain Metastases: Phase III Trial NRG Oncology CC001. *J Clin Oncol* 2020 ; 38 : 1019-29.

[7.61] Sprave T, Verma V, Forster R, *et al.* Radiation-induced acute toxicities after image-guided intensity-modulated radiotherapy versus three-dimensional conformal radiotherapy for patients with spinal metastases (IRON-1 trial): First results of a randomized controlled trial. *Strahlenther Onkol* 2018 ; 194 : 911-20.

[7.62] Sprave T, Verma V, Forster R, *et al.* Quality of Life and Radiation-induced Late Toxicity Following Intensity-modulated Versus Three-dimensional Conformal Radiotherapy for Patients with Spinal Bone Metastases: Results of a Randomized Trial. *Anticancer Res* 2018 ; 38 : 4953-60.

Chapitre 8

Stéréotaxie

Morgan Michalet, Jessica Prunaretty, Céline Bourgier

Historiquement, l'exérèse locale de la (des) métastase(s) a été la première approche dite « ablative » ayant démontré l'impact des traitements locaux sur le pronostic des patients métastatiques *via* une cohorte d'enregistrement prospective des patients opérés pour une ou plusieurs métastases pulmonaires « à visée curative » (tumeur primitive contrôlée et absence d'autres sites métastatiques) [8.1]. Depuis, les différents progrès technologiques en radiothérapie (optimisation dosimétrique, radiothérapie guidée par l'image, reproductibilité interfraction, *online tracking*) ont permis le développement et le déploiement de la radiothérapie en condition stéréotaxique (RTS). Il s'agit d'une modalité d'irradiation qui consiste à délivrer des doses par fractions élevées dans un volume restreint afin d'obtenir une efficacité thérapeutique à visée curative (*local ablative therapy*). La radiofréquence est également une modalité locale de traitement « ablatif ». Toutefois, la RTS est actuellement celle qui est la plus documentée et évaluée prospectivement [8.2].

Indications thérapeutiques

Il existe principalement trois grandes indications thérapeutiques :

- prise en charge exclusive de tumeurs primitives ;
- traitement des oligométastases cérébrales (*radiosurgery for brain metastases*) ;
- traitement des oligométastases extracérébrales (*stereotactic body radiotherapy* [SBRT]) ;
- ré-irradiation.

Le concept du stade oligométastatique a été défini par Hellman et Weichselbaum en 1995 comme étant un « état intermédiaire » entre un cancer de stade précoce ou localement avancé et le stade polymétastatique [8.3]. Bien que la définition du stade oligométastatique ne soit pas consensuelle, il est communément admis que le nombre maximal de métastases est inférieur ou égal à 5 et limitées à maximum trois organes [8.4]. Ce concept réunit différentes situations cliniques [8.5, 8.6] :

- oligométastases synchrones (diagnostic à moins de 6 mois de la prise en charge de la tumeur primitive) ;
- oligométastases métachrones (diagnostic à plus de 6 mois de la prise en charge de la tumeur primitive) ;
- oligoconsolidation : maladie initialement polymétastatique répondant aux traitements systémiques en dehors de quelques métastases (≤ 5) ;
- oligoprogression : situation clinique où seuls « quelques » sites métastatiques (≤ 5) progressent alors que les autres sites métastatiques sont majoritairement contrôlés par le traitement systémique.

Objectifs de la stéréotaxie

La RTS a pour objectif de délivrer des doses biologiquement équivalentes élevées dans des volumes cibles très restreints afin d'obtenir une efficacité à visée curative (« ablative »), tout en ayant une tolérance des tissus sains *a minima*, grâce aux modalités d'irradiation. La combinaison de la radiothérapie conformationnelle par modulation d'intensité (RCMI) et la radiothérapie guidée par l'image (IGRT) permet l'obtention d'un gradient de dose important entre les volumes cibles et les tissus sains (RCMI) et une reproductibilité inter et intrafraction d'une précision remarquable (IGRT).

Concepts radiobiologiques

Les concepts radiobiologiques s'appliquant à la radiothérapie conventionnelle (doses par fraction normofractionnées ou modérément hypofractionnées) sont décrits dans la partie 1. Ces concepts restent cependant controversés quant à leur application à la stéréotaxie [8.7-8.9]. Il en est de même pour le modèle linéaire quadratique permettant de calculer l'équivalent de dose pour 2 Gy délivrés par séance (EQD2), mais qui n'est pas validé pour des doses par fractions élevées [8.10, 8.11].

« 4 R » et la stéréotaxie

La dose par fraction étant très élevée et l'étalement étant restreint, l'irradiation en condition stéréotaxique induit une mort cellulaire à la fois en condition normo et hypoxique. De plus, la mort cellulaire par nécroptose (voie de mort cellulaire nécrotique caspase-indépendante) est prépondérante comparativement à l'apoptose [8.12]. Ainsi, la réparation cellulaire après des doses d'irradiation élevées est quasi impossible ou très faible, avec un nombre de dommages létaux très élevés conduisant à la mort des cellules tumorales [8.8, 8.12]. Concernant la redistribution dans le cycle cellulaire, après une irradiation > 20 Gy en dose unique, le cycle cellulaire est complètement bloqué à tous les stades cellulaires avec une incapacité de redistribution des cellules tumorales [8.13]. La repopulation tumorale observée après une irradiation conventionnelle ne survient pas après irradiation en condition stéréotaxique [8.14, 8.15]. Enfin, le phénomène de réoxygénation est réduit en condition stéréotaxique en raison du faible nombre de fractions et des dommages vasculaires induits par les doses par fraction très élevées [8.9, 8.15, 8.16].

Lésions du compartiment endothélial : autre facteur radiobiologique de la stéréotaxie

Outre l'effet direct de l'irradiation stéréotaxique entraînant la mort cellulaire, il est décrit des effets indirects comprenant les lésions vasculaires et des cellules endothéliales [8.17]. Les doses élevées d'irradiation entraînent la mort des cellules endothéliales par apoptose *via* la voie de la céramide avec comme une des conséquences, une augmentation de la perméabilité vasculaire. De plus, au-dessus de 10 Gy, l'irradiation en condition stéréotaxique induit une hypoxie transitoire et de courte durée ainsi qu'une acidification du microenvironnement tumoral conduisant à une mort cellulaire différée [8.18, 8.19]. L'agrégation plaquettaire et la formation de thrombus conduisant successivement à l'occlusion vasculaire, puis à une ischémie tissulaire et nécrose tumorale, participent à l'effet antitumoral de la stéréotaxie.

Stéréotaxie : nouvel enjeu technique

Historique

Les premières tentatives de RTS ont été entreprises dans les années 1950 pour traiter des lésions cérébrales. Lars Leksell, neurochirurgien suédois, a développé le premier « Gamma Knife » en 1951, prototype utilisant des rayonnements gamma émis par des sources radioactives pour traiter des tumeurs cérébrales avec une précision extrême. Le nom « Gamma Knife » fait référence à la capacité de l'appareil à cibler les tumeurs avec la minutie d'un scalpel (*knife*). Dans les années 1980, l'introduction de techniques d'imagerie médicale avancées, telles que la tomodensitométrie (TDM) et l'imagerie par résonance magnétique (IRM), a considérablement amélioré la précision de la RTS en permettant une meilleure visualisation des tumeurs et des structures cérébrales. Ce n'est que dans les années 1990 que la stéréotaxie s'est étendue au-delà du traitement des tumeurs cérébrales pour inclure d'autres parties du corps tels que le poumon et le foie. Au fil des années, la RTS est devenue une technique de traitement incontournable pour de nombreuses affections médicales, en particulier pour les tumeurs inaccessibles par la chirurgie. Selon l'observatoire national de la RT, en 2020, 64 % des centres de RT étaient équipés d'appareils permettant de réaliser des irradiations stéréotaxiques intracrâniennes et 59 % des stéréotaxies extracrâniennes.

Appareils disponibles

La RTS est réalisée à l'aide de divers types de machines qui sont conçues pour offrir une précision millimétrique dans la délivrance de doses élevées dans des zones cibles spécifiques du corps [8.20]. Les principaux dispositifs sont les suivants :

- le Gamma Knife® (Elekta) est un appareil dédié à la RTS intracrânienne. Il utilise des sources radioactives de cobalt-60 pour produire des rayonnements gamma qui convergent vers la cible intracrânienne, sans nécessiter de geste chirurgical. Le Gamma Knife® est principalement utilisé pour le traitement des tumeurs cérébrales et des malformations artérioveineuses ;
- le CyberKnife® (Accuray) est un système de RTS qui utilise un accélérateur linéaire de particules robotisé pour diriger de multiples petits faisceaux vers la cible (Fig. 8.1). Il est connu pour sa grande flexibilité en termes de forme de la cible, ce qui le rend adapté au traitement de tumeurs situées dans diverses parties du corps. Associé à un système d'imagerie en temps réel, le CyberKnife® est capable de suivre les mouvements respiratoires du patient ;

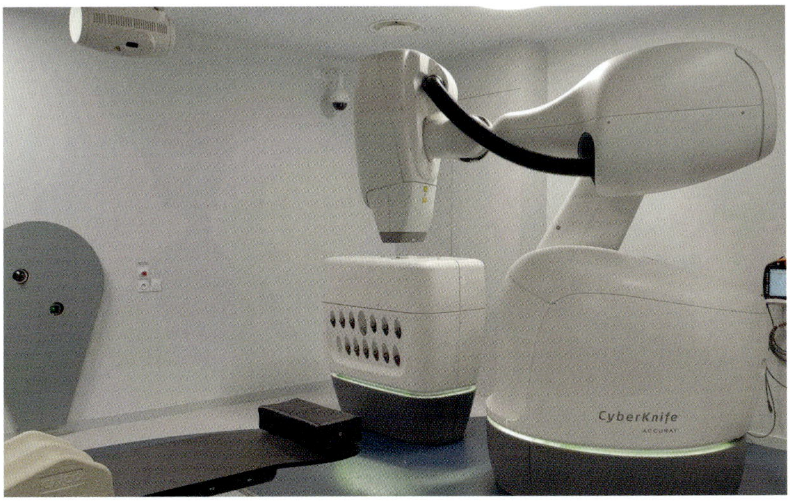

Figure 8.1. CyberKnife®.

- les accélérateurs linéaires de particules TrueBeam STx® (Varian) et Versa HD (Elekta) sont équipés de fonctionnalités améliorées spécialement conçues pour la stéréotaxie, offrant une précision mécanique inframillimétrique, au lieu de 1 ou 2 mm pour des appareils conventionnels (Fig. 8.2). Cette précision est obtenue grâce à la reproductibilité des mouvements de la table, du bras et des collimateurs multilames [8.20]. Par ailleurs, ces accélérateurs possèdent des débits de dose très élevés, en partie grâce à l'élimination du cône égalisateur, également appelé « FFF » (*flattening filter free*). Ainsi, ces systèmes permettent d'appliquer des techniques stéréotaxiques à fortes doses aux patients, tout en assurant un gradient élevé ;

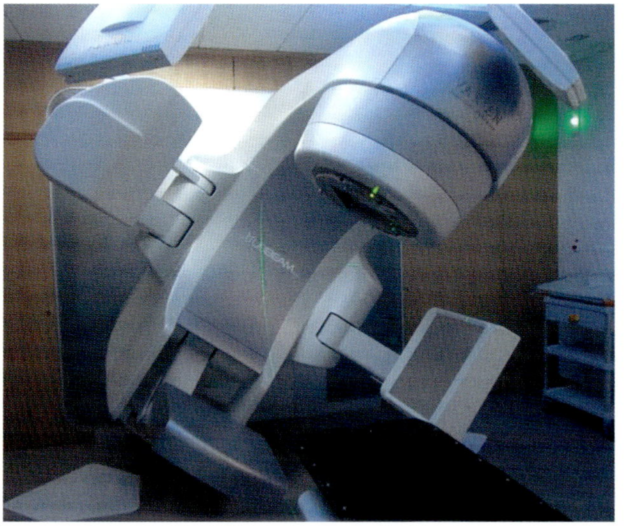

Figure 8.2. TrueBeam®.

- l'IRM accélérateur, ou IRM-Linac, est une technologie innovante qui associe un accélérateur linéaire avec une IRM. Cette combinaison permet de visualiser en temps réel les volumes cibles et les organes à risque pendant le traitement, offrant ainsi une précision accrue et une capacité à adapter le traitement en fonction des changements anatomiques. Deux IRM-Linac sont actuellement disponibles : MRIdian® (ViewRay) et Unity® (Elekta) (Fig. 8.3).

Figure 8.3. MRIdian® (Viewray) à gauche et Unity® (Elekta) à droite.

Stéréotaxie extracrânienne : gestion du mouvement

Le principal challenge des traitements stéréotaxiques extracrâniens est la gestion du mouvement de la cible induit par la respiration, la fonction cardiaque, l'activité péristaltique, ou encore le remplissage et la vidange des organes. Il a été démontré que l'amplitude de déplacement des tumeurs pulmonaires peut atteindre jusqu'à 50 mm et présenter des trajectoires irrégulières au cours de plusieurs respirations. Il est donc primordial d'en tenir compte afin de garantir la précision et la robustesse du traitement. Cette problématique a été le sujet de nombreuses publications, dont les rapports n° 35 et 38 de la Société française de physique médicale (SFPM) décrivant les stratégies disponibles pour tenir compte du déplacement de la cible au cours de la séance (**Fig. 8.4**) [8.21-8.23]. Elles se regroupent en deux catégories :

- les méthodes passives, ce sont les plus répandues car simples à mettre en œuvre :
  - méthode ITV : à partir d'une acquisition TDM 3D couplé au cycle respiratoire (appelé TDM 4D) en respiration libre, l'ensemble des positions occupées par la lésion au cours du cycle respiratoire est défini comme étant un ITV (*internal target volume*). Une marge est alors ajoutée à ce volume pour créer le PTV (*planning target volume*) et réaliser la planification de traitement. Les séances de traitement sont ensuite délivrées en respiration libre, généralement assistées par un système de suivi respiratoire afin de garantir la robustesse de l'ITV ;
  - méthode *mid-position* : principalement utilisée pour les localisations pulmonaires, cette méthode probabiliste consiste à définir une position moyenne de la lésion pondérée par le temps en fonction de son temps passé dans chaque phase respiratoire ;

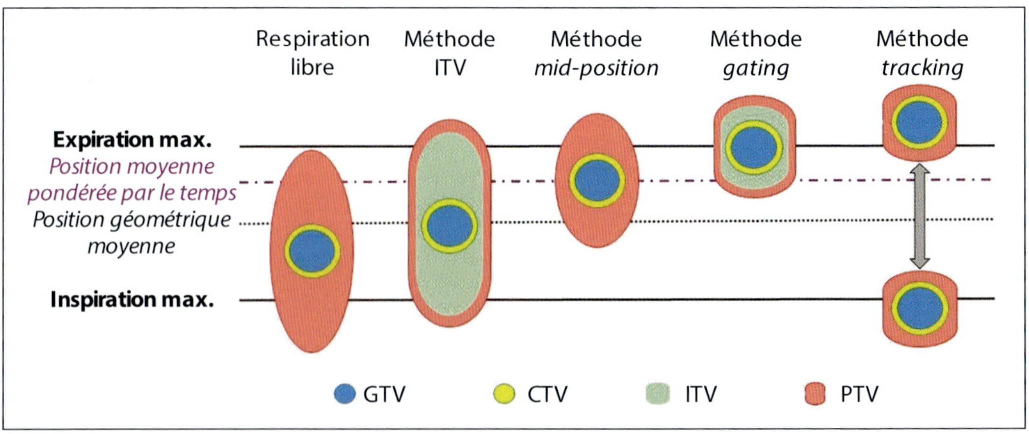

Figure 8.4. Schéma des différentes stratégies de gestion du mouvement (inspiré de Wolthaus *et al.* [8.24]).

- les méthodes actives nécessitent une action supplémentaire soit du patient, soit d'un logiciel :
  - méthode *gating* : elle consiste à traiter le patient durant une période donnée du cycle respiratoire (appelée *gate*), réduisant ainsi le volume irradié. Elle est généralement employée durant les phases d'expiration. Deux stratégies sont disponibles : le blocage respiratoire et le suivi respiratoire. Tandis que le blocage respiratoire nécessite une action du patient (traitement en apnée) permettant de figer la lésion dans une position donnée, le traitement en suivi respiratoire est réalisé en respiration libre et une fenêtre d'irradiation est déterminée en sélectionnant la ou les phases du cycle respiratoire concernées ;
  - méthode *tracking* : à l'aide de fiduciaires implantés dans ou près de la lésion, et/ou de logiciels spécifiques (ex. : Xsight® Lung Tracking pour le CyberKnife®), et d'un système d'imagerie, l'appareil de traitement va suivre le mouvement de la lésion au cours de la séance, en respiration libre. L'ajout d'un ITV n'est donc plus nécessaire, réduisant ainsi le volume à irradier. En revanche, les marges du PTV tiennent compte des incertitudes supplémentaires liées à cette méthode.

Gestion du risque

Quelques centres français ont rapporté leur expérience d'implantation de la RTS, en détaillant la gestion du risque et l'organisation qui en découle [8.25, 8.26]. En effet, la criticité d'un traitement par RTS est plus élevée en raison d'une dose par fraction très élevée, représentant 20 à 100 % de la dose totale. Le rapport de l'ASN de 2016 précise que près de deux tiers des déclarations d'événements survenus au cours d'un traitement hypofractionné ont eu, ou sont susceptibles d'avoir, un impact clinique pour le patient. Les analyses systémiques des risques en RT comportent les systèmes suivants :

- organisation de la qualité : différents outils sont utilisés pour optimiser un *workflow* spécifique et informatisé des dossiers patients tels que les tâches inhérentes à la préparation du traitement affectées successivement aux différents professionnels de santé impliqués dans cette chaîne. Ces tâches (contourage, optimisation balistique, validation dosimétrique médicale et physique) sont gérées par le système d'information de RT. Un indicateur de délais est généralement prédéfini afin d'alerter et de réorganiser le *workflow* si ceux-ci sont dépassés. L'organisation de la démarche qualité comprend au minimum une réunion mensuelle de comité de retour d'expériences qui recense tout dysfonctionnement inhérent à l'activité globale d'un service de RT, choisit un événement indésirable à analyser pour ensuite l'analyser et apporter des axes d'amélioration ; ainsi qu'une revue de morbimortalité ;
- matériel : selon les directives nationales et internationales, il est nécessaire de mettre en place un programme d'assurance qualité adapté aux traitements en condition stéréotaxique afin d'atteindre un niveau élevé de précision et de sécurité [8.21, 8.27-8.31]. Par exemple, ces traitements sont majoritairement réalisés avec des petits champs (diamètre ou cotés inférieurs à 3 cm) et des débits de dose élevés. Des détecteurs spécifiques à la métrologie des petits faisceaux sont donc indispensables. En effet, il a été démontré une sous-estimation de la dose sur l'axe du faisceau et un élargissement de

la pénombre d'autant plus grand que la dimension du champ d'irradiation est petite par rapport à celle du détecteur. De même, une bonne connaissance des dispositifs et logiciels annexes (asservissement respiratoire, imagerie, etc.) est recommandée pour en assurer un contrôle optimal ;

- organisation des ressources humaines :
  - compétences des manipulateurs en électroradiologie (MER) au poste de traitement : la pratique avancée pour les MER se déploie en Europe [8.32]. Il s'agit de tâches qui se situent en dehors de ses champs de compétence et qui nécessite un niveau d'expertise requis [8.33]. Ce nouveau métier existe au Royaume-Uni, Canada, Australie et Nouvelle-Zélande (*advanced practice therapy radiographer or radiation therapist*). Parmi ces tâches, l'IGRT (*image guided radiotherapy*) et l'IGART (*image guided adaptive radiotherapy*) font l'objet d'une délégation de tâches après la mise en place d'un programme de formation et du maintien de compétence pour les MER dans la sélection et validation des PTV sur des images *off-line review* issues de CBCT (*cone beam computed tomography*) (patients traités pour un cancer de la vessie). Après cette formation, le taux de concordance entre les MER et oncologues-radiothérapeutes était de 91 % sur un groupe de 20 patients, et de 92 % 3 ans après la formation (125 images CBCT issues de 13 patients) contre 73 % de concordance avant formation [8.34]. Shepherd *et al.* proposent un *workflow* de validation des images *online* lors des séances de radiothérapie adaptative par les MER dont la délégation de tâches est de l'ordre de la pratique avancée après avoir reçu une formation *ad hoc* [8.35] ;
  - organisation de la présence médicale : sur le plan réglementaire, celle-ci est obligatoire pour les schémas de RT très hypofractionnés (> 8 Gy par fraction) permettant ainsi la validation du positionnement du patient et l'autorisation du traitement (arrêté du 12 janvier 2017 fixant le seuil prévu à l'article R. 4351-2-3 du code de la santé publique) ;
- patients : l'identitovigilance et l'information du patient sont systématiques l'informant des modalités du traitement par stéréotaxie (préparation, immobilisation sur la table de traitement, durée et rythme des séances) ainsi que la description des effets secondaires et de leur gestion.

Place de la radiothérapie guidée par IRM (RTS extracrânienne)

Présentation de la technique

Depuis maintenant quelques années, une nouvelle technique de RT est venue révolutionner les traitements en RT et particulièrement les traitements en conditions stéréotaxiques : la radiothérapie guidée par IRM (*MRI-guided radiotherapy* [MRgRT]).

Il s'agit d'une technique réalisée à l'aide d'un IRM-Linac qui associe, au sein d'une même machine, un imageur par résonance magnétique et un accélérateur linéaire d'électrons. La difficulté de coupler dans une même machine imageur par résonance magnétique (IRM) et faisceau de rayons X provient de deux problèmes physiques. Le champ magnétique de l'IRM va perturber les électrons accélérés dans le Linac, tandis que les ondes radiofréquence du Linac vont perturber les séquences d'imagerie de l'IRM. De fait, les constructeurs ont dû redoubler d'ingéniosité pour contrecarrer ces problèmes. Actuellement, deux systèmes sont disponibles sur le marché français : le MRIdian® (Viewray, États-Unis) et le Unity® (Elekta, Suède) [8.36, 8.37] (Fig. 8.3). Ces deux systèmes comportent des différences techniques et architecturales que nous ne détaillerons pas ici mais qui sont disponibles dans les articles cités précédemment [8.36, 8.37]. Deux autres systèmes sont en cours de développement avec une possible commercialisation prochaine : Aurora-RT® (MagnetTx, Canada) et un système australien développé dans le cadre d'un programme de recherche [8.38, 8.39].

Ces outils offrent trois avantages majeurs comparativement aux techniques classiques de SBRT (Fig. 8.5) :

- facilité de repositionnement grâce à un meilleur contraste pour les tissus mous en comparaison aux kV et CBCT ;
- possibilité de réadapter quotidiennement le plan dosimétrique grâce à un TPS intégré, en s'adaptant aux modifications anatomiques ;
- possibilité de suivre la cible pendant l'irradiation (*gating*).

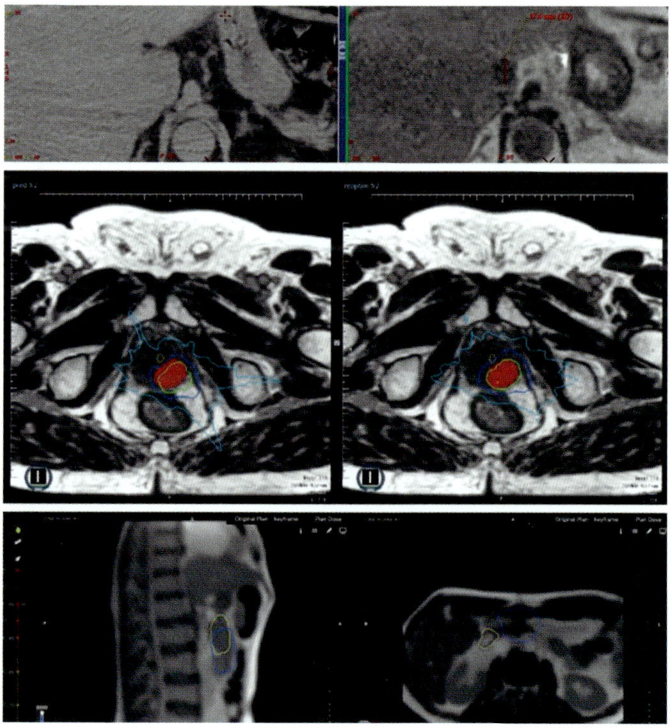

Figure 8.5. Comparaison entre la visibilité d'une tumeur hépatique sur scanner (à gauche) et sur IRM réalisée sur le MRIdian® (à droite) lors d'une séance de traitement (en haut). Amélioration de la couverture tumorale prostatique (PTV en rouge) après adaptation du plan (à droite) lors d'une séance de MRgRT pour une récidive intraprostatique traitée sur le MRIdian® (au milieu). *Gating* du PTV pancréatique en sagittal et du duodénum en axial lors d'une séance de traitement d'un cancer du pancréas sur le MRIdian®.

De par ces avantages, cette technique est particulièrement adaptée aux traitements des tumeurs abdominopelviennes, autorisant l'hypofractionnement extrême ainsi que l'escalade de dose. En effet, il est possible de s'adapter aux modifications anatomiques tels que le remplissage vésical ou digestif, ainsi qu'aux mouvements liés à la respiration ou au péristaltisme.

Résultats cliniques

Tumeurs pancréatiques

Il s'agit de la localisation tumorale ayant probablement le plus bénéficié du développement de cette technique. En effet, le pancréas étant entouré d'organes à risque (OAR) radiosensibles tels que l'estomac, le duodénum ou l'intestin grêle, le développement de la RTS dans cette indication était très compliqué avant l'apparition des IRM-Linac. Dès 2019, les bénéfices de cette technique dans la prise en charge des adénocarcinomes pancréatiques inopérables ont été suggérés. En effet, dans une étude portant sur 44 patients, une amélioration de la survie globale à 2 ans (49 % *versus* 30 %) a été retrouvée lorsque les patients recevaient des doses élevées avec un BED_{10} supérieur à 70 Gy, soit au moins 40 Gy pour un traitement délivré en cinq fractions [8.40]. Plusieurs équipes ont ensuite présenté leurs résultats cliniques. Dans une étude française actualisée en 2023 et portant sur 52 patients traités pour un adénocarcinome pancréatique *borderline* non résécable ou localement avancé à une dose médiane de 50 Gy en cinq fractions, et avec un suivi médian de 20,9 mois, la survie globale à 1 an était de 60,5 % avec un contrôle local de 86,5 %. De façon très intéressante, 20 patients (38,5 %) ont pu être secondairement opérés (19 patients localement avancés et 1 *borderline*), avec 100 % de résection R0 et une réponse histologique moyenne de 77,5 %. Il s'agit là d'un pourcentage de patients opérés bien supérieur à ce que nous observions avec les traitements conventionnels. La survie médiane des patients opérés était de 21,6 mois, contre 11,8 mois pour les patients non opérés. Cette étude a aussi inclus, en plus des 52 patients précédemment cités, des patients traités pour une récidive locale d'un adénocarcinome pancréatique opéré, une tumeur pancréatique neuroendocrine ou des métastases intrapancréatiques de carcinomes rénaux. Le profil de toxicités était extrêmement favorable avec seulement 2 patients sur 70 ayant présenté une toxicité de grade 3 (fistule digestive postopératoire) et aucune toxicité de grade 4 ou 5 [8.41, 8.42].

L'équipe de Miami a aussi présenté ses résultats en 2020, mis à jour en 2022 [8.43, 8.44]. Soixante-deux patients ont été traités pour un adénocarcinome pancréatique inopérable avec une dose médiane de 50 Gy en cinq fractions (soit un BED_{10} de 100 Gy) après chimiothérapie d'induction par FOLFIRINOX. Avec un recul de 2 ans, les taux de contrôle local, survie sans progression et survie globale étaient de 68,8 %, 40,0 % et 45,5 %, respectivement, ce qui semble supérieur à ce à quoi nous étions habitués avec la radiothérapie normofractionnée, bien qu'aucune comparaison directe ne puisse être réalisée. De plus, seules 4,8 % de toxicités aiguës et tardives sévères étaient relevées.

Tumeurs hépatiques

De nombreuses équipes ont déjà publié leur expérience de MRgRT dans la prise en charge des tumeurs hépatiques primitives ou secondaires [8.45]. Là encore, l'avantage de l'IRM sur la visualision de ces tumeurs est incontestable, et la possibilité de suivre la cible et d'adapter le plan pour les tumeurs périphériques situées à proximité d'OAR (estomac, duodénum, côlon, cœur) est séduisante. Dans une étude française portant sur 56 patients traités pour des métastases hépatiques à la dose médiane de 50 Gy en cinq fractions, le contrôle local était de 90,9 % à 2 ans pour une survie globale de 21,7 mois et cela avec un suivi médian de 17,3 mois. Aucune toxicité sévère n'était relevée [8.46]. D'autres auteurs ont évalué la technique pour le traitement des tumeurs primitives (carcinome hépatocellulaire ou cholangiocarcinome). Avec 29 patients traités à la dose de 45 ou 50 Gy en cinq fractions, le contrôle local à 1 an était de 96,5 % et la survie globale à 1 an de 86 % [8.47].

Métastases surrénaliennes

L'apparition de métastases surrénaliennes fait partie de l'évolution fréquente de nombreuses tumeurs solides. Lorsqu'elles apparaissent avec un caractère oligométastatique, le traitement local potentiellement curatif peut être indiqué. La RTS est une technique intéressante, permettant d'éviter la lourdeur d'un geste chirurgical mais la proximité des organes à risque rend parfois la technique délicate.

La radiothérapie guidée par IRM a donc été évaluée dans cette indication. Dans une série portant sur 14 patients traités avec une dose de 45 Gy en cinq fractions, le contrôle local à 1 an était de 100 % avec un suivi médian de 15,5 mois. La survie globale et la survie sans métastases étaient de 91,7 % à 1 an, sans aucune toxicité sévère relevée. Il est intéressant de signaler que grâce à l'acquisition IRM réalisée à chaque séance, il est possible de constater des modifications du GTV au cours du traitement, ce qui a été confirmé par d'autres auteurs [8.48].

Tumeurs prostatiques

La radiothérapie guidée par IRM a été évaluée dans deux indications différentes :

- dans la prise en charge primaire des cancers de prostate, la technique a montré son avantage dans la RTS par rapport aux techniques « CBCT-guidées ». L'essai clinique MIRAGE a comparé chez 156 patients traités pour un adénocarcinome de prostate localisé, une RTS de 40 Gy en cinq fractions avec marge PTV réduite de 4 à 2 mm en cas de traitement sur IRM-Linac. L'essai a été fermé précocement du fait d'un avantage significatif sur la toxicité urinaire (43,4 % *versus* 24,4 % de grade 2 et plus, $p = 0{,}1$) et la toxicité digestive (10,5 % *versus* 0 % de grade 2 et plus, $p = 0{,}003$) [8.49] ;
- dans la prise en charge des récidives intraprostatiques isolées après traitement premier par RT externe ou curiethérapie, il s'agit d'une excellente option thérapeutique. Dans une étude portant sur 37 patients traités à la dose médiane de 30 Gy en cinq fractions sur le volume de la récidive intraprostatique identifiée sur IRM et/ou TEP-scanner à

la choline, la survie sans récidive biochimique à 1 an était de 65 % chez des patients majoritairement sans hormonothérapie (seuls 21 % avaient un traitement concomitant). Aucune toxicité de grade 3 ou plus n'était relevée [8.50].

Tumeurs thoraciques

La radiothérapie guidée par IRM est une option intéressante dans le traitement des tumeurs pulmonaires dites à haut risque de toxicités, comme les tumeurs centrales ou le traitement de patients avec antécédents d'irradiation thoracique ou avec comorbidités respiratoires. Dans une étude portant sur 50 patients traités avec différents fractionnements (de 3 × 18 Gy à 12 × 5 Gy), les auteurs ont retrouvé un taux de contrôle local de 96 % à 1 an avec seulement 8 % de toxicités de grade 3 et plus malgré la présentation clinique à haut risque [8.51].

D'autres auteurs ont rapporté la possibilité de traiter des tumeurs primitives ou secondaires cardiaques [8.52].

Conclusion

La radiothérapie guidée par IRM est une technique révolutionnaire dans le traitement de différentes localisations tumorales et est particulièrement intéressante dans le traitement stéréotaxique de tumeurs mobiles et/ou à proximité d'OAR radiosensibles.

Remerciements

À l'équipe de physique de la clinique de Clémentville de Montpellier (illustration du CyberKnife®) et à l'équipe de physique de l'Hôpital Riviera Chablais (illustration du Unity®).

Références

[8.1] Pastorino U, Buyse M, Friedel G, *et al.* Long-term results of lung metastasectomy: prognostic analyses based on 5206 cases. *J Thorac Cardiovasc Surg* 1997 ; 113 : 37-49.

[8.2] Tan VS, Palma DA. Top Ten Lessons Learned from Trials in Oligometastatic Cancers. *Cancer Res Treat* 2023 ; 55 : 5-14.

[8.3] Hellman S, Weichselbaum RR. Oligometastases. *J Clin Oncol* 1995 ; 13 : 8-10.

[8.4] Lievens Y, Guckenberger M, Gomez D, *et al.* Defining oligometastatic disease from a radiation oncology perspective: An ESTRO-ASTRO consensus document. *Radiother Oncol* 2020 ; 148 : 157-66.

[8.5] Niibe Y, Chang JY. Novel insights of oligometastases and oligo-recurrence and review of the literature. *Pulm Med* 2012 ; 2012 : 261096.

[8.6] Kissel M, Helou J, Thariat J. [Definitions of oligometastatic disease and new treatment concepts]. *Bull Cancer (Paris)* 2018 ; 105 : 696-706.

[8.7] Song CW, Cho LC, Yuan J, Dusenbery KE, Griffin RJ, Levitt SH. Radiobiology of stereotactic body radiation therapy/stereotactic radiosurgery and the linear-quadratic model. *Int J Radiat Oncol Biol Phys* 2013 ; 87 : 18-9.

[8.8] Brown JM, Carlson DJ, Brenner DJ. The tumor radiobiology of SRS and SBRT: are more than the 5 Rs involved? *Int J Radiat Oncol Biol Phys* 2014 ; 88 : 254-62.

[8.9] Song CW, Kim MS, Cho LC, Dusenbery K, Sperduto PW. Radiobiological basis of SBRT and SRS. *Int J Clin Oncol* 2014 ; 19 : 570-8.

[8.10] Kirkpatrick JP, Meyer JJ, Marks LB. The linear-quadratic model is inappropriate to model high dose per fraction effects in radiosurgery. *Semin Radiat Oncol* 2008 ; 18 : 240-3.

[8.11] Kirkpatrick JP, Brenner DJ, Orton CG. Point/Counterpoint. The linear-quadratic model is inappropriate to model high dose per fraction effects in radiosurgery. *Med Phys* 2009 ; 36 : 3381-4.

[8.12] Wang HH, Wu ZQ, Qian D, *et al.* Ablative Hypofractionated Radiation Therapy Enhances Non-Small Cell Lung Cancer Cell Killing via Preferential Stimulation of Necroptosis In Vitro and In Vivo. *Int J Radiat Oncol Biol Phys* 2018 ; 101 : 49-62.

[8.13] Lewanski CR, Gullick WJ. Radiotherapy and cellular signalling. *Lancet Oncol* 2001 ; 2 : 366-70.

[8.14] Fowler JF, Welsh JS, Howard SP. Loss of biological effect in prolonged fraction delivery. *Int J Radiat Oncol Biol Phys* 2004 ; 59 : 242-9.

[8.15] Song CW, Griffin RJ, Lee YJ, *et al.* Reoxygenation and Repopulation of Tumor Cells after Ablative Hypofractionated Radiotherapy (SBRT and SRS) in Murine Tumors. *Radiat Res* 2019 ; 192 : 159-68.

[8.16] Kelada OJ, Decker RH, Nath SK, *et al.* High Single Doses of Radiation May Induce Elevated Levels of Hypoxia in Early-Stage Non-Small Cell Lung Cancer Tumors. *Int J Radiat Oncol Biol Phys* 2018 ; 102 : 174-83.

[8.17] Nivet A, Schlienger M, Clavère P, Huguet F. Effets de l'irradiation à haute dose sur la vascularisation : physiopathologie et conséquences cliniques [Effects of high-dose irradiation on vascularization: Physiopathology and clinical consequences]. *Cancer Radiother* 2019 ; 23 : 161-7.

[8.18] Park HJ, Griffin RJ, Hui S, Levitt SH, Song CW. Radiation-induced vascular damage in tumors: implications of vascular damage in ablative hypofractionated radiotherapy (SBRT and SRS). *Radiat Res* 2012 ; 177 : 311-27.

[8.19] Song C, Hong BJ, Bok S, *et al.* Real-time Tumor Oxygenation Changes After Single High-dose Radiation Therapy in Orthotopic and Subcutaneous Lung Cancer in Mice: Clinical Implication for Stereotactic Ablative Radiation Therapy Schedule Optimization. *Int J Radiat Oncol Biol Phys* 2016 ; 95 : 1022-31.

[8.20] Bazire L, Darmon I, Calugaru V, Costa É, Dumas JL, Kirova YM. Place de la radiothérapie stéréotaxique extracrânienne dans la prise en charge des patients atteints de cancer [Technical aspects and indications of extracranial stereotactic radiotherapy]. *Cancer Radiother* 2018 ; 22 : 447-58.

[8.21] SFPM. Rapport n° 35 : Qualité et sécurité des radiochirurgies et des radiothérapies stéréotaxiques, 2019.

[8.22] SFPM. Rapport n° 38 : Gestion des mouvements interne en radiothérapie externe: dispositifs et mise en oeuvre pour le traitement des patients, 2020 : https://www.sfpm.fr/wp-content/uploads/2024/03/sfpm_2020_38_gestion_des_mouvements_internes_en_rt.pdf

[8.23] Darréon J, Bouilhol G, Aillières N, Bouscayrol H, Simon L, Ayadi M. Respiratory motion management for external radiotherapy treatment. *Cancer Radiother* 2022 ; 26 : 50-8.

[8.24] Wolthaus JWH, Schneider C, Sonke JJ, *et al.* Mid-ventilation CT scan construction from four-dimensional respiration-correlated CT scans for radiotherapy planning of lung cancer patients. *Int J Radiat Oncol Biol Phys* 2006 ; 65 : 1560-71.

[8.25] Bouvet C, Bertin K, Lafond C, Williaume D, de Crevoisier R, Leroy E. [Organization and risk management in stereotaxic body radiotherapy at the treatment station]. *Cancer Radiother* 2018 ; 22 : 532-6.

[8.26] Ponsard N, Lasserre L, Caradec A, Couppa É. [Project management of the implementation of intracranial stereotactic body radiotherapy at the « Centre finistérien de radiothérapie et d'oncologie »]. *Cancer Radiother* 2019 ; 23 : 523-5.

[8.27] AAPM. Report n° 54, TG 42. Stereotactic radiosurgery, 1995 : https://www.aapm.org/pubs/reports/rpt_54.pdf

[8.28] AAPM. Stereotactic body radiation therapy: The report of AAPM Task Group, 2010 : https://aapm.onlinelibrary.wiley.com/doi/10.1118/1.3438081

[8.29] AAPM. Report of AAPM TG 135: Quality assurance for robotic radiosurgery, 2011 : https://aapm.onlinelibrary.wiley.com/doi/full/10.1118/1.3579139

[8.30] ICRU 91. Prescribing, recording, and reporting of stereotactic treatments with small photons beams, 2017 : https://www.icru.org/report/icru-report-91-prescribing-recording-and-reporting-of-stereotactic-treatments-with-small-photon-beams-2/

[8.31] ANSM. Décision du 28/02/2023 fixant les modalités du contrôle de qualité des installations de radiothérapie externe et de radiochirurgie, 2023 : https://ansm.sante.fr/actualites/decision-du-28-02-2023-fixant-les-modalites-du-controle-de-qualite-des-installations-de-radiotherapie-externe-et-de-radiochirurgie

[8.32] Bourgier C, Boisbouvier S, Bayart É, *et al.* Métier de manipulateur en radiothérapie en tension en France : conséquences organisationnelles et difficultés à déployer de nouvelles missions et/ou délégation de tâches [Radiation therapists shortage in France: Organizational consequences and difficulties in deploying new missions and/or tasks delegation]. *Cancer Radiother* 2023 ; 27 : 577-82.

[8.33] Duffton A, Devlin L, Tsang Y, Mast M, Leech M, ESTRO RTTC. Advanced practice: An ESTRO RTTC position paper. *Tech Innov Patient Support Radiat Oncol* 2019 ; 10 : 16-9.

[8.34] McNair HA, Hafeez S, Taylor H, *et al.* Radiographer-led plan selection for bladder cancer radiotherapy: initiating a training programme and maintaining competency. *Br J Radiol* 2015 ; 88 : 20140690.

[8.35] Shepherd M, Graham S, Ward A, *et al.* Pathway for radiation therapists online advanced adapter training and credentialing. *Tech Innov Patient Support Radiat Oncol* 2021 ; 20 : 54-60.

[8.36] Mutic S, Dempsey JF. The ViewRay System: Magnetic Resonance–Guided and Controlled Radiotherapy. *Semin Radiat Oncol* 2014 ; 24 : 196-9.

[8.37] Winkel D, Bol GH, Kroon PS, *et al.* Adaptive radiotherapy: The Elekta Unity MR-linac concept. *Clin Transl Radiat Oncol* 2019 ; 18 : 54-9.

[8.38] Fallone BG. The Rotating Biplanar Linac–Magnetic Resonance Imaging System. *Semin Radiat Oncol* 2014 ; 24 : 200-2.

[8.39] Keall PJ, Barton M, Crozier S. The Australian Magnetic Resonance Imaging–Linac Program. *Semin Radiat Oncol* 2014 ; 24 : 203-6.

[8.40] Rudra S, Jiang N, Rosenberg SA, *et al.* Using adaptive magnetic resonance image-guided radiation therapy for treatment of inoperable pancreatic cancer. *Cancer Med* 2019 ; 8 : 2123-32.

[8.41] Michalet M, Bordeau K, Cantaloube M, *et al.* Stereotactic MR-Guided Radiotherapy for Pancreatic Tumors: Dosimetric Benefit of Adaptation and First Clinical Results in a Prospective Registry Study. *Front Oncol* 2022 ; 12 : 842402.

[8.42] Bordeau K, Michalet M, Keskes A, *et al.* Stereotactic MR-Guided Adaptive Radiotherapy for Pancreatic Tumors: Updated Results of the Montpellier Prospective Registry Study. *Cancers (Basel)* 2022 ; 15 : 7.

[8.43] Chuong MD. Ablative 5-Fraction Stereotactic Magnetic Resonance-Guided Radiation Therapy With On-Table Adaptive Replanning and Elective Nodal Irradiation for Inoperable Pancreas Cancer. *Pract Radiat Oncol* 2021 ; 11 : 134-47.

[8.44] Chuong MD, Herrera R, Kaiser A, *et al.* Induction Chemotherapy and Ablative Stereotactic Magnetic Resonance Image-Guided Adaptive Radiation Therapy for Inoperable Pancreas Cancer. *Front Oncol* 2022 ; 12 : 888462.

[8.45] Michalet M, Valdenaire S, Bordeau K, Azria D, Riou O. Chapter 15 – MR-guided radiotherapy for liver tumors: Hepatocarcinomas, cholangiocarcinomas, and liver metastases. *In* : Ozyar E, Onal C, Hackett SL, eds. *Advances in Magnetic Resonance Technology and Applications*. Academic Press : 2023 ; 8 : 295-314. (https://www.sciencedirect.com/science/article/pii/B9780323916899000157).

[8.46] Bordeau K, Michalet M, Keskes A, *et al.* Stereotactic MR-Guided Radiotherapy for Liver Metastases: First Results of the Montpellier Prospective Registry Study. *J Clin Med* 2023 ; 12 : 1183.

[8.47] Feldman AM, Modh A, Glide-Hurst C, Chetty IJ, Movsas B. Real-time Magnetic Resonance-guided Liver Stereotactic Body Radiation Therapy: An Institutional Report Using a Magnetic Resonance-Linac System. *Cureus* 2019 ; 11 : e5774.

[8.48] Giraud N, Schneiders FL, van Sornsen de Koste JR, Palacios MA, Senan S. Tumor volume changes during stereotactic ablative radiotherapy for adrenal gland metastases under MRI guidance. *Radiother Oncol* 2023 ; 186 : 109749.

[8.49] Kishan AU, Ma TM, Lamb JM, *et al.* Magnetic Resonance Imaging–Guided vs Computed Tomography–Guided Stereotactic Body Radiotherapy for Prostate Cancer: The MIRAGE Randomized Clinical Trial. *JAMA Oncol* 2023 ; 9 : 365-73.

[8.50] Michalet M, Riou O, Cottet-Moine J, *et al.* Magnetic Resonance-Guided Reirradiation for Local Recurrence within the Prostate or in the Prostate Bed: One-Year Clinical Results of a Prospective Registry Study. *Cancers* 2022 ; 14 : 1943.

[8.51] Finazzi T, Haasbeek CJA, Spoelstra FOB, *et al.* Clinical Outcomes of Stereotactic MR-Guided Adaptive Radiation Therapy for High-Risk Lung Tumors. *Int J Radiat Oncol* 2020 ; 107 : 270-8.

[8.52] Corradini S, von Bestenbostel R, Romano A, *et al.* MR-guided stereotactic body radiation therapy for primary cardiac sarcomas. *Radiat Oncol* 2021 ; 16 : 60.

Chapitre 9

Techniques d'irradiation par protonthérapie

Pierre-Yves Bondiau

Caractéristiques des protons

Découverte des protons

Après un court historique, les différentes techniques de protonthérapie seront présentées. La découverte des protons, particules subatomiques chargées positives présentes dans le noyau des atomes, est attribuée à Ernest Rutherford. En 1917, il effectua des expériences de bombardement de différentes cibles avec des particules alpha émises par des éléments radioactifs. Ses expériences ont révélé des résultats inattendus qui ont conduit à la compréhension du noyau atomique et à la découverte des protons. Les résultats expérimentaux de Rutherford ont été publiés en 1919, montrant que certaines particules alpha étaient déviées à des angles importants, voire renvoyées en arrière. Ces observations étaient en contradiction directe avec le modèle atomique admis à cette époque. Rutherford a ensuite proposé un modèle atomique composé d'un noyau atomique qui contenait des particules chargées positivement, appelées protons. En 1920, Rutherford et son collègue Thomas Royds ont publié un article dans lequel ils ont émis l'hypothèse que les noyaux d'hydrogène étaient constitués d'un seul proton, formant ainsi le premier élément de la classification périodique des éléments [9.1].

Les protons ont été définis comme des particules subatomiques chargées positivement se trouvant dans le noyau des atomes. Le terme « proton » a été proposé en 1920 par le physicien britannique Ernest Rutherford.

Pic de Bragg

La nature de l'interaction de la masse des protons et de leur charge réalise une diffusion latérale du faisceau très faible et délivre l'énergie en fin de trajectoire, nommé « pic de Bragg » (**Fig. 9.1**), du nom du physicien William Henry Bragg qui a décrit ce phénomène en 1904. On obtient ainsi une grande précision autant dans la balistique (calcul de la trajectoire) que dans la distribution de dose le long de leur trajectoire, ceci permet de concentrer la dose de radiation sur la tumeur, tout en épargnant les tissus sains environnants.

Pour réaliser un traitement par protonthérapie, on étale le pic de Bragg grâce à une sommation de pics de différentes énergies. On obtient un plateau qui permet de traiter sur une profondeur plus importante une tumeur (Fig. 9.2).

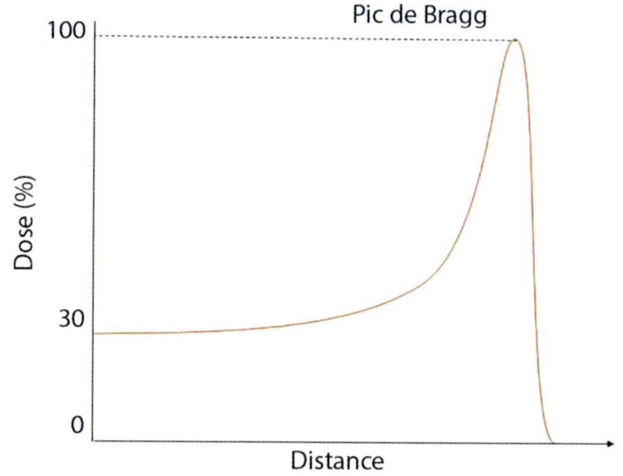

Figure 9.1. Schéma du pic de Bragg. La quantité d'énergie déposée par un faisceau de protons augmente alors que l'énergie des particules diminue en fin de parcours.

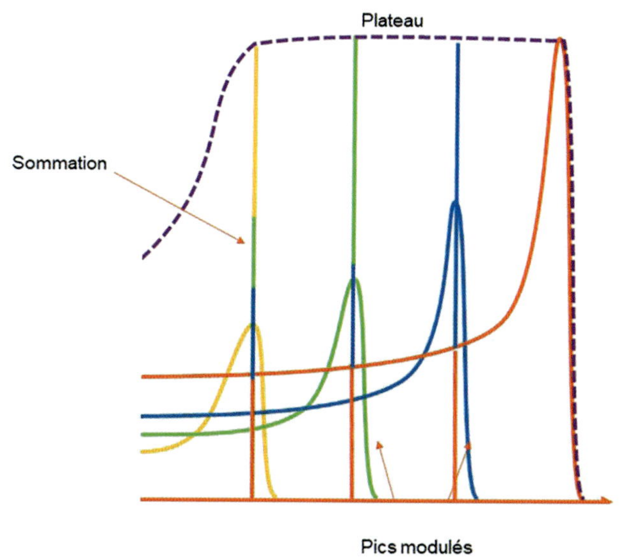

Figure 9.2. La modulation des pics de Bragg permet leur étalement, et leur sommation réalise un plateau de longueur variable.

Principe de fonctionnement des accélérateurs circulaires

Ernest O. Lawrence conçoit le premier cyclotron en 1929 à l'Université de Californie à Berkeley. Son but était de concurrencer les accélérateurs linéaires. Le prototype se révèle économe en énergie et en volume avec un diamètre de 11 cm. Il va jouer un rôle fondamental dans la recherche en physique des particules. En 1932, Lawrence développe ensuite un cyclotron permettant d'accélérer des particules ou des ions chargés à des vitesses élevées afin de créer un faisceau de protons. Ce principe est toujours utilisé de nos jours dans la recherche en physique des particules, en radiothérapie (RT) et en médecine nucléaire [9.2].

Le fonctionnement du cyclotron repose sur les principes de la physique des particules et de l'électromagnétisme. Le dispositif comprend deux principaux composants : un aimant et une cavité d'accélération. L'aimant est généralement constitué d'un électro-aimant qui crée un champ magnétique intense et uniforme perpendiculaire au plan de l'appareil. Ce champ magnétique courbe la trajectoire des ions chargés lorsqu'ils sont accélérés. La cavité d'accélération est formée de deux demi-coques métalliques appelées « Dees », qui sont alimentées en alternance par un courant électrique oscillant à haute fréquence. Les ions sont injectés au centre de la cavité et sont accélérés en traversant cette région d'accélération.

Le processus d'accélération dans un cyclotron repose sur le principe de la résonance cyclotronique. Un champ électrique oscillant repousse les ions lorsqu'ils pénètrent dans la cavité d'accélération. En raison de la charge des ions et du champ magnétique, la trajectoire de ces ions est courbe dans les Dees. Ils sont accélérés à chaque passage et effectuent une spirale croissante dans les cavités.

Pour maintenir la résonance, la fréquence de l'oscillation électrique est réglée de manière que le temps de passage des ions à chaque tour corresponde à la période de l'oscillation électrique. Ainsi, à chaque passage, les ions reçoivent une impulsion d'accélération supplémentaire. La fréquence de l'oscillation électrique dépend de la charge des ions et de leur masse. La fréquence cyclotronique est donnée par l'équation :

$$f_c = \frac{qB}{2\pi m}$$

où fc est la fréquence cyclotronique, q est la charge de l'ion, B est l'intensité du champ magnétique et m est la masse de l'ion

Il est important de noter que la résonance cyclotronique ne se produit que lorsque la fréquence de l'oscillation électrique est en accord précis avec la fréquence cyclotronique des ions. Si la fréquence ne correspond pas exactement à la fréquence cyclotronique, les ions ne seront pas en résonance et ne seront pas accélérés efficacement [9.3, 9.4].

Au fur et à mesure que les ions gagnent en énergie cinétique, leur rayon de trajectoire augmente en raison de la force de Lorentz. Cependant, le champ magnétique reste constant, ce qui signifie que les ions finissent par sortir de la cavité d'accélération lorsqu'ils atteignent un rayon trop grand. Il faut alors les extraire et leur permettre de quitter la cavité d'accélération. Le processus d'accélération des ions se répète à plusieurs reprises pour augmenter progressivement leur énergie cinétique. Finalement, les ions atteignent des vitesses relativistes et sont éjectés du cyclotron vers des cibles ou des détecteurs pour des expériences ou des applications spécifiques [9.5-9.7].

Développement de la protonthérapie

La définition de la modalité optimale d'administration de rayonnement, de la dose, de la stratégie de traitement et de la combinaison d'autres thérapies est un domaine d'investigation actif depuis des décennies, et les progrès ont entraîné des réponses cliniques plus favorables tout en minimisant la toxicité pour les structures normales. Le développement de la protonthérapie est réalisé dans ce but. La première expérience de protonthérapie a été réalisée en 1954 par le physicien américain Robert R. Wilson, qui avait travaillé sous la conduite du Dr Lawrence. Il avait remarqué que les protons étaient plus efficaces que les photons pour délivrer une dose de rayonnement précise et concentrée à un endroit spécifique dans le corps. Il avait donc l'idée d'utiliser des protons pour traiter des souris atteintes de tumeurs tout en préservant les tissus sains environnants [9.8]. En effet, les protons ont un parcours fini dans la matière en fonction de l'énergie et non pas une absorption exponentielle comme les photons, représenté par la formule suivante :

$$N = N_0 \, e^{-\mu x}$$

Où N est le nombre de photons, μ est le coefficient d'atténuation linéique et x est la distance.

En général, l'irradiation conventionnelle, c'est-à-dire par photons, ne peut pas être distribuée aussi précisément que celle par protons, sauf dans certaines techniques, comme la stéréotaxie. L'intérêt de l'utilisation des protons réside non seulement dans l'utilisation de techniques de stéréotaxie, mais aussi dans l'absence de dépôt de dose au-delà du pic de Bragg. Ceci est dû à l'association des avantages des particules lourdes et des avantages des particules chargées. Dans les années qui ont suivi, les premiers patients (1954) ont été traités au laboratoire Lawrence Berkeley par protonthérapie utilisant une technique de tir croisé avec un faisceau de protons de 340 MeV [9.8]. La cible était l'hypophyse pour la suppression hormonale chez les patientes atteintes d'un cancer du sein métastatique. Chez ces patientes, le pic de Bragg n'a pas été utilisé en raison de difficultés à se rapprocher de la plage. Cette technique permettait de concentrer la dose sur l'hypophyse avec une seule fraction. En 1958, un programme en trois fractions a été utilisé pour l'irradiation hypophysaire [9.9].

Cette première utilisation des protons pour traiter un patient a ouvert la voie à de nombreuses autres applications cliniques de cette technique de traitement. Dès lors, on assiste à un développement de la protonthérapie. Par la suite, l'Institut Gustav Werner à Uppsala en Suède fut le premier à intégrer le pic de Bragg et les concepts proposés par Robert Wilson dans les études de protonthérapie. Un cyclotron de 185 MeV a été utilisé pour traiter le premier groupe de patients entre la fin des années 1950 et le début des années 1960 avec Lars Leksel [9.10].

On peut distinguer, de façon artificielle, trois périodes de développement de la protonthérapie :

- au milieu du XXᵉ siècle : dès les années 1950, des progrès importants sont réalisés dans la taille et la puissance des cyclotrons. Les cyclotrons sont de plus en plus grands et plus puissants, capables d'accélérer des particules à des énergies plus élevées. Un exemple important de cette époque est le synchrocyclotron (voir *infra*), développé par E. McMillan et V. Veksler. Le synchrocyclotron utilisait des aimants à gradient de champ magnétique pour compenser l'effet d'augmentation de la masse relativiste des particules accélérées. Il permettait d'atteindre des énergies plus élevées que les cyclotrons traditionnels. Puis, la technologie des synchrocyclotrons a été appliquée à la production de faisceaux de particules pour la recherche en physique nucléaire et en physique des hautes énergies. Les cyclotrons étaient plutôt utilisés pour étudier les réactions nucléaires ou à des fins médicales, comme la RT, ainsi que la production de radio-isotopes. Les cyclotrons « médicaux » étaient généralement constitués d'équipement dérivé de la physique et adaptés pour réaliser des traitements chez l'homme. À cette époque, les cyclotrons évoluent donc de la recherche en physique fondamentale vers les traitements du cancer en utilisant les avantages potentiels des protons. Puis, finalement, les premiers centres de traitements de patients spécifiques en protonthérapie apparaissent dans les années 1960-1970 ;
- vers la fin du XXᵉ siècle : on assiste au début de l'industrialisation de la protonthérapie. Les machines ne sont plus seulement dérivées ou adaptées des machines de recherche, mais elles sont fabriquées spécifiquement pour la protonthérapie. Différents constructeurs apparaissent, développant différents types d'équipements. La protonthérapie continue alors son développement, et grâce aux progrès technologiques permettant l'utilisation de systèmes de guidage magnétique pour les particules chargées, il devient possible de focaliser les faisceaux sur la zone ciblée avec une grande précision. De plus, des systèmes de modulation du faisceau ont été développés pour ajuster la forme du faisceau en fonction de la forme de la tumeur, ceci permet de mieux adapter le traitement à la géométrie spécifique de chaque patient. Certains constructeurs développent aussi des synchrocyclotrons thérapeutiques à cette époque. Les systèmes de planification de traitement assisté par ordinateur se perfectionnent et utilisent de plus en plus fréquemment l'imagerie médicale de haute résolution. La combinaison avec d'autres traitements devient possible. C'est aussi le début de l'utilisation de la supraconduction. Il s'agit d'un phénomène qui se produit lorsqu'un matériau est refroidi à une température très basse, proche du zéro absolu. À cette température, le matériau devient capable de conduire l'électricité sans aucune résistance. Dans le contexte des cyclotrons, la supraconduction est utilisée pour le fonctionnement des aimants. Les aimants supraconducteurs sont des aimants spéciaux fabriqués à partir de matériaux supraconducteurs. Lorsque ces aimants sont refroidis à des températures extrêmement basses, souvent avec de l'hélium liquide, ils atteignent un « état supraconducteur ». Cela signifie que le courant électrique peut circuler à travers eux sans rencontrer de résistance, permettant de générer des champs magnétiques très intenses sans perte d'énergie. Ce champ magnétique est crucial pour maintenir les particules sur leur trajectoire. L'utilisation d'aimants supraconducteurs présente plusieurs avantages. Tout d'abord, ils peuvent générer des champs magnétiques beaucoup plus intenses que les aimants traditionnels, ce qui permet d'atteindre des énergies plus élevées. Les aimants supraconducteurs ont une efficacité énergétique élevée, car ils ne dissipent pas d'énergie sous forme de chaleur lorsqu'ils sont en état supraconducteur. Il est donc possible de réduire le diamètre de ces appareils. Cependant, la

supraconductivité a également quelques contraintes. Les aimants supraconducteurs doivent être maintenus à des températures très basses, ce qui nécessite des systèmes de refroidissement spéciaux. De plus, la fabrication des aimants supraconducteurs peut être coûteuse en raison de la complexité des matériaux et des procédés de fabrication. Au total, à la fin du XXe siècle, la protonthérapie devient plus industrielle, et est devenue une option de traitement plus largement acceptée pour certaines tumeurs solides, ce qui entraîne une augmentation du nombre de centres de protonthérapie ;

- au début du XXIe siècle : la protonthérapie connaît des avancées significatives d'une part dans les domaines de la technologie, de la recherche et de la pratique clinique, et d'autre part, dans les systèmes d'imagerie avancés qui, associés à l'informatique, autorisent de nouveaux types de planification. L'une des avancées majeures technologiques a été la miniaturisation des cyclotrons thérapeutiques. Les efforts sont déployés pour réduire la taille et le coût des cyclotrons afin de les rendre plus accessibles et plus aisément intégrables dans des centres de traitement du cancer. Les cyclotrons compacts ont permis d'étendre la disponibilité de la protonthérapie à un plus grand nombre de patients. Une autre avancée importante a été l'amélioration de la précision de la délivrance du faisceau de particules aux tumeurs. Des techniques d'imagerie médicale, telles que la fusion d'image entre tomodensitométrie (CT) et l'imagerie par résonance magnétique (IRM), ont été utilisées pour une planification plus précise du traitement. Cela a permis de mieux définir la forme et la position de la tumeur conduisant à une délivrance plus précise et ciblée du faisceau de particules. En outre, des progrès ont été réalisés dans les systèmes de modulation du faisceau pour adapter la forme du faisceau en fonction de la géométrie spécifique de la tumeur. Cela permet de maximiser la dose délivrée à la tumeur tout en minimisant les effets sur les tissus sains environnants. La planification du traitement en protonthérapie a également connu des améliorations significatives grâce à de nouveaux algorithmes de planification. Sur le plan matériel, l'utilisation de *graphic processing unit* (GPU) permet de calculer et d'optimiser rapidement la distribution de dose de radiation à l'intérieur de la zone cible, ce qui réduit les effets secondaires sur les tissus sains environnants. Ces progrès en matière de planification ont également permis une meilleure adaptation des plans de traitement pendant le traitement, en réponse à l'évolution de la forme et de la taille de la tumeur. Ces développements ont conduit à une augmentation de la disponibilité de la protonthérapie et à une réduction des coûts associés à cette thérapie. La supraconduction rend possible la miniaturisation de certaines parties de l'équipement, contribuant là aussi à la réduction des coûts. Les nouveaux accélérateurs sont plus compacts et plus faciles à installer, ce qui permet à nouveau d'augmenter le nombre de centres de protonthérapie dans le monde. La protonthérapie est désormais considérée comme une option de traitement viable pour un certain nombre de cancers, en particulier pour les tumeurs pédiatriques, les tumeurs du système nerveux central et les tumeurs oculaires. On note, de plus, une toxicité inférieure au traitement photon pour certains cancers de la tête et du cou.

Techniques de protonthérapie

Il existe différents types d'accélérateurs circulaires permettant de réaliser un faisceau de protons. Celui-ci est ensuite guidé *via* la ligne de traitement. Puis ce faisceau est délivré selon différentes techniques.

Accélérateurs circulaires

Les accélérateurs circulaires sont conçus pour accélérer des particules chargées à des énergies élevées en les faisant circuler dans un anneau fermé à l'intérieur duquel les variations des champs électromagnétiques les accélèrent continuellement. Il s'agit de dispositifs fondamentaux en physique des particules ainsi que dans de nombreuses applications scientifiques et médicales. Ils varient en taille, en complexité et en objectifs, mais tous reposent sur le principe d'utiliser des particules chargées avec une trajectoire circulaire qui vont être accélérées tour après tour par des champs électromagnétiques pour atteindre des énergies élevées. On distingue trois différentes sortes d'accélérateurs circulaires utilisés en protonthérapie : les cyclotrons, les synchrotrons et les synchro-cyclotrons. Tous fonctionnent selon les principes exposés précédemment.

Cyclotron

Les cyclotrons utilisés pour la RT ont une taille de quelques mètres et pèsent plusieurs tonnes. Le principe de base du cyclotron repose sur l'utilisation d'un champ magnétique statique et d'un champ électrique alternatif oscillant. Le cyclotron est composé de deux chambres en forme de D (Dee), placées face à face et séparées par un vide (Fig. 9.3).

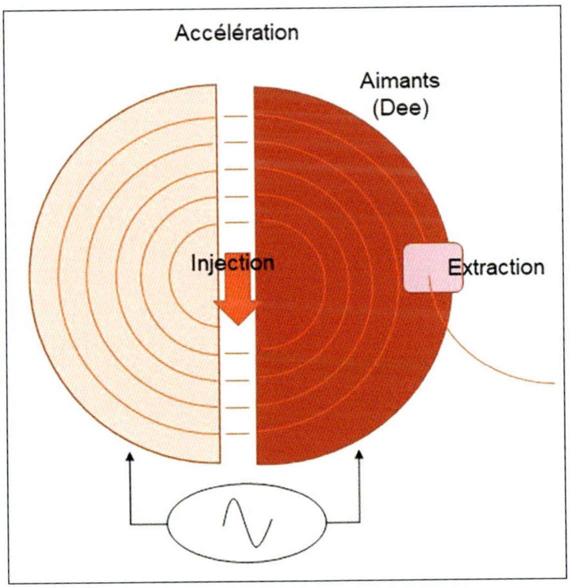

Figure 9.3. Cyclotron. Lorsque la fréquence de l'oscillation électrique correspond à la fréquence cyclotronique des ions, ceux-ci entrent en résonance avec le champ électrique. Cela signifie que les ions sont accélérés de manière efficace à chaque passage dans la cavité d'accélération. Le processus de résonance cyclotronique est rendu possible par la propriété des particules chargées de suivre une trajectoire circulaire dans un champ magnétique B. Le champ magnétique agit comme une force centripète qui courbe la trajectoire des ions chargés, les forçant à tourner autour du centre du cyclotron selon une trajectoire en spirale à mesure qu'ils gagnent en énergie. Une fois que les ions atteignent l'énergie souhaitée, un dispositif d'extraction les dirige afin de former un faisceau.

Les Dees sont maintenus dans un champ magnétique statique uniforme créé par des aimants placés autour des Dees. Des ions (ex. : H-) sont injectés au centre de la chambre du cyclotron et accélérés par un champ électrique alternatif oscillant appliqué entre les deux Dees. Les ions se déplacent dans le champ électrique d'un Dee à l'autre, en passant par un espace entre les deux Dees appelé « gap ». À chaque passage dans le gap, ils sont accélérés et gagnent de l'énergie, puis décrivent un demi-cercle de rayon R à l'intérieur du premier Dee, en ressortent, et sont à nouveau accélérés dans le gap et pénètrent dans le second Dee et ainsi de suite. Généralement des ions négatifs d'hydrogène sont insérés au centre du dispositif.

Comme les ions sont accélérés en continu, leur vitesse augmente progressivement, ce qui augmente leur énergie cinétique, et R augmente. Lorsque les ions atteignent une énergie suffisante, ils peuvent être extraits du cyclotron pour être utilisés dans le cadre d'un traitement.

Lorsque les protons atteignent l'énergie souhaitée, ils sont dirigés vers une cavité de sortie, les ions H- passent alors à travers une plaque de carbone, où ils perdent deux électrons. Ceci transforme l'ion H- en un proton chargé positivement, inversant son rayon de courbure, provoquant son extraction. La cavité de sortie est connectée à un canal d'extraction par lequel les protons peuvent être extraits du cyclotron. Au total, la fréquence est fixe. Le rayon est variable, le champ magnétique et la fréquence de la tension sont fixes.

Synchrotron

Les synchrotrons utilisés pour la RT sont généralement les plus grands et les plus lourds des trois types d'accélérateurs (Fig. 9.4). Le fonctionnement d'un synchrotron peut être décrit en plusieurs étapes : les ions sont injectés dans le synchrotron à partir d'une source d'accélération initiale. Ils sont ensuite guidés à l'intérieur du synchrotron par des aimants puissants, appelés dipôles, qui les font tourner dans une trajectoire circulaire. Ils sont alors accélérés par des champs électriques (cavités d'accélération) afin d'augmenter l'énergie des particules. Lorsque les protons atteignent l'énergie désirée, ils sont maintenus sur des trajectoires circulaires stables. Ils sont ensuite extraits du synchrotron grâce à des aimants d'extraction. Au total, le rayon reste fixe, le champ magnétique et la fréquence de la tension sont variables. Ils peuvent également être utilisés pour produire des faisceaux de particules de différentes espèces (ions carbone, etc.).

Synchrocyclotron

Les synchrocyclotrons sont plus complexes que les cyclotrons, mais leur fonctionnement est similaire (Fig. 9.5). La seule différence est que la fréquence de la tension n'est pas fixe, elle est synchronisée sur celle des particules. Ils sont relativement compacts et ne nécessitent pas autant d'espace que les synchrotrons. Ce qui les rend plus adaptés aux installations médicales.

Ils peuvent également être utilisés pour produire des faisceaux de particules de différentes espèces. Grâce à leur conception simple et robuste, ils sont souvent plus fiables que les synchrotrons. Les synchrocyclotrons sont également moins coûteux à construire et plus accessibles pour les installations médicales. À l'intérieur de l'équivalent des

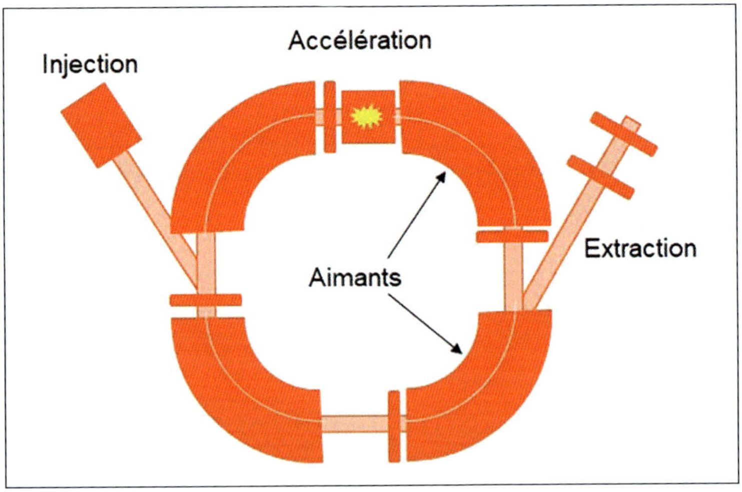

Figure 9.4. Synchrotron. Les particules sont soumises à une série de champs électromagnétiques de radiofréquences pour les accélérer et de champs magnétiques permettant une trajectoire circulaire. Les particules chargées sont maintenues en orbite dans l'anneau synchrotron grâce à des aimants dipolaires et des quadripôles magnétiques qui les guident sur une trajectoire circulaire. Lorsque les particules atteignent l'énergie souhaitée, elles sont extraites de l'anneau synchrotron et dirigées vers la zone à traiter *via* la ligne de faisceau équipée de systèmes de collimation et de contrôle de faisceau.

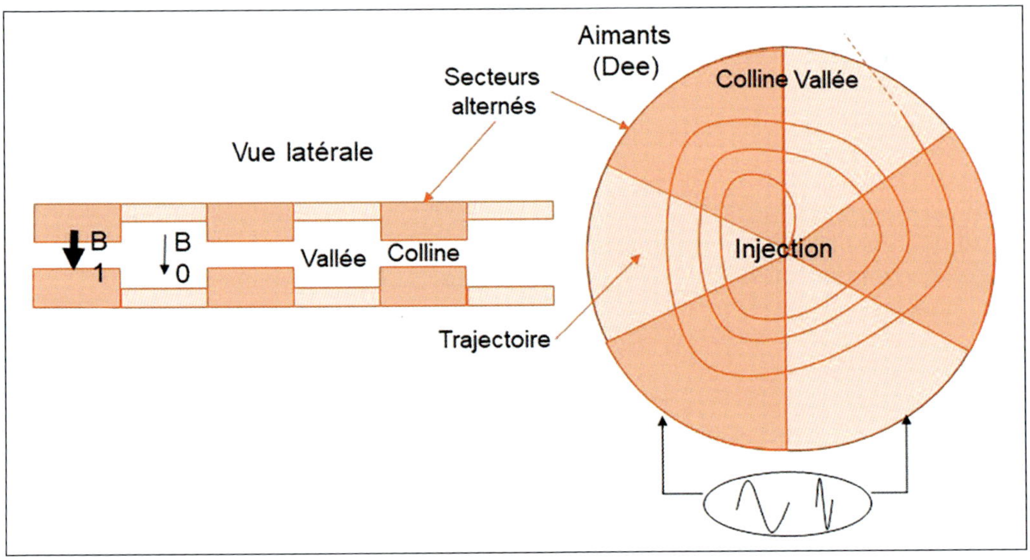

Figure 9.5. Synchrocyclotron. Les synchrocyclotrons contiennent des secteurs alternés réalisant des collines et des vallées qui permettent une modulation azimutale du champ magnétique B. Les particules sont accélérées à des énergies plus élevées.

Dees, il existe des vallées et des collines qui sont en correspondance vis-à-vis de la trajectoire des particules, l'espace séparant la vallée supra et sous-jacente à la trajectoire est donc différent, plus étroit ou plus large ce qui modifie le champ magnétique. Le champ magnétique est plus fort dans une colline que dans une vallée, augmentant la courbure de la trajectoire. Au total, le rayon, le champ magnétique et la fréquence de la tension sont variables. Le **tableau 9.1** décrit les particularités des différents accélérateurs circulaires.

Tableau 9.1. Différents accélérateurs circulaires.

	Cyclotron	Synchrocyclotron	Synchrotron
B	Fixe	Fixe	Variable
Tension	Fixe	Variable	Variable
Rayon	Variable	Variable	Fixe
Faisceau	Continu	Pulsé	Variable
Particule	P+, ?	P+, ?	P+, carbone, etc.

Ligne de traitement

Le faisceau de protons est formé en accélérant des protons de haute énergie à travers un champ électrique et magnétique, puis en les focalisant à l'aide d'aimants le long de la ligne de traitement. Celle-ci transporte les protons de l'accélérateur circulaire à la salle de traitement. Il existe deux sortes de ligne de traitement, la ligne fixe et celle avec bras isocentrique.

Ligne fixe

Utilisée principalement pour les tumeurs oculaires, intracrâniennes ou dans certains cas d'autres localisations (Fig. 9.6). Les centres de Nice et d'Orsay ont débuté avec cette technique en 1991. Le centre d'Orsay, disposant d'une machine plus puissante a pu traiter des tumeurs intracrâniennes et a ouvert une seconde salle fixe en 1996.

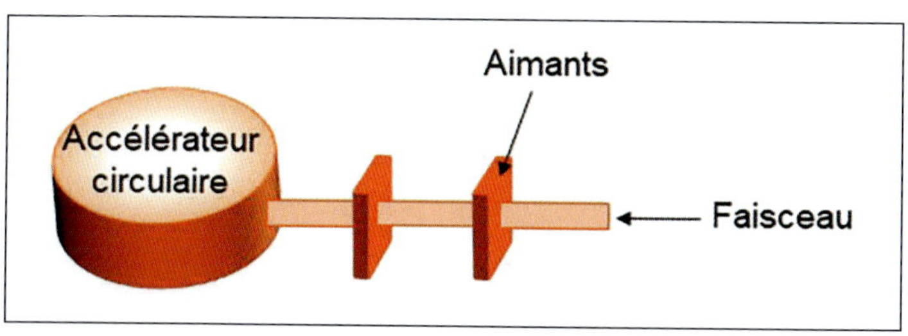

Figure 9.6. Ligne fixe. Dans ce type de configuration, des aimants quadripôles sont disposés le long de la ligne pour focaliser le faisceau et des aimants permettent de le diriger.

Ligne avec bras isocentrique

Afin de faire plusieurs angulations de faisceau, le bras isocentrique a été proposé. Il se compose d'un bras articulé tournant autour d'un point central appelé isocentre où passe le faisceau issu de l'accélérateur circulaire (Fig. 9.7). Le bras est généralement équipé de moteurs électriques ou hydrauliques pour permettre un mouvement précis et contrôlé. Il est également équipé d'un système de verrouillage pour maintenir la position du bras une fois qu'il est ajusté. L'axe de rotation du bras coïncide avec la direction du faisceau provenant de l'accélérateur circulaire. Ce faisceau est ensuite dévié par des aimants en direction de la zone à traiter. Le patient est positionné sur une table de traitement mobile qui peut être ajustée pour placer la tumeur au point de l'isocentre. Après les lignes fixes, les centres d'Orsay et de Nice ont mis en place un nouveau synchrocyclotron et une salle isocentrique respectivement en 2010 et 2016, suivi par Caen en 2019.

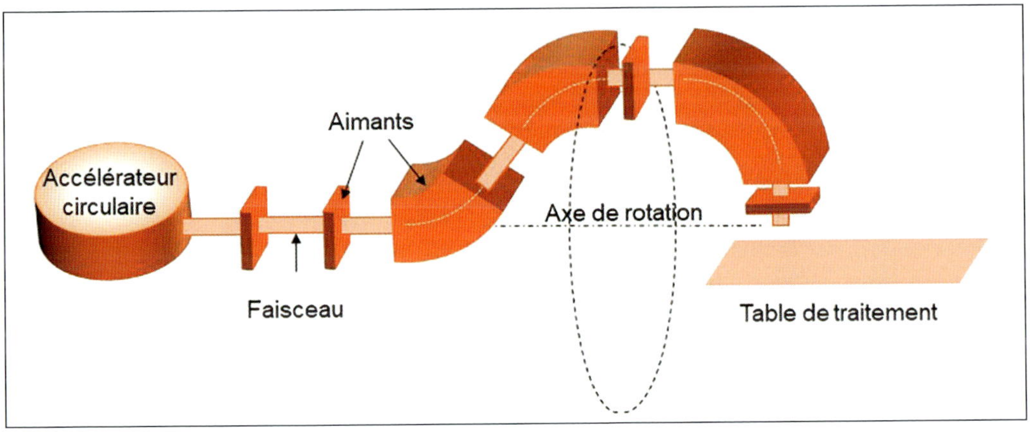

Figure 9.7. Bras isocentrique. Le bras pivote autour de l'axe du faisceau issu de l'accélérateur circulaire.

Calcul de la dose

Le calcul de la dose est un élément essentiel du traitement, historiquement plusieurs modèles ont émergé :

- premier modèle de calcul : *ray tracing*. Il suppose une trajectoire régulière et rectiligne, il peut tenir compte de la diffusion latérale issue du collimateur ; les calculs sont rapides ;
- deuxième modèle : *pencil beam*. Le faisceau est décomposé en plusieurs minifaisceaux dans leur largeur, il tient compte de la diffusion. Il prend mieux en compte la diffusion que le mode précédent mais lisse la distribution de dose en cas d'hétérogénéité ;
- troisième modèle : calcul de Monte-Carlo. Il repose sur une modélisation très précise de la dose en simulant chaque interaction des particules avec la matière, au prix d'un temps de calcul plus long. Toutefois, l'utilisation des GPU, initialement développées pour d'autres applications, a considérablement réduit ce temps de calcul.

Faisceau

L'énergie délivrée par un faisceau de protons peut être administrée de différentes façons : la protonthérapie à diffusion passive repose sur un faisceau de protons prédéfini qui se disperse passivement, tandis que la diffusion active modifie spatialement l'énergie des protons pour ajuster la distribution de dose *via* le balayage de faisceau « pencil beam scanning (PBS) » permettant le *single field uniform distribution* (SFUD) et l'*intensity mudulated protontherapy* (IMPT).

Délivrance passive

Pour faire varier la profondeur du pic de Bragg, R. Wilson a proposé initialement l'utilisation d'un disque constitué de secteurs d'épaisseurs différentes tournant à grande vitesse dans le faisceau de protons. Ceci permet d'étaler le pic de Bragg et de balayer l'épaisseur tumorale de manière homogène (Fig. 9.2). Il s'agit historiquement du premier système de protonthérapie, qui est toujours utilisé dans certaines indications (mélanome oculaire). Ce faisceau passif utilise des collimateurs pour façonner la forme du faisceau de protons avant qu'il n'atteigne le patient. Il s'agit d'un dispositif physique qui bloque les protons inutiles au traitement de la tumeur.

La composition des matériaux diffuseurs est choisie de façon à limiter la production de neutrons. La forme du faisceau est donc déterminée (Fig. 9.8) :

- latéralement par la forme du collimateur ;
- en profondeur et en étalement, par le modulateur.

Par la suite, l'ajout d'un compensateur permet l'ajustement de la forme distale du faisceau à la morphologie de la tumeur (Fig. 9.9).

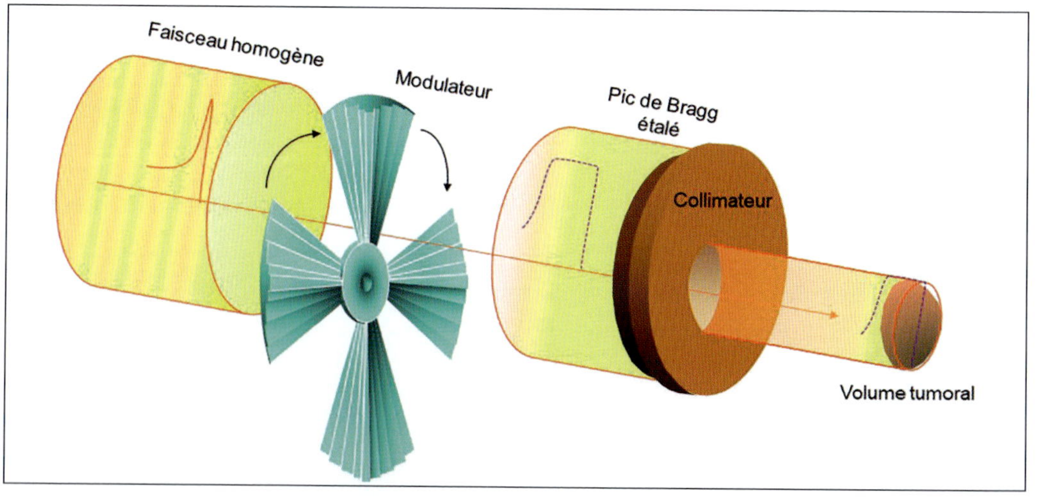

Figure 9.8. Faisceau passif, exemple de protonthérapie oculaire. Le pic de Bragg est étalé par le modulateur sur une longueur correspondant à l'épaisseur de la tumeur. Il est adapté latéralement par le collimateur selon une projection de la tumeur sur un plan perpendiculaire à l'axe du faisceau.

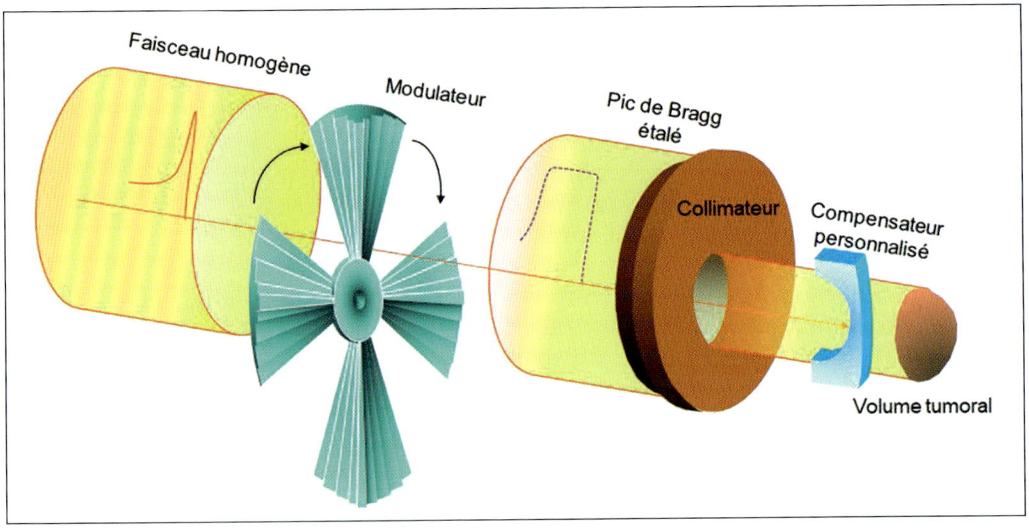

Figure 9.9. Faisceau passif, exemple de protonthérapie oculaire. Le compensateur adapte la forme distale du faisceau à la forme de la tumeur.

Le mode de délivrance passif a cependant des inconvénients, il contraint à la production d'un certain nombre d'accessoires personnalisés nécessitant un usinage en atelier, ce qui est chronophage et coûteux. De plus les matériaux utilisés devenant radioactifs cela impose un stockage de plusieurs semaines, le temps que l'activité soit revenue au niveau du bruit de fond.

Délivrance active

Dans les techniques de délivrance active, la sélection de l'énergie se fait par un dégradeur (généralement en carbone) à la sortie de l'accélérateur circulaire. Celui-ci crée une dispersion énergétique en aval. La sélection de l'énergie est faite par des électro-aimants séparant spatialement les protons d'énergie différente (Fig. 9.10).

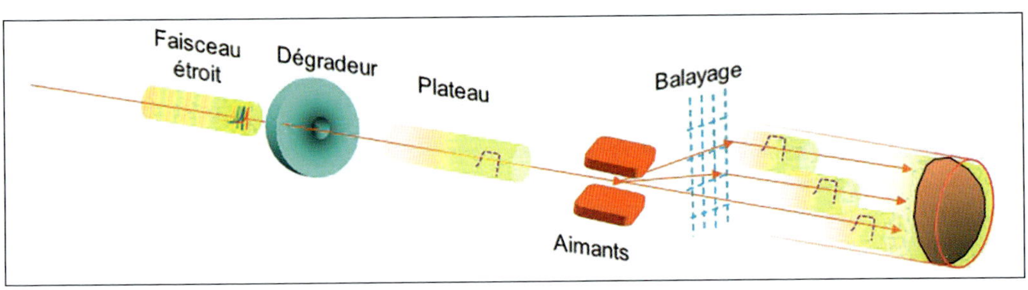

Figure 9.10. Faisceau actif : le pic de Bragg est modulé par le dégradeur permettant de l'étaler. Le faisceau est ensuite dévié grâce à des aimants qui réalisent un balayage plan du volume tumoral couche par couche. Le « range shifter » n'est pas représenté.

Les protons ayant l'énergie désirée passent par des fentes mécaniques leur permettant de poursuivre leur trajectoire vers la zone à traiter. Le faisceau est alors étroit, de quelques millimètres de diamètre, quasi monoénergétique. Il va ensuite balayer une couche du volume tumoral grâce aux aimants de balayage, puis passera à la couche suivante *via* le « range shifter », il s'agit du *pencil beam scanning* (PBS). Le balayage magnétique fonctionne grâce à des aimants puissants qui sont utilisés pour dévier le faisceau de protons selon un motif préprogrammé, couvrant ainsi toute la tumeur. Le balayage magnétique permet une grande flexibilité dans le ciblage des tumeurs de formes complexes. Les avantages de la délivrance active de la dose par rapport aux techniques de délivrance totalement passive sont notamment la réduction de la dose proximale inutile et de la contamination neutronique engendrée par les interactions des protons avec les éléments dégradant le faisceau. En revanche, la pénombre latérale est moins bien contrôlée en l'absence de collimateur physique, de plus la sensibilité au mouvement du patient est plus importante. Il n'est plus nécessaire de produire les accessoires personnalisés comme le collimateur par usinage en atelier. La forme du faisceau étant obtenue directement par le balayage.

Single field uniform dose

Le SFUD est un type de faisceau de protonthérapie qui utilise un faisceau uniforme de protons de même énergie pour délivrer une dose uniforme de radiation à la tumeur. Il repose sur l'addition linéaire de plusieurs champs, dont les fluences sont optimisées indépendamment afin d'obtenir la distribution de dose la plus homogène possible sur la cible. Le SFUD emploie des faisceaux uniques pour traiter la tumeur en plusieurs passes, chacune avec une énergie de protons différente. Chaque passe est ajustée pour délivrer une dose uniforme à une partie spécifique de la tumeur, créant ainsi une dose totale plus homogène (Fig. 9.11).

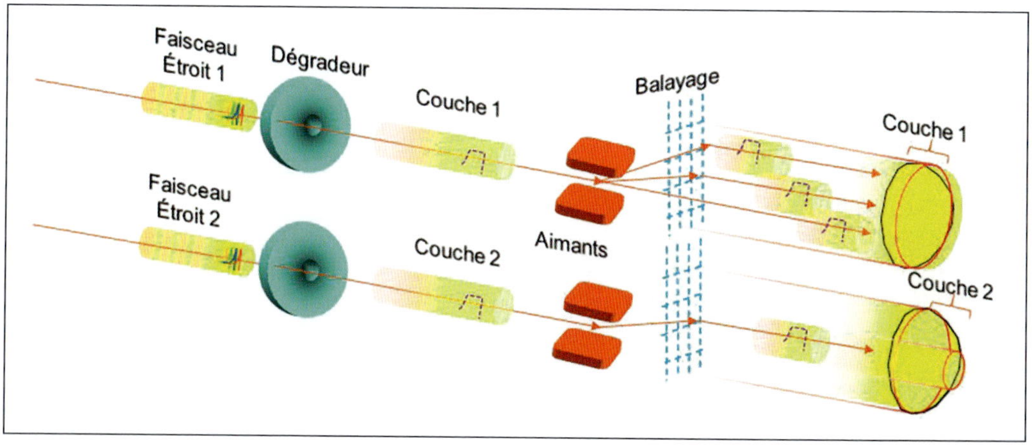

Figure 9.11. SFUD. Les faisceaux étroits sont dégradés afin de les étaler en plusieurs « couches ». Ils sont ensuite déviés pour s'adapter à la forme de la tumeur dans un plan perpendiculaire à l'axe du faisceau. En haut, le faisceau étroit 1 balaye une première « couche » de tumeur, en bas le faisceau étroit 2 pour la couche 2.

Le SFUD est une approche de protonthérapie qui implique l'utilisation d'une distribution uniforme de doses dans le champ de traitement. Dans cette méthode, le faisceau de protons est façonné pour correspondre à la taille et à la forme de la tumeur. La dose est uniformément déposée dans tout le volume cible, ce qui peut être avantageux pour certaines tumeurs à forme régulière. Cependant, le SFUD peut ne pas être aussi adapté aux tumeurs irrégulières ou proches de tissus sensibles.

Le SFUD adaptatif est une approche qui ajuste dynamiquement la distribution de dose en fonction des variations de la tumeur pendant le traitement, ce qui permet de maintenir une dose uniforme dans la tumeur.

Les avantages de la protonthérapie SFUD sont :

- la précision de la dose : l'un des principaux avantages de la protonthérapie SFUD est sa capacité à délivrer une dose de radiation très précise dans une direction spécifique ;
- l'adaptabilité : le SFUD peut être utilisé pour traiter des tumeurs de différentes formes et tailles en ajustant la direction latérale du faisceau de protons. Cela permet une personnalisation maximale du traitement pour chaque patient ;
- le traitement de tumeurs près d'organes critiques : le SFUD peut être particulièrement utile pour traiter les tumeurs situées à proximité d'organes critiques, car il permet de minimiser l'exposition de ces organes à la radiation.

Les inconvénients de la protonthérapie SFUD sont :

- la complexité technique : la mise en œuvre de la protonthérapie SFUD nécessite des équipements et des techniques de pointe, ce qui peut rendre cette approche plus coûteuse et nécessiter une expertise technique élevée ;
- le temps de traitement : les séances de protonthérapie SFUD peuvent être plus longues que d'autres techniques de protonthérapie passive en raison de la nécessité de balayer la tumeur en profondeur. Cela peut rendre le traitement plus long pour les patients ;
- le déplacement de la tumeur : si la tumeur se déplace pendant le traitement en raison de la respiration ou d'autres mouvements internes, cela peut entraîner un risque de moins bonne conformité du traitement ;
- les coûts élevés : en raison de la complexité de la technologie et des équipements nécessaires, la protonthérapie SFUD peut être plus coûteuse que d'autres modalités de traitement du cancer, ce qui peut limiter son accessibilité.

Intensity modulated proton therapy

La radiothérapie par modulation d'intensité (IMRT) a enregistré des progrès significatifs au cours des quinze dernières années, notamment en termes de réduction de la toxicité. Bien que celle-ci puisse présenter des avantages de conformation, les résultats de la protonthérapie en termes de dose intégrale ou dans les régions de faible dose montrent une supériorité clairement significative. On a vu que le faisceau de protons doit être modulé afin d'étaler le pic de Bragg, le terme de « protonthérapie par modulation d'intensité » (IMPT) signifie donc la réalisation d'une dosimétrie inverse priorisant les cibles et les organes à risque afin de calculer la dose. Cette IMPT nécessite des méthodes actives par balayage afin de réaliser une distribution de dose non uniforme dans chaque faisceau de protons. Un des intérêts majeurs de l'IMPT est de permettre une automatisation et une flexibilité lors de la réalisation des traitements protons proches de l'IMRT réalisée avec les photons (Fig. 9.12). Cela permet de maximiser la couverture cible et d'épargner les structures critiques avoisinantes selon les besoins de façon automatique. Il peut être considéré que la SFUD est un premier stade d'IMPT. Le choix de la technique dépend des caractéristiques spécifiques de chaque patient et de la tumeur à traiter.

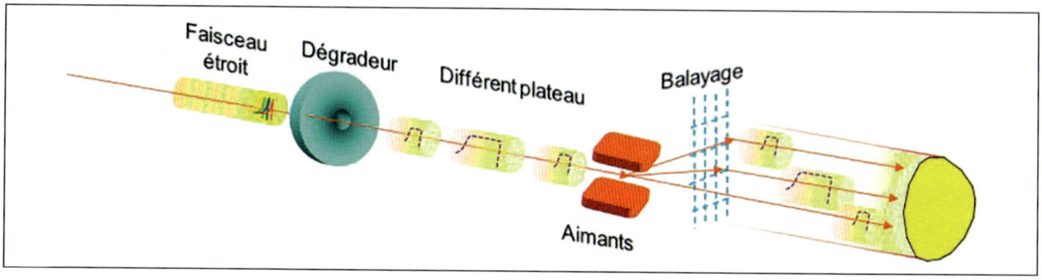

Figure 9.12. Chaque faisceau étroit est modulé différemment par le modulateur permettant de l'étaler différemment. Ils sont ensuite déviés pour s'adapter à la forme de la tumeur dans un plan perpendiculaire à l'axe du faisceau ainsi que dans l'axe du faisceau.

Les avantages de la protonthérapie IMPT sont :

- une précision élevée : l'IMPT permet une précision exceptionnelle dans la modulation de la distribution de dose des protons ;
- une flexibilité tridimensionnelle : l'IMPT offre une flexibilité tridimensionnelle, permettant la modulation de la dose dans toutes les directions, ce qui est idéal pour traiter des tumeurs complexes en forme ou situées dans des régions anatomiquement compliquées.

Les inconvénients de la protonthérapie IMPT sont :

- un coût élevé : l'IMPT est techniquement complexe et exige des équipements avancés, ce qui en fait une option de traitement coûteuse ;
- un temps de traitement : en raison de la complexité de la modulation de l'intensité du faisceau, les séances de protonthérapie IMPT peuvent être plus longues que celles d'autres modalités de traitement ;
- un besoin de compétences spécialisées : l'IMPT nécessite une expertise technique élevée pour la planification et la mise en œuvre du traitement. Le personnel médical doit être formé de manière spécifique, ce qui peut limiter l'accès à cette modalité de traitement dans certaines régions ;
- une accessibilité limitée : les centres de protonthérapie équipés pour l'IMPT ne sont pas aussi répandus que ceux équipés pour d'autres modalités de traitement, ce qui peut rendre cette option moins accessible pour de nombreux patients.

Arc protonthérapie

L'arcthérapie en photon et l'arc protonthérapie sont deux approches de traitement qui diffèrent principalement par le type de particules de radiation utilisées, leurs caractéristiques de pénétration dans les tissus et leur précision. L'arc protonthérapie est une technique en cours de développement où la machine effectue une rotation pour délivrer des protons en provenance de différentes directions, couvrant ainsi l'ensemble de la tumeur. La rotation de l'arc permet d'optimiser la couverture de la tumeur tout en préservant les tissus sains, et dans ce cas la dose est délivrée en continu pendant la rotation du bras isocentrique (Fig. 9.13). L'arc protonthérapie permet d'améliorer la qualité du traitement en optimisant la conformité de la dose reçue par la tumeur tout en réduisant la dose totale délivrée au patient. Ceci implique une modulation de l'énergie des protons pour adapter la profondeur à laquelle les protons pénètrent dans les tissus du patient ainsi qu'une modification du balayage de la tumeur par le faisceau de protons durant la rotation du bras isocentrique. Cette flexibilité permet de couvrir la forme tridimensionnelle de la tumeur de manière très précise. Cette approche semble particulièrement efficace pour les tumeurs situées à proximité de structures critiques donc pour le traitement de certains types de cancer (ORL).

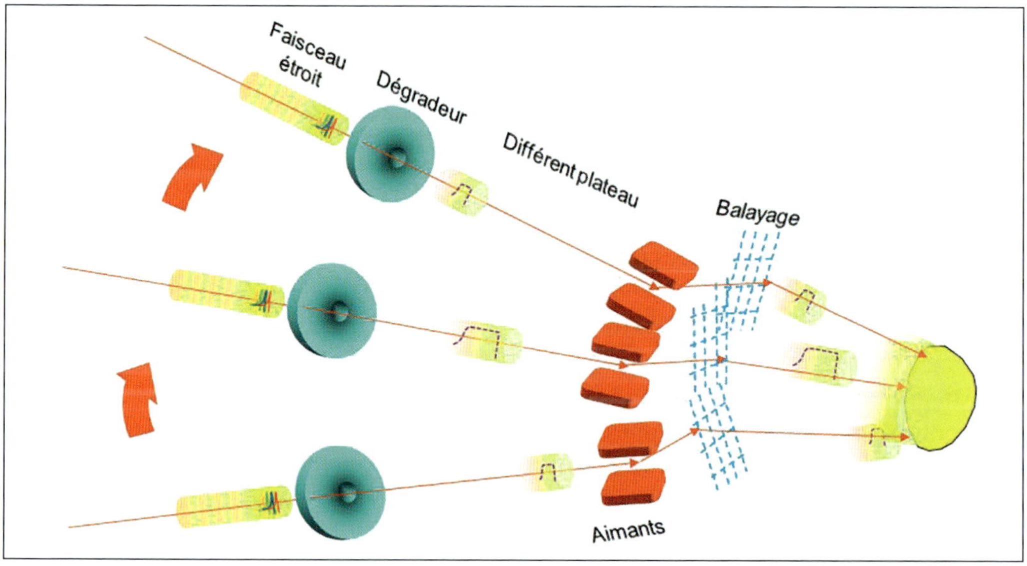

Figure 9.13. Arc protonthérapie : le faisceau étroit est dégradé, modulé puis balaye le volume tumoral en 3D pendant la rotation du bras isocentrique.

Centre de traitement par protonthérapie

Un centre de traitement par protonthérapie est constitué d'une ou de plusieurs salles de traitement. La salle de traitement de protonthérapie est conçue pour assurer la sécurité du patient et du personnel médical. Elle est généralement construite avec des murs en béton armé de plusieurs mètres d'épaisseur pour limiter les fuites de radiation et protéger les personnes qui se trouvent à l'extérieur de la salle. La salle est également équipée d'un système de ventilation spécial qui maintient l'air à l'intérieur propre et sans contaminants.

Une fois à l'intérieur de la salle de traitement de protonthérapie, le patient est placé sur une table de traitement, ou un autre dispositif (chaise, etc.), qui peut être déplacée pour positionner le patient exactement là où le faisceau de protons doit être dirigé.

Ce dernier est alors dirigé vers la tumeur cancéreuse en utilisant des aimants et des dispositifs de modulation de faisceau pour s'assurer que le faisceau atteint la tumeur de manière précise. L'objectif est de maximiser la dose de radiation administrée à la tumeur tout en minimisant les dommages aux tissus sains environnants.

Le patient et le volume tumoral doivent être positionnés précisément afin de bénéficier des caractéristiques intrinsèques de la protonthérapie. Lors du traitement, le patient est surveillé à l'aide de caméras et d'appareils de mesure pour s'assurer que le faisceau de protons est dirigé avec précision vers la tumeur. Le traitement peut durer de quelques secondes à plusieurs minutes, en fonction de la taille et de la localisation de la tumeur.

Centres de protonthérapie monosalles

L'accélérateur circulaire est utilisé pour produire un faisceau de protons qui est acheminé vers la salle de traitement. Le patient et le volume tumoral doivent être positionnés précisément afin de bénéficier des caractéristiques intrinsèques de la protonthérapie. Il existe un accélérateur par salle de traitement.

Les installations peuvent être réalisées horizontalement ou verticalement. Actuellement, il existe plusieurs centres de protonthérapie monosalles dans le monde, principalement situés en Europe, aux États-Unis et en Asie. Ces centres de protonthérapie monosalles sont plus petits que les centres de protonthérapie multisalles et ont une capacité de traitement limitée. Ces centres de traitement sont souvent utilisés pour traiter des tumeurs rares ou pour offrir un traitement de protonthérapie dans des régions où les centres de traitement multisalles ne sont pas disponibles.

L'accélérateur peut être situé au même étage que la salle de traitement ou à l'étage inférieur pour un gain de place ou pour s'adapter aux contraintes du bâtiment (Fig. 9.14).

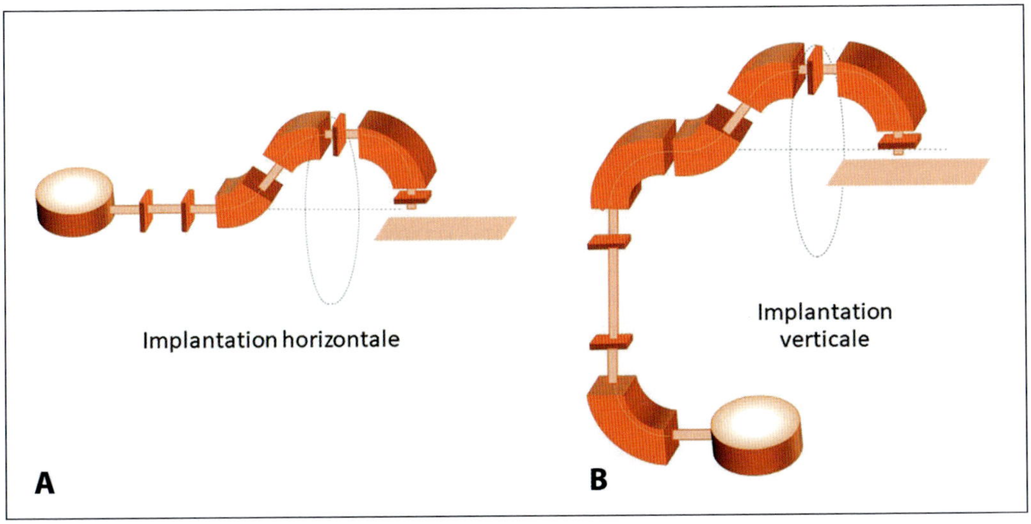

Figure 9.14. Schéma d'une installation horizontale (**A**), verticale sur deux étages ou plus (**B**).

Centres de protonthérapie multisalles

Les centres de traitement disposant de plusieurs salles de protonthérapie sont appelés des centres multisalles. Ils sont capables de traiter un grand nombre de patients en même temps et sont donc plus grands que les centres monosalles. Généralement, un accélérateur circulaire unique alimente plusieurs salles de traitement en alternance. Les salles de traitements peuvent être constituées d'une ligne fixe ou bien d'un bras isocentrique. Les combinaisons possibles de ces centres sont multiples.

Leur coût de construction est supérieur à celui d'une installation monosalle. Ces installations sont plus flexibles et utilisées aussi pour la recherche voire le développement de nouvelles technologies de protonthérapie (Fig. 9.15).

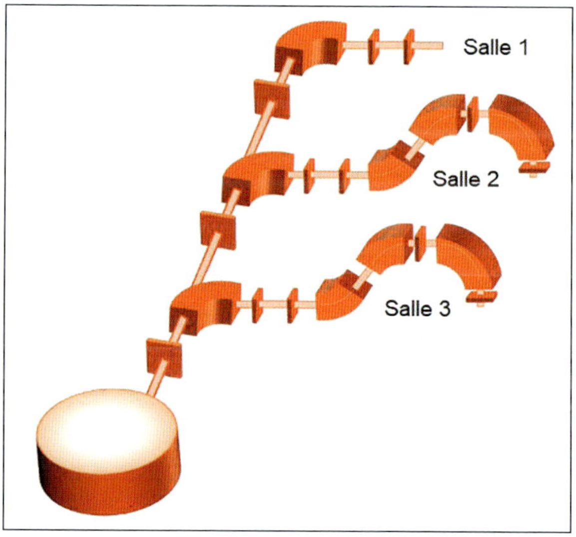

Figure 9.15. Exemple d'une installation multisalle avec une ligne fixe et deux lignes isocentriques.

Évolution des techniques de protonthérapie

Le domaine de la protonthérapie continue de connaître une croissance rapide. Au cours de la dernière décennie seulement, les progrès technologiques ont fait de la protonthérapie une option plus accessible et plus viable pour les hôpitaux et les centres de RT. De plus, les applications cliniques de la protonthérapie ont évolué, permettant le traitement d'un large éventail de maladies.

Alors que nous envisageons des avancées passionnantes dans les années futures dans le domaine de la protonthérapie avec, notamment, l'extension de la supraconductivité à l'ensemble du système de délivrance du traitement. Il est probable que les systèmes de protonthérapie continueront de devenir plus petits et compacts, la dosimétrie des protons deviendra encore plus sophistiquée, et les dispositifs permettant de manipuler la taille et la forme du faisceau de protons permettront de traiter à la fois de grandes tumeurs complexes et de très petites lésions.

Miniaturisation de la technologie de protonthérapie

L'un des principaux défis de la protonthérapie est la taille des installations, associée à un coût élevé, limitant son accès à de nombreux patients. Les progrès dans la technologie et la miniaturisation des systèmes pourraient permettre des économies d'échelle. Le développement de ces technologies, telles que les accélérateurs de particules compacts et les accélérateurs linéaires à radiofréquence, pourrait contribuer à rendre la protonthérapie plus abordable et accessible à un plus grand nombre de patients.

Améliorer la précision de la livraison du faisceau

Les progrès dans la technologie de délivrance des protons, tels que des systèmes de contrôle de la dose plus sophistiqués, permettront s'adapter aux mouvements du patient afin d'améliorer la précision du ciblage. Cette mise en forme du faisceau de protons pourrait être réalisée grâce à un équivalent du collimateur multilame, permettant de réduire davantage les dommages aux tissus sains et d'augmenter l'efficacité du traitement.

Calcul amélioré de la dosimétrie des protons

Les innovations dans la planification du traitement grâce à l'intelligence artificielle et les avancées dans la modélisation des interactions des protons avec la matière et la biologie cellulaire contribuent à améliorer la précision des traitements. Ceci va permettre d'améliorer la précision et d'optimiser la distribution de la dose de protons dans les tissus cibles, tout en minimisant les dommages aux tissus sains environnants.

Techniques d'imagerie avancées

L'utilisation de techniques d'imagerie plus avancées, comme l'imagerie par résonance magnétique (IRM), la tomographie par émission de positrons (TEP) ou les scanners itératifs, permettra de mieux visualiser, quasiment en temps réel, les tumeurs et les organes et donc d'améliorer la précision du ciblage.

Protonthérapie FLASH

Une approche émergente, la protonthérapie FLASH délivre une dose de radiation très élevée en une fraction de seconde. Les premières recherches suggèrent que cela pourrait permettre de cibler les cellules cancéreuses tout en épargnant les tissus sains, bien que davantage d'études soient nécessaires pour en comprendre les effets à long terme.

Conclusion

Chacune de ces techniques de protonthérapie présente des avantages et des inconvénients en termes de complexité, de coût, de précision, permettant de traiter différents types de tumeurs dans diverses situations cliniques. La protonthérapie à diffusion passive repose sur un faisceau de protons se dispersant passivement, la diffusion active modifie l'énergie des protons pour ajuster la distribution de la dose. Le balayage du faisceau modifie en temps réel l'intensité et la position des protons pour offrir une délivrance de doses précises et adaptables en trois dimensions. La sélection de la technique appropriée dépendra de nombreux facteurs, notamment de la localisation de la tumeur, de sa taille, de sa forme et des ressources disponibles dans le centre de traitement.

Globalement, la protonthérapie offre une précision accrue par rapport à la RT conventionnelle, pouvant ainsi réduire les effets secondaires et améliorer les résultats cliniques attendus. Toutefois, la diminution de dose intégrale reste l'avantage principal par rapport à la RT par photons ; en exposant moins de tissus sains à des radiations inutiles, la protonthérapie réduit les effets délétères, comme le risque de cancer secondaire, et c'est pourquoi elle est principalement recommandée en pédiatrie. Les perspectives de développement en font l'une des techniques d'irradiation les plus prometteuses.

Références

[9.1] Rutherford E, Royds TH. Scattering of α and β Particles by Matter and the Structure of the Atom. *Philosophical Magazine* 1920 ; 40 : 578-83.

[9.2] Lawrence EO. The Cyclotron: A New Type of Accelerator. *Physical Review* 1932 ; 40 : 817-8.

[9.3] Blewett JP. *The Cyclotron: Principles of Operation and Design*. Van Nostrand Reinhold, 1968.

[9.4] Chao AW. *Physics of Collective Beam Instabilities in High Energy Accelerators*. Wiley-Interscience, 1993.

[9.5] Wiedemann H. *Particle Accelerator Physics*, 3rd ed. Springer, 2007.

[9.6] Wilson RR, Thomas AW. *Cyclotrons and Their Applications*. Springer, 2011.

[9.7] Wilson RR. Radiological use of fast protons. *Radiology* 1946 ; 47 : 487-91.

[9.8] Lawrence JH. Proton irradiation of the pituitary. *Cancer* 1957 ; 10 : 795-8.

[9.9] Lawrence JH, Tobias CA, Born JL, *et al.* Pituitary irradiation with high-energy proton beams: a preliminary report. *Cancer Res* 1958 ; 18 : 121-34.

[9.10] Leksell L, Larsson B, Andersson B, Rexed B, Sourander P, Mair W. Lesions in the depth of the brain produced by a beam of high energy protons. *Acta Radiol (Stockh)* 1960 ; 54 : 251-64.

Chapitre 10

Innovation en radiothérapie : thérapie FLASH

Édouard Romano, Rémy Kinj, Jean Bourhis

La thérapie FLASH est une forme nouvelle et prometteuse de radiothérapie (RT) qui administre une dose de radiation à un débit très élevé, en millisecondes au lieu de minutes comme dans la RT conventionnelle. Ce mode d'administration permet une épargne remarquable des tissus sains, constatée de manière récurrente en comparant la RT FLASH à la RT conventionnelle [10.1-10.8]. Cette épargne, illustrée en **figure 10.1**, montre une réduction majeure de la nécrose tardive, 9 mois après une irradiation cutanée chez le porc [10.7]. Cet effet d'épargne des tissus sains avec un débit de dose ultra-élevé (FLASH) avait déjà été observé dans les années 1970 et 1980, mais à cette époque son effet sur les tumeurs n'avait pas été étudié [10.1].

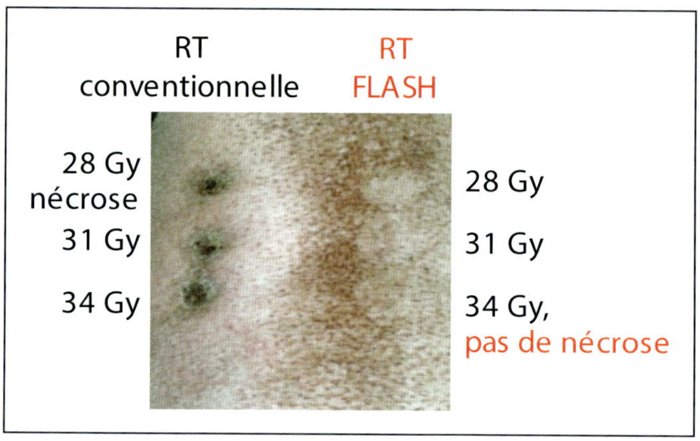

Figure 10.1. Effet FLASH [10.7].

Environ 30 ans plus tard, une publication fondatrice de Favaudon *et al.* en 2014 a mis en évidence non seulement une toxicité radiologique nettement réduite sur les tissus sains avec la RT FLASH par rapport à la RT conventionnelle, mais aussi une réponse tumorale identique entre les deux types de radiothérapie [10.3, 10.8]. Cet « effet FLASH » s'est avéré robuste et reproductible dans de nombreux modèles expérimentaux portant sur des tissus normaux et des tumeurs [10.1-10.8]. L'effet d'épargne des tissus normaux par FLASH a été observé avec les rayons X, les électrons, les protons et les ions carbone, ainsi que chez plusieurs espèces animales (porc, chat, souris, poisson-zèbre) [10.1-10.12]. Il a été constaté dans la plupart des tissus normaux chez la souris, tandis qu'aucun effet d'épargne n'a été observé pour divers types tumoraux [10.1].

Fort de ces observations, le transfert clinique de la thérapie FLASH a commencé, tant avec des électrons de basse énergie pour les cancers cutanés superficiels qu'avec des protons pour les tumeurs profondes. Le premier traitement d'un patient avec la thérapie FLASH a été réalisé au Centre hospitalier universitaire vaudois (CHUV) en 2018, démontrant la faisabilité, la sécurité et l'efficacité d'une dose de 15 Gy administrée en 90 ms avec un faisceau d'électrons de 5,4 MeV pour un patient atteint d'un lymphome cutané [10.13].

Caractéristiques clés de la thérapie FLASH

L'effet de la thérapie FLASH présente quelques caractéristiques qui méritent d'être soulignées afin de comprendre comment elle pourrait être utilisée en clinique. Le principal paramètre à considérer pour l'utilisation clinique de la RT FLASH est le débit de dose. Un temps d'administration global inférieur à 100-200 ms est généralement nécessaire pour obtenir un effet d'épargne FLASH reproductible sur les tissus sains [10.10, 10.13].

Parmi les autres caractéristiques importantes, l'avantage de la RT FLASH par rapport à la RT conventionnelle semble plus marqué lorsque des doses élevées par fraction sont utilisées, c'est-à-dire supérieures à 20 Gy [10.2]. Cela suggère qu'un effet différentiel maximal pourrait être obtenu avec ce type de doses (voire avec des doses plus élevées), ce qui reste une difficulté pour une utilisation dans des grands volumes (tumeurs volumineuses). Il faut noter que l'effet FLASH est plus prononcé avec une dose par fraction élevée, mais ne signifie pas que l'effet d'épargne FLASH n'est pas observé à des doses plus faibles. Les données disponibles restent limitées, mais certaines suggèrent que l'effet d'épargne FLASH pourrait également être maintenu avec certaines formes de RT FLASH fractionnée.

Une première étude préclinique sur le fractionnement a montré que des doses fractionnées répétées en FLASH (10 x 3 Gy) induisaient également une épargne remarquable du cerveau de la souris en comparaison avec le même schéma fractionné en RT conventionnelle [10.14]. Plus récemment, une étude évaluant la toxicité cutanée dans des modèles murins a montré que l'effet FLASH était maintenu mais diminué lorsque la dose était fractionnée en 2 fractions de 19,7 Gy ou 3 fractions de 13,1 Gy [10.15]. Cependant, dans la même étude, l'effet FLASH disparaissait après 4 fractions de 9,8 Gy ou 6 fractions de 6,6 Gy. Davantage d'études précliniques sont nécessaires pour déterminer les doses optimales et le fractionnement que l'on pourrait utiliser pour le transfert clinique de la RT FLASH. Une étude clinique est en cours pour les cancers cutanés évaluant RT fractionnée FLASH *versus* RT fractionnée conventionnelle [10.16].

Les mécanismes biologiques impliqués dans l'effet FLASH sont mal compris. L'une des différences les plus frappantes entre RT FLASH et RT conventionnelle est la réduction de la peroxydation lipidique observée avec les irradiations FLASH. Toutefois, la signification biologique de cette observation reste incertaine. Un autre aspect biologique notable est que la RT FLASH semble dépendre en partie de l'oxygénation des tissus. Il a été démontré qu'une hyperoxygénation chez l'animal pouvait réduire considérablement l'effet d'épargne des tissus normaux par le FLASH [10.5]. Dans le prolongement de cette observation, une autre caractéristique de la RT FLASH est son efficacité apparente sur les tumeurs hypoxiques, ou du moins l'absence de différence d'effet entre des conditions oxiques et hypoxiques, ce qui n'est jamais observé avec la RT conventionnelle (constamment moins efficace sur les tumeurs hypoxiques). Il s'agit d'une propriété unique, suggérant que l'effet différentiel entre les tumeurs et les tissus normaux pourrait être plus marqué dans les tumeurs les plus hypoxiques qui sont radiorésistantes [10.17, 10.18].

Ces observations restent robustes dans le temps, avec une amplitude de l'effet d'épargne variant entre 1,1 et 1,5 selon les modèles expérimentaux. En revanche, aucun effet d'épargne n'a encore été démontré pour les tumeurs. En 2025, l'observation biologique initiale demeure valide et reproductible à travers diverses institutions dans le monde.

Transfert clinique de la thérapie FLASH

Cancers superficiels

Il existe très peu de données sur l'utilisation clinique de la thérapie FLASH. Pour les cancers cutanés superficiels, des essais cliniques (IMPULSE et LANCE, utilisant des électrons FLASH à basse énergie avec des doses curatives) sont en cours au CHUV, tous deux soutenus par les fondations Biltema et ISREC :

- essai clinique IMPULSE (NCT04986696, Kinj *et al.*, accepté, ESTRO 2025) : un essai de phase I, premier essai chez l'humain, d'escalade de dose mené au CHUV afin d'évaluer la RT FLASH-électron chez des patients atteints de métastases cutanées de mélanome en progression et résistantes aux traitements systémiques. Cet essai vise à établir la dose maximale tolérée avec une escalade par paliers de 2 Gy, en commençant par une dose unique de 22 Gy et pouvant aller jusqu'à 34 Gy en l'absence de toxicité limitant la dose (DLT). La DLT est définie par un événement indésirable de grade ≥ 3 (CTCAE v5) survenant dans le champ irradié dans les 4 semaines suivant le traitement. La dose FLASH a été administrée avec un Mobetron 10 MeV (IntraOp, États-Unis) à un débit de dose supérieur à 200 Gy/s, délivrée en 10 impulsions sur 90 ms. Huit patients ont été inclus, dont deux ont été traités deux fois (à des sites différents). Quatre niveaux de dose ont été testés : 22 Gy, 24 Gy, 26 Gy et 28 Gy, sans DLT observée. Six patients ont présenté une épithélite radique de grade 1. La toxicité maximale observée durant la période DLT était un grade 2 aigu chez un patient à 24 Gy. Un patient du dernier palier de dose (28 Gy) a présenté une réaction cutanée de grade 3 après la période d'observation DLT, qui a guéri. En conclusion, aucune toxicité limitante jusqu'à 28 Gy n'a été observée, ce qui est compatible avec un effet d'épargne FLASH (en RT conventionnelle, il est considéré comme impossible de dépasser 22 Gy en dose unique en raison du risque élevé de nécrose cutanée au-delà de ce seuil) ;

- essai clinique LANCE : premier essai clinique randomisé comparant la RT FLASH et la RT conventionnelle, utilisant une dose unique pour les tumeurs T1 et une dose fractionnée pour les tumeurs T2, chez des patients atteints de carcinomes spinocellulaires et basocellulaires. Il s'agit d'un essai clinique bicentrique, avec le CHUV comme promoteur et l'Institut Jules Bordet à Bruxelles (Belgique) comme second centre. L'essai est en cours, et 12 patients ont été randomisés jusqu'à présent (60 patients sont attendus au total) [10.16] (**Tab. 10.1**).

Tableau 10.1. Essai randomisé en cours comparant RT FLASH *versus* RT conventionnelle pour les cancers cutanés basocellulaires et épidermoïdes (en cours de recrutement) [10.16].

	RT FLASH	RT conventionnelle
Lésions T1	22 Gy (< 100 ms)	22 Gy (minutes)
Lésions T2	5 × 6 Gy	5 × 6 Gy

Cancers profonds

Atteindre des débits de dose FLASH pour les tumeurs volumineuses et profondes, tout en maintenant une haute conformité dosimétrique, représente la prochaine étape du transfert clinique, mais aussi un défi technologique majeur. À ce jour, cette avancée semble réalisable essentiellement avec les faisceaux de protons ou les électrons de très haute énergie (*very high energy electrons* [VHEE]). Dans ce contexte, le transfert clinique de la thérapie FLASH pour les tumeurs profondes a récemment débuté avec la protonthérapie à l'Hôpital universitaire de Pennsylvanie (UPenn), testant initialement des doses palliatives en FLASH dans le cadre des essais cliniques FAST 01 et FAST 02. Parallèlement, un projet FLASH-VHEE, également appelé DEFT (*deep electron FLASH therapy*), est en cours au CHUV, en collaboration avec le CERN et l'entreprise THERYQ [10.19]. Ce projet devrait être prêt pour traiter des patients en 2028-2029. Dans ce cadre, DEFT a été conçu par le CERN sur la base des spécifications du CHUV afin de générer une puissance instantanée ultra-élevée, nécessaire pour délivrer en moins de 100 ms une irradiation FLASH-VHEE de manière conformationnelle. La RT FLASH sera initialement testée pour répondre à des besoins cliniques non couverts, comme les cancers non curables et/ou non résécables, où elle permettra d'augmenter la dose tumorale en limitant le risque d'effets secondaires [10.20].

À long terme, en cas de succès, la RT FLASH pourrait offrir d'autres avantages, notamment une réduction du nombre de fractions nécessaires, couplée à un temps d'irradiation très court, améliorant ainsi le confort des patients et réduisant les délais d'attente en RT. La quasi-instantanéité de la délivrance de la dose permettrait aussi le cas échéant d'éliminer la complexité du suivi des tumeurs mobiles liées à la respiration.

Conclusion

La RT FLASH, qui délivre la dose de radiation en quelques millisecondes au lieu de plusieurs minutes, apparaît nettement moins toxique pour les tissus sains et plus efficace pour les tumeurs hypoxiques comparée à la RT conventionnelle. Cet effet s'est révélé robuste et reproductible avec différents types de faisceaux, pour plusieurs espèces animales, ainsi que pour divers types de tissus normaux et tumoraux. Le maintien de l'effet protecteur du FLASH pour les tissus sains avec le fractionnement est actuellement incertain mais conditionne la façon de mettre en œuvre le transfert clinique.

La RT FLASH représente un outil prometteur, permettant potentiellement d'améliorer l'effet différentiel entre les tumeurs et les tissus sains, ce qui ouvre de nouvelles perspectives en radio-oncologie et justifie l'exploration de son transfert clinique.

Références

[10.1] Vozenin MC, Bourhis J, Durante M. Towards clinical translation of FLASH radiotherapy. *Nat Rev Clin Oncol* 2022 ; 19 : 791-803.

[10.2] Böhlen TT, Germond JF, Bourhis J, *et al.* Normal Tissue Sparing by FLASH as a Function of Single-Fraction Dose: A Quantitative Analysis. *Int J Radiat Oncol* 2022 ; 114 : 1032-44.

[10.3] Böhlen TT, Germond JF, Petersson K, *et al.* Effect of Conventional and Ultrahigh Dose Rate FLASH Irradiations on Preclinical Tumor Models: A Systematic Analysis. *Int J Radiat Oncol Biol Phys* 2023 ; 117 : 1007-17.

[10.4] Sørensen B, Sitarz M, Ankjærgaard C, *et al.* In vivo validation and tissue sparing factor for acute damage of pencil beam scanning proton FLASH. *Radiother Oncol* 2022 ; 167 : 109-15.

[10.5] Montay-Gruel P, Acharya M, Petersson K, *et al.* Long-term neurocognitive benefits of FLASH radiotherapy driven by reduced reactive oxygen species. *Proc Natl Acad Sci USA* 2019 ; 116 : 10943-51.

[10.6] Montay-Gruel P, Bouchet A, Jaccard M, *et al.* X-rays can trigger the FLASH effect: Ultra-high dose-rate synchrotron light source prevents normal brain injury after whole brain irradiation in mice. *Radiother Oncol* 2018 ; 129 : 582-8.

[10.7] Vozenin MC, De Fornel P, Petersson K, *et al.* The Advantage of FLASH Radiotherapy Confirmed in Mini-pig and Cat-cancer Patients. *Clin Cancer Res* 2019 ; 25 : 35-42.

[10.8] Favaudon V, Caplier L, Monceau V, *et al.* Ultrahigh dose-rate FLASH irradiation increases the differential response between normal and tumor tissue in mice. *Sci Transl Med* 2014 ; 6 : 245ra93.

[10.9] Böhlen TT, Germond J, Desorgher L, *et al.* Very high-energy electron therapy as light-particle alternative to transmission proton FLASH therapy – An evaluation of dosimetric performances. *Radiother Oncol* 2024 ; 194 : 110177.

[10.10] Horst F. Dose and dose rate dependence of the tissue sparing effect at ultra-high dose rate studied for proton and electron beams using the zebrafish embryo model. *Radiother Oncol* 2024 ; 194 : 11197.

[10.11] Montay-Gruel P, Acharya MM, Gonçalves Jorge P, *et al.* Hypofractionated FLASH-RT as an Effective Treatment against Glioblastoma that Reduces Neurocognitive Side Effects in Mice. *Clin Cancer Res* 2021 ; 27 : 775-84.

[10.12] Tinganelli W, Weber U, Puspitasari A, *et al.* FLASH with carbon ions: tumor control, normal tissue sparing, and distal metastasis in a mouse osteosarcoma model. *Radiother Oncol* 2022 ; 175 : 185-90.

[10.13] Bourhis J, Sozzi WJ, Jorge PG, *et al.* Treatment of a first patient with FLASH Radiotherapy. *Radiother Oncol* 2019 ; 139 : 18-22.

[10.14] Limoli CL, Kramár EA, Almeida A, *et al.* The sparing effect of FLASH-RT on synaptic plasticity is maintained in mice with standard fractionation. *Radiother Oncol* 2023 ; 186 : 109767.

[10.15] Sørensen B, Kanouta E, Ankjærgaard C, *et al.* Proton FLASH: Impact of Dose Rate and Split Dose on Acute Skin Toxicity in a Murine Model. *Int J Radiat Oncol Biol Phys* 2024 ; 120 : 265-75.

[10.16] Kinj R, Gaide O, Jeanneret-Sozzi W, *et al.* Randomized phase II selection trial of FLASH and conventional radiotherapy for patients with localized cutaneous squamous cell carcinoma or basal cell carcinoma: A study protocol. *Clin Transl Radiat Oncol* 2024 ; 45 : 100743.

[10.17] Leavitt R, Almeida A, Grilj V, *et al.* Acute Hypoxia Does Not Alter Tumor Sensitivity to FLASH Radiation Therapy. *Int J Radiat Oncol Biol Phys* 2024 ; 119 : 1493-505.

[10.18] Shukla S, Saha T, Rama N, *et al.* Ultra-high dose-rate proton FLASH improves tumor control. *Radiother Oncol* 2023 ; 186 : 109741.

[10.19] CHUV press release. CHUV, CERN and THERYQ join forces for a world first in cancer radiotherapy, 2022 : https://www.chuv.ch/fr/chuv-home/espace-pro/journalistes/communiques-de-presse/detail/chuv-cern-and-theryq-join-forces-for-a-world-first-in-cancer-radiotherapy

[10.20] Böhlen TT, Germond J, Traneus E, *et al.* 3D-conformal very-high energy electron therapy as candidate modality for FLASH-RT: A treatment planning study for glioblastoma and lung cancer. *Med Phys* 2023 ; 50 : 5745-56.

Chapitre 11

Curiethérapie

Sophie Renard, Nicolas Demogeot

La curiethérapie est une technique d'irradiation utilisant des sources radioactives placées dans ou au contact d'une zone à traiter (tumeur en place ou traitement adjuvant). La curiethérapie représente la technique de référence pour délivrer une forte dose (augmentation du taux de contrôle local) dans un petit volume (diminution de la toxicité).

Comparativement à la radiothérapie (RT), elle apporte de nombreux avantages balistiques et radiobiologiques. Tout d'abord, le gradient de dose est très élevé avec une décroissance de dose rapide en s'éloignant des vecteurs et donc une moindre irradiation des tissus sains. Ensuite, dans le volume traité, l'hétérogénéité de dose est importante avec des effets radiobiologiques favorables. De plus, du fait de moins d'incertitudes de positionnement et de l'absence de mouvement intrafraction, le matériel vecteur se déplaçant avec le volume cible à traiter, il n'est pas nécessaire pour traiter d'adopter une marge de PTV (volume cible prévisionnel) autour du CTV (volume cible anatomoclinique), le volume traité est donc plus petit. Enfin, le volume de tissus sains irradiés étant moindre, le traitement est moins fractionné, ce qui permet une meilleure efficacité radiobiologique. La curiethérapie est donc par essence une irradiation conformationnelle, accélérée, concentrée et hypofractionnée.

Technique plus que centenaire, la curiethérapie continue à se moderniser et à améliorer ses performances. Elle est challengée par les progrès techniques de la RT externe et son évolution vers plus d'hypofractionnement et d'irradiation stéréotaxique. Elle est également impactée par le plateau technique et les ressources nécessaires en termes d'accès au bloc opératoire, à un service d'hospitalisation pour une valorisation financière inférieure à la RT externe, ainsi que par le déficit de formation. L'apprentissage gestuel, plus ou moins long, et le plateau technique expliquent que l'activité de curiethérapie soit centralisée sur quelques centres de référence. Toutefois elle reste incontournable sur les indications gynécologiques en termes de contrôle tumoral et permet des traitements conservateurs sur d'autres localisations.

Évolution des radioéléments et des débits de dose

Les fils d'iridium ne sont plus commercialisés en Europe depuis 2014 [11.1]. En dehors des curiethérapies de la prostate avec grains d'iode, les traitements de curiethérapie sont désormais tous réalisés en débit pulsé. Pendant de nombreuses années, le PDR (*pulse dose rate*) était prédominant en France, en dehors des curiethérapies du fond vaginal. La part du HDR (*high dose rate*) a augmenté progressivement et va définitivement remplacer le PDR en 2025 en raison de l'annonce du principal constructeur d'arrêter la livraison des sources de PDR. Les recommandations de débit et de dose en HDR sont validées dans des guidelines ou sur de grandes séries en gynécologie, dermatologie et sein et sont désormais plus précises en HDR sur les localisations rares [11.2, 11.3] (ORL, canal anal, verge [11.4-11.6]).

Un autre mode d'irradiation de curiethérapie est la contacthérapie. Elle peut être réalisée *via* un projecteur HDR mais aussi par un appareil de contacthérapie dédié. Bien que très ancienne, cette technique continue de se moderniser avec des applicateurs plus maniables et pouvant traiter rectum, peau et sein. Ces appareils ne délivrant que des rayons X, la radioprotection est plus simple, et un *bunker* n'est pas nécessaire pour les traitements, à la différence d'un projecteur de source.

Évolution de l'imagerie

Après des décennies avec dosimétrie 2D, la dosimétrie 3D est la norme. Pour les tumeurs gynécologiques, l'IRM a même remplacé le scanner afin de permettre une meilleure définition des volumes cibles. L'échographie est utilisée en 1re intention pour la curiethérapie de la prostate. Les autres localisations bénéficient d'un scanner. La fusion de deux imageries est fréquente en particulier en gynécologie (l'IRM permettant alors de définir les volumes cibles et le scanner de repérer précisément l'applicateur). Certaines équipes s'aident d'une échographie endorectale pour les applications de gynécologie. Les constructeurs développent actuellement des systèmes d'imagerie au bloc opératoire de type scanner qui sont désormais fonctionnels, et travaillent sur des IRM adaptées au bloc opératoire. Leur objectif est non seulement une aide à l'implantation mais aussi la réalisation de la dosimétrie en direct pour un traitement immédiat après l'implantation en gynécologie, avec le projecteur de source dans la même salle.

Évolution de la dosimétrie

Les dosimétries sont toutes réalisées en 3D avec débit pulsé (en dehors de la curiethérapie de la prostate avec grains d'iode). Le débit pulsé permet des dosimétries plus fines et conformationnelles que les fils d'iridium et peut corriger de petits écarts dans l'implantation. Pour les implantations complexes avec de nombreux vecteurs, par exemple les curiethérapies gynécologiques actuelles, la planification inverse est prometteuse en qualité et en temps de préparation de la dosimétrie [11.7].

Indications par localisation

Col

Le cancer du col est une indication incontournable, essentiellement en complément de dose après la radiochimiothérapie à partir du stade IB3. Les évolutions techniques des 20 dernières années conduisent à une amélioration des résultats tant en termes de contrôle local que de toxicité [11.8]. La dosimétrie est toujours réalisée en 3D. Un scanner est souvent réalisé pour le repérage des vecteurs de curiethérapie. Les applicateurs commercialisés ou personnalisés (moules vaginaux) sont compatibles avec l'IRM, ce qui permet une délinéation sur IRM avec applicateur en place et donc une plus grande précision dans la définition du GTV qu'en TDM, avec un volume souvent plus réduit. Les recommandations de volumes et de dose sont bien définies par le GEC ESTRO [11.9, 11.10]. L'utilisation d'applicateurs combinant des vecteurs endocavitaires et interstitiels avec des aiguilles paramétriales a permis d'améliorer la couverture des volumes cibles pour les tumeurs avancées et est largement répandue et conseillée (Fig. 11.1). Les évolutions successives des applicateurs couvrent des lésions étendues non seulement aux paramètres proximaux mais aussi distaux et au vagin. L'objectif de dose totale délivrée sur le CTV-HR (*high risk*) (avec RT et curiethérapie) en EQD2 est de 85-90 Gy [11.11]. La dose est directement corrélée au contrôle local dans les séries. Les applications actuelles couvrent de mieux en mieux le CTV-HR pour les grosses tumeurs résiduelles, qui sont aussi celles pour lesquelles les plus fortes doses sont recommandées.

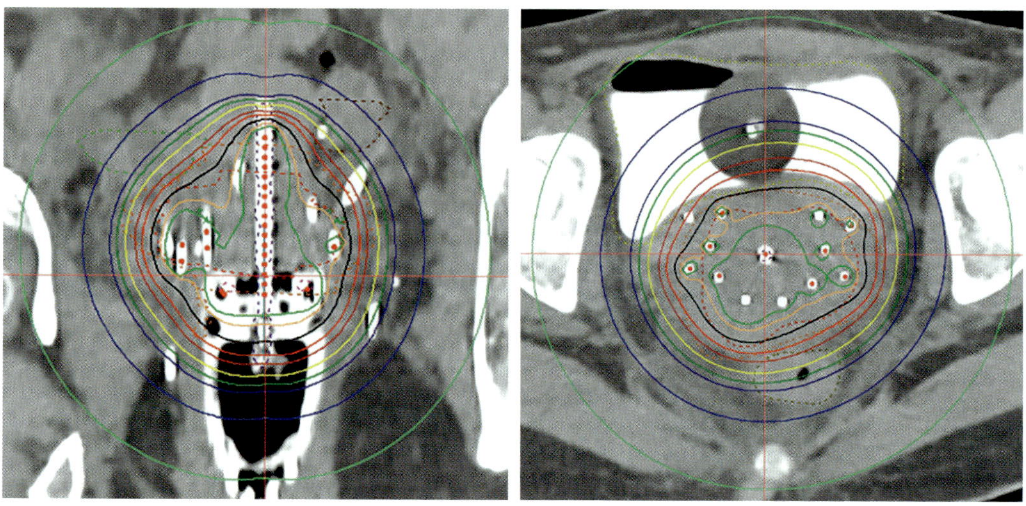

Figure 11.1. Implantation endocavitaire et aiguilles paramétriales.

Ces progrès rendent accessibles à la curiethérapie quasiment toutes les tumeurs du col. Il n'y a donc plus de place pour un complément de dose sur les paramètres en RT externe. La curiethérapie reste la technique de référence pour le complément de dose sur les tumeurs du col utérin, y compris face aux techniques de RT externe les plus innovantes, comme la radiothérapie stéréotaxique, avec le meilleur ratio entre la dose délivrée sur le CTV-HR et la dose reçue par les organes à risque [11.12].

Pour une prise en charge optimale, les patientes doivent être adressées avant ou au début de la RT externe en consultation de curiethérapie quand les traitements sont réalisés dans deux services différents. L'implantation et la dosimétrie de la curiethérapie sont réalisées non seulement en fonction de la tumeur résiduelle après la RT initiale mais aussi en fonction de l'atteinte initiale. Un examen clinique par le curiethérapeute avant la réponse tumorale à la RT est donc indispensable. La curiethérapie du col est encore amenée à évoluer dans les prochaines années, avec des études du côté de l'IRM fonctionnelle et des nanoparticules.

Endomètre

L'indication principale du cancer de l'endomètre est la curiethérapie du fond vaginal, réalisée avec un applicateur endocavitaire. Elle est indiquée pour les adénocarcinomes de l'endomètre opéré avec risque modéré de rechute. Le principal site de rechute étant le haut du vagin, elle cible les premiers centimètres de vagin sur quelques millimètres. Elle permet donc une irradiation localisée de la muqueuse et est très bien tolérée. Elle peut être réalisée en complément d'une RT externe dans des formes plus avancées, en particulier en cas d'atteinte du col utérin.

En cas d'atteinte initiale macroscopique du col utérin d'un cancer de l'endomètre, une RT et une curiethérapie préopératoires peuvent être proposées. La technique de curiethérapie est alors la même que pour le col utérin, l'objectif étant essentiellement d'éviter des marges chirurgicales positives au niveau du col utérin.

En cas de contre-indication à la chirurgie du fait de comorbidités, un traitement exclusif par RT et curiethérapie, ou par curiethérapie exclusive, peut être proposé, idéalement avec un applicateur adapté (applicateur de Roth ou en Y) qui couvre tout l'endomètre y compris les cornes utérines [11.13] (**Fig. 11.2**).

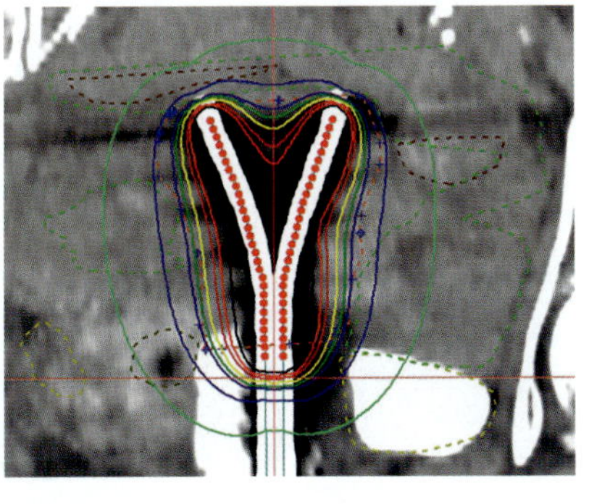

Figure 11.2. Dosimétrie de curiethérapie de l'endomètre avec applicateur de Roth.

Vulve et vagin

Les cancers du vagin (primitifs ou secondaires) sont souvent traités par RT avec complément de dose en curiethérapie en 1re intention. La curiethérapie, en complément de la RT, peut être indiquée en traitement exclusif ou postopératoire des cancers de vulve (Fig. 11.3). Dans les deux cas, le complément de dose en curiethérapie doit être privilégié à un complément de dose en RT. Les applicateurs peuvent être intracavitaires ou de surface si les lésions sont étendues sur moins de 5 mm d'épaisseur. Sinon une curiethérapie interstitielle est nécessaire [11.14].

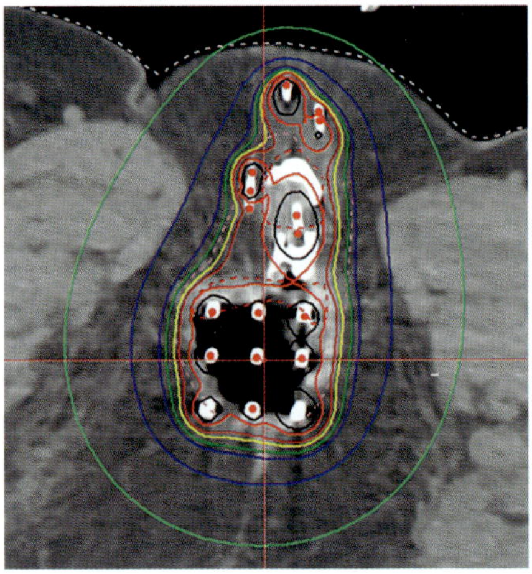

Figure 11.3. Dosimétrie de curiethérapie de la vulve.

Prostate

Les deux techniques de curiethérapie de la prostate sont la curiethérapie par implant permanent et la curiethérapie interstitielle à haut débit de dose (Fig. 11.4).

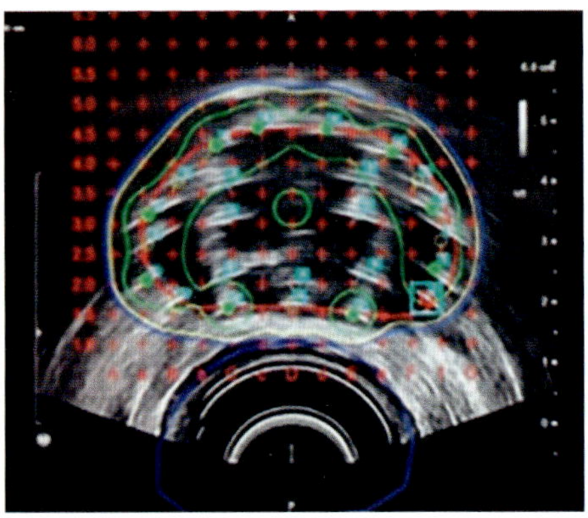

Figure 11.4. Dosimétrie de curiethérapie de la prostate avec implants permanents.

La curiethérapie interstitielle par implants permanents d'iode 125 est un standard thérapeutique pour des cancers localisés de bon pronostic en alternative à la chirurgie ou à la RT externe. Elle permet des résultats similaires avec moins de séquelles en particulier sexuelles. Elle permet une préservation des érections pour 70 % des patients. L'implantation des aiguilles vectrices a lieu sous anesthésie générale voire rachianesthésie, par voie périnéale. L'implantation est guidée par une échographie endorectale. La délinéation puis la dosimétrie prévisionnelle sont réalisées sur les images échographiques. Elle détermine la position des grains permettant de respecter les contraintes dosimétriques du GEC ESTRO [11.15]. Les grains d'iode sont ensuite mis en place *via* les aiguilles sous contrôle échographique aux positions définies sur la dosimétrie prévisionnelle. Tout est réalisé dans le même temps opératoire, le curiethérapeute +/– l'urologue, le physicien et les manipulateurs de curiethérapie sont présents au bloc opératoire.

La curiethérapie par implants temporaires d'iridium 192 utilise un projecteur de source à haut débit de dose. Elle réalise un complément à la RT externe pour des cancers de pronostic intermédiaire et de mauvais pronostic. La procédure est similaire à celle décrite pour les implants permanents. La distribution de dose est optimisée sur l'imagerie post-implantation réalisée (TDM ou échographie). L'association RT externe et curiethérapie apporte un bénéfice en survie sans récidive biochimique par rapport à une RT externe seule [11.16].

Ces deux indications de curiethérapie sont actuellement en concurrence avec la radiothérapie stéréotaxique.

Sein

Historiquement, la curiethérapie est une option pour des compléments de dose sur le lit opératoire après RT [11.17], mais cette indication n'est plus utilisée que dans quelques services. En effet, elle nécessite un geste invasif et un plateau technique de curiethérapie, en plus de la RT externe, et n'a pas bénéficié d'essais cliniques montrant sa supériorité sur un *boost* en RT externe.

Une indication moins fréquente mais toujours d'actualité est la réirradiation après second traitement conservateur [11.18]. Depuis les années 2010, l'indication émergente est la curiethérapie pour l'irradiation partielle accélérée du sein (**Fig. 11.5**). L'irradiation est limitée au lit opératoire et seule la technique interstitielle avec plusieurs vecteurs est retenue par le GEC ESTRO [11.3]. Pour des tumeurs de bons pronostics, elle permet une diminution de la toxicité cutanée, sans augmentation du taux de récidive locale [11.19]. L'implantation peut être faite en per ou en postopératoire. La confirmation de l'indication, la délinéation et la dosimétrie tiennent compte de l'analyse anatomopathologique de la pièce opératoire et de l'imagerie initiale. Cette technique est possible y compris après un remodelage peropératoire du lit opératoire, sous réserve de la présence de clips chirurgicaux. Elle nécessite un scanner préimplantatoire, une simulation de la position des vecteurs sur ce scanner avant l'implantation effective des vecteurs et un scanner dosimétrique. Le GEC ESTRO a défini précisément les bonnes pratiques de délinéation et de dosimétrie [11.3].

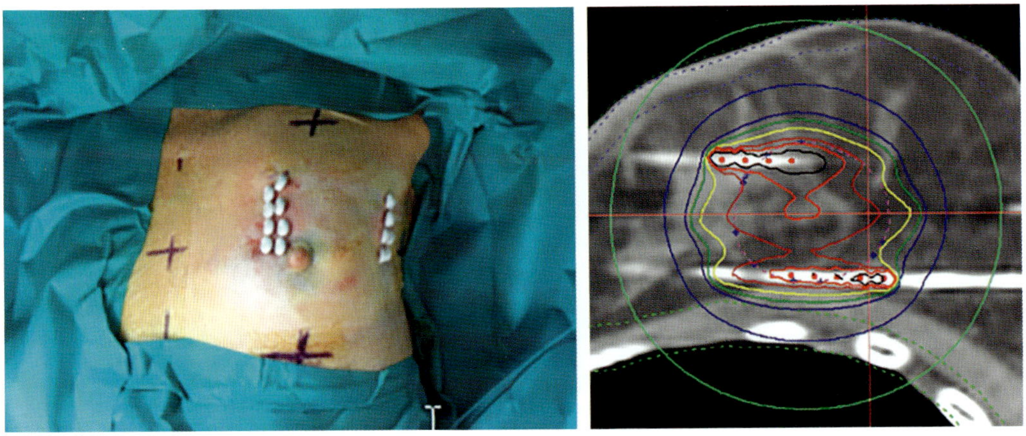

Figure 11.5. Implantation et dosimétrie d'irradiation partielle du sein en curiethérapie interstitielle.

Bien que cette technique offre l'avantage d'un traitement ciblé sur le lit opératoire, elle est concurrencée actuellement par les avancées de la RT hypofractionnée du sein, type protocole Fast Forward [11.20], qui permet également un traitement sur un temps très court.

ORL

Cette indication est en diminution en ce qui concerne les tumeurs de la cavité buccale et de l'oropharynx, face à l'essor de la radiothérapie conformationnelle avec modulation d'intensité et de la stéréotaxie, mais aussi du fait d'un apprentissage long et, par conséquent, d'un nombre de curiethérapeutes formés limités. Les indications sont des irradiations exclusives pour de petites tumeurs de la langue ou un traitement adjuvant pour des tumeurs T1 ou T2 de la langue, du plancher, de la base de la langue et de l'amygdale, avec des facteurs de risque locaux de récidive mais sans nécessité d'une irradiation ganglionnaire (Fig. 11.6). L'intérêt est alors de limiter l'irradiation au lit opératoire et donc d'épargner le reste de la muqueuse et les glandes salivaires. Cette technique est également intéressante pour les indications de réirradiation dans cette région. Comparativement à la stéréotaxie, elle est probablement plus précise dans la délimitation du lit opératoire à traiter étant donné que l'opérateur voit la cicatrice et les éventuels remaniements pendant son implantation et qu'il n'y a pas de nécessité de PTV. La mise en place d'une gouttière plombée est recommandée pour limiter le risque d'ostéoradionécrose en curiethérapie [11.4], ce que ne permet pas la RT externe.

Une autre indication est le complément de dose en curiethérapie après RT externe pour les tumeurs du voile du palais toujours avec l'objectif de limiter l'irradiation des muqueuses et des glandes salivaires. La curiethérapie est une alternative à la chirurgie, à visée fonctionnelle conservatrice pour les tumeurs des lèvres et de vestibule nasal (Fig. 11.7 et 11.8) [11.4]. Elle permet d'éviter les limitations d'ouverture de bouche (ou microstomie) et de conserver la motricité des lèvres. Elle évite des chirurgies mutilantes et inesthétiques du nez. Les contre-indications sont les atteintes osseuses pour le vestibule nasal et l'atteinte osseuse ou de la gencive pour la lèvre.

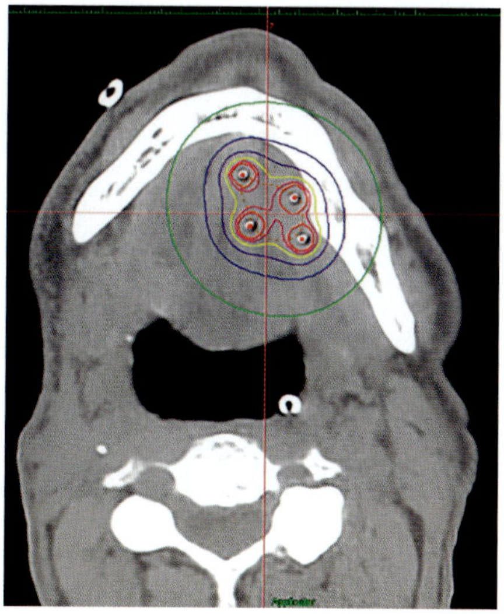

Figure 11.6. Curiethérapie adjuvante de la langue.

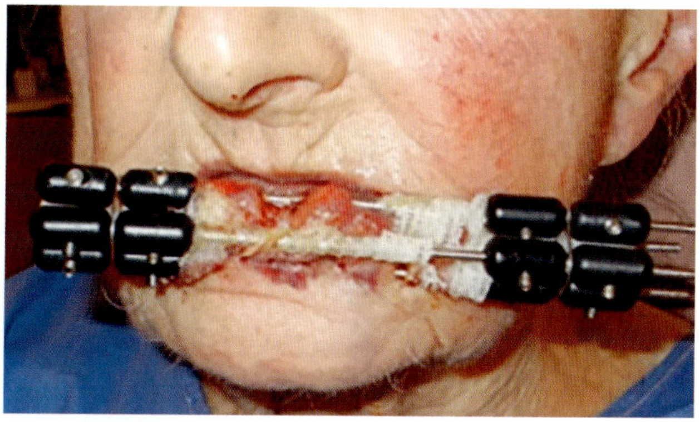

Figure 11.7. Curiethérapie de la lèvre inférieure.

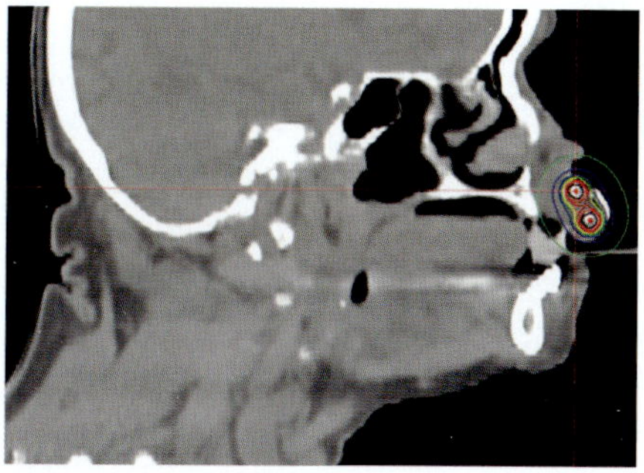

Figure 11.8. Dosimétrie de curiethérapie de la lèvre supérieure.

Canal anal

La radiothérapie +/– chimiothérapie est le traitement de référence des cancers du canal anal, en alternative à une chirurgie mutilante. C'est un traitement conservateur pour une tumeur radiosensible. Le complément de dose sur la tumeur peut être réalisé en RT externe ou en curiethérapie. La curiethérapie peut être retenue pour les tumeurs de moins de 5 cm de hauteur et concernant moins de la moitié de la circonférence du canal anal (Fig. 11.9). La revue de la littérature est en faveur du *boost* en curiethérapie plutôt qu'en RT externe tant en termes de contrôle local que de toxicité [11.5]. Elle est réalisée en technique interstitielle. Comparativement à la RT, elle apporte en plus des avantages classiques de la curiethérapie un avantage balistique avec, d'une part la mise en place d'un dilatateur anal lors de l'implantation, qui permet d'écarter la muqueuse saine et donc de l'épargner, et d'autre part un volume traité plus petit car il est réévalué précisément au moment de la curiethérapie après régression pendant la RT première. Malgré tout, cette indication est sous-utilisée car elle n'est pas toujours présente dans les référentiels internationaux comme le NCCN [11.21].

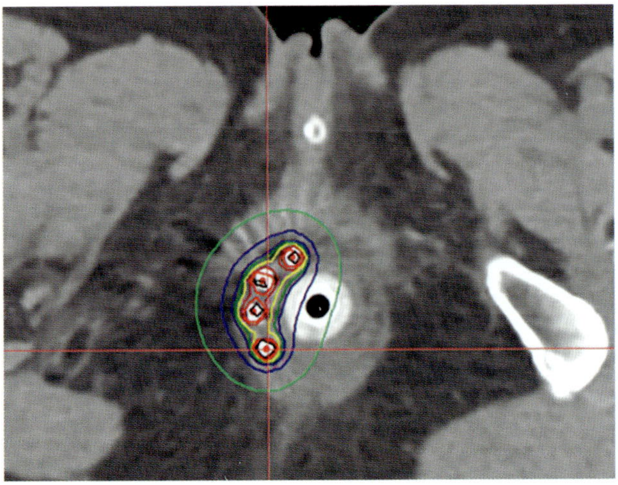

Figure 11.9. Dosimétrie de curiethérapie du canal anal avec tube endorectal en place.

Rectum

La contacthérapie a une place dans la prise en charge des tumeurs de stade cT1 et cT2-3 limitées du rectum. Elle a pour objectif un traitement conservateur et curatif, en évitant la chirurgie [11.22, 11.23]. Elle est particulièrement intéressante pour les patients présentant une contre-indication opératoire. Elle est délivrée en complément d'une radiothérapie +/– chimiothérapie. Pour être éligible, la tumeur doit être accessible à l'applicateur rectal et au tube à rayons X, donc au maximum à 10 cm de la marge anale, et couvrir moins de 60 % de la circonférence. La tumeur diminuant au fur et à mesure des séances de contacthérapie, le volume traité est adapté à chaque séance.

Peau

L'irradiation est une alternative à la chirurgie pour les carcinomes épidermoïdes cutanés et les carcinomes basocellulaires, avec des résultats comparables [11.24], avec un contrôle local de plus de 95 % dans les séries. Pour les lésions accessibles, la curiethérapie permet une irradiation plus limitée et plus précise que la RT externe. Les indications principales sont les lésions nécessitant une chirurgie mutilante ou avec des conséquences fonctionnelles. Les effets secondaires sont limités (modification de la pigmentation, télangiectasies dans moins de 10 % des cas). C'est donc une indication particulièrement intéressante et conservatrice pour les régions péri-orificielles (nez, lèvre, paupière, oreille). Les limites de la curiethérapie sont les atteintes osseuses de la gencive, de la paupière supérieure et les zones non accessibles pour une implantation optimale (ex. : atteinte du conduit auditif externe).

La technique peut être de contact (ou de surface) quand la lésion mesure moins de 5 mm d'épaisseur ou interstitielle [11.2]. La curiethérapie de contact est accessible actuellement par des systèmes « maison » (ex. : avec l'utilisation de bolus et de masque de RT externe), industriels et plus récemment *via* des impressions 3D de matériel de contention personnalisé contenant les vecteurs de curiethérapie. Elle peut également être réalisée pour de petites surfaces planes par des appareils spécialisés délivrant des KV et ne nécessitant pas de *bunker*, contrairement au projecteur HDD. La curiethérapie interstitielle nécessite une anesthésie locale et une hospitalisation pendant le traitement, mais peut s'adapter aux lésions épaisses de plus de 5 mm et/ou aux surfaces complexes. La curiethérapie de contact est limitée aux surfaces assez planes afin que le matériel soit bien adhérent à la peau sur toute la zone traitée et aux lésions de moins de 5 mm d'épaisseur (Fig. 11.10 et 11.11). Elle n'est pas invasive et peut être réalisée en ambulatoire. Les progrès récents, en particulier avec la confection de matériel *via* une imprimante, permettent d'accéder à des surfaces plus complexes en curiethérapie de contact.

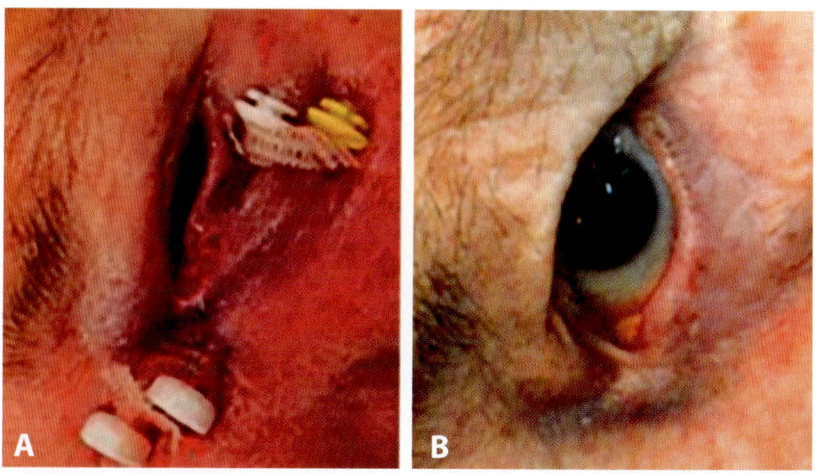

Figure 11.10. **A.** Curiethérapie interstitielle de la paupière inférieure. **B.** Réponse à 3 mois.

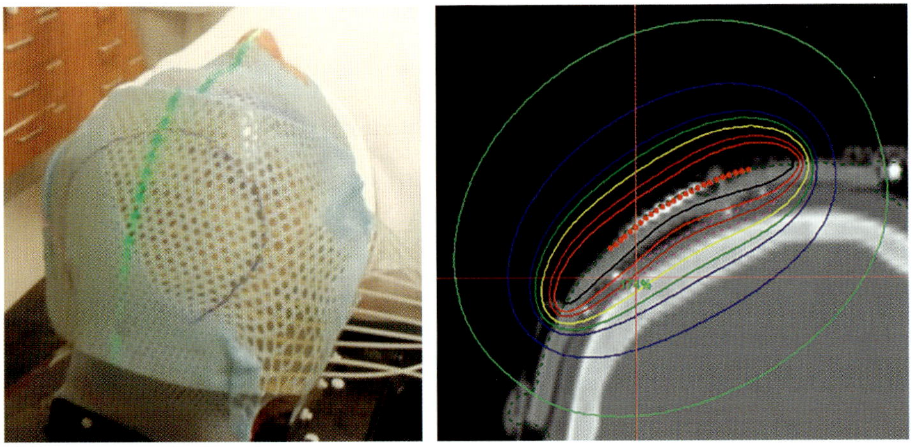

Figure 11.11. Matériel vecteur de curiethérapie de contact et dosimétrie.

Verge

La tumeur de verge est une tumeur rare, le traitement est souvent une chirurgie avec amputation. Dans les cas bien sélectionnés, la curiethérapie permet un traitement conservateur (exclusif ou postopératoire) avec une meilleure qualité de vie qu'une amputation et une sexualité maintenue chez plus de la moitié des patients (Fig. 11.12) [11.25]. La curiethérapie concerne les tumeurs du gland de stade T1b ou T2, de moins de 4 cm, et certains stades inférieurs mais récidivants [11.6]. Elle est toujours précédée d'une posthectomie chez les patients non circoncis. Un traitement combiné avec un geste chirurgical ganglionnaire peut être proposé. La technique de référence est la curiethérapie interstitielle, avec souvent des aiguilles extérieures « dans l'air » pour bien couvrir le volume. L'implantation est organisée pour éviter de transfixier l'urètre qui est le principal organe à risque dans cette indication.

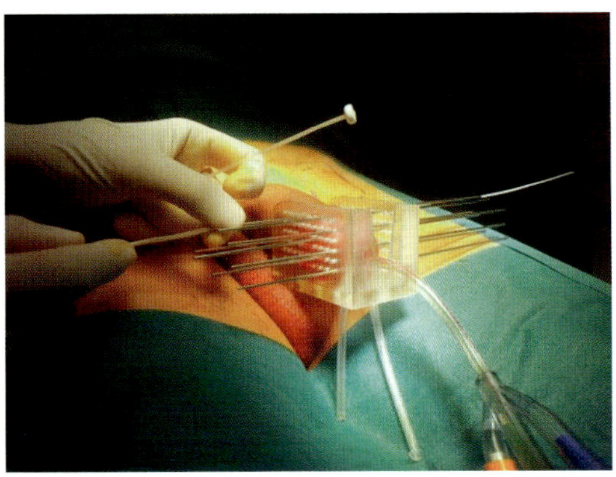

Figure 11.12. Implantation de curiethérapie de la verge.

Cicatrice chéloïde

En cas de cicatrice chéloïde réfractaire au traitement médical et symptomatique, une curiethérapie peut être proposée. L'implantation du matériel vecteur a lieu en peropératoire, à l'issue de l'exérèse de la cicatrice chéloïde. Il est ensuite recommandé de réaliser la première séance de curiethérapie le plus rapidement possible après la chirurgie afin d'agir sur la prolifération des fibroblastes [11.2].

Indications rares

Pour les cancers de vessie, il existe une alternative conservatrice efficace à une chirurgie radicale en combinant une RT externe, une exérèse chirurgicale limitée et curiethérapie [11.26]. Cette indication peut concerner des tumeurs unifocales, de moins de 5 cm, en dehors du trigone et du col vésical. L'implantation du matériel vecteur a lieu en peropératoire, et le traitement est réalisé quelques jours plus tard.

Pour les sarcomes, la curiethérapie a une place dans deux indications. D'une part, en *boost*, si le chirurgien pense d'emblée que son exérèse sera R1. D'autre part, en cas de récidive en territoire irradié. Là encore, la mise en place du matériel vecteur a lieu en peropératoire, et le traitement est réalisé quelques jours plus tard, une fois l'analyse anatomopathologique disponible.

Difficultés en perspective

Il est indispensable que le maillage territorial permette un accès à la curiethérapie pour tous les patients et que tous les services de RT puissent adresser leurs patients facilement à un service de curiethérapie. Pour cela, deux éléments posent problème à savoir l'accès à la formation théorique mais surtout pratique en curiethérapie et les difficultés à maintenir des plateaux techniques de curiethérapie optimaux.

Lors d'une étude faite en 2021 sur les jeunes radiothérapeutes français, 80 % estimaient leur formation insuffisante malgré leur souhait d'apprentissage, par manque d'activité dans leur centre de formation ou en raison de difficultés à se libérer du temps pour l'apprentissage [11.27]. Des initiatives *via* des diplômes universitaires, des ateliers de curiethérapie, des stages inter-CHU ou des cours se développent au niveau national et européen pour aider à cet apprentissage en particulier pratique [11.28]. Le GC SFRO organise régulièrement des webinaires de curiethérapie depuis 2 ans.

La valorisation des actes de curiethérapie en France ne prend pas en compte le degré de complexité actuel et les coûts réels supportés par les établissements, en dehors des curiethérapies de la prostate avec implants de grains d'iode radioactif [11.28]. À cela s'ajoutent les difficultés liées aux fermetures de lit et au manque de personnel soignant. Le maintien et le fonctionnement des plateaux techniques de curiethérapie sont donc une charge actuellement pour les établissements, malgré le service rendu aux patients.

L'évolution du HDR vers le PDR allège les contraintes mais une revalorisation des actes de curiethérapie à la hauteur de la complexification et de la modernisation de la technique est régulièrement demandée par les curiethérapeutes.

Conclusion

La curiethérapie est incontournable dans la prise en charge des tumeurs gynécologiques et permet un traitement plus conservateur dans de nombreuses autres localisations (prostate, ORL, canal anal, etc.). Elle a également une place dans des indications de réirradiations. Elle a évolué vers le HDR et les implants de grains d'iode et permet plus de traitements ambulatoires dans certaines indications, ce qui allège les contraintes propres à la curiethérapie.

C'est une technique hautement spécifique nécessitant un équipement développé et spécialisé ainsi qu'une équipe médicale, physique et paramédicale entraînée au sein de structures multidisciplinaires, dont l'accessibilité doit être organisée pour une meilleure prise en charge des patients [11.3].

Références

[11.1] Hannoun-Lévi JM, Peiffert D. Dose rate in brachytherapy using after-loading machine: Pulsed or high-dose rate? *Cancer Radiother* 2014 ; 18 : 437-40.

[11.2] Guinot JL, Rembielak A, Perez-Calatayud J, *et al.* GEC-ESTRO ACROP recommendations in skin brachytherapy. *Radiother Oncol* 2018 ; 126 : 377-85.

[11.3] Strnad V, Hannoun-Levi JM, Guinot JL, *et al.* Recommendations from GEC ESTRO Breast Cancer Working Group (I): Target definition and target delineation for accelerated or boost Partial Breast Irradiation using multicatheter interstitial brachytherapy after breast conserving closed cavity surgery. *Radiother Oncol* 2015 ; 115 : 342-8.

[11.4] Mazeron JJ, Ardiet JM, Haie-Méder C, *et al.* GEC-ESTRO recommendations for brachytherapy for head and neck squamous cell carcinomas. *Radiother Oncol* 2009 ; 91 : 150-6.

[11.5] Petric P, Al-Hammadi N, Spindler KLG, Lindegaard JC. Anal cancer brachytherapy: From radon seeds to interstitial Papillon technique in a century. What does the future hold? *Radiother Oncol* 2022 ; 169 : 25-34.

[11.6] Crook JM, Haie-Meder C, Demanes DJ, Mazeron JJ, Martinez AA, Rivard MJ. American Brachytherapy Society-Groupe Européen de Curiethérapie-European Society of Therapeutic Radiation Oncology (ABS-GEC-ESTRO) consensus statement for penile brachytherapy. *Brachytherapy* 2013 ; 12 : 191-8.

[11.7] Palled SR, Radhakrishna NK, Manikantan S, Khanum H, Venugopal BK, Vishwanath L. Dosimetric comparison of manual forward planning with uniform dwell times versus volume-based inverse planning in interstitial brachytherapy of cervical malignancies. *Rep Pract Oncol Radiother* 2020 ; 25 : 851-5.

[11.8] Pötter R, Georg P, Dimopoulos JCA, *et al.* Clinical outcome of protocol based image (MRI) guided adaptive brachytherapy combined with 3D conformal radiotherapy with or without chemotherapy in patients with locally advanced cervical cancer. *Radiother Oncol* 2011 ; 100 : 116-23.

[11.9] Haie-Meder C, Pötter R, Van Limbergen E, *et al.* Recommendations from Gynaecological (GYN) GEC-ESTRO Working Group (I): Concepts and terms in 3D image based 3D treatment planning in cervix cancer brachytherapy with emphasis on MRI assessment of GTV and CTV. *Radiother Oncol* 2005 ; 74 : 235-45.

[11.10] Pötter R, Haie-Meder C, Van Limbergen E, *et al.* Recommendations from gynaecological (GYN) GEC ESTRO working group (II): Concepts and terms in 3D image-based treatment planning in cervix cancer brachytherapy - 3D dose volume parameters and aspects of 3D image-based anatomy, radiation physics, radiobiolo. *Radiother Oncol* 2006 ; 78 : 67-77.

[11.11] Viswanathan AN, Beriwal S, De Los Santos JF, *et al.* American Brachytherapy Society consensus guidelines for locally advanced carcinoma of cervix. PartII: High-dose-rate brachytherapy. *Brachytherapy* 2012 ; 11 : 47-52.

[11.12] Chargari C, Renard S, Espenel S, *et al.* La radiothérapie stéréotaxique peut-elle remplacer la curiethérapie pour les cancers du col utérin localement évolués ? Positionnement de la Société française de radiothérapie oncologique [Can stereotactic body radiotherapy replace brachytherapy for locally advanced cervical cancer? French society for radiation oncology statement]. *Cancer Radiother* 2020 ; 24 : 706-13.

[11.13] Rovirosa A, Zhang Y, Chargari C, *et al.* Exclusive 3D-brachytherapy as a good option for stage-I inoperable endometrial cancer: a retrospective analysis in the gynaecological cancer GEC-ESTRO Working Group. *Clin Transl Oncol* 2022 ; 24 : 254-65.

[11.14] Schmid MP, Fokdal L, Westerveld H, *et al.* Recommendations from gynaecological (GYN) GEC-ESTRO working group – ACROP: Target concept for image guided adaptive brachytherapy in primary vaginal cancer. *Radiother Oncol* 2020 ; 145 : 36-44.

[11.15] Henry A, Pieters BR, André Siebert F, Hoskin P. GEC-ESTRO ACROP prostate brachytherapy guidelines. *Radiother Oncol* 2022 ; 167 : 244-51.

[11.16] Pommier P, Ferré M, Blanchard P, *et al.* Prostate cancer brachytherapy: SFRO guidelines 2021. *Cancer Radiother* 2022 ; 26 : 344-55.

[11.17] Hannoun-Lévi JM, Marsiglia H. Brachytherapy boost for breast cancer: What do we know? Where do we go? *Cancer Radiother* 2004 ; 8 : 248-54.

[11.18] Hannoun-Levi JM, Resch A, Gal J, *et al.* Accelerated partial breast irradiation with interstitial brachytherapy as second conservative treatment for ipsilateral breast tumour recurrence: Multicentric study of the GEC-ESTRO Breast Cancer Working Group. *Radiother Oncol* 2013 ; 108 : 226-31.

[11.19] Strnad V, Ott OJ, Hildebrandt G, *et al.* 5-year results of accelerated partial breast irradiation using sole interstitial multicatheter brachytherapy versus whole-breast irradiation with boost after breast-conserving surgery for low-risk invasive and in-situ carcinoma of the female breast: A ran. *Lancet* 2016 ; 387 : 229-38.

[11.20] Murray Brunt A, Haviland JS, Wheatley DA, *et al.* Hypofractionated breast radiotherapy for 1 week versus 3 weeks (FAST-Forward): 5-year efficacy and late normal tissue effects results from a multicentre, non-inferiority, randomised, phase 3 trial. *Lancet* 2020 ; 395 : 1613-26.

[11.21] Benson AB, Venook AP, Al-Hawary MM, *et al.* Anal Carcinoma, Version 2.2023. JNCCN *J Natl Compr Cancer Netw* 2023 ; 21 : 653-77.

[11.22] Gérard JP, Barbet N, Dejean C, *et al.* Contact X-ray brachytherapy for rectal cancer: Past, present, and future. *Cancer Radiother* 2021 ; 25 : 795-800.

[11.23] Gerard JP, Barbet N, Schiappa R, *et al.* Neoadjuvant chemoradiotherapy with radiation dose escalation with contact x-ray brachytherapy boost or external beam radiotherapy boost for organ preservation in early cT2-cT3 rectal adenocarcinoma (OPERA): a phase 3, randomised controlled trial. *Lancet Gastroenterol Hepatol* 2023 ; 8 : 356-67.

[11.24] Renard S, Salleron J, Py JF, *et al.* High-dose-rate brachytherapy for facial skin cancer: Outcome and toxicity assessment for 71 cases. *Brachytherapy* 2021 ; 20 : 624-30.

[11.25] Martz N, Bodokh Y, Gautier M, *et al.* High-dose rate brachytherapy in localized penile cancer: 5-Year clinical outcome analysis. *Clin Transl Radiat Oncol* 2021 ; 27 : 89-95.

[11.26] Voskuilen CS, Bosschieter J, Werkhoven E Van, *et al.* Long-term survival and complications following bladder-preserving brachytherapy in patients with cT1-T2 bladder cancer. *Radiother Oncol* 2019 ; 141 : 130-6.

[11.27] Kissel M, Ollivier L, Fumagalli I, *et al.* Resident training in brachytherapy in France: A 10-year update after the first survey of SFJRO members. *J Contemp Brachytherapy* 2022 ; 14 : 501-11.

[11.28] Hannoun-Lévi JM, Peiffert D. Préparer la curiethérapie de demain. *Cancer Radiother* 2013 ; 17 : 395-9.

Partie 3
Les applications cliniques

Chapitre 12

Nouveaux fractionnements de la radiothérapie des cancers invasifs du sein

Noémie Grellier, Chahrazed Boukhobza, Kamel Debbi, Yazid Belkacemi

Pendant plus d'un demi-siècle, la radiothérapie (RT) mammaire adjuvante a utilisé un fractionnement dit conventionnel avec d'excellents résultats en termes de ratio entre le bénéfice carcinologique et le risque de toxicités aiguës ou tardives. Le schéma d'irradiation délivrant 50 ou 50,4 Gy en 25 ou 28 fractions suivi (ou pas) d'une surimpression du lit opératoire (appelé « boost ») a longtemps été le schéma standard des essais qui ont permis de montrer l'impact positif de la RT, après chirurgie conservatrice, sur le contrôle local à court et moyen terme, avec un impact sur la survie globale, comme cela a été démontré par la méta-analyse d'Oxford [12.1, 12.2]. Les nouveaux schémas hypofractionnés font rapidement évoluer les pratiques.

Depuis 5 ans et suite aux essais menés en Amérique du Nord et au Royaume-Uni [12.3, 12.4], les schémas hypofractionnés (HypoF) dits « modérés », réduisant la durée totale des 5-7 semaines à 3-4 semaines, ont supplanté le schéma conventionnel et sont désormais recommandés pour toutes les femmes ayant reçu ou pas une chimiothérapie (CT) adjuvante [12.5]. L'étape suivante était d'étendre ces schémas HypoF modérés, initialement conçus pour la RT de la glande mammaire seule, aux irradiations étendues incluant les aires ganglionnaires après chirurgie conservatrice ou mastectomie totale. Enfin, la dernière étape de l'évolution récente de la désescalade en nombre de fractions a été de passer aux schémas ultra-hypofractionnés (appelé HypoF sévère) délivrant 5 séances en 1 semaine (essai FAST-FORWARD) ou à raison de 1 séance par semaine pendant 5 semaines (essai UK-FAST). L'évolution de ces schémas dans le temps et leur adoption au plan international est présentée dans la **figure 12.1**.

Préalablement à la validation de ces irradiations de HypoF modérées ou ultra-HypoF de la glande mammaire en totalité, le début des années 2000 avait été marqué par le développement du concept d'irradiation partielle et accélérée du sein (IPAS). Ce concept

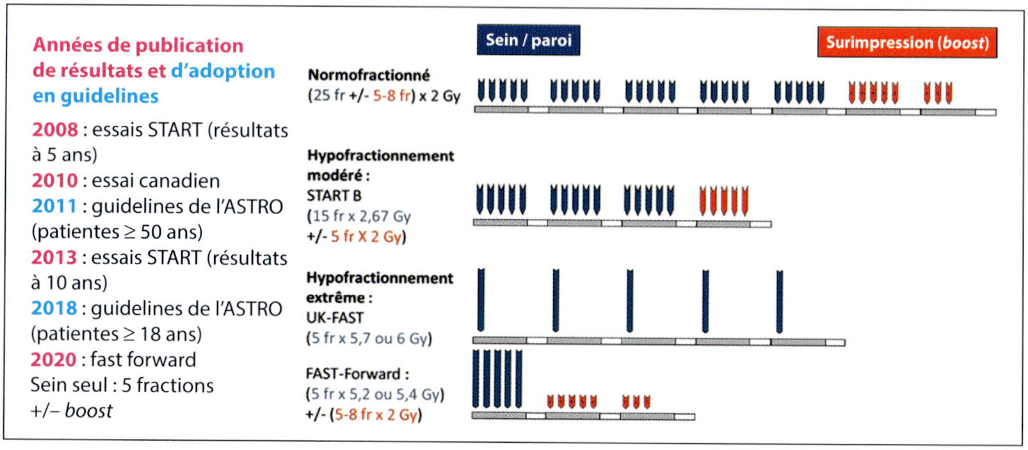

Figure 12.1. Schémas hypofractionnés : années de publication des résultats et d'adoption dans les guidelines.

a considérablement régressé depuis l'arrivée de ces nouveaux schémas d'ultra-HypoF (en 5 fractions). En effet, l'IPAS avait été développée pour permettre aux pays dont les centres de RT sont à longues distances d'offrir aux patientes une irradiation limitée au lit opératoire pendant 1 semaine, avec le plus souvent une séance matin et soir espacée de 6 heures pour atteindre un équivalent biologique de la dose entre 50 à 60 Gy par des photons de hautes énergies ou par curiethérapie.

Dans ce chapitre, après un bref rappel des résultats obtenus historiquement par les schémas de RT mammaire adjuvante conventionnelle, seront passées en revue les données récentes de tous les schémas de RT HypoF développés pour irradier le sein en totalité ou focalisée au lit opératoire après chirurgie conservatrice et la place de ces schémas dans les irradiations étendues aux aires ganglionnaires et après mastectomie totale, avec ou sans reconstruction mammaire.

Fractionnement conventionnel

Historiquement, les schémas de traitement dits standards (ou conventionnels) permettent de délivrer une dose totale de 50 ou 50,4 Gy en 25 ou 28 fractions dans la glande mammaire en totalité (+/– *boost* dans le lit opératoire) après chirurgie conservatrice ou dans la paroi thoracique après mastectomie totale (+/– reconstruction). L'effet dose de la RT a été démontré dans les études de *boost* à la dose de 10 à 16 Gy par des fractions de 2 Gy [12.6].

La méta-analyse EBCTCG, ayant inclus 17 essais randomisés impliquant plus de 10 000 patientes, publiée dans *Lancet* dès 2005, avait montré une réduction significative du risque absolu de rechute locale de 20 % à 5 ans associée à une diminution de la mortalité liée au cancer de 5 % à 15 ans. Cette analyse n'a identifié aucun sous-groupe ne bénéficiant pas de la RT [12.1].

Hypofractionnement de la radiothérapie du sein en totalité

Hypofractionnement modéré en 3 semaines +/- *boost* séquentiel

Plusieurs essais thérapeutiques randomisés de phase III ont permis de démontrer la non-infériorité de schémas modérément HypoF délivrant 15 séances (+/– *boost*) comparativement aux schémas conventionnels de 25 séances (+/– *boost*). Ce type de schémas apporte de multiples avantages liés à des séances au nombre limité et délivrées sur 3 semaines au lieu de 5 [12.7] :

- un moindre impact de la RT sur la qualité de vie des patientes en limitant le nombre de déplacements ;
- une amélioration possible de l'observance du traitement, notamment pour les patientes âgées ;
- un gain en termes de « temps machine » pour les services d'oncologie-radiothérapie ;
- un moindre coût pour la société (transport, arrêt de travail, etc.).

L'une des critiques opposées aux schémas de 15 fractions était la délivrance du *boost* en 5 à 8 fractions supplémentaires, ce qui rallongeait la durée du traitement en le rapprochant des 25 séances du fractionnement conventionnel.

Au niveau radiobiologique, la diminution de l'étalement dans certains schémas HypoF permet la limitation des effets de repopulation et de réparation cellulaire, et donc des doses équivalentes moindres pour une même efficacité. Dans le schéma START-B, par exemple, la dose équivalente de 40 Gy en 15 fractions (EQD2 avec un rapport α/β à 4) est calculée à environ 45 Gy.

Les estimations récentes, même si elles peuvent être débattues, retrouvent un rapport α/β pour le cancer du sein en situation adjuvante de l'ordre de 4, c'est-à-dire plutôt faible pour un tissu tumoral, et relativement proche du rapport α/β des tissus mammaires sains, suggérant donc un intérêt de l'augmentation de la dose par fraction [12.8].

Historiquement, le 1er essai britannique est le START-PILOT comparant le schéma standard à deux schémas HypoF : 42,9 Gy et 39 Gy en 13 fractions et 5 semaines. Le bras expérimental 42,9 Gy était associé à moins de récidives locales que le bras 39 Gy et était comparable au bras standard [12.9]. Les essais suivants, START-A et START-B, comparent le schéma standard à deux schémas expérimentaux, 41,6 Gy et 39 Gy en 13 fractions et 5 semaines pour START-A, et le schéma 40 Gy en 15 fractions et 3 semaines pour le START-B [12.4].

Parallèlement, deux essais ont été menés au Canada et en Chine. Le premier comparait le bras standard à un bras expérimental délivrant 42,5 Gy en 16 fractions [12.5]. Le second, dont les résultats ont été publiés en 2020, proposait un schéma expérimental de 43,5 Gy dans le sein (+/– aires ganglionnaires) en 15 fractions et 3 semaines + *boost* de 8,7 Gy en 3 fractions comparé au schéma standard de 50 Gy en 25 fractions et 5 semaines + *boost* de 10 Gy en 5 fractions et 1 semaine [12.10].

Ces essais avaient comme critère principal de jugement le contrôle local, éventuellement associé à des critères de toxicité. Deux essais avaient pour objectif principal d'évaluer les effets secondaires potentiels de l'HypoF.

Dans l'essai du MD Anderson, publié en 2015, les groupes comparaient le schéma standard 50 Gy en 25 factions + *boost* 10 Gy en 5 fractions au schéma HypoF 42,5 Gy en 16 fractions + *boost* 10 Gy en 4 ou 5 fractions [12.11]. Les critères de jugement étaient les effets secondaires aigus et à 6 mois et la qualité de vie. L'HypoF était associé à moins d'effets secondaires aigus de grade 2 ou 3 (prurit, douleur, épithélite, hyperpigmentation, fatigue).

Dans un autre essai danois, publié en 2020, les schémas de randomisation de la RT étaient les mêmes que dans l'essai START-B. Le critère d'évaluation principal était l'induration mammaire de grade 2-3 à 3 ans, en supposant la non-infériorité en termes de récidive locorégionale. L'induration mammaire n'était pas significativement différente dans les deux groupes (11,8 % dans le groupe standard *versus* 9,0 % dans le groupe HypoF) [12.12].

Ces différents essais ont permis de montrer l'équivalence (ou la non-infériorité) des schémas HypoF en termes d'efficacité et de tolérance (par rapport aux schémas conventionnels) avec dans le START-B une moindre toxicité et une tendance à une meilleure efficacité du bras 40 Gy en 15 fractions, devenu historiquement un standard et même le bras de référence de l'essai FAST-FORWARD pour l'évaluation de l'ultra-HypoF (*cf. infra*) (**Fig. 12.1**).

Les schémas, critères d'inclusion, résultats et suivis des principaux essais d'HypoF modérés sont détaillés dans le **tableau 12.1** (à l'exception du MD Anderson détaillant seulement les critères de tolérance).

Une des questions soulevées par ces essais était la faisabilité de l'HypoF modéré en cas de volume mammaire important et la crainte d'une majoration des effets secondaires tardifs du fait d'une haute dose par fraction. L'essai canadien avait exclu ces patientes, et les essais STRAT-A et B n'avaient pas analysé cette donnée. En revanche, dans l'essai danois, un volume mammaire élevé (CTV sein > 600 mL) était associé à une augmentation des points chauds en dosimétrie et à un risque d'induration plus important, mais sans influence du fractionnement.

Hypofractionnement modéré en 3 semaines +/— *boost* intégré

Dans les essais START-A et B cités ci-dessus, le *boost* avait été délivré (quand indiqué) de façon séquentielle dans 63 % et 41 % des cas, respectivement. En revanche, aucune patiente de l'essai canadien n'avait eu de *boost*. L'ajout d'un *boost* allonge la durée de traitement de 1 à 2 semaines supplémentaires. Une des façons de maintenir cette durée de traitement à 3 semaines est de délivrer un *boost* dans le lit opératoire de façon concomitante à la RT de la glande, grâce aux techniques avec modulation d'intensité. Ce *boost* dit « intégré » permet d'obtenir l'effet dose recherché sans allonger la durée du traitement.

Tableau 12.1. Principaux essais d'hypofractionnements modérés.

Essais et bras de randomisation	Années	Suivi médian (ans)	Nombre de patients	Critères d'inclusion	Récidive locale	Toxicité (induration, télangiectasie œdème)
START-Pilot Owen *et al.*, 2006 [12.9]	1986-1998	9,7	1 410	T1-3 N0 ou 1N+	À 10 ans	Esthétique bonne à excellente équivalente, sauf pour le bras 39 Gy en 13 fr
50 Gy/25 fr/5 semaines					12,1 %	
42,9 Gy/13 fr/5 semaines					9,6 %	
39 Gy/13 fr/5 semaines					14,8 %	
START-A Haviland *et al.*, 2013 [12.3]	1998-2002	9,3	2 236	T1-2, N0-1 Chirurgie conservatrice ou mastectomie	À 10 ans	Équivalente Moindre
50 Gy/25 fr/5 semaines					7,4 %	
41,6 Gy/13 fr/5 semaines					6,3 %	
39 Gy/13 fr/5 semaines					8,8 %	
START-B Haviland *et al.*, 2013 [12.3]	1999-2001	9,9	2 215	T1-T3 N-R0	À 10 ans	Moindre dans le bras hypofractionné
50 Gy/25 fr/5 semaines					5,5 %	
40 Gy/15 fr/3 semaines					4,3 %	
Canadien Whelan *et al.*, 2010 [12.4]	1993-1996	12	1 234	T1-T3, N0, R0 Volume mammaire limité	À 10 ans	Équivalente
50 Gy/25 fr/5 semaines					6,7 %	
42,5 Gy/16 fr/22 jours					6,2 %	
DBCG HYPO Offersen *et al.*, 2020 [12.12]	2009-2014	7,3	1 854	Infiltrant ou CIS (n = 246) N0	À 9 ans	Au moins équivalente
50 Gy/25 fr/5 semaines					3,3 %	
40 Gy/15 fr/3 semaines					3,0 %	
Chinois Wang *et al.*, 2020 [12.10]	2010-2015	6,1	734	T1-2N0-3	À 5 ans	Au moins équivalente
50 Gy/25 fr/5 semaines					2,0 %	
43,5 Gy/15 fr/3 semaines					1,2 %	

L'essai de phase III IMRT-MC2 a montré la non-infériorité du schéma en *boost* intégré (IMRT 50,4 Gy dans le sein en 28 fractions avec *boost* intégré à 64,4 Gy, soit 2,3 Gy par fraction) par rapport au schéma classique (radiothérapie conformationnelle 3D, 50,4 Gy dans le sein en 28 fractions suivi d'un complément de 16 Gy en 8 fractions) en termes de contrôle local et de tolérance [12.13].

L'essai britannique IMPORT-HIGH visait à montrer l'intérêt d'une escalade de dose dans le lit opératoire après chirurgie conservatrice pour des infiltrants pT1-3pN0-3aM0. Il comparait le groupe standard (40 Gy en 15 fractions + *boost* séquentiel 16 Gy en 8 fractions) à deux schémas expérimentaux :

- 36 Gy dans l'ensemble du sein, 40 Gy en irradiation partielle et 48 Gy dans le lit opératoire, en *boost* intégré en 15 fractions ;
- 36 Gy dans l'ensemble du sein, 40 Gy en irradiation partielle et 53 Gy dans le lit opératoire, en *boost* intégré en 15 fractions.

Dans les trois groupes, les taux de récidives locales étaient faibles (≤ 3 % à 5 ans). L'essai n'a pas démontré l'intérêt d'une escalade de dose (groupe 53 Gy), mais a retrouvé une tolérance équivalente voire meilleure en termes d'œdème mammaire du groupe 48 Gy comparativement au groupe standard. Les auteurs concluent donc à la faisabilité de l'HypoF du sein et du *boost* [12.14]. L'essai RTOG-1005 (NCT01349322) comparant 50 Gy en 25 fractions ou 42,7 Gy en 16 fractions dans le sein puis *boost* séquentiel 12 ou 14 Gy en fractions de 2 Gy *versus* 40 en 15 fractions dans le sein avec *boost* intégré à 48 Gy (3,2 Gy par fraction), viendra compléter ces données. Les résultats de non-infériorité ont été rapportés au congrès de l'ASTRO 2022.

Hypofractionnement modéré en 3 semaines après chimiothérapie adjuvante

Concernant la réalisation d'une RT HypoF après chimiothérapie adjuvante, il n'y a pas de données spécifiques à cette situation dans la littérature. La revue COCHRANE n'a individualisé que 21 % de patientes ayant eu une chimiothérapie adjuvante suivie d'une irradiation HypoF dans les essais analysés (n = 1 709/8 088). Dans l'analyse en sous-groupe de l'essai danois, il n'a pas été retrouvé de différence de toxicité selon le fractionnement en cas de traitement systémique par chimiothérapie +/– trastuzumab ou en cas de traitement par létrozole. Dans l'analyse rétrospective de la National Cancer DataBase portant sur plus de 50 000 patientes recevant une chimiothérapie et une RT mammaire adjuvante (sans les aires ganglionnaires) réalisée entre 2004 et 2013, 9 % de ces patientes ont été traitées en HypoF [12.15]. Les auteurs ont montré une augmentation au cours du temps de la proportion de traitements HypoF (< 5 % en 2004 ; 18 % en 2013). Les facteurs médicaux associés à l'HypoF étaient un âge > 80 ans, une taille tumorale T1 et un grade faible.

Au total, l'HypoF modéré en 15 fractions et 3 semaines s'est imposé progressivement depuis dix ans comme le traitement standard actuel en cas d'irradiation du sein seul. Son utilisation pour les aires ganglionnaires et avec *boost* intégré (pour maintenir la même durée totale à 3 semaines) est devenue également une évidence durant ces dernières années. La tendance est à la poursuite de la réduction du nombre de séances pour atteindre 5 fractions (en 1 semaine), comme le montrent les essais d'ultra-HypoF détaillés ci-après pour le sein seul ou pour une irradiation plus large incluant les aires ganglionnaires.

Ultra-hypofractionnement en 1 semaine après chirurgie conservatrice

Le développement d'un schéma plus court limité à 5 séances en 1 semaine a largement été favorisé par les résultats des essais d'HypoF modéré permettant un bénéfice en qualité de vie et une réduction du coût pour une efficacité et une toxicité équivalentes voire meilleures.

Tout comme l'HypoF modéré, l'ultra-HypoF paraît également intéressant au plan radiobiologique au niveau de l'efficacité carcinologique et de la tolérance des tissus sains étant donné les rapports α/β favorables. De plus, l'amélioration des techniques ces dernières années (modulation d'intensité, asservissement respiratoire, etc.) permet des traitements de meilleure qualité avec une amélioration de l'homogénéité de la distribution de doses au niveau des volumes cibles et une meilleure épargne des organes à risque.

Historiquement, l'essai UK-FAST est le premier à tester l'ultra-HypoF en 5 fractions étalées sur 5 semaines. Il a inclus 915 patientes âgées d'au moins 50 ans, ayant un carcinome invasif à bas risque T1-T2 entre 2004 et 2007. Le schéma standard (50 Gy en 25 fractions) a été comparé à deux schémas expérimentaux : 28,5 Gy ou 30 Gy en 5 fractions en 5 semaines à raison d'une seule séance par semaine. Le critère principal de jugement était la tolérance (modification de l'aspect du sein à l'aide de photographies à 2 et 5 ans). Les résultats du schéma 28,5 Gy étaient équivalents au schéma standard, mais inférieurs au schéma de 30 Gy après 10 ans de recul [12.16].

L'essai FAST-FORWARD, plus récent (2011-2014), a été plus loin que le premier en délivrant les 5 séances en un temps court de 1 semaine. Cet essai a inclus 4 096 patientes âgées au moins de 18 ans, traitées par chirurgie conservatrice (93,3 %) ou mastectomie totale (6,7 %) pour un pT1-3, pN0-1, M0. Le schéma considéré comme standard était celui du STRAT-B (40 Gy en 15 fractions et 3 semaines), comparé à deux schémas expérimentaux : 27 Gy ou 26 Gy en 5 fractions et 1 semaine [12.17]. Les caractéristiques et résultats de ces essais sont présentés dans le **tableau 12.2**.

Au plan radiobiologique, ces deux schémas expérimentaux ont été proposés suite aux estimations du rapport α/β des tissus normaux à partir des essais START-A et B et UK-FAST. Le schéma 27 Gy en 5 fractions correspondait au schéma 40 Gy en 15 fractions de 2,67 ou 46 Gy en 23 fractions de 2 Gy avec un rapport α/β à 3. Le schéma 26 Gy permettait de prendre en compte l'effet du raccourcissement de l'étalement.

Une des critiques de l'essai FAST-FORWARD était la réalisation d'un *boost* séquentiel, en 5 ou 8 fractions, rallongeant d'autant le traitement, chez quasiment un quart des patientes. À noter qu'un quart des patientes avaient reçu une chimiothérapie adjuvante et 3 % environ une chimiothérapie néoadjuvante. Elles étaient 18,7 % à avoir une atteinte ganglionnaire faisant l'objet d'une analyse ultérieure de sous-groupe (FAST-FORWARD Nodal substudy). Cet essai a permis de démontrer à 5 ans la non-infériorité en termes de contrôle local des schémas ultra-HypoF, ce qui était le critère principal de jugement,

Tableau 12.2. Essais d'hypofractionnements sévères ou ultra-hypofractionnés.

Essais et bras de randomisation	Années	Suivi médian	Nombre de patientes	Critères d'inclusion	Efficacité	Toxicité
UK-FAST Brunt *et al.*, 2020 [12.16]	2004-2007	9,9 ans	915	pT1-2 pN0	Récidive locale à 10 ans	Plus importante dans le bras 30 Gy Équivalence par ailleurs pour le bras 28,5 Gy
50 Gy/25 fr/ 5 semaines					N = 3	
30 Gy/5 fr/ 5 semaines					N = 4	
28,5 Gy/5 fr/ 5 semaines					N = 4	
FAST-FORWARD Brunt *et al.*, 2020 [12.17]	2011-2014	71,5 mois	4 096	pT1-3, pN0-1, M0 chirurgie conservatrice ou mastectomie totale	Récidive locale à 5 ans	Meilleurs résultats avec le 26 Gy en 5 fractions
40 Gy/15 fr/ 3 semaines					2,1	9,9 %
27 Gy/5 fr/ 1 semaine					- 0,3 (par rapport à 40 Gy en 15 fractions)	15,4 %
26 Gy/5 fr/ 1 semaine					- 0,7 (par rapport à 40 Gy en 15 fractions)	11,9 %

ainsi que la non-infériorité en termes de tolérance du schéma 26 Gy en 5 fractions. Les résultats dans le bras 27 Gy étaient décevants par rapport au bras contrôle [12.17]. Les résultats de suivi à plus long terme sont attendus mais ce schéma a déjà été adopté en pratique courante pour les patientes de bon pronostic, traitées par mastectomie partielle, en marges saines, et sans indication d'irradiation des aires ganglionnaires.

Recommandations nationales et internationales pour la pratique

Dans les recommandations françaises, l'HypoF modéré doit être proposé chez les patientes de 50 ans ou plus, après chirurgie conservatrice en berges saines pour une tumeur T1-2 pN0 sans emboles vasculaires et sans indication d'irradiation ganglionnaire [12.18]. Les schémas hypofractionnés proposés sont :

- 42,5 Gy/16 fractions sur 22 jours ;
- 41,6 Gy/13 fractions sur 5 semaines ;
- 40 Gy/15 fractions sur 3 semaines.

Une attention particulière est nécessaire pour limiter la dose aux organes à risque et avoir une dose homogène dans le volume cible. Pour la SFRO, le schéma 26 Gy en 5 fractions selon FAST-FORWARD peut être proposé mais avec un niveau de preuve plus faible.

Au niveau européen, pour l'ESTRO [12.19], l'HypoF modéré est consensuel (schémas 40 ou 42,56 Gy en 15 ou 16 fractions et 3 semaines), quels que soient l'âge de la patiente, la taille tumorale, le type biologique de tumeur, la taille des marges, l'indication ou non d'un *boost*, le volume mammaire, le type de carcinome invasif ou *in situ*, le type de chirurgie conservatrice (+/– oncoplastie) et la réalisation (ou non) d'un traitement systémique adjuvant. En revanche, il n'y a pas de consensus concernant l'ultra-HypoF.

Les recommandations américaines du NCCN proposent une RT mammaire hypofractionnée (schémas 40 ou 42,5 Gy en 15 ou 16 fractions et 3 semaines) en situation adjuvante. L'ultra-HypoF à la dose de 28,5 Gy en 5 fractions, à raison d'une fraction par semaine, peut être proposé à certaines patientes sélectionnées de plus de 50 ans, ayant une tumeur de bon pronostic, N0, sans indication de *boost*. Le schéma FAST-FORWARD (26 Gy en 5 fractions et 1 semaine) peut être une alternative, malgré le manque de recul. Pour la société américaine d'oncologie radiothérapie (ASTRO), les schémas HypoF modérés sont à privilégier (40 ou 42,5 Gy en 15 ou 16 fractions), quels que soient l'âge de la patiente, le grade tumoral, l'immunohistochimie, la taille des marges, le côté droit ou gauche, le volume mammaire, la réalisation (ou non) d'une chimiothérapie avant la RT ou d'un traitement par trastuzumab ou hormonothérapie avant ou pendant la RT [12.20].

Hypofractionnement de la radiothérapie partielle du sein

Le concept de l'irradiation partielle et accélérée du sein (IPAS) a été développé dès la fin des années 1990, essentiellement par des équipes américaines, notamment du William Beaumont Hospital de Détroit [12.21, 12.22]. Très rapidement, ce concept attractif pour réduire le temps de traitement et le nombre de mastectomies totales avait conduit à l'utilisation de nombreuses techniques, incluant la curiethérapie interstitielle (avec une implantation immédiate en peropératoire ou différée) ou par ballonnet (type MammoSite) et les techniques d'IPAS utilisant la radiothérapie conformationnelle tridimensionnelle avec ou sans modulation d'intensité.

Ce développement a rapidement été encadré par des critères de sélection des patientes plus ou moins stricts et la nécessité d'un contrôle qualité optimal de la technique choisie par les centres [12.23]. Les années 2000 ont été marquées par la disponibilité d'un nombre important de publications monocentriques rassurantes sur la toxicité et le score esthétique à court terme. Durant la dernière décennie, en même temps que l'initiation de nombreux essais de phase III comparant l'IPAS à la RT de la glande mammaire en totalité, les sociétés savantes et les groupes coopérateurs d'experts ont défini un cadre pour l'utilisation de l'IPAS comme une option en dehors des études de phase III prospectives contrôlées. Pour mieux encadrer les indications, les sociétés savantes américaines et européennes ont publié dès le début des années 2010, les recommandations pour permettre de sélectionner de façon stricte les patientes pouvant recevoir une IPAS en dehors d'essais thérapeutiques. Les recommandations de l'ASTRO puis de l'ESTRO ont défini un groupe à faible risque comme éligible pour une IPAS avec les critères suivants : taille tumorale ≤ 2 cm, âge ≥ 50 ans, unifocalité de la lésion, berges d'exérèse négative ≥ 2 mm, pN0 ou PN(i+), pas d'emboles vasculaires et des récepteurs hormonaux positifs [12.24, 12.25].

Le **tableau 12.3** présente les critères d'inclusion et les résultats des essais majeurs publiés avec des reculs entre 5 et 10 ans. La conclusion globale de ces essais est que les taux de récidives locales sont rassurants et équivalents entre l'IPAS et l'irradiation standard. Cependant, les résultats restent très controversés pour ce qui est des toxicités tardives et l'impact des hautes doses par fraction des résultats esthétiques à long terme.

Le positionnement de l'IPAS, tel que développé depuis plus de 20 ans, est actuellement incertain. En effet, ces dernières années le développement du schéma ultra-HypoF avec une dose unique quotidienne a significativement réduit le potentiel de l'application pratique de l'IPAS chez les patients ayant des cancers du sein de bon pronostic. Sa place dans l'arsenal de l'HypoF est ainsi compromise du fait de la lourdeur de la pratique de deux séances quotidiennes espacées de 6 heures contrairement au schéma d'irradiation de la totalité de la glande mammaire selon le protocole du FAST-FORWARD avec une séance quotidienne. L'avenir est certainement au développement de l'ultra-HypoF ciblant le lit opératoire à défaut de la totalité de la glande.

Hypofractionnement de la radiothérapie des aires ganglionnaires

Hypofractionnement modéré en 3 semaines

L'adoption de l'HypoF modéré pour les indications de l'irradiation ganglionnaire des cancers du sein reste moins évidente que les irradiations mammaires ou pariétales seules. En effet, le niveau de preuve pour en faire une recommandation reste bas, et les données disponibles dans la littérature demeurent limitées. Les essais START-A et B par exemple n'ont inclus que 14 % et 7 % de patientes ayant reçu une irradiation ganglionnaire [12.3]. De plus, les analyses *post-hoc* de ces essais n'ont pas étudié le sous-groupe des irradiations ganglionnaires plus spécifiquement, même si les évaluations fonctionnelles des membres supérieurs et des épaules dans ces analyses globales n'ont révélé aucune preuve d'impact négatif des schémas HypoF vers le schéma conventionnel [12.3].

Tableau 12.3. Critères d'inclusion et résultats des essais majeurs d'IPAS utilisant la RT externe.

Critères	IMPORT LOW	NSABP B 39 RTOG	RAPID	IRMA	SHARE
N	2018	4 216	2 135	3 302	1 006
Âge	> 50	> 18	> 40	> 49	≥ 50
Taille tumorale	pT1-2 < 30 mm	pT1-2 < 30 mm	pT1-2 ≤ 20 mm	< 30 mm	≤ 20 mm
Statut N	pN0-1	pN0-1	pN0-1	pN0-1	pN0
Grade	I-II	I-III	I-III	I-III	I-II
Taille des berges	> 2 mm	Négative*	Négative*	≥ 2 mm	≥ 2 mm
Techniques	RC 3D + MI	RC 3D et CI et MMS	RC 3D	RC 3D	RC 3D
Dose/fraction pour IPAS	• 36 Gy sein en totalité et 40 Gy dans le lit opératoire/15 fr • 40 Gy/IPAS	RC 3D : 38,5 Gy/10 fr CI et MMS : 34 Gy/10 fr	38,5 Gy/10 fr	38,5 Gy/10 fr	38,5 Gy/10 fr ou 34 Gy/10 fr
Bras standard	40 Gy/15 fr sein en totalité	50 Gy/25 fr ± *boost*	50 Gy/25 fr ± *boost*	50 Gy/25 fr ± *boost* ou 40-45 Gy/15 fr-18 fr ± *boost*	50 Gy/25 fr ou 42,5 Gy/16 fr ou 40 Gy/15 fr ± *boost*
Rechute locale	À 5 ans : 0,5 % (IPAS) 0,2 % (36 Gy sein/40 Gy lit) 1,1 % (bras standard)	À 10 ans : 4,6 % (IPAS) 3,9 % (bras standard)	À 8 ans : 3 % (IPAS) 2,8 % (bras standard)	ND Suivi 5,6 ans	ND Suivi 5,6 ans
Toxicités	Équivalence ou mois de toxicités dans les bras IPAS	Toxicité : pas de différence Grade 3 : 10 % dans IPAS et 7 % dans standard	Toxicité aiguë meilleure avec IPAS Toxicité tardive (≥ grade 2) et esthétique dégradée dans le bras IPAS	Augmentation de la toxicité tardive des tissus mous avec IPAS Esthétique discrètement réduite	Toxicité globale et cutanée spécifique en faveur de IPAS Esthétique identique

* La taille de la berge est non précisée.

CI : curiethérapie interstitielle ; MI : modulation d'intensité ; MMS : MammoSite® ; ND : non déterminé ; RC 3D : radiothérapie conformationnelle en 3D.

Les résultats plus matures des essais de phase III randomisés français (HYPO-G01) et danois (DBCG Skagen trial 1) sont en attente. Le premier est un essai de non-infériorité ayant inclus 1 260 patientes à haut risque randomisées entre le schéma conventionnel (50 Gy en 25 fractions +/– *boost*) *versus* le schéma 40 Gy en 15 fractions (+/– *boost*). L'objectif principal concerne l'incidence du lymphœdème du membre supérieur. Les premiers résultats de toxicité à 3 ans sont rassurants en dehors des patientes obèses [12.26]. Les résultats plus matures et répondant à l'objectif principal sont en attente.

Dans l'essai danois, la particularité concerne l'escalade de dose du *boost* (de 10 Gy *versus* 16 Gy) et sa délivrance en « boost intégré » dans les deux bras conventionnel (50 Gy en 25 fractions) et HypoF modéré (40 Gy en 15 fractions) et l'inclusion des aires ganglionnaires dans les volumes d'irradiation après chirurgie conservatrice ou post-mastectomie totale. Une analyse préliminaire a été rapportée au congrès de l'ESTRO en 2022. À 3 ans, il n'a été observé aucune différence entre les bras conventionnel et HypoF en termes d'induration, de l'état fonctionnel et la mobilité du membre supérieur, ni en termes d'incidence de lymphœdème [12.27].

Actuellement, la seule étude randomisée publiée avec un recul de 58 mois ne concerne que les patientes ayant eu une mastectomie totale. Les 810 patientes chinoises à très haut risque (T3-4, > 4N+) incluses ont été randomisées entre un schéma conventionnel (50 Gy en 25 fractions) contre un schéma HypoF (43,5 G en 15 fractions) sur la paroi thoracique et les aires ganglionnaires. Dans cet essai, le seuil de non-infériorité du bras HypoF a été atteint pour la toxicité tardive, le contrôle locorégional et la survie (HR : 1,10 ; IC 90 % : 0,72-1,69, $p < 0{,}0001$). La toxicité aiguë était moindre dans le bras HypoF [12.28].

Ultra-hypofractionnement en 1 semaine

Après la validation de l'HypoF modéré en 15 fractions (+/– *boost*) et la démonstration de la non-infériorité dans le FAST-FORWARD du schéma 26 Gy en 5 fractions dans le sein seul, le défi est de valider ce dernier dans les irradiations incluant les aires ganglionnaires. La première étude, rapportée au congrès de l'ESTRO en 2022, est une analyse rétrospective des données des 469 patientes de l'essai FAST-FORWARD qui ont reçu une irradiation ganglionnaire dont 39 % dans le bras standard, 22 % et 39 % dans les bras tests, 27 Gy et 26 Gy en 5 fractions, respectivement. La comparaison du bras 26 Gy au 40 Gy n'a pas trouvé de différence entre 2 et 3 ans en termes de toxicité des tissus sains, ni au plan fonctionnel de l'épaule. Les résultats étaient plus mauvais dans le bras 27 Gy. Les taux de lymphœdèmes du membre supérieur à 3 ans étaient de 8 %, 12 % et 15 % respectivement [12.16].

Deux essais randomisés évaluant l'ultra-HypoF de l'irradiation ganglionnaire des patientes à haut risque sont en cours (**Tab. 12.4**).

L'essai canadien (RHEAL, NCT04228991) est en cours de recrutement, avec comme objectif principal de démontrer la non-infériorité du schéma d'irradiation ganglionnaire (sus-claviculaire, mammaire interne +/– axillaire) de 26 Gy en 5 fractions au schéma HypoF modéré de 40 Gy en 15 fractions. Le critère de jugement principal est le lymphœdème en mesurant le volume du bras.

Tableau 12.4. Essais randomisés en cours évaluant l'ultra-hypofractionnement de la RT des aires ganglionnaires des cancers du sein à haut risque.

Essais	Pays	N	Dose et fractionnement	Critère principal
RHEAL (NCT04228991)	Canada	558	26 Gy en 5 fr (± *boost*) *versus* 40 Gy en 15 fr (± *boost*)	Lymphœdème à 3 ans
HYPORT (NCT03788213)	Inde	2 100	26 Gy en 5 fr dans le sein ou la paroi thoracique avec un *boost* intégré de 6 Gy en 5 fr (en cas de chirurgie conservatrice) *versus* 40 Gy en 15 fr dans le sein ou la paroi thoracique avec un *boost* intégré de 8 Gy en 15 fr (en cas de chirurgie conservatrice)	Rechute locorégionale à 5 ans

Le second essai randomisé de phase III de non-infériorité entre les deux schémas en cours en Inde (HYPORT-Adjuvant trial, NCT03788213) a prévu de recruter 2 100 patientes avec des cancers du sein à haut risque [12.29]. La particularité de cet essai est d'avoir prévu dans les deux bras un *boost* intégré sur le lit opératoire en cas de chirurgie conservatrice portant la dose à 48 Gy en 15 fractions dans le bras standard et 36 Gy en 5 fractions dans le bras ultra-HypoF. Le critère de jugement principal est le risque de récidive locorégionale à 5 ans.

Conclusion

L'hypofractionnement modéré est devenu un standard dans le cancer du sein et une large majorité d'autres cancers. Son évolution de la situation adjuvante des formes localisées s'est faite progressivement vers les formes à haut risque de rechute imposant une irradiation élargie aux aires ganglionnaires. La seconde évolution a été de « figer » l'étalement sur 3 semaines et de délivrer le *boost* (après chirurgie conservatrice) en 15 fractions et de façon concomitante à l'irradiation de la glande mammaire. Le schéma ultra-hypofractionné de 26 Gy en 5 fractions est validé chez les patientes ménopausées après chirurgie conservatrice. Il est en cours de test pour une irradiation plus large incluant les aires ganglionnaires dans les cancers à haut risque. À l'évidence, ce schéma à dose unique quotidienne a supplanté la pratique de l'IPAS en deux séances espacées de 6 heures. Ainsi, la nouvelle place de l'IPAS est à redéfinir.

Références

[12.1] Early Breast Cancer Trialists' Collaborative Group (EBCTCG), Darby S, McGale P, Correa C, *et al.* Effect of radiotherapy after breast-conserving surgery on 10-year recurrence and 15-year breast cancer death: meta-analysis of individual patient data for 10,801 women in 17 randomised trials. *Lancet Lond Engl* 2011 ; 378 : 1707-16.

[12.2] Oxford meta 2014 EBCTCG (Early Breast Cancer Trialists' Collaborative Group); McGale P, Taylor C, Correa C, *et al.* Effect of radiotherapy after mastectomy and axillary surgery on 10-year recurrence and 20-year breast cancer mortality: meta-analysis of individual patient data for 8135 women in 22 randomised trials. *Lancet* 2014 ; 383 : 2127-35.

[12.3] Haviland JS, Owen JR, Dewar JA, *et al.* The UK Standardisation of Breast Radiotherapy (START) trials of radiotherapy hypofractionation for treatment of early breast cancer: 10-year follow-up results of two randomised controlled trials. *Lancet Oncol* 2013 ; 14 : 1086-94.

[12.4] Whelan TJ, Pignol JP, Levine MN, *et al.* Long-term results of hypofractionated radiation therapy for breast cancer. *N Engl J Med* 2010 ; 362 : 513-20.

[12.5] Bellon JR, Blitzblau R, Smith BD, *et al.* Radiation therapy for the whole breast: executive summary of an American Society of Radiation Oncology (ASTRO) evidence-based guideline. *Pract Radiat Oncol* 2018 ; 8 : 145-52.

[12.6] Clarke M, Collins R, Darby S, *et al.* Effects of radiotherapy and of differences in the extent of surgery for early breast cancer on local recurrence and 15-year survival: an overview of the randomised trials. *Lancet* 2005 ; 366 : 2087-106.

[12.7] Batumalai V, Delaney GP, Descallar J, *et al.* Variation in the use of radiotherapy fractionation for breast cancer: Survival outcome and cost implications. *Radiother Oncol* 2020 ; 152 : 70-7.

[12.8] Hennequin C, Dubray B. Le rapport alpha/bêta revisité à l'heure de l'hypofractionnement. *Cancer Radiother* 2013, 17 : 344-8.

[12.9] Owen JR, Ashton A, Bliss JM, *et al.* Effect of radiotherapy fraction size on tumour control in patients with early-stage breast cancer after local tumour excision: long-term results of a randomised trial. *Lancet Oncol* 2006 ; 7 : 467-71.

[12.10] Wang SL, Fang H, Hu C, *et al.* Hypofractionated Versus Conventional Fractionated Radiotherapy After Breast-Conserving Surgery in the Modern Treatment Era: A Multicenter, Randomized Controlled Trial From China. *J Clin Oncol* 2020 ; 38 : 3604-14.

[12.11] Shaitelman SF, Schlembach PJ, Arzu I, *et al.* Acute and Short-term Toxic Effects of Conventionally Fractionated vs Hypofractionated Whole-Breast Irradiation: A Randomized Clinical Trial. *JAMA Oncol* 2015 ; 1 : 931.

[12.12] Offersen BV, Alsner J, Nielsen HM, *et al.* Hypofractionated Versus Standard Fractionated Radiotherapy in Patients With Early Breast Cancer or Ductal Carcinoma In Situ in a Randomized Phase III Trial: The DBCG HYPO Trial. *J Clin Oncol* 2020 ; 38 : 3615-25.

[12.13] Forster T, Köhler C, Dorn M, *et al.* Noninferiority of Local Control and Comparable Toxicity of Intensity Modulated Radiation Therapy With Simultaneous Integrated Boost in Breast Cancer: 5-Year Results of the IMRT-MC2 Phase III Trial. *Int J Radiat Oncol Biol Phys* 2023 ; 117 : 857-68.

[12.14] Coles CE, Haviland JS, Kirby AM, *et al.* Dose-escalated simultaneous integrated boost radiotherapy in early breast cancer (IMPORT HIGH): a multicentre, phase 3, non-inferiority, open-label, randomised controlled trial. *Lancet* 2023 ; 401 : 2124-37.

[12.15] Diwanji TP, Molitoris JK, Chhabra AM, *et al.* Utilization of hypofractionated whole-breast radiation therapy in patients receiving chemotherapy: a National Cancer Database analysis. *Breast Cancer Res Treat* 2017 ; 165 : 445-53.

[12.16] Brunt AM, Haviland JS, Sydenham M, *et al.* Ten-Year Results of FAST: A Randomized Controlled Trial of 5-Fraction Whole-Breast Radiotherapy for Early Breast Cancer. *J Clin Oncol* 2020 ; 38 : 3261-72.

[12.17] Brunt AM, Haviland JS, Wheatley DA, *et al.* Hypofractionated breast radiotherapy for 1 week versus 3 weeks (FAST-Forward): 5-year efficacy and late normal tissue effects results from a multicentre, non-inferiority, randomised, phase 3 trial. *Lancet* 2020 ; 395 : 1613-26.

[12.18] Hennequin C, Belkacémi Y, Bourgier C, *et al.* Radiotherapy of breast cancer. *Cancer Radiother* 2022 ; 26 : 221-30.

[12.19] Meattini I, Becherini C, Boersma L, *et al.* European Society for Radiotherapy and Oncology Advisory Committee in Radiation Oncology Practice consensus recommendations on patient selection and dose and fractionation for external beam radiotherapy in early breast cancer. *Lancet Oncol* 2022 ; 23 : e21-31.

[12.20] Smith BD, Bellon JR, Freedman G, *et al.* Radiation therapy for the whole breast: Executive summary of an American Society for Radiation Oncology (ASTRO) evidence-based guideline. *Pract Radiat Oncol* 2018 ; 8 : 145-52.

[12.21] Baglan KL, Sharpe MB, Jaffray D, *et al.* Accelerated partial breast irradiation using 3D conformal radiation therapy (3D-CRT). *Int J Radiat Oncol Biol Phys* 2003 ; 55 : 302-11.

[12.22] Vicini F, Baglan K, Kestin L, *et al.* The emerging role of brachytherapy in the management of patients with breast cancer. *Semin Radiat Oncol* 2002 ; 12 : 31-9.

[12.23] Vicini F, Arthur D, Polgar C, Kuske R. Defining the efficacy of accelerated partial breast irradiation: the importance of proper patient selection, optimal quality assurance, and common sense. *Int J Radiat Oncol Biol Phys* 2003 ; 57 : 1210-3.

[12.24] Correa C, Harris EE, Leonardi MC, *et al.* Accelerated Partial Breast Irradiation: Executive summary for the update of an ASTRO Evidence-Based Consensus Statement. *Pract Radiat Oncol* 2017 ; 7 : 73-9.

[12.25] Polgar C, Van Limbergen E, Potter R, *et al.* Patient selection for accelerated partial-breast irradiation (APBI) after breast-conserving surgery. Recommendations of the Groupe Europeen de Curietherapie-European Society for Therapeutic Radiology and Oncology (GEC-ESTRO) breast cancer working group based on clinical evidence. *Radiother Oncol* 2010 ; 94 : 264-73.

[12.26] Rivera S, Karamouza E, Kirova Y, *et al.* UNICANCER phase 3 trial of locoregional hypo vs normo fractionated RT in early breast cancer. *Radiother Oncol* 2023 ; 182 : S625-6.

[12.27] Offersen B, Alsner J, Nielsen HM, *et al.* DBCG phase III trial of hypo- vs standard fractionated RT in 2879 pN+breast cancer patients. *Radiother Oncol* 2022 ; 170 : S76-7.

[12.28] Yadav BS, Dahiya D, Kannan P, *et al.* HYPofractionated Adjuvant RadioTherapy in 1 versus 2 weeks in high-risk patients with breast cancer (HYPART): a non-inferiority, open-label, phase III randomised trial. *Trials* 2024 ; 25 : 21.

[12.29] Chakraborty S, Chatterjee S; Hyport Adjuvant Author Group. HYPORT adjuvant acute toxicity and patient dosimetry quality assurance results – Interim analysis. *Radiother Oncol* 2022 ; 174 : 59-68.

Chapitre 13

Stéréotaxie des tumeurs du poumon et du foie

Alexandre Taillez, David Pasquier

Les progrès technologiques ont permis de développer des traitements par radiothérapie stéréotaxique extracrânienne (*stereotactic body radiotherapy* [SBRT]), à haute dose, permettant un contrôle local élevé et une bonne tolérance pour des lésions tumorales pulmonaires, qu'elles soient primitives ou secondaires. La SBRT s'est imposée comme le standard chez les patients présentant une néoplasie bronchique de stade précoce et inopérable, et il s'agit d'une option chez les patients opérables. La SBRT des lésions intrahépatiques est également une thérapeutique efficace dans le cadre du traitement de tumeurs primitives ou secondaires. Sa place est encore peu mise en avant dans la stratégie thérapeutique par rapport aux autres traitements locaux ablatifs de radiologie interventionnelle, en particulier pour les cancers primitifs.

L'essor des traitements par SBRT des patients oligométastatiques dans de nombreux cancers tel le côlon, le poumon, le sein, font de cette technique une solution attractive. Le foie est un organe radiosensible, et la radiothérapie (RT) hépatique a longtemps été limitée par les toxicités qu'elle engendrait. Pourtant, l'avènement de la RT de haute précision permet maintenant de traiter les lésions avec des marges minimes et donc d'augmenter la dose délivrée en diminuant le volume de foie sain irradié. La mise en œuvre de ces traitements requiert des moyens techniques importants, une relation interprofessionnelle forte ainsi qu'une formation et une expérience appropriées. L'aspect radiologique post-thérapeutique est spécifique à la SBRT, à la fois pour les localisations hépatiques et pulmonaires. Cet aspect doit être connu afin de ne pas conclure à tort à une persistance évolutive ou à une récidive.

Radiothérapie stéréotaxique des tumeurs du poumon

- Développements technologiques constants depuis plus de 15 ans permettant des indications de plus en plus nombreuses.

- Thérapie locale efficace, permettant un contrôle local équivalent à celui de la chirurgie pour les cancers primitifs de stades précoces.
- Toxicité à court et long terme satisfaisante.
- L'aspect radiologique post-thérapeutique est spécifique et doit être connu afin d'éviter le risque de conclure à tort à une persistance évolutive ou à une récidive.

Indications cliniques

Tumeurs primitives

Avec environ 2,2 millions de nouveaux cas et 1,8 million de décès, le cancer du poumon est le deuxième cancer le plus fréquemment diagnostiqué et la principale cause de décès par cancer dans le monde (18 %), suivi par le cancer colorectal (9,4 %) et le cancer du foie (8,3 %). En France, le cancer bronchique est la première cause de décès par cancer chez l'homme et la deuxième chez la femme après le cancer du sein [13.1].

La chirurgie a été le premier traitement des stades localisés des cancers bronchiques non à petites cellules. La RT a tout d'abord été une alternative à la chirurgie chez les patients inopérables, en raison de l'âge et/ou de comorbidités respiratoires, et chez les patients refusant la chirurgie. Les développements technologiques ont permis d'améliorer considérablement le contrôle local, avec un ciblage inter et per-fraction, un hypofractionnement extrême permettant de délivrer un traitement en quelques séances tout en augmentant la dose biologique efficace (BED). La SBRT est ainsi devenue le standard chez les patients inopérables et une option chez des patients présentant un cancer primitif de stade localisé et médicalement opérables.

La confirmation de la malignité par biopsie est recommandée mais non obligatoire, en particulier chez les patients les plus à risque de morbidité respiratoire après une biopsie, à condition de respecter les bonnes pratiques du diagnostic clinique et radiologique. Dans un consensus européen, les institutions ont convenu qu'il n'y avait pas de contre-indications absolues à la SBRT pulmonaire en termes d'âge, de score de Charlson, de bronchopneumopathie chronique obstructive ou de fonction respiratoire avant traitement. Cependant, la majorité des institutions s'accordent sur un statut de performance ECOG de 3 au maximum (accord 75 %) et une espérance de vie minimale de 1 an (accord 75 %). La limite supérieure (accord 87,5 %) du diamètre tumoral considéré comme acceptable pour la SBRT est une médiane de 5 cm (intervalle 5-8 cm) [13.2].

Des études randomisées comparant SBRT et chirurgie ont fermé précocement en raison d'un faible nombre d'inclusions. Les études rétrospectives se heurtent à des biais méthodologiques, les populations traitées par SBRT et chirurgicalement étant différentes, avec plus de comorbidités chez les patients non opérés. La SBRT a montré sa supériorité en termes de contrôle local comparée à la RT conformationnelle normofractionnée dans un essai randomisé, ayant inclus 101 patients. Les patients étaient traités avec une dose de 54 Gy en 3 fractions *versus* 66 Gy en 33 fractions (ou 50 Gy en 20 fractions selon la préférence des investigateurs). La survie sans récidive locale était significativement améliorée chez les patients traités par SBRT (HR : 0,32, IC 95 % : 0,13-0,77, p = 0,0077) [13.3].

Classiquement, les données de la littérature recommandent une BED10 supérieure à 100 Gy. Néanmoins, ces données reposent sur des données anciennes, basées sur des algorithmes de calcul de dose maintenant obsolètes. Dans la phase 2 RTOG 0236, une dose de 54 Gy en 3 fractions de 18 Gy permettait un contrôle local de 98 % (IC 95 % : 84,3-99,7) à 3 ans chez des patients inopérables. Le taux de contrôle locorégional était de 87,2 % (IC 95 % : 71-94,7) [13.4]. Une phase 2 (RTOG 0618) a inclus des patients opérables présentant un cancer périphérique de stade T1 ou T2, N0, M0, de taille maximale de 5 cm, traités selon le même schéma. Le taux de contrôle local à 4 ans était de 96 % (IC 95 % : 83-100) [13.5].

La place de la séance unique n'est pas déterminée. La phase 2 randomisée RTOG 0915 (NCCTG N0927) a comparé une séance unique de 34 Gy à une dose de 48 Gy en 4 fractions, chez 94 patients présentant une néoplasie bronchique de stade T1 ou T2 N0M0. Le taux de récidive locale était très faible et similaire entre les deux bras, respectivement de 10,6 % (IC 95 : 3,3-23,1) et 6,8 % (IC 95 : 1,7-16,9). Il n'était pas retrouvé de différence de toxicité entre les deux bras [13.6].

Le consensus européen distingue les lésions périphériques avec ou sans large contact avec la paroi thoracique. Dans le premier cas, le nombre privilégié de fraction est de 3, avec des doses totales allant de 40,5 Gy à 54 Gy. Dans le cas des patients présentant une tumeur avec un large contact avec la paroi thoracique, les schémas s'étalent de 3 fractions de 13,5 Gy à 5 fractions de 11 Gy. Un consensus a été obtenu pour un schéma de 4 fractions de 12 Gy. Il est important de noter que le mode de prescription peut rendre difficile la comparaison entre ces schémas. Un consensus a été obtenu pour une dose maximale au sein du PTV de 125 % à 150 % de la dose prescrite dans les deux situations cliniques [13.2].

Tumeurs secondaires

Les métastases pulmonaires sont le plus fréquemment rencontrées dans le cadre des cancers du sein, du côlon et du rectum, du rein, du poumon et de la tête et du cou. Selon la situation clinique, un traitement systémique complété ou non par un traitement local peut être mis en œuvre. Les traitements locaux à visée ablative des métastases pulmonaires ont été le siège d'un regain d'intérêt depuis l'avènement du concept de maladie oligométastatique. Ces traitements locaux peuvent être la chirurgie, des traitements de type thermoablatifs ou plus récemment la SBRT. Son caractère non invasif, ses bons résultats carcinologiques et sa bonne tolérance font considérer la SBRT comme le traitement à privilégier dans la plus grande partie de ces situations cliniques. Il n'existe pas de définition consensuelle de la maladie oligométastatique, bien que communément un nombre maximal de 3 à 5 lésions secondaires soit retenu. En l'absence de données cliniques robustes établissant un nombre maximal de métastases et d'organes atteints, des consensus récents ont défini la maladie oligométastatique comme un stade permettant un traitement à visée ablative de tous les sites métastatiques [13.7].

De multiples études rétrospectives et prospectives ont montré un très bon contrôle local des oligométastases pulmonaires de différents primitifs après SBRT. Dans la plupart de ces séries, des schémas très hypofractionnés ont été utilisés pour des lésions périphériques, de 3 à 5 fractions avec une dose totale de 48 Gy à 60 Gy.

Des essais randomisés de phase 2 ont évalué spécifiquement la SBRT des oligométastases de cancer bronchique non à petites cellules, que ces métastases soient pulmonaires ou non. La première a inclus des patients présentant jusqu'à 3 lésions secondaires et une maladie stable 3 mois au moins après une 1re ligne de traitement systémique. Les patients étaient randomisés entre un traitement de maintenance/surveillance et une SBRT de tous les sites métastatiques. Avec un suivi médian de 39 mois, la survie sans progression médiane était de 14 mois (IC 95 % : 7,4-23) et 4,4 mois (IC 95 % : 2,2-8,3) en faveur du traitement des oligométastases (p = 0,022). Un bénéfice en termes de survie globale était également mis en évidence, avec une survie médiane de 41,2 mois et 17 mois (p = 0,017) [13.8]. Avec un schéma similaire, la phase 2 CURB a mis en évidence une survie sans progression médiane de 10 mois (7,2-non atteinte) *versus* 2,2 mois (IC 95 % : 2-4,5) (HR : 0,41, IC 95 % : 0,22-0,75 ; p = 0,0039), là encore en faveur du traitement des oligométatstases [13.9]. À ce jour le cancer bronchique est la localisation pour laquelle la SBRT des oligométastases est la plus prometteuse, néanmoins des essais de phase 3 sont en cours.

Indications discutées

Si la SBRT des lésions centrales est pratiquée par la plus grande partie des centres ayant participé à un consensus européen [13.2], le traitement des tumeurs primitives ou secondaires ultra-centrales a été associé à un risque augmenté de toxicité. Ces tumeurs sont habituellement définies comme étant à moins de 1 cm des voies aériennes centrales, ou tumeurs dont le PTV est au contact de l'arbre bronchique proximal ou des structures médiastinales centrales (œsophage, gros vaisseaux).

Les données prospectives sont très rares. Récemment, la phase 2 HILUST a rapporté les résultats chez 65 patients traités avec un schéma de 8 fractions de 7 Gy prescrit sur l'isodose 67 %. La tumeur se situait à moins de 1 cm de la trachée ou de l'arbre bronchique chez 39 patients. Une toxicité de grade 3 à 5 était rapportée chez 22 patients, dont 10 décès attribués au traitement, en lien essentiellement avec une toxicité vasculaire. La distance entre la tumeur et l'arbre bronchique ainsi que les doses maximales aux bronches souches étaient associées au risque d'hémoptysie fatale [13.10].

Une méta-analyse récente a compilé les résultats de 27 séries, une seule étant prospective [13.10, 13.11]. Les fractionnements de dose les plus courants étaient de 50 Gy/5, 60 Gy/8 et 60 Gy/12 fractions. Le contrôle local à 1 et 2 ans était de 92 % et 89 %. L'incidence des toxicités de grade 3 à 4 était de 6 %, le plus souvent sous forme de pneumopathie. L'incidence des décès toxiques était de 4 %, le plus fréquemment attribuable à une hémoptysie. Un traitement anticoagulant, une maladie pulmonaire interstitielle, une tumeur endobronchique et une thérapie ciblée concomitante ont été identifiés comme des facteurs de risque pour les événements de toxicité mortelle.

Des données issues d'études prospectives bien conçues sont nécessaires pour établir les doses optimales, les volumes et les tolérances des tissus sains pour la SBRT dans cette population particulière de patients.

Particularités techniques

La technique répond aux exigences de la SBRT des tumeurs mobiles, nécessitant la prise en compte de ces mouvements. Les recommandations européennes considèrent que l'utilisation de dispositifs d'immobilisation spécifiques est considérée comme optionnelle, de même que la compression abdominale et l'administration de produit de contraste intraveineux pour l'imagerie par scanner. L'utilisation d'une tomographie par émission de positons (FDG-PET) dédiée pour la définition du volume cible est facultative (accord à 87,5 %). Cependant, l'imagerie par scanner avec produit de contraste et l'imagerie FDG-PET peuvent être plus utiles pour les lésions centrales [13.2].

La SBRT utilisant des marges non personnalisées sans une stratégie de compensation des mouvements respiratoires en 4D est considérée comme insuffisante. Un volume cible interne (ITV) est obligatoire en tant que stratégie minimale de compensation des mouvements ; la stratégie de mid-ventilation est considérée comme recommandée ou facultative. Basée sur l'utilisation obligatoire d'une stratégie de compensation des mouvements respiratoires en 4D, l'imagerie scanner 4D corrélée à la respiration pour la planification du traitement est considérée comme obligatoire par la moitié des institutions. La délivrance de faisceaux sous contrôle (accord à 75 %) ou le suivi en temps réel de la tumeur (accord à 87,5 %) sont des technologies optionnelles.

Les algorithmes de calcul de dose de type A sans correction d'hétérogénéité sont insuffisants, et les algorithmes de type B, tels que la superposition-convolution ou les algorithmes de « collapse cone », sont obligatoires (accord à 87,5 %). La dose est le plus fréquemment prescrite sur l'isodose englobant le PTV ou sur les valeurs D99 %-D95 % du PTV. L'utilisation d'une hétérogénéité de dose à l'intérieur du PTV est recommandée par la majorité des institutions [13.2] (**Fig. 13.1**).

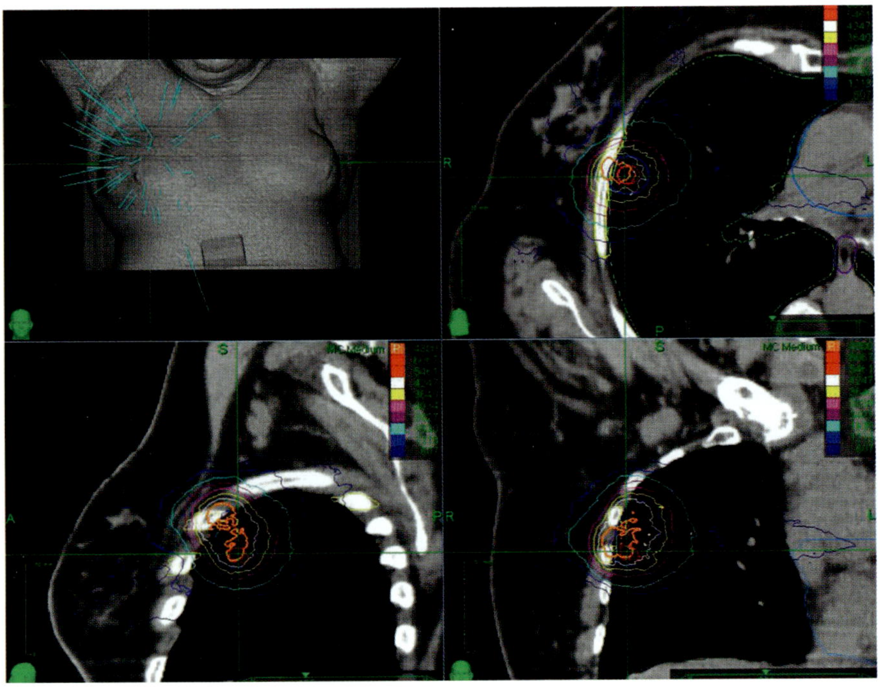

Figure 13.1. Dosimétrie d'une oligométastase pulmonaire périphérique traitée par SBRT, basée sur un ITV à la dose de 54 Gy en 3 fractions.

Toxicité

La toxicité de la SBRT des lésions périphériques primitives et secondaires est faible. Le taux de toxicité tardive est inférieur à 10 %. Il peut s'agir de complications respiratoires ou costales. Les toxicités respiratoires sont plus fréquentes chez les patients présentant une pneumopathie interstitielle sans que cela soit une contre-indication formelle. Une revue de la littérature récente portant sur près de 6 000 patients a rapporté une incidence de douleurs costales de grades 2 et 3 de 6 % et 1 % respectivement. Le risque était plus élevé chez les patients de sexe féminin (HR : 0,59, IC 95 % : 0,46-0,76). La distance tumorale par rapport à la paroi thoracique (< 16-25 mm), l'indice de masse corporelle, la dose maximale (Dmax) de 0,5 à 5 cm^3 et le volume de paroi thoracique recevant > 30 Gy, étaient significativement associés au risque de douleur costale et de fracture [13.12].

Surveillance

La surveillance repose essentiellement sur des examens scannographiques. Les modifications radiologiques post-thérapeutiques péritumorales sont quasi systématiques et peuvent rendre difficile l'évaluation de la réponse tumorale. L'aspect post-thérapeutique est spécifique à la SBRT et doit être connu afin de ne pas conclure à tort à une persistance évolutive ou à une récidive. Ces modifications peuvent être une condensation diffuse, ou plus limitée en plages, ainsi que des opacités en verre dépoli qui peuvent également s'étendre au-delà du volume traité (Fig. 13.2). En cas de condensation, la persistance d'un bronchogramme aérique est en faveur de remaniements bénins. Le TEP scanner peut être utile en cas de doute diagnostique.

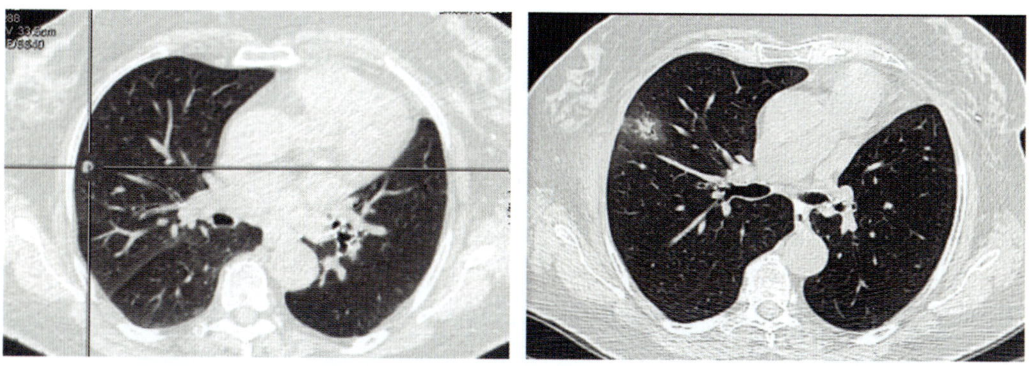

Figure 13.2. Aspect pré et post-thérapeutique en verre dépoli, 4 mois après la SBRT d'une oligométastase pulmonaire périphérique.

Radiothérapie stéréotaxique des tumeurs du foie

- Thérapie locale efficace, permettant un contrôle local chez plus de 80 % des patients.
- Développements technologiques constants permettant des indications de plus en plus nombreuses.
- Indications privilégiées :
  - carcinome hépatocellulaire ;
  - cholangiocarcinome localisé ;
  - métastases.
- Toxicité à court et long terme satisfaisante.

Indications cliniques

Tumeurs primitives

Les cancers primitifs du foie, essentiellement représentés par le carcinome hépatocellulaire (CHC), représentent la 6e cause de cancer au niveau mondial et la 3e cause de décès par cancer avec plus de 830 000 décès en 2020 [13.1].

Le traitement du carcinome hépatocellulaire dépend de la classification de Barcelone [13.13]. Le traitement de référence est la transplantation hépatique puis vient la résection chirurgicale qui est le traitement de 1re intention pour les carcinomes hépatocellulaires uniques, chez des patients avec une fonction hépatique préservée. La majorité des patients atteints de CHC ne sont pas opérables, en raison du stade de la maladie ou de leurs comorbidités.

D'autres méthodes focales ablatives existent, notamment l'ablation par radiofréquence chez les patients BCLC-A (Barcelona Clinic Liver Cancer) non accessibles à une prise en charge chirurgicale. Cette technique est néanmoins contre-indiquée pour les lésions > 3 cm, proche du hile, des vaisseaux, des voies biliaires centrales, du diaphragme ou du cœur [13.14]. La chimioembolisation est un traitement palliatif du CHC, recommandé pour les stades intermédiaires de la maladie, soit BCLC-B. L'association atézolizumab-bévacizumab est proposée pour les CHC non éligibles à un traitement chirurgical ou locorégional, ou après échec de ceux-ci, sous réserve d'une fonction hépatique préservée [13.14].

La SBRT restait jusqu'à récemment un traitement de 2e intention, pour les tumeurs non accessibles à une prise en charge curative et après échec des autres traitements. Les dernières recommandations l'American Society for Radiation Oncology (ASTRO) de 2022 considèrent la SBRT comme fortement recommandée (avis d'experts) en cas de patients non-candidats aux autres options curatives, de réponse incomplète ou rechute locale après ablation par radiofréquence ou chirurgie. Elle peut être réalisée en conditions stéréotaxiques en exigeant une gestion pertinente des mouvements respiratoires et un guidage par l'image efficace et adaptée à la situation des patients [13.15]. La SBRT a démontré d'excellents taux de contrôle local. En témoigne la dernière réactualisation de la série Lilloise de 318 patients avec un taux de contrôle local de 94 % (91-97 %) et 94 % (91-97 %) à 2 et 5 ans un taux de toxicité de grade 3 de 6,6 % [13.16].

Ces données ont été intégrées dans une méta-analyse récente réunissant 1 886 patients porteurs de CHC traités par SBRT entre 2003 et 2009, qui retrouvait une survie globale à 3 et 5 ans de 57 % (IC 95 % : 47-66) et 40 % (IC 95 % : 29-51) respectivement. Le contrôle local était de 84 % à 3 ans (IC 95 % : 77-90) et 82 % à 5 ans (IC 95 % : 74-88) [13.17].

Dans une récente étude prospective comportant 56 patients traités à la dose médiane de 50 Gy en 10 fractions par un accélérateur linéaire de particules (Linac) couplée avec une imagerie par résonance magnétique (IRM), Bordeau *et al.* rapportent un taux de contrôle local de 94,7 % à 18 mois (IC 95 % : 79,5-98,7) sans toxicité de grade CTCAE supérieur à 2 [13.18]. Lee *et al.* ont rapporté dans leur méta-analyse un taux de contrôle local à 2 ans équivalent à celui de la radiofréquence (SBRT *versus* radiofréquence RFA) : 845 *versus* 795 % p = 0,431) [13.19].

La survie globale souvent faible est notamment expliquée par la gravité de l'hépatopathie sous-jacente. La cirrhose en elle-même est une maladie évolutive, et, selon son stade, la mortalité à 1 an peut varier de 1 à 57 % [13.20]. Après une décompensation aiguë ayant conduit à une insuffisance d'organe, on atteint une mortalité à 1 mois de 30 % [13.21].

Le traitement du cholangiocarcinome intrahépatique localisé nodulaire est également une option thérapeutique intéressante dans les situations ou la chirurgie est impossible. Les recommandations de l'ASTRO de 2022 recommandent en effet la SBRT dans les cholangiocarcinomes intrahépatiques pour les patients non résécables, après chimiothérapie d'induction ou seule en cas de contre-indication à cette dernière [13.15]. Elle permet un contrôle local durable et parfois une guérison, d'autant que les doses biologiques délivrées par l'irradiation sont la plupart du temps supérieures à 80,5 Gy, qui paraît être un facteur pronostique important de contrôle local [13.22].

Les principaux critères de faisabilité d'une SBRT d'un carcinome hépatocellulaire à visée curative sont :

- une fonction hépatique équilibrée (≤ B7) ;
- une topographie lésionnelle à distance relative des organes creux tels que l'estomac, le duodénum, l'intestin grêle ou l'œsophage ;
- un volume estimé de foie sain non irradié après traitement suffisant.

Attention si : plus de 3 localisations, tumeur centrale > 8 cm, foie cirrhotique de petit volume.

L'irradiation de lésions de plus de 5 cm est possible en SBRT. Son indication doit être mise en balance avec la proportion de foie sain restant non irradié ainsi qu'avec sa proximité avec les organes à risque. De plus, l'atteinte de la convergence biliaire n'est pas une contre-indication à la SBRT, mais une atteinte large est à prendre en compte au vu du risque de sténose des voies biliaire.

Enfin, la transplantation hépatique est le traitement standard pour les patients répondant aux critères de Milan, qui comprennent des tumeurs uniques de moins de 5 cm ou trois nodules ou moins de 3 cm ou moins [13.13]. La SBRT pourrait être considérée comme un traitement d'attente de la transplantation hépatique en tant que thérapie locorégionale. En témoigne une série rétrospective de Sapisochin *et al.* qui retrouve ainsi l'absence de différence de survie globale et de *drop out* entre la radiofréquence, la chimioembolisation et la SBRT [13.23].

Les avantages de la SBRT hépatique sont :

- peu de séances (3 à 6) ;
- peu (ou pas) invasive ;
- peu de toxicité ;
- contrôle local élevé ;
- traitements antérieurs possibles ;
- compatible avec la plupart des comorbidités des patients.

Tumeurs secondaires

Le foie est l'un des sites métastatiques les plus fréquents. La réalisation d'une SBRT hépatique répond aux mêmes critères que pour le traitement des tumeurs hépatiques primitives, qui plus est facilitée par l'absence d'hépatopathie sous-jacente.

Pour les patients dits oligométastatiques, c'est-à-dire ayant un nombre de métastases limitées, et une maladie systémique contrôlée, des options thérapeutiques locales peuvent être proposées dans le but d'améliorer le délai de progression et la survie globale. La sélection des patients, en raison du stade de la maladie, des comorbidités et de l'état général, réduit le nombre de patients éligibles à la résection de métastases. Des techniques ablatives et de chimioembolisation sont des alternatives aux traitements chirurgicaux.

Une revue complète avec des recommandations récentes de prise en charge non chirurgicale a été publiée par l'American Cancer Society [13.24]. Les résultats varient selon les séries et sont très dépendants du type de primitif. Une large série multicentrique regroupant 568 métastases hépatiques a retrouvé une meilleure survie pour les métastases de cancers colorectaux, mammaires et gynécologiques [13.25]. Dans une méta-analyse de métastases hépatiques de cancer colorectal comprenant 656 patients, Petrelli *et al.* ont rapporté une survie globale à 1 et 2 ans de 67 % (IC 95 % : 42-92) et 56,5 % (IC 95 % : 36,7-76), et un contrôle local à 1 et 2 ans de 67 % (IC 95 % : 43,8-90) et 59 % (IC 95 % : 37-81,5) [13.26].

Dans la méta-analyse de Lee *et al.*, le contrôle local à 2 ans était supérieur après SBRT par rapport à la radiofréquence pour les métastases hépatiques (83,6 % *versus* 60,0 %, $p < 0{,}001$) [13.19]. Comme pour le carcinome hépatocellulaire, le contrôle local est supérieur en cas de dose équivalente biologique $(BED)_{10} \geq 100$ Gy [13.25].

Particularités techniques

Préparation du traitement

Tomodensitométrie 4 dimensions

La tomodensitométrie (TDM) corrélée à la respiration (TDM 4D) est indispensable aux stratégies impliquant une respiration libre du patient (stratégies ITV, MidP/MidV, *gating* et *tracking*). Une injection de produits de contraste est utile pour localiser facilement les contours de la cible et notamment le rehaussement périphérique des tumeurs au temps artériel.

Une compression par ceinture abdominale est possible pour permettre la diminution des mouvements intrafractions et donc en diminuant le volume cible interne. De même, le blocage respiratoire est une autre technique possible d'acquisition d'image à condition que l'apnée soit possible et avec management du cycle respiratoire prévu au poste de traitement.

IRM de centrage ou en condition

La réalisation d'une IRM en position de traitement est hautement recommandée pour la préparation. Plusieurs séquences sont importantes notamment la diffusion, une séquence T2 fortement pondéré, une séquence T1 avec saturation de la graisse aux 4 temps (artériel, veineux, portal et tardif). Pour le CHC, le signal est variable, hypo ou hyper-T1. Après une injection de gadolinium, l'hypersignal en phase artérielle est suivi d'un *washout* en phase portale et tardive (**Fig. 13.3**).

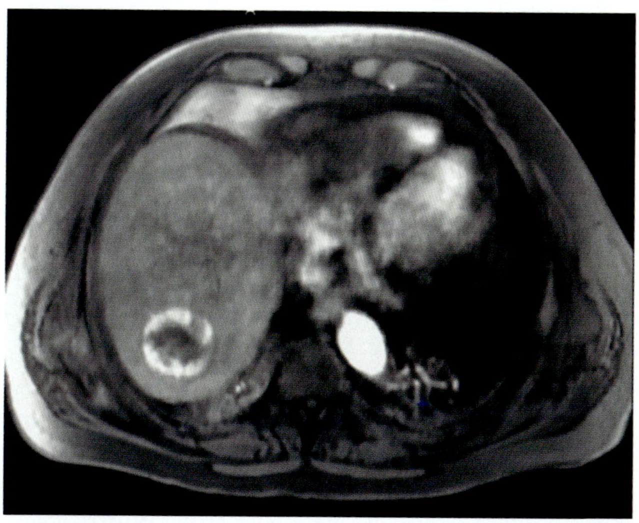

Figure 13.3. Carcinome hépatique typique du segment VII sur une IRM hépatique au temps artériel. Aspect de rehaussements périphérique avec nécrose centrale.

Guidage par l'image

La gestion du mouvement respiratoire rend la technique complexe, néanmoins des développements technologiques de RT guidée par l'image ont permis d'obtenir une meilleure visualisation des tumeurs hépatiques au cours d'une irradiation stéréotaxique, en permettent une marge minimale, un champ d'irradiation restreint et donc une toxicité moindre.

Traitement de l'ITV

La tomodensitométrie corrélée à la respiration (TDM 4D) permet la création d'un volume cible en respiration libre de l'ensemble des positions de la cible au cours des mouvements respiratoires du patient appelé « ITV ».

Tracking *des fiduciels*

Solution disponible avec le CyberKnife®, un suivi des fiduciels représentatif des mouvements de la cible au cours de la séance est possible, permettant une irradiation en respiration libre (mode *synchrony*). Des imageries portales obliques sont réalisées périodiquement pendant la séance. La réalisation d'un ITV n'est pas nécessaire pour cette méthode (Fig. 13.4).

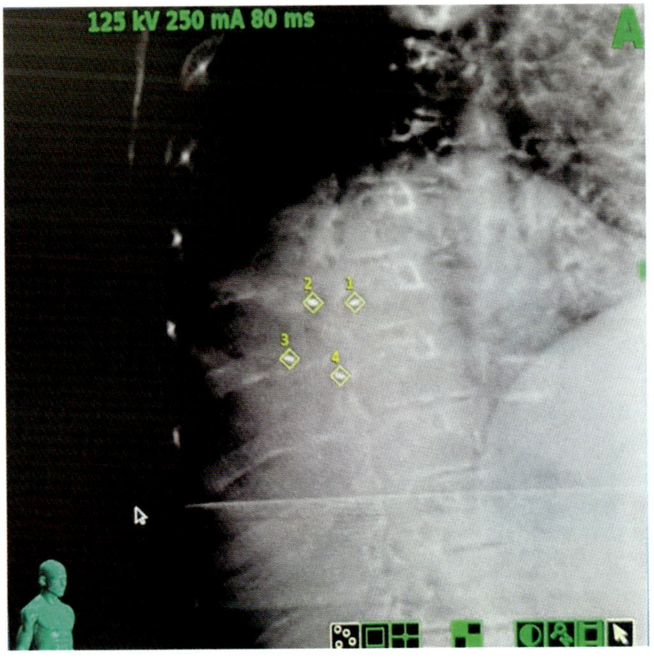

Figure 13.4. *Tracking* sur 4 fiduciels implantés par doubles imageurs Kv (kilovolts) orthogonaux permet au CyberKnife® de suivre la cible sur des mouvements de translation et de rotation pendant la séance.

Gating *IRM*

L'apparition récente d'accélérateurs de particules hybrides, combinés avec une IRM, a permis l'amélioration du contrôle du positionnement des tumeurs abdominales, notamment grâce au meilleur contraste dans les tissus mous de l'IRM par rapport à la scanographie.

À ce jour, deux systèmes de RT guidée par l'IRM (accélérateur-IRM) sont commercialisés : le MRIdian® de Viewray (0,35 T) et l'Unity® d'Elekta (1,5 T). Le système d'IRM directement embarqué sur l'accélérateur linéaire permet l'acquisition volumétrique de la zone de traitement avec un très bon contraste pour les tissus mous. Sur le système MRidian®, une acquisition continue en ciné-IRM entre 4 et 8 images secondes permet un *gating* de la cible par une séquence mixte T2*/T1 (communément appelée TRUEFISP, pour *true fast imaging with steady state precession*) et ne déclenche l'irradiation, de manière automatique, que lorsque la cible est dans la position adéquate.

Les points forts de la RT guidée par IRM (MRgRT) sont :

- l'acquisition d'une imagerie quotidienne de qualité IRM pour une qualité de repositionnement améliorée ;
- l'acquisition d'IRM en continu pendant le traitement permettant le gating du volume tumoral ;
- la possibilité de réadapter quotidiennement le plan dosimétrique en s'adaptant aux modifications anatomiques (RT adaptative).

Sur ces installations, l'IRM acquise quotidiennement avant le traitement rend possible un processus de RT adaptative selon les modifications anatomiques de la cible et/ou des organes à risque à proximité, notamment l'estomac, le duodénum, le côlon, l'intestin grêle.

Le *gating* en IRM, permis par ces machines de dernières générations, réduit le volume à irradier en moyenne de 31 % comparé à une stratégie médiée par l'ITV [13.27], protégeant alors mieux le parenchyme sain ou les organes à proximité.

Dose, prescription et contraintes

Dose

Le faible volume de tissu sain irradié à haute dose diminue le risque de toxicité hépatique, le risque d'hépatite radio-induite étant directement lié à la dose moyenne au foie et au volume de foie sain irradié. Des études ont retrouvé qu'une BED10 supérieure à 100 Gy était un facteur pronostique d'efficacité [13.25, 13.28]. Dans la série de Scorsetti *et al.*, le taux de contrôle local à 1 an était de 100 % dans le groupe des lésions traitées avec une BED > 100 Gy, *versus* 52 % dans le groupe des lésions traitées avec une BED < 100 Gy [13.28].

Il n'existe actuellement pas de consensus sur le schéma de prescription à adopter. La plupart des séries ont utilisé des doses allant de 25 à 75 Grays, en 3 à 6 fractions. Des schémas fréquemment retenus sont 45 Grays en 3 fractions ou 50 Grays en 5 fractions (Fig. 13.5).

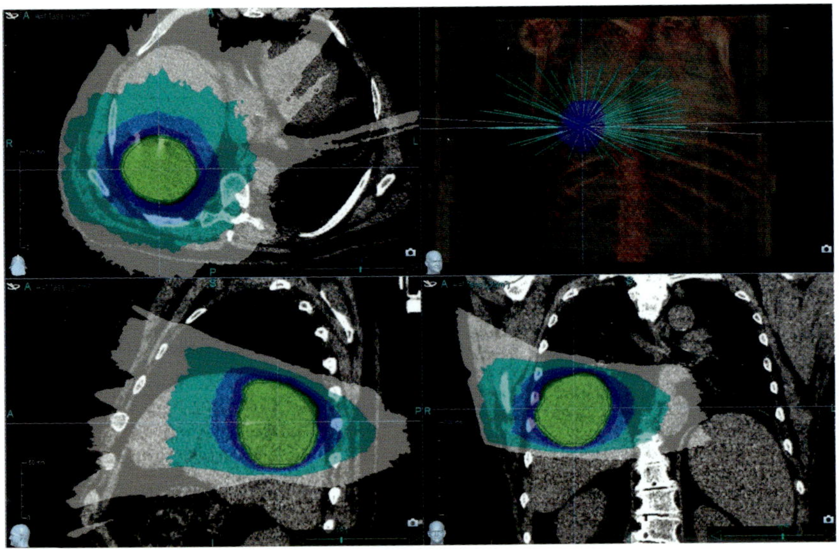

Figure 13.5. Dosimétrie et balistique de l'irradiation stéréotaxique d'une lésion hépatique (Fig. 13.1) par CyberKnife® avec *tracking* sur fiduciels à proximité de la lésion (prescrition de 45 Gy en 3 fractions sur l'isodose 80 %).

Proposition de prescription

<table>
<tr><td>Délinéation</td><td>GTV tumoral défini à partir du TDM et de l'IRM injectée
Pour le CHC : contraste immédiat de la lésion avec washout sur phase portale en comparaison avec le reste du parenchyme hépatique
Une fusion entre IRM multiparamétrique et TDM est indispensable mais parfois difficile et doit être centrée sur la cible. Un recalage avec les fiduciels ou prothèse biliaire peut aider</td></tr>
<tr><td rowspan="2">Marges</td><td>Microscopique : utilisation d'un CTV recommandée avec une expansion de 5 à 10 mm dans toutes les directions</td></tr>
<tr><td>Volumes cibles
• Linac :
– un ITV est généré en combinant les GTV sur les différentes phases du cycle répertoire
– en se basant sur le mouvement tumoral, le PTV est défini par une marge de 5 à 10 mm autour de l'ITV
• CyberKnife® : PTV de 3 à 5 mm
• IRM-Linac : PTV de 3 à 5 mm</td></tr>
<tr><td>Doses</td><td>• 3 à 6 séances
• Dose par fraction : 6 à 15 Gy
• Schémas courants :
– 3 × 15 Gy
– 5 × 10 Gy
– 6 × 9 Gy
• L'isodose de prescription dépend de l'hétérogénéité souhaitée, elle peut s'étendre de 60 à 95 %
• La dose par séance peut être adaptée en fonction du volume cible et/ou de la proximité des OAR</td></tr>
</table>

GTV : *gross tumor volume*.

Contraintes

Proposition selon l'étude STEREOLIVER-1704 [13.29] :

Organe	Contraintes			
	Pour 6 fractions	**Pour 5 fractions**	**Pour 4 fractions**	**Pour 3 fractions**
Contraintes de dose pour les OAR (priorité aux OAR par rapport au PTV)				
Foie	(Vtotal-V22,5) > 700 cm^3	(Vtotal-V21) > 700 cm^3	(Vtotal-V19) > 700 cm^3	(Vtotal-V17) > 700 cm^3
Foie cirrhotique Child-Pugh A	(Vtotal-V19) > 700 cm^3 Dose moyenne < 19 Gy	(Vtotal-V18) > 700 cm^3 Dose moyenne < 18 Gy	(Vtotal-V16,5) > 700 cm^3 Dose moyenne < 16,5 Gy	(Vtotal-V15) > 700 cm^3 Dose moyenne < 15 Gy
Foie cirrhotique Child-Pugh B	(Vtotal-V16) > 700 cm^3 (Vtotal-V7,5) > 500 cm^3 Dose moyenne < 10,5 Gy	(Vtotal-V15) > 700 cm^3 (Vtotal-V7) > 500 cm^3 Dose moyenne < 10 Gy	Impossible	Impossible
Moelle épinière	V28 < 0,035 cm^3	V26 < 0,035 cm^3	V24 < 0,035 cm^3	V21 < 0,035 cm^3
Reins	(Vtotal-V19,5) > 200 cm^3	(Vtotal-V18) > 200 cm^3	(Vtotal-V16,5) > 200 cm^3	(Vtotal-V15) > 200 cm^3
Estomac	V33 < 0,5 cm^3	V31 < 0,5 cm^3	V28 < 0,5 cm^3	V25 < 0,5 cm^3
Duodenum	V32 < 0,5 cm^3	V30 < 0,5 cm^3	V27 < 0,5 cm^3	V24 < 0,5 cm^3
Œsophage	V33 < 0,5 cm^3	V31 < 0,5 cm^3	V28 < 0,5 cm^3	V25 < 0,5 cm^3
Intestin grêle	V33 < 0,5 cm^3	V31 < 0,5 cm^3	V28 < 0,5 cm^3	V25 < 0,5 cm^3
Côlon	V37,5 < 0,5 cm^3	V35 < 0,5 cm^3	V31,5 < 0,5 cm^3	V28 < 0,5 cm^3
Cœur	V40 < 0,035 cm^3 V34 < 15 cm^3	V37 < 0,035 cm^3 V32 < 15 cm^3	V34 < 0,035 cm^3 V28 < 15 cm^3	V30 < 0,035 cm^3 V24 < 15 cm^3
Objectifs pour les OAR (priorité au PTV)				
Côtes	V46 < 0,035 cm^3	V43 < 0,035 cm^3	V39 < 0,035 cm^3	V35 < 0,035 cm^3
Peau	V40 < 0,035 cm^3	V37 < 0,035 cm^3	V34 < 0,035 cm^3	V30 < 0,035 cm^3

Toxicité

Le protocole d'irradiation (dose, fractionnement) doit être adapté aux facteurs prédictifs de toxicité issus de la distribution de la dose au parenchyme hépatique sain et à l'analyse des histogrammes dose-volume en raison du risque d'hépatite radique, d'autant plus s'il s'y associe une hépatopathie sous-jacente. Il convient également de porter une attention particulière à la dose moyenne au foie.

L'hépatite radio-induite est un effet indésirable pouvant être grave mais aujourd'hui exceptionnel, qui peut se manifester à partir d'une dose de 30 Gy délivrée à l'ensemble du parenchyme hépatique.

La méta-analyse de Rim *et al.* retrouvait par exemple un taux de toxicité de grade ≥ 3 de 4,7 % (IC 95 % : 3,4-6,5) [13.30]. Scorsetti *et al.* ont rapporté des taux de toxicité hépatique de grade 3 de 16,3 % mais uniquement en rapport avec des élévations transitoires des enzymes hépatiques, possiblement expliqué par des lésions de taille importante et un taux important d'hépatopathie sous-jacente [13.28].

Toxicités aiguës	Toxicités tardives
• RILD (*radiation-induced liver disease*) • Dégradation du score de Child-Pugh (si cirrhose existante) • Nausées/vomissements • Ulcère • Hépatalgie • Douleur abdominale • Perturbation du bilan hépatique avec cytolyse et/ou une cholestase anictérique • Asthénie • Péricardite • Épanchement pleural	• Fibrose hépatique localisée • Pneumopathie radique • Fracture costale • Sténose des voies biliaires

Surveillance

Une surveillance après traitement est indispensable. Elle est le plus souvent alternée entre les praticiens qui sont l'oncologue référent, l'hépatologue, le gastroentérologue et l'oncologue radiothérapeute. En cas d'irradiation de tumeur hépatique primitive, le suivi est trimestriel les 2 premières années puis semestriel jusqu'à 5 ans.

L'évaluation tumorale est réalisée par TDM et/ou IRM thoraco-abdominale systématique avec description des lésions traitées, de nouvelles lésions, de rehaussement vasculaire ou non avec évaluation selon RECIST ou mRECIST (si CHC). Son interprétation est complexe du fait des remaniements avec rehaussement précoce et nécessite une expertise [13.31]. De plus, la réponse au traitement peut être tardive, retardée de 3 à 18 mois impliquant de ne pas se prononcer trop tôt sur l'échec ou non du traitement (**Fig. 13.6**).

Perspectives

La SBRT des tumeurs du poumon et du foie a pris une place majeure dans l'arsenal thérapeutique des stades localisés et oligométastatiques. Les essais en cours permettront de préciser les modalités optimales de la SBRT des tumeurs ultra-centrales pulmonaires et le bénéfice de la SBRT des oligométastases.

La SBRT hépatique est une technique efficace et sûre qui doit être indiquée au cas par cas selon les situations oncologiques. Elle peut remplacer ou s'additionner aux autres thérapies focales à la fois sur le plan spatial mais aussi temporel. Des prises en charge « combinées » peuvent être proposées, notamment dans le cadre d'une attente de greffe hépatique.

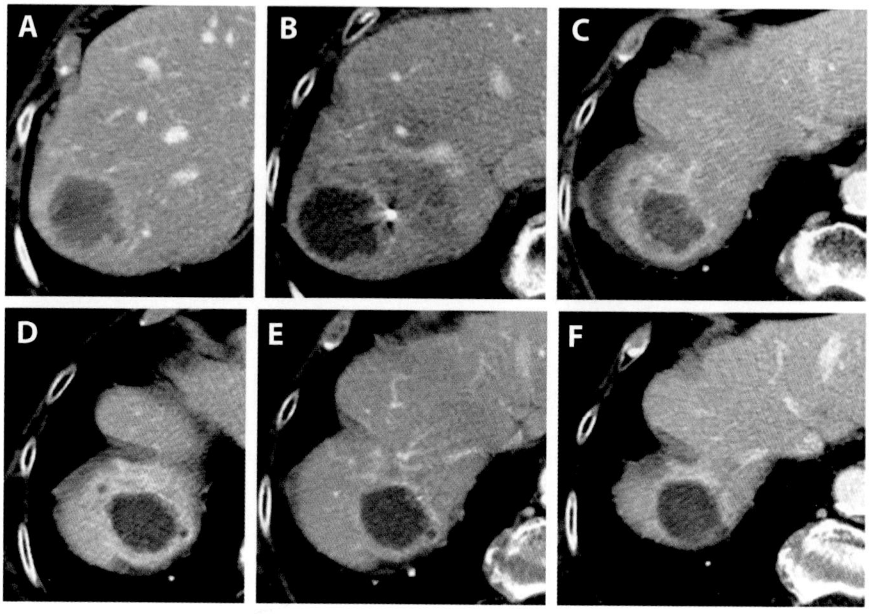

Figure 13.6. Exemple de suivi évolutif en tomodensitométrie d'une métastase hépatique d'un cancer primitif mammaire traité par SBRT : avant le traitement (**A**), à 2 mois du traitement (**B**), à 5 mois (**C**), à 9 mois (**D**), à 12 mois (**E**) puis à 24 mois de l'irradiation (**F**).

Plusieurs études récentes se sont intéressées à l'addition d'un traitement systémique avec la SBRT, montrant des résultats encourageants où l'ajout de la SBRT a amélioré la survie globale, la survie sans progression et le délai de progression par rapport au sorafénib seul, sans augmentation significative des effets indésirables [13.32]. Enfin, l'ajout d'inhibiteurs de points de contrôle immunitaire à la SBRT pulmonaire et hépatique fait actuellement l'objet de nombreuses études.

Références

[13.1] Sung H, Ferlay J, Siegel RL, *et al.* Global Cancer Statistics 2020: GLOBOCAN Estimates of Incidence and Mortality Worldwide for 36 Cancers in 185 Countries. *CA Cancer J Clin* 2021 ; 71 : 209-49.

[13.2] Guckenberger M, Andratschke N, Dieckmann K, *et al.* ESTRO ACROP consensus guideline on implementation and practice of stereotactic body radiotherapy for peripherally located early stage non-small cell lung cancer. *Radiother Oncol* 2017 ; 124 : 11-7.

[13.3] Ball D, Mai GT, Vinod S, *et al.* Stereotactic ablative radiotherapy versus standard radiotherapy in stage 1 non-small-cell lung cancer (TROG 09.02 CHISEL): a phase 3, open-label, randomised controlled trial. *Lancet Oncol* 2019 ; 20 : 494-503.

[13.4] Timmerman R, Paulus R, Galvin J, *et al.* Stereotactic body radiation therapy for inoperable early stage lung cancer. *JAMA* 2010 ; 303 : 1070-6.

[13.5] Timmerman RD, Paulus R, Pass HI, *et al.* Stereotactic body radiation therapy for operable early-stage lung cancer: findings from the NRG Oncology RTOG 0618 trial. *JAMA Oncol* 2018 ; 4 : 1263-6.

[13.6] Videtic GM, Paulus R, Singh AK, *et al.* Long-term Follow-up on NRG Oncology RTOG 0915 (NCCTG N0927): A Randomized Phase 2 Study Comparing 2 Stereotactic Body Radiation Therapy Schedules for Medically Inoperable Patients With Stage I Peripheral Non-Small Cell Lung Cancer. *Int J Radiat Oncol Biol Phys* 2019 ; 103 : 1077-84.

[13.7] Lievens Y, Guckenberger M, Gomez D, *et al.* Defining oligometastatic disease from a radiation oncology perspective: An ESTRO-ASTRO consensus document. *Radiother Oncol* 2020 ; 148 : 157-66.

[13.8] Gomez DR, Tang C, Zhang J, *et al.* Local consolidative therapy vs. maintenance therapy or observation for patients with oligometastatic non-small-cell lung cancer: long-term results of a multi-institutional, phase II, randomized study. *J Clin Oncol* 2019 ; 37 : 1558-65.

[13.9] Tsai CJ, Yang JT, Shaverdian N, *et al.* CURB Study Group. Standard-of-care systemic therapy with or without stereotactic body radiotherapy in patients with oligoprogressive breast cancer or non-small-cell lung cancer (Consolidative Use of Radiotherapy to Block [CURB] oligoprogression): an open-label, randomised, controlled, phase 2 study. *Lancet* 2024 ; 403 : 171-82.

[13.10] Lindberg K, Grozman V, Karlsson K, *et al.* The HILUS-Trial-a Prospective Nordic Multicenter Phase 2 Study of Ultracentral Lung Tumors Treated With Stereotactic Body Radiotherapy. *J Thorac Oncol* 2021 ; 16 : 1200-10.

[13.11] Yan M, Louie AV, Kotecha R, *et al.* Stereotactic body radiotherapy for Ultra-Central lung Tumors: A systematic review and Meta-Analysis and International Stereotactic Radiosurgery Society practice guidelines. *Lung Cancer* 2023 ; 182 : 107281.

[13.12] Ma JT, Liu Y, Sun L, *et al.* Chest Wall Toxicity After Stereotactic Body Radiation Therapy: A Pooled Analysis of 57 Studies. *Int J Radiat Oncol Biol Phys* 2019 ; 103 : 843-50.

[13.13] Reig M, Forner A, Rimola J, *et al.* BCLC strategy for prognosis prediction and treatment recommendation: The 2022 update. *J Hepatol* 2022 ; 76 : 681-93.

[13.14] Feng K, Yan J, Li X, *et al.* A randomized controlled trial of radiofrequency ablation and surgical resection in the treatment of small hepatocellular carcinoma. *J Hepatol* 2012 ; 57 : 794-802.

[13.15] Apisarnthanarax S, Barry A, Cao M, *et al.* External Beam Radiation Therapy for Primary Liver Cancers: An ASTRO Clinical Practice Guideline. *Pract Radiat Oncol* 2022 ; 12 : 28-51.

[13.16] Roquette I, Bogart E, Lacornerie T, *et al.* Stereotactic Body Radiation Therapy for the Management of Hepatocellular Carcinoma: Efficacy and Safety. *Cancers (Basel)* 2022 ; 14 : 3892.

[13.17] Bae SH, Chun SJ, Chung JH, *et al.* Stereotactic Body Radiation Therapy for Hepatocellular Carcinoma: Meta-Analysis and International Stereotactic Radiosurgery Society Practice Guidelines. *Int J Radiat Oncol Biol Phys* 2024 ; 118 : 337-51.

[13.18] Bordeau K, Michalet M, Dorion V, *et al.* A prospective registry study of stereotactic magnetic resonance guided radiotherapy (MRgRT) for primary liver tumors. *Radiother Oncol* 2023 ; 189 : 109912.

[13.19] Lee J, Shin IS, Yoon WS, Koom WS, Rim CH. Comparisons between radiofrequency ablation and stereotactic body radiotherapy for liver malignancies: Meta-analyses and a systematic review. *Radiother Oncol* 2020 ; 145 : 63-70.

[13.20] D'Amico G, Garcia-Tsao G, Pagliaro L. Natural history and prognostic indicators of survival in cirrhosis: a systematic review of 118 studies. *J Hepatol* 2006 ; 44 : 217-31.

[13.21] Moreau R, Jalan R, Gines P, *et al.* Acute-on-chronic liver failure is a distinct syndrome that develops in patients with acute decompensation of cirrhosis. *Gastroenterology* 2013 ; 144 : 1426-37, 1437.e1-9.

[13.22] Tao R, Krishnan S, Bhosale PR, *et al.* Ablative radiotherapy doses lead to a substantial prolongation of survival in patients with inoperable intrahepatic cholangiocarcinoma: A retrospective dose response analysis. *J Clin Oncol* 2016 ; 34 : 219-26.

[13.23] Sapisochin G, Barry A, Doherty M, *et al.* Stereotactic body radiotherapy *vs.* TACE or RFA as a bridge to transplant in patients with hepatocellular carcinoma. An intention-to-treat analysis. *J Hepatol* 2017 ; 67 : 92-9.

[13.24] Hallemeier CL, Sharma N, Anker C, *et al.* American Radium Society Appropriate Use Criteria for the use of liver-directed therapies for nonsurgical management of liver metastases: Systematic review and guidelines. *Cancer* 2023 ; 129 : 3193-212.

[13.25] Mahadevan A, Blanck O, Lanciano R, *et al.* Stereotactic Body Radiotherapy (SBRT) for liver metastasis – clinical outcomes from the international multi-institutional RSSearch® Patient Registry. *Radiat Oncol* 2018 ; 13 : 26.

[13.26] Petrelli F, Comito T, Barni S, *et al.* Stereotactic body radiotherapy for colorectal cancer liver metastases: A systematic review. *Radiother Oncol* 2018 ; 129 : 427-34.

[13.27] Al-Ward S, Wronski M, Ahmad SB, *et al.* The radiobiological impact of motion tracking of liver, pancreas and kidney SBRT tumors in a MR-linac. *Phys Med Biol* 2018 ; 63 : 215022.

[13.28] Scorsetti M, Comito T, Cozzi L, *et al.* The challenge of inoperable hepatocellular carcinoma (HCC): results of a single-institutional experience on stereotactic body radiation therapy (SBRT). *J Cancer Res Clin Oncol* 2015 ; 141 : 1301-9.

[13.29] Centre Oscar Lambret. Phase II Study, Stratified, Non-randomized, Estimating SBRT Efficiency and Toxicity in Primary and Secondary Liver Tumors, 2023 report NCT03408665 : https://clinicaltrials.gov/study/NCT03408665

[13.30] Rim CH, Kim HJ, Seong J. Clinical feasibility and efficacy of stereotactic body radiotherapy for hepatocellular carcinoma: A systematic review and meta-analysis of observational studies. *Radiother Oncol* 2019 ; 131 : 135-44.

[13.31] Jarraya H, Borde P, Mirabel X, *et al.* Lobulated enhancement evaluation in the follow-up of liver metastases treated by stereotactic body radiation therapy. *Int J Radiat Oncol Biol Phys* 2015 ; 92 : 292-8.

[13.32] Dawson LA, Winter K, Knox J, *et al.* NRG/RTOG 1112: Randomized Phase III Study of Sorafenib vs. Stereotactic Body Radiation Therapy (SBRT) Followed by Sorafenib in Hepatocellular Carcinoma (HCC) (NCT01730937). *International Journal of Radiation Oncology, Biology, Physics* 2022 ; 114 : 1057.

Chapitre 14

Traitements guidés par l'IRM

Gilles Truc, Jérémy Baude, Magali Quivrin, Étienne Martin, Magali Rouffiac, Cédric Chevalier, Igor Bessières

Les innovations en radiothérapie (RT) sont essentielles pour la prise en charge optimale des patients porteurs de cancers. Les grandes avancées technologiques de ces deux dernières décennies ont, notamment, avec l'avènement de l'imagerie *Cone Beam Computed Tomography* (CBCT), porté sur l'amélioration de l'imagerie embarquée pour guider le traitement (*image-guided radiothérapie* [IGRT]). Un nouveau pas a été effectué dans les années 2010 avec la commercialisation des accélérateurs linéaires (Linac) couplés à un imageur par résonance magnétique (IRM).

Si l'IRM a pris une place prépondérante pour le diagnostic, la planification et l'évaluation du traitement de nombreux cancers, elle n'était que peu utilisée pendant les traitements par RT, avec un rôle cantonné à l'aide à la délinéation des volumes d'intérêt. Le développement de l'IRM-Linac (accélérateur couplé à une IRM) ouvre la voie à l'amélioration de la prise en charge d'un grand nombre de cancers, en particulier ceux pour lesquels l'IRM est l'imagerie de référence.

Par ailleurs, l'amélioration attendue en termes de précision, de tolérance et d'efficacité en comparaison avec les accélérateurs dits conventionnels, fait de l'IRM-Linac une arme thérapeutique de choix pour la réalisation de traitements en condition stéréotaxiques délivrant des doses ablatives. En effet, alors que les techniques utilisant les rayons X n'autorisent pas la gestion en temps réel des modifications morpho-anatomiques, l'IRM-Linac permet la réalisation d'un traitement adaptatif avec une meilleure personnalisation du traitement, sans irradiation additionnelle. Cette personnalisation est rendue possible d'une part, par la gestion des mouvements intrafractions grâce au *gating* et au *tracking* du volume cible et d'autre part, grâce à la maîtrise des mouvements interfractions par la redéfinition au besoin des volumes d'intérêt et du plan dosimétrique à chaque séance. L'IRM permet également une meilleure définition des volumes cibles, en particulier dans les régions pour lesquelles il est difficile de distinguer tissus tumoraux et tissus sains de voisinage. Les incertitudes de délinéation comme les marges de traitement s'en trouvent réduites, ce qui conduit à une réduction des toxicités radio-induites.

Toutefois, en raison d'un temps de traitement accru et du faible nombre de machines disponibles sur le territoire, il est nécessaire de sélectionner rigoureusement les indications de stéréotaxies guidées par imagerie IRM. L'inclusion des patients dans des essais cliniques prospectifs est primordiale afin de valider l'amélioration du contrôle local et/ou la réduction des effets indésirables.

La décision d'une mise en place de cette technologie dans un service de RT doit prendre en compte les contraintes architecturales imposées par ces machines ainsi que l'indispensable réorganisation des équipes et de leurs tâches.

L'objectif de ce chapitre est de décrire les spécificités de la radiothérapie guidée par IRM ainsi que les indications pour lesquelles l'IRM-Linac constitue une option de choix.

Spécificités techniques et cliniques de l'IRM-Linac

Les apports de l'IRM embarqué sur un Linac sont nombreux et impactent de nombreuses étapes de la prise en charge du patient, de la planification de la RT à la réalisation de l'irradiation.

Lors de la préparation du traitement, l'imagerie IRM embarquée peut être utilisée comme imagerie de référence de planification pour une délinéation améliorée des organes à risque et du volume cible. Cela est particulièrement intéressant pour des lésions cibles situées au sein de tissus mous comme dans la région abdominale. L'acquisition d'images IRM avant chaque séance, avec une qualité équivalente à l'imagerie de planification, facilite le recalage de la position du patient.

Lors de l'irradiation, compte tenu du caractère non irradiant de l'imagerie IRM, l'acquisition des images peut être répétée et réalisée en continu afin de visualiser la mobilité du volume cible et des organes à risque. Il est alors possible de mettre en place un processus de *gating* respiratoire permettant d'activer automatiquement le faisceau dans des phases respiratoires choisies. Ce processus permet de réduire notablement l'irradiation de tissus sains en traitant en blocage respiratoire plutôt que sur toute la durée du cycle respiratoire. Enfin, la qualité de l'imagerie IRM embarquée permet d'initier un processus de radiothérapie adaptative (RTA) dite *online* décrite plus loin.

En 2023, deux solutions IRM-Linac sont commercialisées et installées à travers le monde : le MRIdian® (Viewray Inc., Oakwood Village, États-Unis) et le Unity® (Elekta AB, Stockholm, Suède). La principale différence entre ces deux installations réside dans l'intensité du champ magnétique : 0,35 T pour le MRIdian® et 1,5 T pour le Unity®. Un résumé des caractéristiques des deux installations est présenté dans le **tableau 14.1**.

Tableau 14.1. Résumé des principales caractéristiques des accélérateurs MRIdian® et Unity®.

	MRIdian® (Viewray)	Unity® (Elekta)
IRM	0,35 T Siemens	1,5 T Philips
Principales séquences	T2/T1 T1 T2	T1 T2 Diffusion
Faisceaux	6 MV FFF	7 MV FFF
Taille de champ max (cm)	27,4 × 24,1	57,4 × 22,0
MLC	*Double stack* 2 × 69 lames	160 lames
Technique de traitement	IMRT *step and shoot*	IMRT *step and shoot*
Distance source-axe (cm)	90	145
Débit (UM/min)	600	500
Date de début	2014 (version Cobalt) 2017 (version Linac)	2018
Bunker	Standard	Surdimensionné
Système de planification du traitement	*Viewray*, algorithme de Monte-Carlo	*Monaco*, algorithme de Monte-Carlo

Focus sur la radiothérapie adaptative

L'avancée majeure proposée par les IRM-Linac réside dans la possibilité de faire de la RTA *online*. Ce processus vise à adapter le plan de traitement à chaque séance en prenant en compte la variation anatomique interfraction afin de toujours respecter les contraintes dosimétriques des organes à risque et les objectifs de couverture du volume cible. Les variations anatomiques peuvent correspondre à des mouvements des organes à risque en fonction par exemple du péristaltisme digestif ou à une modification volumétrique du volume cible. L'utilisation de l'imagerie IRM couplée permet de simplifier cette modalité de prise en charge en permettant :

- de s'affranchir de la mise en place de fiduciaires permanents ;
- de s'assurer de la bonne délivrance de la dose à la tumeur ;
- de veiller à la protection des organes sensibles de voisinage tels que les structures digestives environnantes.

L'intégration au sein même de l'accélérateur des différentes étapes de la planification de la RT permet de réaliser une dosimétrie « en temps réel » (*online*), réadaptée à chaque fraction en fonction de l'anatomie du jour pour proposer une radiothérapie stéréotaxique adaptative guidée par IRM. Ces nouveaux accélérateurs offrent la possibilité d'une escalade de dose à la tumeur sans crainte d'une majoration des toxicités en particulier pour les localisations digestives (foie, pancréas, etc.) qui sont mobiles dans un environnement particulièrement radiosensible (organes creux).

Toutes les étapes liées à la replanification du traitement sont réalisées par une équipe multidisciplinaire (médecin, physicien, MERM) avec des contraintes de temps importantes. Les diverses étapes d'un traitement sur IRM-Linac sont décrites avec leur durée indicative ainsi que les catégories de personnel qu'elles mobilisent dans la **figure 14.1**. La présence au pupitre d'un physicien et d'un oncologue radiothérapeute spécifiquement formés est indispensable.

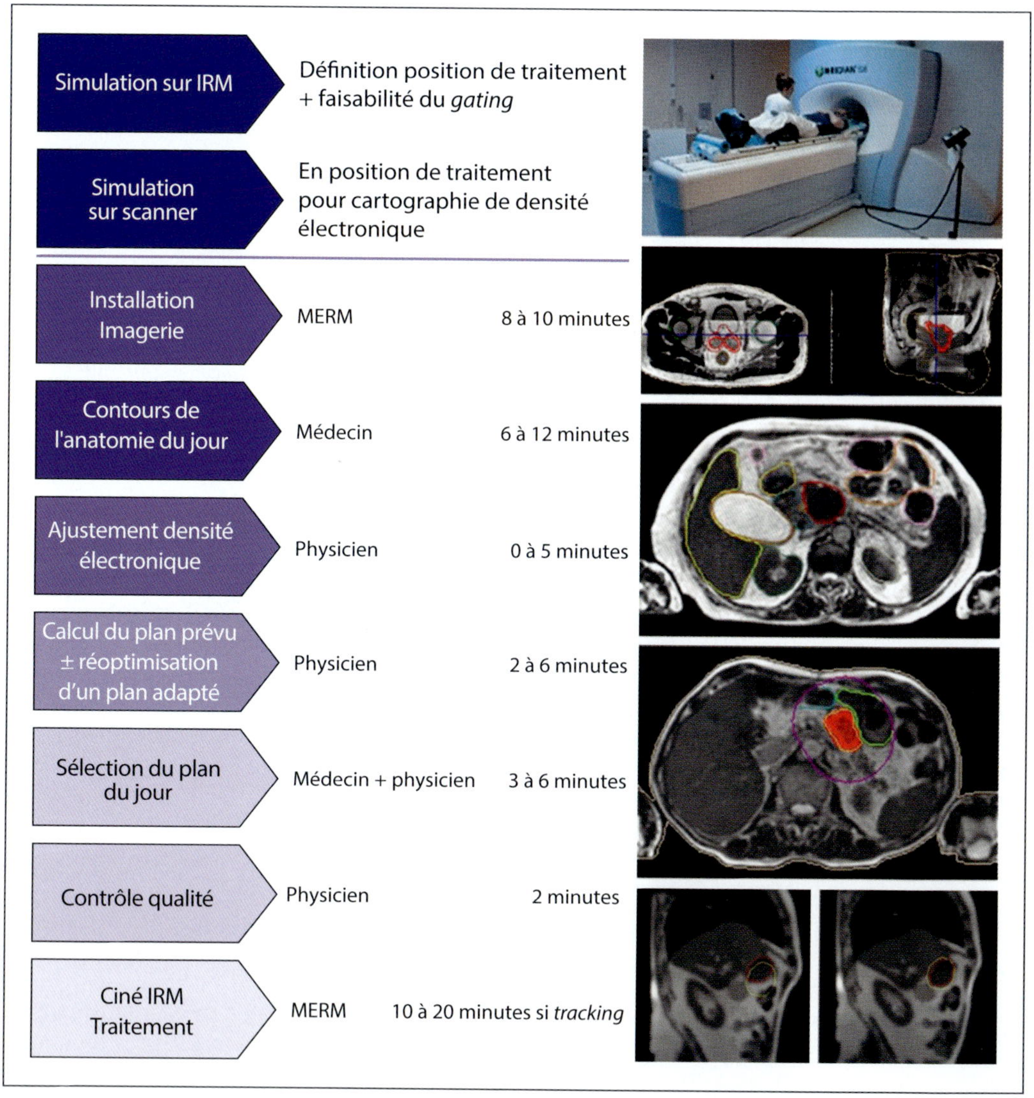

Figure 14.1. Exemple du déroulement d'un traitement adaptatif sur IRM-Linac 0,35 T avec les estimations en minute de chaque étape et les corps de métier concernés.

Principales localisations traitées sur IRM-Linac

Cancers urologiques

Cancer de la prostate

La RT du cancer de prostate a nettement évolué dans le but de limiter les toxicités et de réduire le temps de traitement, avec :

- la généralisation des techniques de modulation d'intensité et d'arcthérapie ;
- le contrôle et le suivi du positionnement par CBCT ;
- l'implantation de marqueurs fiduciaires.

Les progrès technologiques ont permis la réalisation d'une radiothérapie hypofractionnée, puis l'avènement de la radiothérapie stéréotaxique (*stereotactic body radiotherapy* [SBRT]) délivrant plus de 5 Gy par fraction. Cette radiothérapie ultra-hypofractionnée semble particulièrement appropriée, d'un point de vue radiobiologique, pour le traitement des adénocarcinomes prostatiques dont le rapport α/β serait faible [14.1]. Ainsi, une augmentation de la dose par fraction permettrait de délivrer une dose biologique équivalente (BED) nettement plus élevée sur la tumeur, en maintenant des BED raisonnables sur les organes à risque.

Plusieurs essais de phase III (HYPO-RT-PC, PACE-B) ont comparé des schémas de traitement standard à une RT prostatique stéréotaxique. Ils n'ont pas montré de différence significative en contrôle biochimique à 5 ans (84 % pour des cancers localisés majoritairement de pronostic favorable ou intermédiaire [IC 95 % : 80687]), avec des toxicités génito-urinaires (GU) et gastro-intestinales (GI) comparables. À 24 mois, les toxicités de grade ≥ 2 étaient similaires : GU 2 % dans le bras standard et 3 % dans le bras SBRT (p = 0,39) et GI 3 % *versus* 2 % (p = 0,32). À 5 ans, les toxicités de grade ≥ 2 étaient similaires dans le bras SBRT et dans le bras standard GU (5 % *versus* 5 %, p = 1,00) et GI (1 % *versus* 4 %, p = 0,14). Dans la méta-analyse de Jackson *et al.* (6 116 patients traités par SBRT), la survie sans rechute biochimique à 5 ans était de 96,7 % pour les faibles risques et de 92,1 % pour les risques intermédiaires [14.2]. Les toxicités tardives GU et GI de grade 2 et grade ≥ 3 étaient faibles (12,1 %/0,9 % et 4,9 %/0,4 %, respectivement) [14.2].

Dans ses dernières recommandations, l'Association française d'urologie (AFU) retient la SBRT comme une option thérapeutique pour les cancers de prostate localisés de faible risque ou de risque intermédiaire. Cependant, l'AFU précise que ce type de traitement ultra-hypofractionné nécessite des exigences techniques, doit être réalisé dans des centres expérimentés et qu'il est vivement recommandé de proposer des essais cliniques aux patients concernés. En 2022, le Groupe français des tumeurs génito-urinaires (GETUG) a publié des recommandations de bonnes pratiques pour les radiothérapies stéréotaxiques de prostate [14.3].

Dans cette indication, l'IRM-Linac représente une arme thérapeutique de choix. En effet, le *gating* per-fraction du volume cible prostatique avec des marges de suivi très restreintes qu'il autorise permet de se passer des marqueurs fiduciaires implantés, requis sur les Linacs conventionnels (**Fig. 14.2**).

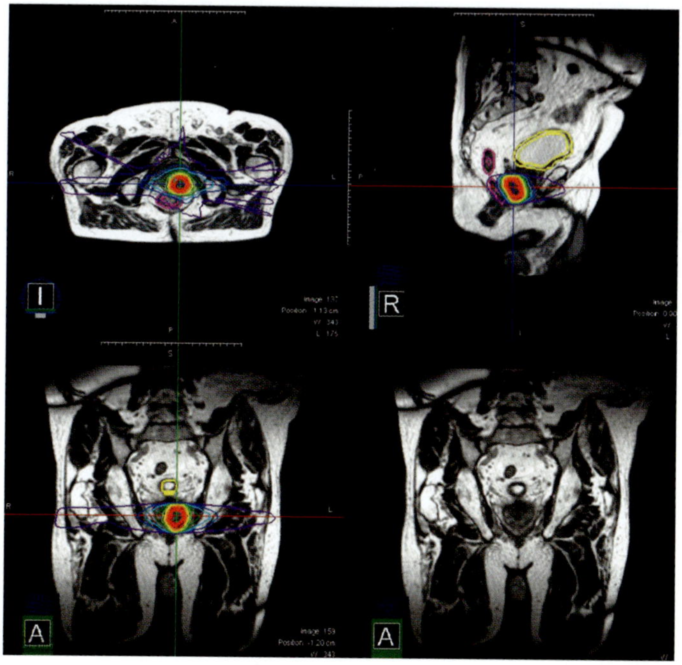

Lignes isodose

Dose Rx = 36,00 Gy

Dose (Gy)	Rx (%)
39,60	110,0
36,00	100,0
32,40	90,0
28,80	80,0
25,20	70,0
21,60	60,0
18,00	50,0
14,40	40,0
12,00	33,3
7,20	20,0

Figure 14.2. Exemple de dosimétrie sur IRM-Linac ViewRay® d'un *boost* prostate de 36 Gy en 6 fractions sans implantation de fiduciaires.

L'IRM-Linac offre aussi la possibilité d'un traitement adaptatif *online* avec un nouveau contourage et une dosimétrie calculée dans la foulée sur l'IRM du jour et qui tient compte des modifications anatomiques. Ce processus adaptatif est approprié à la SBRT de prostate dont les mouvements sont influencés par les variations de réplétion vésicale ou rectale à l'origine d'une potentielle inadéquation entre la dose planifiée et la dose délivrée. On observe aussi des fluctuations de positionnement des vésicules séminales et des anses grêles qui ne sont pas forcément corrélés aux mouvements de la prostate.

Il existe encore peu de données comparant IRM-Linac et Linac conventionnels pour la SBRT prostatique. L'essai MIRAGE (phase III randomisée, NCT04384770) a comparé une SBRT de prostate guidée par scanner sur accélérateur Linac conventionnel ou sur IRM-Linac (avec marges réduites de PTV justifiées par le suivi *gating* per-fraction) [14.4]. Les toxicités aiguës de grade ≥ 2 GU et GI étaient nettement inférieures chez les patients traités sur IRM-Linac, comparées à celles survenant chez les patients traités sur accélérateur conventionnel ; respectivement 24,4 % (IC 95 % : 15,4-35,4) *versus* 43,4 % (IC 95 % : 32,1-55,3) ; p = 0,01 et 0,0 % (IC 95 % : 0,0-4,6) *versus* 10,5 % (IC 95 % : 4,7-19,7) ; p = 0,003. Les résultats à venir portant sur le contrôle biochimique et la survie seront déterminants. D'autres essais muticentriques de phase II explorent la faisabilité d'une escalade de dose par *boost* intégré stéréotaxique sur la tumeur index jusqu'à 40 Gy en 4 ou 5 fractions sur IRM-Linac ; les résultats préliminaires de l'essai français stéréo RML montrent une bonne tolérance du traitement. L'essai NCT04845503 SMILE est en cours.

Perspectives : l'essai Mirage, sous réserve de ses résultats à plus long terme, pourrait ouvrir la voie de la SBRT à des indications de traitement plus larges pour les patients porteurs de cancers de prostate de très haut risque ou localement avancé avec atteinte ganglionnaire (SBRT pelvienne associée). Les données publiées de tolérance et d'efficacité de la SBRT de prostate dans les indications conventionnelles (maladies localisées de faible risque ou risque intermédiaire) sont excellentes concernant les fonctions GU et GI, cependant la question de la préservation de la fonction sexuelle demeure pour ces patients dont l'espérance de vie est longue. De plus, la qualité et le contraste IRM facilitent l'identification et la délinéation des structures impliquées dans les mécanismes érectiles : bandelettes neurovasculaires, artères pudendales, corps caverneux et bulbe pénien. Cela pourrait permettre de limiter la dose délivrée à ces organes afin de préserver au mieux la fonction sexuelle de ces patients.

Tumeurs rénales

Les tumeurs rénales primitives sont conventionnellement opérées. La RT n'était jusque récemment utilisée que de manière marginale, en raison de données ayant démontré une radiorésistance significative de ces tumeurs [14.5]. Toutefois, de récents travaux suggèrent que cette radiorésistance supposée pourrait être vaincue par les hautes doses par fractions, du type de celles utilisées en SBRT. Les données du consortium international IROCK et les méta-analyses publiées concluent à un excellent taux de contrôle local (97 à 100 %) après SBRT de primitifs de carcinome rénal à cellules claires [14.6]. Ces données sont corroborées par la communication des résultats de la phase II prospective FASTRACK 2 (NCT02613819) qui rapporte 100 % de contrôle local et de survie spécifique à 3 ans après SBRT de carcinomes rénaux à cellules claires inopérables de 4,7 cm en moyenne, avec des toxicités modérées (10 % de grade 3) et une dégradation du débit de filtration glomérulaire d'en moyenne 14,6 mL/min à 2 ans. Les schémas de traitements les plus décrits sont : 40 Gy en 8 fractions, 42 Gy en 3 fractions ou 24 à 26 Gy en 1 fraction par des équipes entraînées [14.7].

L'IRM-Linac, grâce au *gating* per-fraction, au blocage respiratoire et au traitement adaptatif permet de diminuer les marges, de s'affranchir de l'ITV et pourrait ainsi améliorer la tolérance du traitement et la préservation néphronique. Ce traitement non invasif et accessible même aux tumeurs rénales centrales est une indication émergente à développer.

Localisations digestives

Lésions hépatiques

L'irradiation stéréotaxique hépatique est une technique qui s'adresse aussi bien aux lésions primitives (carcinome hépatocellulaire et cholangiocarcinome) qu'aux lésions secondaires. Malgré les progrès technologiques de ces dernières années, la HAS, dont la dernière évaluation remonte à 2016, considère qu'il est encore prématuré de valider cette approche pour une utilisation en routine et préconise de la réserver aux centres experts dans le cadre d'essais cliniques.

Dans les récentes recommandations de l'ESMO concernant la prise en charge des cancers colorectaux métastatiques [14.8], la SBRT est proposée en option dans le traitement local ablatif des lésions secondaires.

La SBRT hépatique, bien qu'elle permette un taux de contrôle local de l'ordre 75 à 90 % à 2 ans, n'est néanmoins pas exempte de toxicités. La proximité d'organes digestifs radiosensibles (côlon, duodénum, estomac, etc.), le volume de foie sain non irradié et la mobilité de l'organe rendent le traitement délicat, ce d'autant que les accélérateurs classiques de RT ne permettent pas la visualisation directe de la cible à traiter du fait du faible contraste des tissus mous en CBCT. Ce traitement est donc généralement précédé de l'implantation de marqueurs fiduciaires implantés au pourtour de la tumeur, repérés par des contrôles radiographiques répétés au cours de la séance, estimant ainsi de manière indirecte la mobilité du volume tumoral.

L'IRM reste actuellement la modalité diagnostique la plus performante dans le cadre de l'évaluation des tumeurs hépatiques, primitives ou secondaires. Son association avec un accélérateur de RT augmente la sécurité et la précision de la délivrance du traitement grâce à la génération d'une imagerie continue permanente pendant toute la durée de l'irradiation. La lésion à traiter ainsi que les organes à risque adjacents sont donc visualisables en « temps réel » tout au long de la séance. Ceci autorise donc :

- une réduction des marges d'incertitude autour du volume cible irradié (disparition du volume dit *internal target volume* [ITV]) prenant en compte les mouvements de la lésion, ce qui limite l'irradiation du foie sain) ;
- une augmentation de la dose délivrée (corrélée à une amélioration du contrôle local) ;
- le traitement de lésions autrefois récusées de par leur proximité avec des organes sensibles (tissu digestif creux, cavités cardiaques, etc.) par crainte de toxicités sévères.

La gestion des mouvements interfraction est également facilitée par la capacité de ces machines d'assurer à la fois la préparation et la réalisation du traitement. Ainsi, une nouvelle dosimétrie pourra être réalisée sur l'image du jour correspondant à l'anatomie du patient à l'instant t, notamment en cas de proximité d'organes à risque mobiles sujets à des variations de réplétion quotidienne (estomac, duodénum, intestin, etc.). Après une nouvelle étape de délinéation des structures critiques, le plan initial de traitement est optimisé et la dosimétrie modifiée permettant une RTA guidée par l'IRM (SMART).

Les résultats récents de cette nouvelle technique sont tout à fait encourageants, avec des taux de contrôle local de l'ordre de 75 à 90 % à 2 ans [14.9, 14.10]. Aucune toxicité aiguë de grade 3 ou plus n'a été mise en évidence, qu'elle soit d'ordre digestif ou hépatobiliaire.

Radiothérapie adaptative guidée par IRM dans le cancer du pancréas

La place de la RT dans la prise en charge du cancer du pancréas localisé fait toujours débat actuellement. Si deux études de phase III ont respectivement pu montrer une amélioration du contrôle local d'une radiochimiothérapie normofractionnée pour des tumeurs localement avancées ainsi que du taux de résection complète d'une radiochimiothérapie modérément hypofractionnée pour des tumeurs résécables/*borderline*, aucun bénéfice en survie globale n'a pu être démontré [14.11, 14.12].

Plusieurs séries ont suggéré un bénéfice en survie d'une escalade de dose délivrée en radiothérapie conformationnelle avec modulation d'intensité (RCMI) en cas de BED délivrée > 70 Gy, ou au moyen d'une technique avec un *boost* intégré, sans majoration des toxicités GI de grade 3 et plus (2-4 %) [14.13, 14.14].

La RT en conditions stéréotaxiques constitue un autre moyen d'améliorer l'index thérapeutique en permettant, sur un étalement court, la délivrance d'une dose élevée d'irradiation sur un volume tumoral limité avec un très haut niveau de précision. L'intérêt porté à cette technique dans le cancer du pancréas a débuté à Stanford dans une étude de phase I d'escalade de dose jusqu'à 25 Gy en une séance pour des tumeurs localement avancées [14.15]. Toutefois, elle était marquée par un taux élevé de toxicités digestives tardives faisant préférer ultérieurement des schémas plurifractionnés de trois à cinq séances.

L'essentiel des études retrospectives ou et de phase 2 non randomisées publiées rapportent des résultats encourageants, confirmés par la méta-analyse de Petrelli *et al.*, montrant un bon taux de contrôle local d'environ 70 à 80 % avec des survies prolongées, notamment en cas de résection, et un taux acceptable de toxicités de grade 3-4 de l'ordre de 5-8 % [14.16]. Toutefois, la mise en œuvre d'un tel traitement sur accélérateurs conventionnels couplés à l'imagerie scanographique ou kV présente de nombreuses limites [14.17] :

- *workflow* complexe avec nécessité d'implantation préalable de marqueurs fiduciaires métalliques au sein de la tumeur par échoendoscopie ;
- suivi indirect et discontinu de la tumeur pendant l'irradiation par une imagerie additionnelle irradiante ;
- non-visualisation des structures digestives radiosensibles environnantes ;
- absence de prise en compte de la variabilité de réplétion digestive pouvant influencer la dosimétrie ;
- limitation de l'escalade de dose à la tumeur par crainte des toxicités digestives.

Ainsi la radiothérapie stéréotaxique guidée par IRM est désormais proposée pour les cancers du pancréas localement avancés. Compte tenu du faible niveau de preuve des études publiées, ce traitement ne peut être proposé, dans un premier temps, que dans le cadre d'un essai clinique au mieux, ou à défaut au sein d'équipes expérimentées maîtrisant cette technique, pour les cancers du pancréas localement avancés non opérables stabilisés ou ayant répondu à une chimiothérapie première d'au moins 3 mois. Elle n'est pas recommandée pour les tumeurs *borderlines* hors essai clinique, puisque l'essai américain de phase 2 randomisé Alliance A021501 a montré un surcroît de toxicités de grade 3 avec un taux de résection et une survie globale inférieure dans le bras SBRT [14.18]. Elle n'est pas recommandée pour les tumeurs opérables.

En France, l'étude de phase II Gabrinox-ART propose d'évaluer, après une première séquence de chimiothérapie alternant gemcitabine/nab-paclitaxel et Folfirinox, l'efficacité d'une radiothérapie stéréotaxique adaptative guidée par IRM chez les patients ayant un adénocarcinome du pancréas localement avancé.

À l'Institut du cancer du Dana Farber à Boston, une étude de phase I/II évalue la sécurité et l'efficacité d'une association de nanoparticules théranostiques à base de gadolinium (AGuIX) couplées à une radiothérapie stéréotaxique guidée par IRM dans une double cohorte de patients atteints d'un cancer bronchique et du pancréas localement avancé non opérable. Après l'évaluation en phase I du niveau de dose maximal toléré, une étude de phase 2 randomisée contrôlée évaluera, au sein de chacune des cohortes, l'efficacité de l'association des nanoparticules d'AGuIX à une radiothérapie stéréotaxique guidée par IRM en comparaison d'une SBRT seule (NCT04789486).

Plus récemment, une autre étude américaine prospective randomisée de phase III (LAP-Ablate, NCT05585554) a débuté, comparant après chimiothérapie d'induction, la radiothérapie stéréotaxique guidée par IRM à une chimiothérapie exclusive dans les cancers du pancréas localement avancés.

Cancers bronchopulmonaires

La SBRT est le traitement standard des tumeurs pulmonaires primitives de stade I inopérables et fait partie des options thérapeutiques validées pour la prise en charge des métastases pulmonaires. Pour les lésions périphériques, le contrôle local est excellent avec des taux supérieurs à 90 % à 3-5 ans et des toxicités faibles. L'équipe du VUmc d'Amsterdam a publié en 2020 une série de 25 patients porteurs de lésions pulmonaires périphériques traités par stéréotaxie sur IRM-Linac, avec la technique SMART (*stereotactic MR adaptive radiotherapy*) qui combine un traitement en inspiration bloquée avec contrôle en temps réel de la tumeur et un traitement adaptatif à chaque séance. Les auteurs ont montré que les volumes traités avec la technique SMART sont significativement plus petits qu'avec un traitement classique sur ITV, mais que le gain d'un traitement adaptatif pour les lésions périphériques était très modeste [14.19]. Par ailleurs, la même équipe a montré la faisabilité pour ces lésions périphériques d'un traitement sur IRM-Linac en une seule fraction (28-34 Gy), avec éventuellement consultation, simulation et traitement le même jour [14.20, 14.21].

Le traitement adaptatif sur IRM-Linac serait en fait plus intéressant pour le traitement des lésions pulmonaires avec des situations à haut risque de toxicité, telles que la réirradiation, la présence d'une pneumopathie interstitielle et les lésions centrales et ultracentrales [14.22]. En effet, le taux de complications sévères augmente avec la proximité des lésions avec l'arbre bronchique proximal (ABP) et/ou l'œsophage. Les lésions centrales sont celles situées à plus de 2 cm de l'ABP et/ou des structures médiastinales, tandis que les lésions sont appelées ultracentrales lorsque le GTV (*gross target volume*) ou le PTV (*planning target volume*) chevauche l'ABP et/ou l'œsophage. Les résultats récents de l'étude HILUS ont montré que 15 % des patients traités par SBRT pour une lésion ultracentrale sont décédés du fait d'une complication liée au traitement [14.23]. Le traitement sur IRM-Linac pourrait permettre d'éviter les fortes doses aux structures sensibles comme l'ABP et l'œsophage tout en conservant une couverture satisfaisante du volume cible [14.24, 14.25].

Récemment, Sandoval *et al.* ont publié les résultats de 47 patients porteurs de lésions centrales et ultracentrales traitées sur IRM-Linac avec un schéma de 60 Gy en 8 fractions. Le contrôle local à 1 an est de 87 % avec seulement 4,3 % de toxicité de grade 3 et aucune de grade 4-5 [14.26]. L'équipe de l'Université d'Heidelberg a évalué la faisabilité de la technique SMART pour des lésions ultracentrales uniquement, avec un schéma prudent de RT (10 x 5-6 Gy). Avec un suivi médian de 23,6 mois, les auteurs n'ont pas retrouvé de différence significative en termes de contrôle local, de survie sans progression et de survie globale pour 16 patients porteurs de lésions ultracentrales *versus* 20 patients présentant des lésions non ultracentrales. En revanche, il y avait significativement plus de toxicité pour les lésions ultracentrales mais il s'agissait majoritairement de grade 2 [14.27].

Plusieurs essais sont en cours pour valider prospectivement l'intérêt de l'IRM-Linac pour les lésions centrales et ultracentrales : les phases II LUNG STAAR (*lung stereotactic ablative adaptive radiotherapy*, NCT04917224), STRICT-LUNG et STAR-LUNG (*stereotactic radiotherapy for centrally located lung tumors and ultracentrally located lung tumors*, NCT05354596) et la phase I d'escalade de dose MAGELLAN-ARO 2021-3 (*magnetic resonance guided adaptive stereotactic body radiotherapy for lung tumors in ultracentral location*, NCT04925583) [14.28]. Enfin, l'étude NanoSMART (NCT04789486) teste dans une phase I/II l'adjonction de nanoparticules en association avec la SBRT guidée par IRM pour les lésions pulmonaires centrales ainsi que pour les tumeurs pancréatiques.

Le traitement adaptatif sur IRM-Linac pourrait être également intéressant pour des stades plus avancés. L'étude de phase I PUMA (*pulmonary magnetic resonance-guided online adaptive radiotherapy of locally advanced non-small cell lung cancer*, NCT05237453) prévoit d'inclure 30 patients porteurs de cancers bronchiques non à petites cellules de stade III avec une escalade de dose à 70 Gy en concomitant de la chimiothérapie [14.29].

Localisations surrénaliennes

Les glandes surrénales sont un siège habituel de localisations secondaires de plusieurs tumeurs primitives. La chirurgie reste l'option première, mais elle est souvent contre-indiquée du fait de l'âge du patient, de son état général, de ses comorbidités ou de l'extension de la pathologie. Les traitements par SBRT prennent alors toute leur place, même si jusqu'à présent l'efficacité rapportée est inférieure à la surrénalectomie [14.30]. Cette infériorité peut s'expliquer par un trop faible niveau de dose par crainte des toxicités, liées non seulement aux mouvements interfractions mais aussi intrafractions des organes gastro-intestinaux radiosensibles. La délivrance d'une $BED10 > 100$ Gy serait associée à un contrôle proche de celui de la surrénalectomie, ce qui appuie la nécessité d'une dose efficace [14.31].

Dans un article récent, l'équipe de Montpellier a montré chez leurs douze premiers cas traités sur IMR-Linac que l'adaptation quotidienne des plans de traitement améliore la qualité dosimétrique globale de la radiothérapie guidée par IRM, avec une couverture des volumes cibles et une protection des OAR supérieures [14.32]. L'intérêt d'une replanification quotidienne sur table lors des 5 fractions habituellement réalisées en stéréotaxie est aussi mentionné dans la conclusion de l'équipe de l'UMC à Amsterdam en lien avec de fréquentes modifications du GTV surrénalien. Ils retiennent aussi la probabilité d'une réponse complète radiologique en corrélation avec le GTV basal et sa diminution pendant le traitement [14.33]. Cela doit être confirmé par des études prospectives.

Indications en devenir

Traitement des tumeurs cérébrales

À ce jour, la prise en charge des tumeurs cérébrales sur des accélérateurs guidés par IRM n'en est qu'à ses débuts, les accélérateurs hybrides n'étant équipés que depuis très récemment de système de contention tête et cou avec des antennes IRM adaptées. Mais la place de l'IRM dans la prise en charge de ces tumeurs devrait se confirmer, en offrant une planification adaptable tout en évaluant la réponse en imagerie IRM pendant et après le traitement, conférant à la technique un rôle théragnostic.

Cependant si les possibilités d'imagerie fonctionnelle longitudinale de l'encéphale avec un IRM-Linac sont prometteuses, elles doivent là aussi être validées. L'utilisation d'un accélérateur, tel que le MRIdian® Linac de ViewRay® ou le Unity® d'Elekta®, permet d'espérer plusieurs axes d'amélioration dont :

- une meilleure définition des volumes ;
- leur adaptation au fil du traitement ;
- une réduction des marges d'incertitude autour du CTV ;
- une augmentation de la dose délivrée à la tumeur.

Par ailleurs, il apparaît que les tumeurs intracrâniennes ne sont pas statiques. Ainsi, la RTA, telle qu'offerte par l'IRM-Linac, pourrait apporter un bénéfice en lien avec les modifications temporelles des lésions [14.34]. L'impact des changements anatomiques dans les essais d'escalade de doses à base de photons ou de protons dans la prise en charge du glioblastome a été étudié par Hessen *et al.* [14.35]. Ils ont mis en évidence pour un certain nombre de patients, du fait de changements anatomiques, une variation considérable de la répartition de la dose par apport à celle planifiée à la moitié du traitement. Les auteurs ont conclu que les essais d'escalade de dose ou de « *dose painting* » qui visent à améliorer l'efficacité du traitement doivent envisager la mise en œuvre d'une imagerie longitudinale répétitive, comme le permet l'IRM-Linac.

Enfin, la radiomique, grâce à la colossale masse de données obtenues lors des imageries per-traitement, pourrait aboutir à des éléments prédictifs de la réponse, de la pseudo-réponse, de la progression, de la survenue d'une radionécrose et ainsi faciliter la surveillance des patients et l'adaptation de leur prise en charge.

IRM-Linac et tumeurs de la tête et du cou

Les mouvements intra et interfractions des tumeurs de la tête et du cou sont plutôt limités par rapport aux autres tumeurs décrites plus haut. S'il est à présent possible d'utiliser l'imagerie IRM embarquée, les données pour ce type de maladie sont encore pauvres, et une analyse des bénéfices est cruciale pour évaluer cette approche.

Les cancers du nasopharynx sont probablement, comme ils l'ont été début des années 2000 pour la radiothérapie par modulation d'intensité, un point de départ intéressant pour une validation d'un traitement par RTgIRM. Dans l'étude randomisée de Fu *et al.*, comparant les techniques IMRT conventionnelle et guidée par IRM sur 260 patients, le taux de survie sans maladie à 2 ans était de 93,6 % en faveur de la RTgIRM, contre 87,5 % dans l'autre groupe. La toxicité aiguë n'était pas significativement différente [14.36]. Il semble donc possible d'appliquer la RTgIRM aux tumeurs malignes de la tête et du cou, ce qui permettrait non seulement de contrôler avec succès la croissance des tumeurs, mais aussi de réduire les effets secondaires subis par les patients. Plusieurs essais intégrant la radiothérapie guidée par IRM sont en cours dans le traitement des cancers épidermoïdes de la tête et du cou :

- l'essai suisse MARTHA (NCT03972072), qui vise à évaluer la réduction de la xérostomie à l'aide du système IRM 0,35 T ;
- l'essai de RTA INSIGHT-2 aux Royaume-Uni (NCT04242459) ;
- une étude canadienne sur appareil hybride 1,5 T dont l'objectif est d'évaluer la mise en œuvre d'une irradiation stéréotaxique de 35-50 Gy en 5 fractions chez des patients non éligibles à une irradiation curative (NCT04809792) ;
- l'équipe du MD Anderson propose l'essai randomisé de phase II MR-ADAPTOR (NCT03224000) sur système 1,5 T, comparant par méthodologie bayésienne le traitement standard à un traitement adapté à l'IRM pour des carcinomes de l'oropharynx HPV+.

Maladie oligométastatique

Les traitements des tumeurs primitives ou des métastases isolées par radiothérapie sur IRM-Linac présentent un intérêt croissant, et il est fort probable qu'à l'avenir le traitement d'une maladie oligométastatique par ce moyen fera partie des options validées pour un contrôle à plus long terme. Si la maladie oligométastatique reste difficile à définir précisément, des consensus émergent [14.37], et un changement de paradigme est en cours. Ces traitements devront très probablement être guidés par l'étude des profils moléculaires qui permettent déjà de définir des phénotypes de maladies oligométastatiques, avec un faible volume de localisations secondaires au moment du diagnostic, ou oligoprogressives avec un faible volume de maladie en progression après un traitement systémique [14.38]. Un nombre croissant d'essais, comme le SABRT COMET (NCT01446744) [14.39], met en évidence un bénéfice significatif à l'utilisation d'un traitement local des oligométastases par SBRT. Dans cette indication, la radiothérapie peut avoir de multiples objectifs :

- l'amélioration de la survie voire la guérison ;
- le décalage dans le temps de la mise en place d'un traitement systémique ;
- le maintien d'une ligne de traitement, moins toxique que la ligne suivante.

Toutefois, ces stratégies ne sauraient être offertes qu'aux patients en tirant un bénéfice substantiel et leur meilleure sélection nécessite encore d'autres essais. L'IRM-Linac sera alors probablement un formidable outil pour le traitement de ces malades, ce d'autant qu'il a été démontré par notre équipe la possibilité d'un traitement concomitant de plusieurs cibles [14.16].

Conclusion

L'arrivée en pratique clinique des accélérateurs guidés par IRM est une évolution majeure dans la prise en charge des tumeurs par RT. Cette technique, qui permet d'allier hypofractionnement et RTA, s'inscrit dans l'évolution des pratiques en RT et semble tout particulièrement adaptée pour le traitement par radiothérapie stéréotaxique des lésions mobiles à proximité d'organes sains pourvoyeurs de toxicités. Les premiers résultats cliniques sont encourageants, mais ils doivent encore être confirmés. La masse des informations obtenues par les imageries per-traitement associée aux données cliniques et biologiques boostées par l'intelligence artificielle, devrait permettre la production d'éléments prédictifs de la réponse et des toxicités.

Références

[14.1] Cosset JM, Chargari C, Créhange G. Quel rapport alpha/bêta pour le cancer prostatique en 2019 ? [Which alpha/beta ratio for prostate cancer in 2019?]. *Cancer Radiother* 2019 ; 23 : 342-5.

[14.2] Jackson WC, Silva J, Hartman HE, *et al.* Stereotactic Body Radiation Therapy for Localized Prostate Cancer: A Systematic Review and Meta-Analysis of Over 6,000 Patients Treated On Prospective Studies. *Int J Radiat Oncol Biol Phys* 2019 ; 104 : 778-89.

[14.3] Lapierre A, Hennequin C, Beneux A, *et al.* Highly hypofractionated schedules for localized prostate cancer: recommendations of the GETUG radiation oncology group. *Crit Rev Oncol Hematol* 2022 ; 173 : 103661.

[14.4] Kishan AU, Ma TM, Lamb JM, *et al.* Magnetic Resonance Imaging-Guided vs Computed Tomography-Guided Stereotactic Body Radiotherapy for Prostate Cancer: The MIRAGE Randomized Clinical Trial. *JAMA Oncol* 2022 ; 9 : 365-73.

[14.5] Deschavanne PJ., Fertil B *et al.* A review of human cell radiosensitivity in vitro. *Int J Radiat Oncol Biol Phys* 1996 ; 34 : 251-66.

[14.6] Dhar A, Swaminath A, Correa RJM, *et al.* International Harmonization of Technical Approaches to Kidney SABR – An International Radiosurgery Consortium of the Kidney (IROCK) Contouring Project. *Int J Radiat Oncol Biol Phys* 2024 ; 120 : e525.

[14.7] Siva S, Bressel M, Sidhom M, *et al.* Stereotactic ablative body radiotherapy for primary kidney cancer (TROG 15.03 FASTRACK II): a non-randomised phase 2 trial. *Lancet Oncol* 2024 ; 25 : 308-16.

[14.8] Cervantes A, Adam R, Roselló S, *et al.* Metastatic colorectal cancer: ESMO Clinical Practice Guideline for diagnosis, treatment and follow-up. *Ann Oncol* 2023 ; 34 : 10-32.

[14.9] Hoegen P, Zhang KS, Tonndorf-Martini E, *et al.* MR-guided adaptive versus ITV-based stereotactic body radiotherapy for hepatic metastases (MAESTRO): a randomized controlled phase II trial. *Radiat Oncol* 2022 ; 17 : 59.

[14.10] Bordeau K, Michalet M, Keskes A, *et al.* Stereotactic MR-Guided Radiotherapy for Liver Metastases: First Results of the Montpellier Prospective Registry Study. *J Clin Med* 2023 ; 12 : 1183.

[14.11] Hammel P, Huguet F, Van Laethem JL, *et al.* Effect of chemoradiotherapy vs. chemotherapy on survival in patientswith locally advanced pancreatic cancer controlled after 4 months of gemci-tabine with or without erlotinib: the LAP07 randomized clinical trial. *JAMA* 2016 ; 315 : 1844-53.

[14.12] Versteijne E, Suker M, Groothuis K, *et al.* Preoperative chemoradiotherapy versus immediate surgeryfor resectable and borderline resectable pancreatic cancer: results of the dutchrandomized phase III PREOPANC trial. *J Clin Oncol* 2020 ; 38 : 1763-73.

[14.13] Huguet F, Hajj C, Winston CB, *et al.* Chemotherapy and intensity-modulated radiation therapy for locally advanced pancreatic cancerachieves a high rate of R0 resection. *Acta Oncol* 2017 ; 56 : 384-90.

[14.14] Krishnan S, Chadha AS, Suh Y, *et al.* Focal radiationtherapy dose escalation improves overall survival in locally advanced pan-creatic cancer patients receiving induction chemotherapy and consolidativechemoradiation. *Int J Radiation Oncol Biol Phys* 2016 ; 94 : 755-65.

[14.15] Koong AC, Le QT, Ho A, Fong B, *et al.* Phase I study of stereotacticradiosurgery in patients with locally advanced pancreatic cancer. *Int J RadiationOncol Biol Phys* 2004 ; 58 : 1017-21.

[14.16] Petrelli F, Comito T, Ghidini A, *et al.* Stereotactic bodyradiation therapy for locally advanced pancreatic cancer: a systematic review and pooled analysis of 19 trials. *Int J Radiation Oncol Biol Phys* 2017 ; 97 : 313-22.

[14.17] Rouffiac M, Ghirardi S, Chevalier C, *et al.* Extreme hypofractionated radiation therapy for pancreatic cancer. *Cancer Radiother* 2021 ; 25 : 692-8.

[14.18] Katz MHG, Shi Q, Meyers J, *et al.* Efficacy of Preoperative mFOLFIRINOX vs mFOLFIRINOX Plus Hypofractionated Radiotherapy for Borderline Resectable Adenocarcinoma of the Pancreas: The A021501 Phase 2 Randomized Clinical Trial. *JAMA Oncol* 2022 ; 8 : 1263-70.

[14.19] Finazzi T, Palacios MA, Haasbeek CJA, *et al.* Stereotactic MR-guided adaptive radiation therapy for peripheral lung tumors. *Radiother Oncol* 2020 ; 144 : 46-52.

[14.20] Tekatli H, Palacios MA, Schneiders FL, *et al.* Local control and toxicity after magnetic resonance imaging (MR)-guided single fraction lung stereotactic ablative radiotherapy. *Radiother Oncol* 2023 ; 187 : 109823.

[14.21] Palacios MA, Verheijen S, Schneiders FL, *et al.* Same-day consultation, simulation and lung Stereotactic Ablative Radiotherapy delivery on a Magnetic Resonance-linac. *Phys Imaging Radiat Oncol* 2022 ; 24 : 76-81.

[14.22] Finazzi T, Haasbeek CJA, Spoelstra FOB, *et al.* Clinical Outcomes of Stereotactic MR-Guided Adaptive Radiation Therapy for High-Risk Lung Tumors. *Int J Radiat Oncol Biol Phys* 2020 ; 107 : 270-8.

[14.23] Lindberg K, Grozman J, Karlsson J, *et al.* The HILUS-Trial-a Prospective Nordic Multicenter Phase 2 Study of Ultracentral Lung Tumors Treated With Stereotactic Body Radiotherapy. *Thorac Oncol* 2021 ; 16 : 1200-10.

[14.24] Henke LE, Olsen JR, Contreras JA, *et al.* Stereotactic MR-Guided Online Adaptive Radiation Therapy (SMART) for Ultracentral Thorax Malignancies: Results of a Phase 1 Trial. *Adv Radiat Oncol* 2018 ; 4 : 201-9.

[14.25] Bryant JM, Sim AJ, Feygelman V, *et al.* Adaptive hypofractionted and stereotactic body radiotherapy for lung tumors with real-time MRI guidance. *Front Oncol* 2023 ; 13 : 1061854.

[14.26] Sandoval ML, Sim AJ, Bryant JM, *et al.* Magnetic Resonance-Guided Stereotactic Body Radiation Therapy/Hypofractionated Radiation therapy for Metastatic and Primary Central and Ultracentral Lung Lesions. *JTO Clin Res Rep* 2023 ; 4 : 100488.

[14.27] Regnery S, Katsigiannopulos E, Hoegen P, *et al.* To fly or not to fly: Stereotactic MR-guided adaptive radiotherapy effectively treats ultracentral lung tumors with favorable long-term outcomes. *Lung Cancer* 2023 ; 179 : 107175.

[14.28] Regnery S, Ristau J, Weikamp F, *et al.* Magnetic resonance guided adaptive stereotactic body radiotherapy for lung tumors in ultracentral location: the MAGELLAN trial (ARO 2021-3). *Radiat Oncol* 2022 ; 17 : 102.

[14.29] Regnery S, de Colle C, Eze C, *et al.* Pulmonary magnetic resonance-guided online adaptive radiotherapy of locally advanced: the PUMA trial. *Radiat Oncol* 2023 ; 18 : 74.

[14.30] Gunjur A, Duong C, Ball D, *et al.* Surgical and ablative therapies for the management of adrenal 'oligometastases' – A systematic review. *Cancer Treatment Reviews* 2014 ; 40 : 838-46.

[14.31] Chance WW, Nguyen QN, Mehran R, *et al.* Stereotactic ablative radiotherapy for adrenal gland metastases: Factors influencing outcomes, patterns of failure, and dosimetric thresholds for toxicity. *Pract Radia Oncol* 2017 ; 7 : e195-203.

[14.32] Michalet M, Bettaïeb O, Ghorbel A, *et al.* Stereotactic MR-Guided Radiotherapy for Adrenal Gland Metastases : First Clinical Results. *J Clin Med* 2023 ; 12 : 291.

[14.33] Giraud N, Schneiders FL, Van Sornsen de Koste JR, *et al.* Tumor volume changes during stereotactic ablative radiotherapy for adrenal gland metastases under MRI guidance. *Radiother Oncol* 2023 ; 186 : 109749.

[14.34] Hessen ED, Nijkamp J, Damen P, *et al.* Predicting and implications of target volume changes of brain metastases during fractionated stereotactic radiosurgery. *Radiother Oncol* 2020 ; 142 : 175-9.

[14.35] Hessen ED, Makocki S, van der Heide UA, *et al.* The impact of anatomical changes during photon or proton based radiation treatment on tumor dose in glioblastoma dose escalation trials. *Radiother Oncol* 2021 ; 164 : 202-8.

[14.36] Fu S, Li Y, Han Y, *et al.* Diffusion-weighted magnetic resonance imaging guided dose painting in patients with locoregionally advanced nasopharyngeal carcinoma treated with induction chemotherapy plus concurrent chemoradiotherapy: a randomized, controlled clinical trial. *Int J Radiat Oncol Biol Phys* 2022 ; 113 : 101-13.

[14.37] Lievens Y, Guckenberger M, Gomez D, *et al.* Defining oligometastatic disease from a radiation oncology perspective: An estro-astro consensus document. *Radiother Oncol* 2020 ; 148 : 157-66.

[14.38] Pitroda SP, Khodarev N, Huang L, *et al.* Integrated molecular subtyping defines a curable oligometastatic state in colorectal liver metastasis. *Nat Commun* 2018 ; 9 : 1793.

[14.39] Palma DA, Olson R, Harrow S, *et al.* Stereotactic Ablative Radiotherapy for the Comprehensive Treatment of Oligometastatic Cancers: Long-Term Results of the SABR-COMET Phase II Randomized Trial. *J Clin Oncol* 2020 ; 38 : 2830-8.

Chapitre 15

Effets de la radiothérapie sur l'immunité antitumorale, à l'origine des associations radiothérapie-immunothérapie

Pierre-Antoine Laurent, Éric Deutsch

La place croissante de l'immunothérapie dans les stratégies thérapeutiques contre le cancer a entraîné un intérêt grandissant pour l'étude des relations entre radiations ionisantes et microenvironnement immunitaire tumoral, avec pour objectif la mise au point de combinaisons thérapeutiques utilisant la radiothérapie (RT) en association à l'immunothérapie.

L'utilisation du système immunitaire comme thérapeutique antitumorale est explorée de longue date. Dans les années 1890, William B. Coley, un chirurgien américain, traita plus de 1 000 patients atteints de sarcomes osseux et des tissus mous par injections intratumorales de bactéries *Streptococcus pyogenes* et *Serratia marcescens*, ainsi que diverses toxines bactériennes (toxines de Coley). Malgré une mortalité élevée liée aux complications septiques, les cas de régression tumorale complète après ce traitement représentent la première démonstration historique de la pertinence d'une stratégie d'activation du microenvironnement immunitaire tumoral dans les traitements contre le cancer.

L'implication du système immunitaire dans l'efficacité de la RT est également connue depuis longtemps. Dès les années 1970, il a été montré sur des modèles murins que la dose de RT nécessaire pour obtenir le contrôle local de fibrosarcomes localisés chez la souris était plus importante dans le cas de souris immunodéprimées que dans celui de souris immunocompétentes [15.1].

Ce chapitre a pour vocation d'expliciter les interactions existantes entre la RT et le microenvironnement immunitaire tumoral au sein des tumeurs irradiées, et ainsi d'expliquer la pertinence des combinaisons thérapeutiques associant RT et immunothérapie. De telles combinaisons permettraient de bénéficier de la synergie d'association de ces deux traitements et ainsi augmenter l'efficacité antitumorale locale, mais également l'immunité antitumorale systémique, ce qui pourrait bénéficier aux patients atteints de tumeurs solides métastatiques traités par immunothérapie.

Mort cellulaire immunogène : à l'origine de l'activation du microenvironnement immunitaire tumoral

La mort cellulaire immunogène désigne un type particulier de mort cellulaire capable d'activer les composants du microenvironnement immunitaire tumoral [15.2]. Cette activation passe par la libération d'antigènes tumoraux issus des cellules tumorales mortes dans le microenvironnement tumoral. Ces éléments peptidiques peuvent ainsi être reconnus puis captés par les cellules présentatrices d'antigènes (cellules dendritiques, macrophages et lymphocytes B) grâce aux récepteurs de la famille TLR (*toll-like receptors*) présents à leur surface. Ces cellules sont ensuite capables de présenter ces antigènes au sein du complexe majeur d'histocompatibilité de type II (CMH II), entraînant par cette voie l'activation (*priming*) des lymphocytes T, principaux effecteurs de l'immunité cellulaire. Parallèlement à l'activation de cette immunité cellulaire, la libération des antigènes tumoraux a aussi pour effet l'activation des lymphocytes B et leur différenciation en plasmocytes. Ceci mène à la génération d'anticorps à l'origine d'une immunité antitumorale humorale dont la compréhension des mécanismes représente aujourd'hui un champ de recherche prometteur.

À l'origine, le phénomène de mort immunogène des cellules tumorales a été découvert avec la chimiothérapie, principalement l'oxaliplatine et les anthracyclines [15.3]. Cependant, la RT a montré une aptitude comparable à induire ce type de mort cellulaire et ainsi entraîner une polarisation du microenvironnement immunitaire tumoral dans un phénotype pro-inflammatoire dirigé contre la tumeur [15.4]. À l'heure actuelle, des marqueurs biologiques de mort cellulaire immunogène ont été mis en évidence et sont utilisés en recherche pour identifier et quantifier ce phénomène au sein des tumeurs traitées. On peut citer à titre d'exemple, parmi ces marqueurs, la sécrétion de la protéine HMGB1 (*high-mobility group box protein 1*) et d'ATP (adénosine triphosphate) ainsi que la translocation de la calréticuline du réticulum endoplasmique vers la surface des cellules en état de mort immunogène [15.5].

En plus de l'activation des acteurs de l'immunité cellulaire (lymphocytes T) et humorale (lymphocytes B), l'activation du microenvironnement immunitaire tumoral par la RT passe également par la sécrétion d'un environnement cytokinique favorable composé d'interférons de type I (sous-types α et β) et II (sous-type γ), d'interleukine 6 (IL-6), de TNF-α (*tumor necrosis factor* α) ainsi que de chimiokines activatrices (CXCL2, CXCL9, CXCL10, CXCL16, CCL5) [15.6-15.11]. Tous ces éléments participent de l'implication de l'immunité antitumorale dans l'efficacité de la RT.

Effets de la radiothérapie sur le microenvironnement tumoral

Lymphocytes T

Comme mentionné ci-dessus, les lymphocytes T effecteurs sont cruciaux pour l'efficacité de la RT. Leur rôle a été montré pour la première fois en 1979 en utilisant un modèle de fibrosarcome murin spontané induit par des administrations régulières de 3-méthylchloranthène. Chez ces tumeurs spontanées, la dose de RT nécessaire pour obtenir leur contrôle local était supérieure dans le cas de souris dépourvues de thymus fonctionnel (donc de lymphocytes T) par rapport à des souris immunocompétentes.

L'activation des lymphocytes T effecteurs au cours de la RT repose sur quatre mécanismes principaux :

- la libération d'antigènes tumoraux dans le milieu tumoral suite au mécanisme de mort cellulaire immunogène décrit précédemment. Cette libération entraîne à la fois l'activation des lymphocytes T au sein du microenvironnement tumoral, mais également l'attraction des lymphocytes T provenant de sites adjacents (ganglion drainant et sang circulant) vers le site tumoral ;
- l'activation à la surface des cellules endothéliales de molécules d'adhésion cellulaires, parmi lesquelles ICAM-1 et VCAM-1, qui facilitent l'extravasation des lymphocytes T de la circulation sanguine vers le microenvironnement tumoral [15.12] ;
- la surexpression des molécules du complexe majeur d'histocompatibilité de type I (CMH I) à la surface des cellules tumorales à la suite de la RT, ce qui a pour conséquence une meilleure reconnaissance de celles-ci par les lymphocytes T activés [15.13, 15.14] ;
- plus récemment, la capacité de la RT à activer les lymphocytes T du microenvironnement tumoral *via* l'induction de la sénescence des cellules tumorales a été mise en évidence. Ceci ouvre la voie à un nouveau champ de recherche, dans lequel l'induction différentielle de la sénescence entre cellules tumorales et lymphocytes au sein du microenvironnement tumoral pourrait permettre d'augmenter l'efficacité des combinaisons thérapeutiques utilisant la RT [15.15].

Cependant, l'effet de la RT sur les lymphocytes T effecteurs du microenvironnement tumoral n'est pas univoque, et la RT peut aussi être source d'effets immunosuppresseurs sur cette population. Les deux principaux effets immunosuppresseurs de la RT sur la population lymphocytaire T sont :

- l'activation et l'attraction des lymphocytes T régulateurs (Treg) au sein du site tumoral [15.16, 15.17]. Ce sous-type a pour rôle physiologique la régulation de l'activité des lymphocytes T $CD8^+$ cytotoxiques à la suite d'une inflammation, afin d'éviter les complications liées à un processus inflammatoire excessif et incontrôlé ;
- la surexpression, suite à la RT, des *checkpoints* inhibiteurs de la réponse immunitaire, à l'instar de PD-1 (*programmed cell death 1*), CTLA-4 (*cytotoxic T-lymphocyte antigen-4*), TIM-3 (*T-cell immunoglobulin and mucin containing protein-3*) et TIGIT

(T-cell immunoreceptor with Ig and ITIM domains) [15.18-15.20]. Bien que représentant un effet délétère sur le phénotype du microenvironnement immunitaire tumoral, l'activation de ces différents *checkpoints* inhibiteurs représente également l'un des piliers des associations entre RT et immunothérapie, qui seront détaillées plus loin.

Natural Killer, principaux représentants de l'immunité innée

Les *Natural Killer* (NK) représentent un maillon essentiel de l'immunité innée contre le cancer. Chez l'homme, les NK représentent 5 à 15 % des leucocytes périphériques. À l'état basal, on les trouve dans la zone parafolliculaire T des ganglions lymphatiques ainsi que dans le sang circulant. Ils sont capables d'une action cytotoxique similaire à celle des lymphocytes T $CD8^+$. Cependant, leur activation ne nécessite pas la présentation d'antigènes tumoraux à la surface de cellules présentatrices d'antigènes par le biais du CMH II, mais repose sur une balance entre des signaux activateurs et signaux inhibiteurs spécifiques à cette population. De manière comparable aux lymphocytes T $CD8^+$, ils peuvent exprimer différents *checkpoints* inhibiteurs, parmi lesquels PD-1, CTLA-4, TIGIT, TIM-3 et LAG-3 (*lymphocyte-activation gene 3*).

La RT a montré son effet bénéfique sur l'activation des NK, à la fois sur le plan préclinique et sur le plan clinique. *In vitro*, la RT est capable d'augmenter l'expression des ligands de NKG2D, le principal récepteur activateur des NK, à la surface des cellules tumorales [15.21, 15.22]. *In vivo*, la RT peut être suivie par le transfert adoptif de NK, seul ou en association à une immunothérapie. À titre d'exemple, chez des chiens porteurs de sarcomes, une fraction unique de 2 Gy associée à des injections d'IL-15 augmente à la fois la présence (*homing*) et la cytotoxicité des NK au sein de la tumeur [15.23]. Dans la foulée de ces résultats, des traitements combinés associant la RT et l'administration de lymphocytes T génétiquement modifiés pour exprimer le récepteur NKG2D (CAR-T *cells*), montrent des résultats prometteurs chez des souris porteuses de gliomes et de glioblastomes [15.24].

Plus récemment, chez des patients porteurs de tumeurs pancréatiques localement avancées, la RT a montré sa capacité à activer les NK du miroenvironnement tumoral, en augmentant la sénescence des cellules tumorales [15.25]. Des observations similaires ont été rapportées chez des patients traités pour un carcinome nasopharyngé, par une combinaison de RT et d'anti-PD-1/PD-L1 [15.26].

Par conséquent, les approches combinées ciblant les NK et utilisant la RT ouvrent des pistes de recherche prometteuses. À ce titre, les thérapeutiques ciblant le récepteur inhibiteur NKG2A semblent privilégiées. Le monalizumab, anticorps monoclonal dirigé contre le récepteur NKG2A humain, a ainsi montré dans un essai de phase II une augmentation du taux de contrôle local et de la survie sans progression chez les patients atteints d'un carcinome bronchique non à petites cellules traité par radiochimiothérapie concomitante et durvalumab [15.27]. Un essai de phase III au modèle similaire, PACIFIC-9 (NCT05221840), est actuellement ouvert aux inclusions.

Lymphocytes B et réponse humorale

Les lymphocytes B sont à l'origine de la réponse humorale et jouent un rôle déterminant dans la réponse des patients aux inhibiteurs de *checkpoints* immunitaires [15.28]. Cependant, les interactions entre la RT et les lymphocytes B au sein des tumeurs solides restent peu comprises. Dans le carcinome oropharyngé HPV positif, la combinaison de RT et d'un anti-PD-1 active les lymphocytes B spécifiques des antigènes tumoraux et élargit leur répertoire grâce à l'induction de mutations somatiques [15.29]. Dans la même étude, la quantité des marqueurs CD19 et IGJ spécifiques des lymphocytes B au sein de la tumeur primitive était un facteur prédictif de la survie globale à 3 ans.

Par ailleurs, il est important de remarquer qu'une forte proportion de lymphocytes B se situe au sein des follicules dans les ganglions lymphatiques. À ce titre, le volume d'irradiation, et en particulier la présence d'une irradiation ganglionnaire large, semble avoir un impact significatif sur la quantité de lymphocytes B activés retrouvés au sein de la tumeur, de même que pour les lymphocytes T et les macrophages [15.30]. Cet impact semble néanmoins dépendant du statut d'activation des lymphocytes, avec des lymphocytes B activés plus radiorésistants que leurs homologues naïfs.

Enfin, à l'instar des lymphocytes T, les lymphocytes B peuvent exprimer le récepteur PD-1 et ainsi inhiber la réponse immunitaire antitumorale [15.31]. Même si les données manquent pour affirmer que la RT est capable d'augmenter l'expression de PD-1 spécifiquement sur les lymphocytes B, cette observation est cohérente avec la mise au point de stratégies d'association combinant la RT et un inhibiteur de PD-1/PD-L1.

Macrophages, principaux représentants du compartiment myéloïde

Les macrophages sont des cellules immunitaires multipotentes et polymorphes. Tout d'abord, ils font partie, avec les cellules dendritiques et les lymphocytes B, des cellules présentatrices d'antigènes professionnelles (CPA) et ont donc un rôle majeur dans l'activation des autres compartiments immunitaires. Ensuite, avec les NK, ils sont un élément incontournable de l'immunité innée. Enfin, ce sont les principales cellules phagocytaires de l'organisme, assurant l'élimination des cellules mortes et des débris cellulaires dans l'organisme [15.32]. Les macrophages constituent un compartiment immunitaire très plastique, capable d'adopter une multitude de phénotypes en fonction de leur statut d'activation et de leur localisation (macrophages tissulaires, circulants, intratumoraux, etc.). En ce qui concerne les macrophages tumoraux (*tumor associated macrophages* [TAM]), leurs phénotypes sont classés en deux grandes familles : les macrophages pro-inflammatoires (M1-*like*) et anti-inflammatoires (M2-*like*) [15.33]. Les premiers sont capables d'activer le microenvironnement immunitaire et limiter l'échappement immunitaire des tumeurs, tandis que les seconds contribuent à la progression tumorale en favorisant cet échappement immunitaire. Lorsqu'ils sont activés, les macrophages sont également capables d'une cytotoxicité directe vis-à-vis des cellules tumorales [15.34].

De multiples études démontrent le recrutement intratumoral des macrophages et la modulation de leur phénotype liée à la RT, avec des conséquences à la fois positives et négatives sur l'effet antitumoral :

- *in vitro*, la RT est capable d'activer des macrophages humains en culture, avec une surexpression des marqueurs pro-inflammatoires (HLA-DR, CD86, CD80) et une répression des marqueurs anti-inflammatoires (CD163, MRC1, VCAN, IL-10). Cette tendance est observable pour des fortes doses (10 Gy) ou des faibles doses (2 Gy) [15.35] ;
- *in vivo*, dans une grande variété de modèles murins, le recrutement de macrophages intratumoraux suite à la RT se traduit par un échappement immunitaire de la tumeur et sa progression. Ainsi, chez ces mêmes modèles, la déplétion des macrophages à l'aide d'anticorps spécifiques se traduit par une amélioration du contrôle local après RT, évoquant ainsi un effet délétère des macrophages sur l'efficacité de la RT [15.36].

L'une des principales molécules impliquées dans les effets délétères des macrophages tumoraux après RT est le TGF-β (*transforming growth factor β*). Des données précliniques montrent la pertinence d'inhiber la voie du TGF-β pour améliorer l'efficacité de la RT [15.37]. Sur le plan clinique, des anticorps ciblant le TGF-β humain ont été mis au point, à l'image du fresolimumab expérimenté en association à la RT dans un essai de phase I chez des patientes porteuses d'un cancer du sein métastatique [15.38].

En plus de cette piste clinique, en raison de leur haute plasticité phénotypique, les macrophages sont actuellement la cible d'une large gamme d'immunothérapies en cours de développement, basées sur des interleukines (IL-4, IL-12, récepteur IL-15) ou d'autres voies connues d'activation du microenvironnement immunitaire tumoral (CD40, CD137, IFN-γ, PD-1/PD-L1), avec des résultats encourageants en phase préclinique [15.39]. Ces molécules devraient donc constituer le socle de futures stratégies de combinaisons associant RT et immunothérapie en expérimentation clinique dans un futur proche.

D'autres compartiments cellulaires d'intérêt dans les combinaisons utilisant la radiothérapie

Parmi les cellules présentatrices d'antigènes, les cellules dendritiques sont également l'objet d'explorations particulières, pour leur capacité à faire le lien entre immunité antitumorale innée et acquise. Elles sont un maillon essentiel du processus d'activation du microenvironnement immunitaire tumoral à la suite du phénomène de mort cellulaire immunogène, en assurant la présentation des antigènes tumoraux, permettant ainsi une réponse lymphocytaire T spécifique. La RT a une influence notable sur le recrutement et la maturation des cellules dendritiques, en induisant la mort cellulaire immunogène des cellules tumorales et en augmentant l'expression du CMH I à la surface de celles-ci. Cet effet de la RT sur les cellules dendritiques est influencé par le fractionnement, et des doses supérieures à 10 Gy peuvent s'avérer délétères pour leur activation, par le biais d'une diminution de la sécrétion d'IFN de type I au sein du microenvironnement tumoral [15.40].

À l'instar des macrophages précédemment évoqués, les polynucléaires neutrophiles font également preuve d'une grande plasticité dans leurs phénotypes, classés entre « N1-*like* » (pro-inflammatoires et antitumoraux) et « N2-*like* » (anti-inflammatoires et protumoraux). De même, ils encouragent la croissance et l'échappement immunitaire tumoral dans plusieurs modèles précliniques murins, et leur déplétion inhibe la croissance tumorale et limite la dissémination métastatique dans ces mêmes modèles [15.41, 15.42]. D'un point de vue clinique, un haut ratio neutrophiles/lymphocytes est un facteur pronostique péjoratif dans de nombreux cancers, notamment le cancer de vessie traité par radiochimiothérapie [15.43, 15.44]. Cependant, des recherches récentes démontrent qu'à un stade tumoral précoce, les neutrophiles représentent jusqu'à 25 % des cellules extraites de tumeurs pulmonaires et présentent des marqueurs d'activation sur leur surface, capables d'entraîner la prolifération des lymphocytes T tumoraux [15.45]. La compréhension de cette variabilité du phénotype des neutrophiles constitue donc un champ de recherche émergent en immunité antitumorale. De plus, leur activation est dépendante de la voie de l'IFN de type I, elle-même modulée par la RT dans de nombreux modèles. Les neutrophiles pourront donc constituer un champ de recherche important dans le domaine de l'activation du microenvironnement immunitaire tumoral liée à la RT.

Enfin, indépendamment du microenvironnement immunitaire tumoral, le stroma tumoral représente un domaine de recherche en constante expansion ces dernières années. Parmi ce compartiment, les fibroblastes tumoraux, ou CAF (*cancer-associated fibroblasts*), ont un rôle important dans l'échappement immunitaire des tumeurs [15.46]. Sur le plan préclinique, des pistes prometteuses ciblent le récepteur IGF1 surexprimé à la surface des fibroblastes tumoraux à la suite de la RT, ce qui a pour effet de diminuer le risque de dissémination métastatique [15.47].

Synergie des associations radiothérapie-immunothérapie dans les tumeurs solides

L'ensemble des découvertes présentées ci-dessus, allant de la mort cellulaire immunogène au remodelage du microenvironnement immunitaire tumoral par la RT, mène à considérer les combinaisons thérapeutiques associant la RT et l'immunothérapie comme des pistes thérapeutiques prometteuses dans les tumeurs solides [15.48]. C'est dans ce cadre que de telles combinaisons sont en implémentation croissante en recherche et en pratique clinique, avec le potentiel de changer les paradigmes existants.

Radiothérapie associée à des inhibiteurs de PD-1/PD-L1

La place des inhibiteurs de PD-1/PD-L1 dans le traitement d'un nombre croissant de tumeurs solides au cours des années 2010-2020 a ouvert la voie vers des stratégies associant ces immunothérapies à une RT, que celle-ci soit délivrée en schéma ablatif sur des tumeurs localisées ou oligométastatiques, ou en schéma palliatif chez des patients polymétastatiques.

Sur le plan préclinique, la synergie de l'association d'une RT et d'un inhibiteur de PD-1/PD-L1 a été démontrée chez une large gamme de modèles murins, incluant des tumeurs mammaires, des mélanomes, des gliomes, des cancers du côlon, des tumeurs pulmonaires, des tumeurs de vessie ou pancréatiques [15.49-15.57] (**Fig. 15.1**).

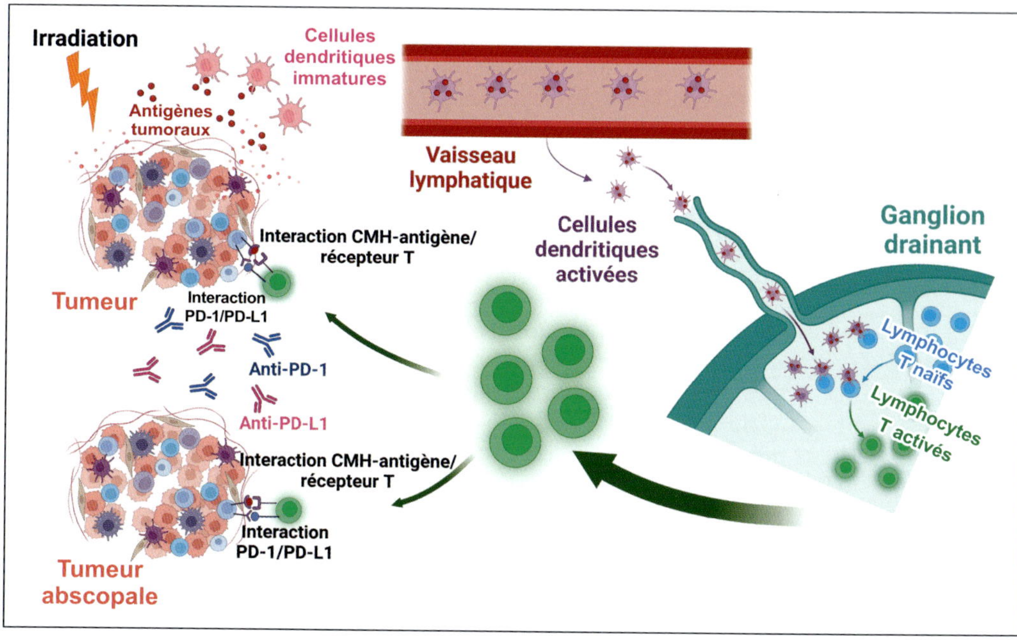

Figure 15.1. Vue schématique de la synergie entre RT et inhibiteur de PD-1/PD-L1 médiée par les lymphocytes T. Une fois activés, les lymphocytes T cytotoxiques peuvent exercer leur action au sein de la tumeur irradiée (synergie locale) ou à distance du champ irradié (effet abscopal).

Sur le plan clinique, l'exploitation de cette synergie a commencé avec l'essai PACIFIC dans le carcinome bronchique non à petites cellules localement avancé non opérable. Ainsi, l'ajout de durvalumab (anti-PD-1) après une radiochimiothérapie concomitante a montré une amélioration de la survie sans progression et de la survie globale en comparaison avec une radiochimiothérapie délivrée seule [15.58, 15.59]. Dans cet essai, un plus grand bénéfice de la combinaison était observé chez les patients présentant un taux d'expression de PD-L1 à l'inclusion supérieur ou égal à 25 %, ce qui est cohérent avec les données connues sur l'efficacité des anti-PD-1/PD-L1 utilisés sans RT. Cet effet positif d'une haute expression de PD-L1 se retrouve également dans l'essai CALLA expérimentant l'ajout de durvalumab concomitant et adjuvant à la radiochimiothérapie dans le traitement du carcinome du col utérin localement avancé [15.60]. Dans cet essai négatif sur la survie sans progression, seul le sous-groupe présentant un taux d'expression de PD-L1 à l'inclusion supérieur ou égal à 20 % tirait un bénéfice de la combinaison. Cependant, dans ces deux essais, il n'était pas possible de confirmer la capacité de la radiochimiothérapie concomitante à augmenter l'expression de PD-L1 parmi les tumeurs, cette expression n'ayant été évaluée qu'à l'inclusion.

Un bénéfice est également observé avec l'association concomitante d'une RT stéréotaxique et de durvalumab en stratégie néoadjuvante chez des patients traités pour des cancers bronchiques non à petites cellules de stade localisé, sans envahissement ganglionnaire et opérables. Dans un récent essai de phase 2, on observe en effet plus de 50 % de réponse histopathologique majeure sur la pièce opératoire chez les patients traités avec la combinaison thérapeutique, contre 7 % chez les patients traités avec le durvalumab seul [15.61].

Concernant les carcinomes bronchiques non à petites cellules localisés, sans atteinte ganglionnaire et non opérables, l'adjonction de nivolumab (anti-PD-1) à la RT stéréotaxique en traitement ablatif permet d'augmenter la survie sans événement à 4 ans de 53 % à 77 % dans un récent essai de phase II [15.62]. L'essai de phase III PACIFIC-4/RTOG 3515 en cours d'inclusion se propose de confirmer le bénéfice thérapeutique de cette stratégie [15.63].

En plus du carcinome bronchique non à petites cellules, l'association de RT et d'anti-PD-1/PD-L1 est expérimentée dans une grande variété de types histologiques, avec plus de 200 études prospectives actuellement référencées. Ces perspectives encourageantes sont toutefois à nuancer, avec des résultats négatifs de cette combinaison dans les carcinomes ORL HPV négatifs [15.64-15.66]. De ce point de vue, l'absence d'efficacité supplémentaire de l'ajout d'un anti-PD-1/PD-L1 au traitement standard dans ces tumeurs peut être la conséquence soit d'un microenvironnement immunitaire tumoral délétère (tumeurs « froides »), soit d'une lymphopénie liée à l'irradiation prophylactique large des chaînes ganglionnaires cervicales [15.67]. Ceci illustre en tout cas la variabilité des résultats des associations RT-immunothérapie selon le modèle tumoral considéré et les paramètres d'irradiation (dose et volumes cibles).

Radiothérapie associée à des inhibiteurs de CTLA-4

De manière similaire à l'association RT et anti-PD-1/PD-L1, l'ajout d'anti-CTLA-4 à la RT a montré son efficacité sur des modèles murins dès les années 2000, notamment des tumeurs mammaires peu répondeuses à l'immunothérapie [15.68].

Sur le plan clinique, la première preuve de concept illustrant la pertinence de cette stratégie d'association vient d'un essai de phase II non randomisé chez 39 patients atteints d'un cancer bronchique non à petites cellules métastatique progressant sous chimiothérapie. De façon surprenante, suite à l'association de RT délivrée sur une lésion (30 Gy en 5 fractions ou 27 Gy en 3 fractions, au choix de l'investigateur) et d'ipilimumab, 18 % des patients ont montré une réponse objective en dehors de la cible irradiée (effet abscopal), ce qui est encourageant chez ces patients au pronostic sombre qui montrent souvent une forte hétérogénéité tumorale intra et interlésionnelle [15.19]. À titre de comparaison, il est important de noter que les anti-CTLA-4 utilisés seuls dans cette indication n'ont pas montré d'efficacité [15.69].

La RT stéréotaxique associée aux anti-CTLA-4 est également expérimentée dans le mélanome métastatique où elle augmente le taux de contrôle local des lésions traitées, sans toutefois d'effet à distance du champ irradié [15.70]. Enfin, dans le cancer de prostate métastatique résistant à la castration et au docétaxel, une fraction unique de 8 Gy sur une lésion osseuse associée à de l'ipilimumab adjuvant montre une augmentation intéressante, quoique non significative, de la survie globale [15.71].

Au-delà de ces stratégies d'association, la tendance est actuellement à la triple combinaison de RT, d'un anti-PD-1/PD-L1 et d'un anti-CTLA-4, expérimentée dans une large palette d'essais cliniques portant sur des types histologiques variés, notamment le carcinome œsophagien (NCT02962063), le carcinome oropharyngé HPV positif (NCT03799445), le carcinome bronchique non à petites cellules de stade II/III ou IV (NCT04013542 ; NCT04929041), mais aussi les métastases cérébrales de cancer bronchique traitées en RT stéréotaxique (NCT02696993) ou encore le carcinome hépatocellulaire (NCT04430452).

Effet abscopal de la radiothérapie, d'un traitement local vers un adjuvant de l'immunité antitumorale systémique

Du latin *Ab* « éloigné » et du grec *skopos* « cible », l'effet abscopal désigne la régression d'une lésion tumorale située à distance de la lésion recevant une irradiation. Cette régression suggère l'implication d'une immunité antitumorale systémique capable de faire le lien entre une stimulation liée à l'irradiation d'une cible tumorale et une réponse observée sur une autre cible. Les premiers cas d'effet abscopal ont été rapportés par Mole en 1953 et ont ouvert la voie à l'étude approfondie des relations entre radiations ionisantes et immunité antitumorale [15.72].

Cependant, malgré les promesses encourageantes que cette découverte a entraînées, les observations d'effet abscopal chez les patients restent rares et aléatoires, et ont fait l'objet de 46 cas publiés entre 1969 et 2014 [15.73]. De ce point de vue, l'implémentation croissante des associations entre RT et immunothérapie ouvre des perspectives sur l'utilisation de la RT pour augmenter l'efficacité de l'immunothérapie, à la fois sur les lésions irradiées et sur les lésions à distance.

Effet abscopal sur modèles précliniques

La capacité de la RT à augmenter l'efficacité de l'immunothérapie sur des lésions à distance de la lésion irradiée a d'abord été montrée sur une large variété de modèles précliniques. Dès 1999, en utilisant un modèle de tumeur pulmonaire implanté en sous-cutané chez des souris immunocompétentes, l'équipe du Albert Einstein College of Medicine de New-York a montré la capacité d'une RT à forte dose (60 Gy en 1 fraction) à augmenter l'efficacité antitumorale d'un traitement, favorisant l'expansion des cellules dendritiques (FLT3-ligand) [15.74]. Le mécanisme alors mis en évidence était une augmentation du phénomène de présentation antigénique par les cellules irradiées, phénomène que l'on connaîtra plus tard sous le nom de mort cellulaire immunogène. De façon surprenante, l'ajout de RT au FLT3-ligand permettait non seulement d'augmenter l'efficacité antitumorale sur la tumeur irradiée, mais également de limiter l'apparition de métastases pulmonaires par rapport au FLT3-ligand utilisé seul. Ainsi, il s'agit là de la première démonstration préclinique de l'efficacité antitumorale de la RT à distance du champ irradié. Par la suite, de nombreuses équipes ont réussi à reproduire des résultats similaires en utilisant d'autres modèles tumoraux et en associant d'autres types d'immunothérapie à la RT. Les résultats les plus significatifs dans ce domaine sont exposés dans le **tableau 15.1**.

Tableau 15.1. Les principales études précliniques montrant la pertinence d'associer la RT et l'immunothérapie afin d'optimiser l'effet abscopal.

Référence	Modèle tumoral	Dose de RT	Immunothérapie associée	Conclusion concernant l'effet abscopal
Chakravarty *et al.*, 1999 [15.74]	LLC sous-cutané	1 × 60 Gy	FLT3L i.p. après RT	Réduction des métastases pulmonaires après irradiation de la tumeur et FLT3L
Demaria *et al.*, 2004 [15.75]	67NR sous-cutané	1 × 2 Gy ou 1 × 6 Gy	FLT3L i.p. après RT	L'effet abscopal passe par les lymphocytes T. Pas d'effet abscopal observé chez les souris athymiques
Akutsu *et al.*, 2007 [15.76]	CSSVII sous-cutané	1 × 4 Gy ou 1 × 10 Gy	Injection intratumorale de cellules dendritiques après RT	La combinaison de RT et de cellules dendritiques en administration intratumorale permet une réponse tumorale locale et à distance par Gp96
Lee *et al.*, 2009 [15.77]	4T1 ou B16-CCR7 sous-cutané	2 × 12 Gy	Injection intratumorale d'un adénovirus exprimant TNFSF14 pendant ou après la RT	La combinaison mène à l'activation des lymphocytes T dans le ganglion drainant la tumeur et à l'effet abscopal
Demaria *et al.*, 2005 [15.68]	4T1 sous-cutané	12 × 2 Gy	Anti-CTLA-4 i.p. après RT	La combinaison mène à la réduction des métastases pulmonaires *via* l'action des lymphocytes T CD8+
Dewan *et al.*, 2009 [15.78]	TS/A ou MC38 sous-cutané	1 × 20 Gy ou 3 × 1,8 Gy ou 5 × 6 Gy	Anti-CTLA-4 i.p. pendant ou après la RT	Les anti-CTLA-4 améliorent la réponse abscopale liée à la RT délivrée en conditions fractionnées, mais pas en fraction unique
Nikitina *et al.*, 2001 [15.79]	C3 ou MethA sous-cutané	3 à 5 × 10 Gy 4-5 jours d'intervalle	Injection IV de cellules dendritiques après la RT	Combinaison de RT et d'injection IV de cellules dendritiques pour traiter des modèles de tumeurs solides avancées
Twyman-Saint Victor *et al.*, 2015 [15.80]	TS/A ou B16-F10 sous-cutané	3 × 8 Gy ou 1 × 20 Gy	Anti-CTLA-4, anti-PD-1 ou anti-PD-L1, i.p., avant, pendant ou après la RT	L'ajout d'un anti-PD-L1 à un anti-CTLA-4 et à la RT permet une immunité antitumorale locale et systémique prolongée

Référence	Modèle tumoral	Dose de RT	Immunothérapie associée	Conclusion concernant l'effet abscopal
Kim *et al.*, 2004 [15.81]	MCA-102 sous-cutané	1 × 15 Gy	Injection intratumorale de cellules dendritiques après RT	La combinaison permet une immunité antitumorale spécifique
Habets *et al.*, 2016 [15.82]	67NR sous-cutané	3 × 8 Gy	FLT3L intratumoral après RT	L'association de RT fractionnée et de FLT3L permet une réponse abscopale
Hao *et al.*, 2016 [15.83]	LLC sous-cutané	1 × 6 Gy	Anti-CD40 intratumoral après RT	L'administration intratumorale d'anti-CD40 permet d'augmenter l'effet abscopal
Deng *et al.*, 2014 [15.51]	TUBO ou MC38 sous-cutané	1 × 12 Gy	Anti-PD-L1 i.p. avant, pendant et après RT	La RT associée aux anti-PD-L1 produit un effet abscopal dépendant des lymphocytes T
Young *et al.*, 2016 [15.84]	CT26 sous-cutané	1 × 20 Gy	Anti-CTLA-4 i.p. avant RT ou agoniste OX40 après RT	Les anti-CTLA-4 sont plus efficaces lorsqu'ils sont donnés avant la RT
Teitz-Tennenbaum *et al.*, 2003 [15.85]	D5, MCA-205 ou MethA sous-cutané ou IV	5 × 8,5 Gy	Injection intratumorale de cellules dendritiques avant et après RT	La RT associée à des injections intratumorales de cellules dendritiques permet l'inhibition de la croissance des métastases pulmonaires non irradiées
Song *et al.*, 2021 [15.86]	4T1 sous-cutané	2 × 10 Gy	Anti-PD-1 i.p. pendant la RT	Effet abscopal observé avec la combinaison mais pas avec la RT seule. Inhibition du développement des métastases pulmonaires observée avec la RT seule et la combinaison
Vanpouille-Box *et al.*, 2017 [15.87]	TS/A sous-cutané	1 × 8 Gy, 3 × 8 Gy ou 1 × 30 Gy	Anti-CTLA-4 i.p. pendant et après la RT	Meilleur effet abscopal observé avec les schémas fractionnés qu'avec les schémas en fraction unique
Dudzinski *et al.*, 2019 [15.88]	Myc-CaP sous-cutané	2 x 10 Gy	Anti-PD-1 ou anti-PD-L1, i.p., avant RT	La combinaison est efficace localement et à distance dans un modèle murin de cancer de prostate résistant à la castration

La principale limite des approches précliniques pour l'étude de l'effet abscopal réside dans l'utilisation d'un modèle tumoral unique pour la lésion irradiée et les lésions à distance. Ceci entraîne une grande homogénéité clonale entre lésions irradiées et non-irradiées. À l'inverse, chez l'homme, l'instabilité génomique importante des tumeurs est à l'origine d'une hétérogénéité intra et interlésionnelle qui augmente le risque d'échappement à l'immunité antitumorale. Face à ces problématiques, l'utilisation de modèles animaux de carcinogénèse spontanée paraît plus adaptée à l'exploration de l'effet abscopal dans des conditions compatibles avec une translation en clinique.

L'obstacle est également technologique, car la plupart des irradiateurs utilisés en recherche sur l'animal reflètent mal les conditions d'irradiation réelles pratiquées chez les patients. De ce point de vue, certains irradiateurs précliniques de dernière génération permettent de pratiquer l'arcthérapie grâce à l'utilisation d'un collimateur multivariable, ainsi que de contrôler le positionnement et effectuer une dosimétrie grâce à un système d'imagerie portale 3D embarquée. C'est notamment le cas du SARRP (*small animal radiation research platform*, Xstrahl™) ou des irradiateurs SMART+ (Precision X-ray™).

Effet abscopal en clinique

Comme mentionné précédemment, les observations d'effet abscopal en pratique clinique sont rares et aléatoires. Une revue de la littérature a ainsi rapporté 46 cas publiés d'effet abscopal entre 1969 et 2014. Il convient de noter que 19 de ces cas concernaient des patients atteints de tumeurs hématologiques (principalement des lymphomes hodgkiniens et non hodgkiniens) et 5 de ces cas étaient également traités par immunothérapie, dont 4 pour un mélanome métastatique.

Le caractère aléatoire de l'effet abscopal en clinique est confirmé par le faible nombre d'essais sur le sujet. La première preuve de principe publiée concerne une combinaison de RT palliative délivrant 35 Gy en 10 fractions et de GM-CSF chez des patients traités pour des tumeurs solides métastatiques, principalement pulmonaires et mammaires, en échappement sous chimiothérapie ou hormonothérapie [15.89]. Parmi les 41 patients inclus dans cet essai de phase précoce, 11 patients ont montré une réponse abscopale objective.

L'effet abscopal est également observé dans les schémas combinés utilisant la RT stéréotaxique. Ainsi, deux essais cliniques prospectifs, l'essai PEMBRO-RT et l'essai du MD Anderson Cancer Center (MDACC), ont expérimenté la RT stéréotaxique en association au pembrolizumab chez des patients atteints de cancer bronchique non à petites cellules métastatiques [15.90, 15.91]. Ces deux essais ont fait l'objet d'une méta-analyse [15.92]. Celle-ci montre un doublement de la réponse abscopale objective (41,7 %) chez les patients traités par RT stéréotaxique sur 1 à 4 lésions en plus du pembrolizumab par rapport aux patients recevant le pembrolizumab seul (19,7 %).

Dans ces essais, il est intéressant de souligner que le peu de patients ayant reçu une RT stéréotaxique ablative (50 Gy en 4 fractions) sur de multiples sites et localisations (jusqu'à 4 différents) montre de meilleurs résultats que les patients irradiés sur une cible ou une localisation unique. Ceci souligne l'importance du volume total irradié dans la génération de l'effet abscopal, et l'intérêt de cibler plusieurs localisations pour prendre en compte l'hétérogénéité clonale tumorale.

Malgré ces découvertes, de nombreux défis persistent concernant la compréhension de l'effet abscopal et sa reproductibilité en clinique. Ces interrogations concernent le volume optimal d'irradiation, la dose délivrée, le fractionnement (irradiation monofractionnée *versus* multifractionnée), ainsi que l'immunothérapie à administrer en association à la RT (anti-PD-1/PD-L1, anti-CTLA-4, immunothérapie seule ou en association à une chimiothérapie) et la meilleure séquence de traitement (traitement systémique introduit avant, après, ou en concomitance de la RT).

L'enjeu de ces nouvelles stratégies d'association est le positionnement de la RT dans un nouveau champ d'indications. Ceci constituerait un changement de paradigme et ferait évoluer la place de la RT parmi les traitements contre le cancer, d'un traitement local exclusif vers un traitement immunomodulateur complémentaire du traitement systémique.

Conclusion

La découverte puis l'implémentation en pratique clinique de l'immunothérapie contre le cancer ont amélioré de façon importante le pronostic de nombreux patients. Les combinaisons de traitements associant la RT et l'immunothérapie s'intègrent dans une stratégie de traitement personnalisée et multimodale du cancer en innovation constante depuis les années 2000.

Ainsi, la RT, par sa capacité à activer le microenvironnement immunitaire tumoral, montre une synergie d'action importante avec les inhibiteurs de *checkpoints* immunitaires dans de nombreux types histologiques. Parallèlement, la capacité de la RT à activer l'immunité antitumorale systémique est à l'origine de l'effet abscopal sur des lésions à distance du champ d'irradiation.

Cette dernière propriété est l'objet d'un domaine de recherche vaste et complexe, sur le plan préclinique et clinique. L'objectif est d'appréhender les conditions et modalités dans lesquelles délivrer la RT afin d'augmenter l'efficacité d'une immunothérapie à la fois sur les lésions irradiées et les lésions à distance.

Autrefois cantonnée au traitement local à visée palliative des lésions symptomatiques, ou au traitement ablatif des lésions primitives de stade précoce et des oligométastases, la RT a le potentiel pour jouer le rôle d'adjuvant des traitements systémiques utilisant une immunothérapie.

De cette façon, le développement des traitements combinés radiothérapie/immunothérapie va de pair avec le développement des immunothérapies elles-mêmes. Une compréhension exhaustive des mécanismes impliqués dans la synergie de ces associations est requise pour une mise en œuvre à large échelle chez les patients localisés ou métastatiques.

Références

[15.1] Stone HB, Peters LJ, Milas L. Effect of host immune capability on radiocurability and ubsequent transplantability of a murine fibrosarcoma. *J Natl Cancer Inst* 1979 ; 63 : 1229-35.

[15.2] Galluzzi L, Buqué A, Kepp O, Zitvogel L, Kroemer G. Immunogenic cell death in cancer and infectious disease. *Nat Rev Immunol* 2017 ; 17 : 97-111.

[15.3] Kroemer G, Galluzzi L, Kepp O, Zitvogel L. Immunogenic Cell Death in Cancer Therapy. *Annu Rev Immunol* 2013 ; 31 : 51-72.

[15.4] Rodriguez-Ruiz ME, Vitale I, Harrington KJ, Melero I, Galluzzi L. Immunological impact of cell death signaling driven by radiation on the tumor microenvironment. *Nat Immunol* 2020 ; 21 : 120-34.

[15.5] Galluzzi L, Vitale I, Warren S, *et al.* Consensus guidelines for the definition, detection and interpretation of immunogenic cell death. *J Immunother Cancer* 2020 ; 8 : e000337.

[15.6] Lugade AA, Sorensen EW, Gerber SA, Moran JP, Frelinger JG, Lord EM. Radiation-Induced IFN-γ Production within the Tumor Microenvironment Influences Antitumor Immunity. *J Immunol* 2008 ; 180 : 3132-9.

[15.7] Deng L, Liang H, Xu M, *et al.* STING-Dependent Cytosolic DNA Sensing Promotes Radiation-Induced Type I Interferon-Dependent Antitumor Immunity in Immunogenic Tumors. *Immunity* 2014 ; 41 : 843-52.

[15.8] Barthelemy-Brichant N, Bosquée L, Cataldo D, *et al.* Increased IL-6 and TGF-β1 concentrations in bronchoalveolar lavage fluid associated with thoracic radiotherapy. *Int J Radiat Oncol* 2004 ; 58 : 758-67.

[15.9] Hallahan DE, Spriggs DR, Beckett MA, Kufe DW, Weichselbaum RR. Increased tumor necrosis factor alpha mRNA after cellular exposure to ionizing radiation. *Proc Natl Acad Sci* 1989 ; 86 : 10104-7.

[15.10] Matsumura S, Wang B, Kawashima N, *et al.* Radiation-Induced CXCL16 Release by Breast Cancer Cells Attracts Effector T Cells. *J Immunol* 2008 ; 18 : 3099-107.

[15.11] Liu Q, Hao Y, Du R, *et al.* Radiotherapy programs neutrophils to an antitumor phenotype by inducing mesenchymal-epithelial transition. *Transl Lung Cancer Res* 2021 ; 10 : 1424-43.

[15.12] Rodriguez-Ruiz ME, Garasa S, Rodriguez I, *et al.* Intercellular Adhesion Molecule-1 and Vascular Cell Adhesion Molecule Are Induced by Ionizing Radiation on Lymphatic Endothelium. *Int J Radiat Oncol* 2017 ; 97 : 389-400.

[15.13] Reits EA, Hodge JW, Herberts CA, *et al.* Radiation modulates the peptide repertoire, enhances MHC class I expression, and induces successful antitumor immunotherapy. *J Exp Med* 2006 ; 203 : 1259-71.

[15.14] Garnett CT, Palena C, Chakarborty M, Tsang KY, Schlom J, Hodge JW. Sublethal Irradiation of Human Tumor Cells Modulates Phenotype Resulting in Enhanced Killing by Cytotoxic T Lymphocytes. *Cancer Res* 2004 ; 64 : 7985-94.

[15.15] Kim JH, Brown SL, Gordon MN. Radiation-induced senescence: therapeutic opportunities. *Radiat Oncol* 2023 ; 18 : 10.

[15.16] Kachikwu EL, Iwamoto KS, Liao YP, *et al.* Radiation Enhances Regulatory T Cell Representation. *Int J Radiat Oncol* 2011 ; 81 : 1128-35.

[15.17] Schuler PJ, Harasymczuk M, Schilling B, *et al.* Effects of Adjuvant Chemoradiotherapy on the Frequency and Function of Regulatory T Cells in Patients with Head and Neck Cancer. *Clin Cancer Res* 2013 ; 19 : 6585-96.

[15.18] Verbrugge I, Hagekyriakou J, Sharp LL, *et al.* Radiotherapy Increases the Permissiveness of Established Mammary Tumors to Rejection by Immunomodulatory Antibodies. *Cancer Res* 2012 ; 72 : 3163-74.

[15.19] Formenti SC, Rudqvist NP, Golden E, *et al.* Radiotherapy induces responses of lung cancer to CTLA-4 blockade. *Nat Med* 2018 ; 24 : 1845-51.

[15.20] Grapin M, Richard C, Limagne E, *et al.* Optimized fractionated radiotherapy with anti-PD-L1 and anti-TIGIT: a promising new combination. *J Immunother Cancer* 2019 ; 7 : 160.

[15.21] Kim JY, Son YO, Park SW, *et al.* Increase of NKG2D ligands and sensitivity to NK cell-mediated cytotoxicity of tumor cells by heat shock and ionizing radiation. *Exp Mol Med* 2006 ; 38 : 474-84.

[15.22] Bedel R, Thiery-Vuillemin A, Grandclement C, *et al.* Novel Role for STAT3 in Transcriptional Regulation of NK Immune Cell Targeting Receptor MICA on Cancer Cells. *Cancer Res* 2011 ; 71 : 1615-26.

[15.23] Canter RJ, Grossenbacher SK, Foltz JA, *et al.* Radiotherapy enhances natural killer cell cytotoxicity and localization in pre-clinical canine sarcomas and first-in-dog clinical trial. *J Immunother Cancer* 2017 ; 5 : 98.

[15.24] Weiss T, Weller M, Guckenberger M, Sentman CL, Roth P. NKG2D-Based CAR T Cells and Radiotherapy Exert Synergistic Efficacy in Glioblastoma. *Cancer Res* 2018 ; 78 : 1031-43.

[15.25] Walle T, Kraske JA, Liao B, *et al.* Radiotherapy orchestrates natural killer cell dependent antitumor immune responses through CXCL8. *Sci Adv* 2022 ; 8 : eabh4050.

[15.26] Makowska A, Lelabi N, Nothbaum C, *et al.* Radiotherapy Combined with PD-1 Inhibition Increases NK Cell Cytotoxicity towards Nasopharyngeal Carcinoma Cells. *Cells* 2021 ; 10 : 2458.

[15.27] Herbst RS, Majem M, Barlesi F, *et al.* COAST: An Open-Label, Phase II, Multidrug Platform Study of Durvalumab Alone or in Combination With Oleclumab or Monalizumab in Patients With Unresectable, Stage III Non–Small-Cell Lung Cancer. *J Clin Oncol* 2022 ; 40 : 3383-93.

[15.28] Griss J, Bauer W, Wagner C, *et al.* B cells sustain inflammation and predict response to immune checkpoint blockade in human melanoma. *Nat Commun* 2019 ; 10 : 4186.

[15.29] Kim SS, Shen S, Miyauchi S, *et al.* B Cells Improve Overall Survival in HPV-Associated Squamous Cell Carcinomas and Are Activated by Radiation and PD-1 Blockade. *Clin Cancer Res* 2020 ; 26 : 3345-59.

[15.30] Franiak-Pietryga I, Miyauchi S, Kim SS, *et al.* Activated B Cells and Plasma Cells Are Resistant to Radiation Therapy. *Int J Radiat Oncol* 2022 ; 112 : 514-28.

[15.31] Wang X, Wang G, Wang Z, *et al.* PD-1-expressing B cells suppress CD4+ and CD8+ T cells via PD-1/PD-L1-dependent pathway. *Mol Immunol* 2019 ; 109 : 20-6.

[15.32] Ovchinnikov DA. Macrophages in the embryo and beyond: Much more than just giant phagocytes. *Genesis* 2008 ; 46 : 447-62.

[15.33] Mantovani A, Marchesi F, Malesci A, Laghi L, Allavena P. Tumour-associated macrophages as treatment targets in oncology. *Nat Rev Clin Oncol* 2017 ; 14 : 399-416.

[15.34] Evans R, Alexander P. Cooperation of Immune Lymphoid Cells with Macrophages in Tumour Immunity. *Nature* 1970 ; 228 : 620-2.

[15.35] Klug F, Prakash H, Huber PE, *et al.* Low-Dose Irradiation Programs Macrophage Differentiation to an iNOS+/M1 Phenotype that Orchestrates Effective T Cell Immunotherapy. *Cancer Cell* 2013 ; 24 : 589-602.

[15.36] Moding EJ, Kastan MB, Kirsch DG. Strategies for optimizing the response of cancer and normal tissues to radiation. *Nat Rev Drug Discov* 2013 ; 12 : 526-42.

[15.37] Hamon P, Gerbé De Thoré M, Classe M, *et al.* TGFβ receptor inhibition unleashes interferon-β production by tumor-associated macrophages and enhances radiotherapy efficacy. *J Immunother Cancer* 2022 ; 10 : e003519.

[15.38] Formenti SC, Lee P, Adams S, *et al.* Focal Irradiation and Systemic TGFβ Blockade in Metastatic Breast Cancer. *Clin Cancer Res* 2018 ; 24 : 2493-504.

[15.39] Fendl B, Berghoff AS, Preusser M, Maier B. Macrophage and monocyte subsets as new therapeutic targets in cancer immunotherapy. *ESMO Open* 2023 ; 8 : 100776.

[15.40] Vanpouille-Box C, Alard A, Aryankalayil MJ, *et al.* DNA exonuclease Trex1 regulates radiotherapy-induced tumour immunogenicity. *Nat Commun* 2017 ; 8 : 15618.

[15.41] Pekarek LA, Starr BA, Toledano AY, Schreiber H. Inhibition of tumor growth by elimination of granulocytes. *J Exp Med* 1995 ; 181 : 435-40.

[15.42] Sparmann A, Bar-Sagi D. Ras-induced interleukin-8 expression plays a critical role in tumor growth and angiogenesis. *Cancer Cell* 2004 ; 6 : 447-58.

[15.43] Templeton AJ, McNamara MG, Šeruga B, *et al.* Prognostic role of neutrophil-to-lymphocyte ratio in solid tumors: a systematic review and meta-analysis. *J Natl Cancer Inst* 2014 ; 106 : dju 124.

[15.44] Meunier S, Frontczak A, Balssa L, *et al.* Elevated Baseline Neutrophil Count Correlates with Worse Outcomes in Patients with Muscle-Invasive Bladder Cancer Treated with Chemoradiation. *Cancers* 2023 ; 15 : 1886.

[15.45] Eruslanov EB, Bhojnagarwala PS, Quatromoni JG, *et al.* Tumor-associated neutrophils stimulate T cell responses in early-stage human lung cancer. *J Clin Invest* 2014 ; 124 : 5466-80.

[15.46] Liao Z, Tan ZW, Zhu P, Tan NS. Cancer-associated fibroblasts in tumor microenvironment – Accomplices in tumor malignancy. *Cell Immunol* 2019 ; 343 : 103729.

[15.47] Tommelein J, De Vlieghere E, Verset L, *et al.* Radiotherapy-Activated Cancer-Associated Fibroblasts Promote Tumor Progression through Paracrine IGF1R Activation. *Cancer Res* 2018 ; 78 : 659-70.

[15.48] Deutsch E, Chargari C, Galluzzi L, Kroemer G. Optimising efficacy and reducing toxicity of anticancer radioimmunotherapy. *Lancet Oncol* 2019 ; 20 : e452-63.

[15.49] Rodriguez-Ruiz ME, Rodriguez I, Garasa S, *et al.* Abscopal Effects of Radiotherapy Are Enhanced by Combined Immunostimulatory mAbs and Are Dependent on CD8 T Cells and Crosspriming. *Cancer Res* 2016 ; 76 : 5994-6005.

[15.50] Verbrugge I, Gasparini A, Haynes NM, *et al.* The Curative Outcome of Radioimmunotherapy in a Mouse Breast Cancer Model Relies on mTOR Signaling. *Radiat Res* 2014 ; 182 : 219.

[15.51] Deng L, Liang H, Burnette B, *et al.* Irradiation and anti–PD-L1 treatment synergistically promote antitumor immunity in mice. *J Clin Invest* 2014 ; 124 : 687-95.

[15.52] Sharabi AB, Nirschl CJ, Kochel CM, *et al.* Stereotactic Radiation Therapy Augments Antigen-Specific PD-1–Mediated Antitumor Immune Responses via Cross-Presentation of Tumor Antigen. *Cancer Immunol Res* 2015 ; 3 : 345-55.

[15.53] Zeng J, See AP, Phallen J, *et al.* Anti-PD-1 Blockade and Stereotactic Radiation Produce Long-Term Survival in Mice With Intracranial Gliomas. *Int J Radiat Oncol* 2013 ; 86 : 343-9.

[15.54] Dovedi SJ, Adlard AL, Lipowska-Bhalla G, *et al.* Acquired Resistance to Fractionated Radiotherapy Can Be Overcome by Concurrent PD-L1 Blockade. *Cancer Res* 2014 ; 74 : 5458-68.

[15.55] Herter-Sprie GS, Koyama S, Korideck H, *et al.* Synergy of radiotherapy and PD-1 blockade in Kras-mutant lung cancer. *JCI Insight* 2016 ; 1 : e87415 : https://insight.jci.org/articles/view/87415

[15.56] Wu CT, Chen WC, Chang YH, Lin WY, Chen MF. The role of PD-L1 in the radiation response and clinical outcome for bladder cancer. *Sci Rep* 2016 ; 6 : 19740.

[15.57] Azad A, Yin Lim S, D'Costa Z, *et al.* PD-L1 blockade enhances response of pancreatic ductal adenocarcinoma to radiotherapy. *EMBO Mol Med* 2017 ; 9 : 167-80.

[15.58] Antonia SJ, Villegas A, Daniel D, *et al.* Durvalumab after Chemoradiotherapy in Stage III Non–Small-Cell Lung Cancer. *N Engl J Med* 2017 : 377 : 1919-29.

[15.59] Antonia SJ, Villegas A, Daniel D, *et al.* Overall Survival with Durvalumab after Chemoradiotherapy in Stage III NSCLC. *N Engl J Med* 2018 ; 379 : 2342-50.

[15.60] Monk BJ, Toita T, Wu X, *et al.* Durvalumab versus placebo with chemoradiotherapy for locally advanced cervical cancer (CALLA): a randomised, double-blind, phase 3 trial. *Lancet Oncol* 2023 ; 24 : 1334-48.

[15.61] Altorki NK, McGraw TE, Borczuk AC, *et al.* Neoadjuvant durvalumab with or without stereotactic body radiotherapy in patients with early-stage non-small-cell lung cancer: a single-centre, randomised phase 2 trial. *Lancet Oncol* 2021 ; 22 : 824-35.

[15.62] Chang JY, Lin SH, Dong W, *et al.* Stereotactic ablative radiotherapy with or without immunotherapy for early-stage or isolated lung parenchymal recurrent node-negative non-small-cell lung cancer: an open-label, randomised, phase 2 trial. *Lancet* 2023 ; 402 : 871-81.

[15.63] Robinson C, Xing L, Tanaka H, *et al.* 122TiP Phase III study of durvalumab with SBRT for unresected stage I/II, lymph-node negative NSCLC (PACIFIC-4/RTOG 3515). *Ann Oncol* 2022 ; 33 : S88.

[15.64] Bourhis J, Tao Y, Sun X, *et al.* LBA35 Avelumab-cetuximab-radiotherapy versus standards of care in patients with locally advanced squamous cell carcinoma of head and neck (LA-SCCHN): Randomized phase III GORTEC-REACH trial. *Ann Oncol* 2021 ; 32 : S1310.

[15.65] Machiels JP, Tao Y, Burtness B, *et al.* LBA5 Primary results of the phase III KEYNOTE-412 study: Pembrolizumab (pembro) with chemoradiation therapy (CRT) vs placebo plus CRT for locally advanced (LA) head and neck squamous cell carcinoma (HNSCC). *Ann Oncol* 2022 ; 33 : S1399.

[15.66] Tao Y, Biau J, Sun XS, *et al.* Pembrolizumab versus cetuximab concurrent with radiotherapy in patients with locally advanced squamous cell carcinoma of head and neck unfit for cisplatin (GORTEC 2015-01 PembroRad): a multicenter, randomized, phase II trial. *Ann Oncol* 2023 ; 34 : 101-10.

[15.67] Qian JM, Schoenfeld JD. Radiotherapy and Immunotherapy for Head and Neck Cancer: Current Evidence and Challenges. *Front Oncol* 2021 ; 10 : 608772.

[15.68] Demaria S, Kawashima N, Yang AM, *et al.* Immune-mediated inhibition of metastases after treatment with local radiation and CTLA-4 blockade in a mouse model of breast cancer. *Clin Cancer Res* 2005 ; 11 (2 Pt 1) : 728-34.

[15.69] Zatloukal P, Heo DS, Park K, *et al.* Randomized phase II clinical trial comparing tremelimumab (CP-675,206) with best supportive care (BSC) following first-line platinum-based therapy in patients (pts) with advanced non-small cell lung cancer (NSCLC). *J Clin Oncol* 2009 ; 27 (15_suppl) : 8071.

[15.70] An Y, Jiang W, Kim BYS, *et al.* Stereotactic radiosurgery of early melanoma brain metastases after initiation of anti-CTLA-4 treatment is associated with improved intracranial control. *Radiother Oncol* 2017 ; 125 : 80-8.

[15.71] Kwon ED, Drake CG, Scher HI, *et al.* Ipilimumab versus placebo after radiotherapy in patients with metastatic castration-resistant prostate cancer that had progressed after docetaxel chemotherapy (CA184-043): a multicentre, randomised, double-blind, phase 3 trial. *Lancet Oncol* 2014 ; 15 : 700-12.

[15.72] Mole RH. Whole Body Irradiation—Radiobiology or Medicine? *Br J Radiol* 1953 ; 26 : 234-41.

[15.73] Abuodeh Y, Venkat P, Kim S. Systematic review of case reports on the abscopal effect. *Curr Probl Cancer* 2016 ; 40 : 25-37.

[15.74] Chakravarty PK, Alfieri A, Thomas EK, *et al.* Flt3-ligand administration after radiation therapy prolongs survival in a murine model of metastatic lung cancer. *Cancer Res* 1999 ; 59 : 6028-32.

[15.75] Demaria S, Ng B, Devitt ML, *et al.* Ionizing radiation inhibition of distant untreated tumors (abscopal effect) is immune mediated. *Int J Radiat Oncol* 2004 ; 58 : 862-70.

[15.76] Akutsu Y, Matsubara H, Urashima T, *et al.* Combination of direct intratumoral administration of dendritic cells and irradiation induces strong systemic antitumor effect mediated by GRP94/gp96 against squamous cell carcinoma in mice. *Int J Oncol* 2007 ; 31 : 509-15.

[15.77] Lee Y, Auh SL, Wang Y, *et al.* Therapeutic effects of ablative radiation on local tumor require CD8+ T cells: changing strategies for cancer treatment. *Blood* 2009 ; 114 : 589-95.

[15.78] Dewan MZ, Galloway AE, Kawashima N, *et al.* Fractionated but Not Single-Dose Radiotherapy Induces an Immune-Mediated Abscopal Effect when Combined with Anti-CTLA-4 Antibody. *Clin Cancer Res* 2009 ; 15 : 5379-88.

[15.79] Nikitina EYu, Gabrilovich DI. Combination of gamma-irradiation and dendritic cell administration induces a potent antitumor response in tumor-bearing mice: Approach to treatment of advanced stage cancer. *Int J Cancer* 2001 ; 94 : 825-33.

[15.80] Twyman-Saint Victor C, Rech AJ, Maity A, *et al.* Radiation and dual checkpoint blockade activate non-redundant immune mechanisms in cancer. *Nature* 2015 ; 520 : 373-7.

[15.81] Kim KW, Kim SH, Shin JG, *et al.* Direct injection of immature dendritic cells into irradiated tumor induces efficient antitumor immunity. *Int J Cancer* 2004 ; 109 : 685-90.

[15.82] Habets TH, Oth T, Houben AW, *et al.* Fractionated Radiotherapy with 3 x 8 Gy Induces Systemic Anti-Tumour Responses and Abscopal Tumour Inhibition without Modulating the Humoral Anti-Tumour Response. *PLoS One* 2016 ; 11 : e0159515.

[15.83] Hao Y, Yasmin-Karim S, Moreau M, Sinha N, Sajo E, Ngwa W. Enhancing radiotherapy for lung cancer using immunoadjuvants delivered *in situ* from new design radiotherapy biomaterials: a preclinical study. *Phys Med Biol* 2016 ; 61 : N697-707.

[15.84] Young KH, Baird JR, Savage T, *et al.* Optimizing Timing of Immunotherapy Improves Control of Tumors by Hypofractionated Radiation Therapy. *PLoS One* 2016 ; 11 : e0157164.

[15.85] Teitz-Tennenbaum S, Li Q, Rynkiewicz S, *et al.* Radiotherapy potentiates the therapeutic efficacy of intratumoral dendritic cell administration. *Cancer Res* 2003 ; 63 : 8466-75.

[15.86] Song HN, Jin H, Kim JH, *et al.* Abscopal Effect of Radiotherapy Enhanced with Immune Checkpoint Inhibitors of Triple Negative Breast Cancer in 4T1 Mammary Carcinoma Model. *Int J Mol Sci* 2021 ; 22 : 10476.

[15.87] Vanpouille-Box C, Alard A, Aryankalayil MJ, *et al.* DNA exonuclease Trex1 regulates radiotherapy-induced tumour immunogenicity. *Nat Commun* 2017 ; 8 : 15618.

[15.88] Dudzinski SO, Cameron BD, Wang J, Rathmell JC, Giorgio TD, Kirschner AN. Combination immunotherapy and radiotherapy causes an abscopal treatment response in a mouse model of castration resistant prostate cancer. *J Immunother Cancer* 2019 ; 7 : 218.

[15.89] Golden EB, Chhabra A, Chachoua A, *et al.* Local radiotherapy and granulocyte-macrophage colony-stimulating factor to generate abscopal responses in patients with metastatic solid tumours: a proof-of-principle trial. *Lancet Oncol* 2015 ; 16 : 795-803.

[15.90] Theelen WSME, Peulen HMU, Lalezari F, *et al.* Effect of Pembrolizumab After Stereotactic Body Radiotherapy vs Pembrolizumab Alone on Tumor Response in Patients With Advanced Non–Small Cell Lung Cancer: Results of the PEMBRO-RT Phase 2 Randomized Clinical Trial. *JAMA Oncol* 2019 ; 5 : 1276.

[15.91] Welsh J, Menon H, Chen D, *et al.* Pembrolizumab with or without radiation therapy for metastatic non-small cell lung cancer: a randomized phase I/II trial. *J Immunother Cancer* 2020 ; 8 : e001001.

[15.92] Theelen WSME, Chen D, Verma V, *et al.* Pembrolizumab with or without radiotherapy for metastatic non-small-cell lung cancer: a pooled analysis of two randomised trials. *Lancet Respir Med* 2021 ; 9 : 467-75.

Chapitre 16

La protonthérapie prévient les séquelles de la radiothérapie chez l'enfant : mythe ou réalité ? Le paradigme des tumeurs cérébrales

Jean-Louis Habrand, Fernand Missohou,
Valentine Martin, Charlotte Demoor,
Cyril Moignier, Anne Laprie, Jacques Balosso

Introduction et contexte de l'oncopédiatrie

Tumeurs solides

Les tumeurs solides sont rares chez l'enfant :

- environ 2 600 cas/an en France (environ 3 800 adolescents-jeunes adultes [AJA]) ;
- elles prédominent au niveau cérébral et entre 0 et 4 ans, un site et une tranche d'âge critiques par l'intensité des séquelles radio-induites potentielles.

Chimiothérapie

Le rôle de la chimiothérapie en oncologie pédiatrique est prédominant. D'une efficacité remarquable dans la plupart des tumeurs vues à ces âges et jugée moins préjudiciable au développement des organes en croissance, son rôle a été largement confirmé depuis les années 1970-1980.

Évolution récente

Elle porte sur deux axes novateurs :

- la définition de groupes de patients à risque, basée sur des critères cliniques, radiologiques, biologiques et moléculaires très précis permettant d'adapter l'intensité des traitements à la gravité potentielle de la maladie :
  - pour la radiothérapie (RT), les volumes cibles et/ou les doses totales sont couramment adaptés à la réponse à une chimiothérapie première ;
  - les indications d'abstention d'irradiation pour les cas les plus favorables ou pour des sous-groupes à haut risque de toxicité radio-induite sont devenues non exceptionnelles ;
- l'utilisation de techniques d'irradiation très sophistiquées permettant d'améliorer la précision balistique du rayonnement et donc la réduction maximale des « marges de sécurité » périphériques au volume cible :
  - la radiothérapie conformationnelle par modulation d'intensité (RCMI) a constitué une étape très importante dans l'amélioration de la conformation en 3D au *planning target volume* (PTV) et partant, la réduction de la dose aux tissus sains, d'autant que cette approche est le plus souvent associée à une meilleure reproductibilité des séances d'irradiation par l'imagerie embarquée (réduction du PTV externe ou SM) et à un contrôle des mouvements physiologiques des organes (réduction du PTV interne ou ITV), introduisant une véritable conformation en 4D ;
  - la RCMI permet donc un respect plus strict des contraintes de dose publiées pour les organes à risque (OAR) chez l'enfant, dans les planifications dosimétriques « inverses » et permet même des variations de la dose administrée au sein du volume cible, technique du dose-*painting*, selon la densité supposée de cellules tumorales résiduelles.

Radiothérapie conformationnelle par modulation d'intensité

La RCMI a ainsi gagné la faveur d'une majorité de centres :

- sa supériorité sur les techniques 3D plus anciennes a été confirmée par plusieurs séries étrangères en termes dosimétriques, mais non cliniques [16.1] ;
- les recommandations du Groupe français de radiothérapie pédiatrique (GFRP), publiées en 2016, la positionnaient en tête de liste pour la plupart des indications [16.2] ;
- deux exceptions : les métastases et les localisations thoraciques (dont celles de la maladie de Hodgkin) où la conformation classique en 3D gardait sa place ;
- sur un plan pratique, les bénéfices de la RCMI ont toutefois été assortis d'une majoration de la complexité des systèmes de contention et de positionnement du patient, de celle des requis dosimétriques et d'un renforcement du contrôle de qualité ;

- sur un plan théorique, il est rapidement apparu que la dose intégrale à l'ensemble de l'organisme était significativement augmentée, sous forme d'un « bain » de rayonnements propices à l'émergence à long terme, de seconds cancers (K2).

Protonthérapie

La protonthérapie (PT) est aussi devenue très attractive :

- par ses propriétés balistiques originales, qui permettent d'épargner totalement les tissus sains situés au-delà du pic de Bragg et de minimiser par une pénombre étroite la dose à ceux placés latéralement. Elles permettent ainsi un sous-dosage avantageux d'OAR critiques situés au voisinage immédiat (voire au contact) du volume cible traité à haute dose, et une réduction substantielle de la dose aux OAR plus périphériques recevant des doses moyennes et faibles (**Fig. 16.1**) ;
- par l'engouement marqué des grands centres de RT en pointe de l'innovation, notamment aux États-Unis, où la proportion d'inclusion de jeunes patients y est ainsi passée de < 1 % en 2004, à 28 % en 2017 [16.3]. En France, elle représentait environ 22 % en 2022 (données GFRP) ;
- ces motivations ne devraient pas, en principe, freiner la recherche d'une évaluation rigoureuse du rapport coût-bénéfice de cette coûteuse technologie ;
- toutefois chez l'enfant, celle-ci est rendue particulièrement délicate par la faiblesse des effectifs, l'intrication de paramètres confondants (stratégie multidisciplinaire, profil génétique, social, culturel, etc. des jeunes patients) et de biais méthodologiques (appariement contestable entre les populations étudiées, manque d'études prospectives et rejet quasi unanime par les parents d'études randomisées).

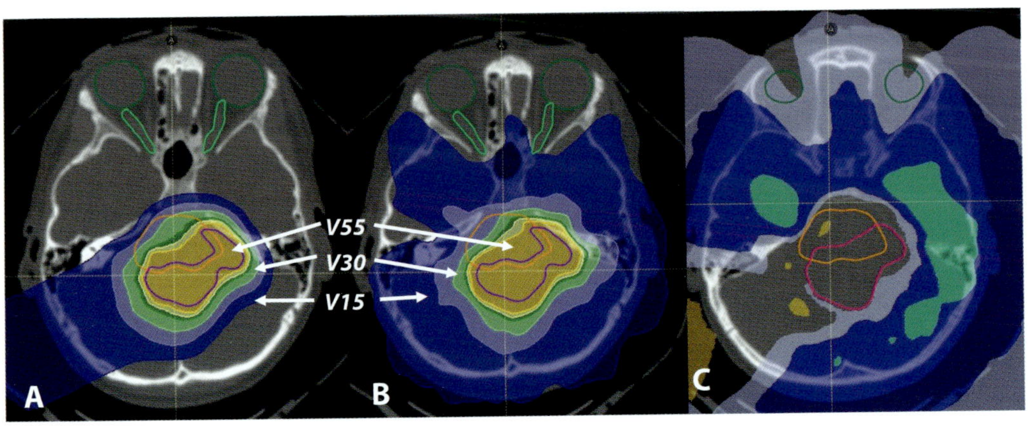

V55, V30, V15 : volumes recevant respectivement 55 Gy, 30 Gy, 15 Gy.

Figure 16.1. Épendymome anaplasique de l'angle pontocérébelleux chez un enfant de 6 ans. Irradiation postopératoire du lit tumoral avec marges, par PT. Dose prescrite : 59,4 GyEBR. Dosimétrie comparative (coupe axiale). **A.** Protons (IMPT, 2 faisceaux). **B.** photons (RCMI, tomothérapie). **C.** Soustraction par superposition des deux irradiations. Les zones en bleu (10 Gy) et en vert (20 Gy) correspondent à l'épargne de dose permise par les protons. La zone centrale incolore (haute dose) ne comporte pas de différence notable entre les deux techniques (illustration fournie par le service de radiophysique, Centre François Baclesse).

Protonthérapie pédiatrique moderne

Rationnel

Les avantages balistiques ont été rappelés précédemment (voir **chapitre 9**).

Particularités techniques

Des accélérateurs de 230 MeV environ (pénétration allant jusqu'à 32 cm dans les tissus) sont requis comme chez l'adulte, si l'on veut couvrir l'ensemble des indications cliniques chez les AJA.

La technique de mise en forme du faisceau dite « active » (*spot scanning* ou *pencil beam scanning* [PBS]), la plus récente, est unanimement plébiscitée chez l'enfant. Le principe repose sur le balayage du volume cible par un « minifaisceau » de protons. La dose est délivrée en « couches » superposées allant de la profondeur maximale du volume cible, vers la surface. Le balayage latéral et le changement de couche sont respectivement assurés par une déviation magnétique et le changement d'énergie. Ce mode « actif » permet une conformation de très haute qualité, compatible avec une modulation d'intensité, en 3D (*intensity modulated protontherapy* [IMPT]), s'il recourt à des tailles de « spots » suffisamment petites (sigma médian < 8 mm à l'isocentre) [16.4].

Les techniques historiques de mise en forme sont celles dites « passives », notamment le *double scattering* [PDS], aujourd'hui quasiment disparu. Son principal reproche concernait l'émission par la ligne de faisceau d'un rayonnement neutronique « parasite » à haut transfert d'énergie linéaire (TEL) et efficacité biologique relative (EBR) élevé [16.5], favorisant la survenue de K2. Son impact fait encore l'objet d'évaluations à travers les études de cohortes d'anciens patients.

Les technologies les plus avancées (ultra haut débit de dose, mini et micro-*beams*, arcthérapie) et l'emploi de particules alternatives (ions hélium) n'ont pas encore fait l'objet d'études cliniques chez l'enfant.

Optimisation biologique

Longtemps « parent pauvre » d'une technique à visée « purement » balistique, la biologie est progressivement « revisitée » : au concept historique d'une EBR constante approximée à une valeur de 1,1 sur tout le parcours[1], se substitue de façon grandissante la prise en compte par les logiciels de calcul du TEL, ce dernier constituant l'un des principaux facteurs physiques responsables de la variation d'EBR.

1. Exprimé en GyEBR, correspondant à la dose physique (en Gy) x EBR estimé à 1,1.

Optimisation dosimétrique

La technique « active » et l'évolution des logiciels de planification ont rendu obsolète le concept jugé trop simpliste de PTV, au profit d'une évaluation directement sur le *clinical target volume* de la « robustesse », concept mieux adapté aux incertitudes liées aux propriétés spécifiques des protons.

Retombées stratégiques

La PT a été historiquement introduite dans les années 1970, aux États-Unis dans le but d'améliorer le contrôle local par une augmentation de dose, de tumeurs hautement radiorésistantes observées chez l'adulte, telles que le mélanome de l'uvée ou les sarcomes de bas grade de la base du crâne et du canal cervical (voir **chapitre 9**). Ce type d'indications reste valable dans les rares pathologies de ce type, vues chez l'enfant.

De nos jours, la protonthérapie pédiatrique vise essentiellement à réaliser une épargne optimale des tissus sains du rayonnement, sans augmentation parallèle de la dose à la tumeur, d'autant que les niveaux de dose potentiellement toxiques pour les tissus sains, chez l'enfant, sont majoritairement très inférieurs à ceux de l'adulte.

Cette nouvelle stratégie a entraîné depuis une dizaine d'années, une extension considérable des indications pédiatriques et un accès souvent prioritaire des enfants et AJA aux installations de PT.

Nouveaux défis

La technique « active » a nécessité la mise en place de nouveaux contrôles spécifiques afin de maintenir le haut niveau de qualité en matière de soins qui est requis par les autorités de santé (une interruption inopinée du balayage en cours de séance, par exemple, impose de pouvoir reprendre celle-ci là où elle s'était interrompue).

La technique « active » n'est pas exempt d'incertitudes radiobiologiques concernant l'administration ponctuelle et à plus haut débit de la dose, et devrait faire l'objet d'investigations poussées.

L'extension considérable du parc des équipements en Europe et dans le monde est en passe de poser des problèmes économiques sérieux (coût des installations et maintenance) aux gestionnaires et aux tutelles, et imputables en partie aux indications pédiatriques élargies (d'autant qu'il est d'usage de programmer des séances plus longues chez les jeunes enfants).

Les tumeurs pédiatriques posent des problèmes d'évaluation des résultats particulièrement délicats (*cf.* « Introduction » et « Aspects cliniques » ci-après) qui s'accordent mal avec les outils d'analyse habituels chez l'adulte, en particulier le NTCP (*normal tissue complication probability*) [16.6].

Des modèles, tel le Model-Based popularisé par le groupe hollandais, restent transposables de façon limitée chez l'enfant à l'évaluation de toxicités communes à l'adulte, comme la radionécrose cérébrale.

Aspects cliniques

Tumeurs cérébrales pédiatriques et toxicité

Beaucoup plus fréquentes proportionnellement que chez l'adulte, les tumeurs cérébrales représentent environ 20 % de l'ensemble de cette population. La plupart sont éminemment curables ou compatibles avec de longues survies (à de rares exceptions près, comme le gliome du tronc cérébral). Leur présentation est également très originale :

- l'étage sous-tentoriel (correspondant à la fosse postérieure) représente pratiquement la moitié des cas et, parmi eux, deux entités malignes : l'épendymome et le médulloblastome. Ce dernier requiert le plus souvent une radiothérapie « prophylactique » étendue craniospinale (RT CS), à des doses de 24 à 36 Gy[2], suivie d'une surimpression dans la fosse postérieure (ou PTV de la tumeur ou du lit opératoire seul, dans les études récentes), à forte dose (55-60 Gy) ;
- l'étage sus-tentoriel est le siège de tumeurs bénignes (gliomes de la voie optique, craniopharyngiomes, etc.) et malignes (gliomes, tumeurs germinales [TGM], etc.) nécessitant généralement une irradiation plus localisée, à des doses variables, mais peu différentes de celles de l'adulte : ≤ 40 Gy dans le cas du séminome, 50 Gy pour les tumeurs bénignes et ≥ 54 Gy pour celles malignes.

Les toxicités potentielles à cet âge sont liées en grande partie à leurs doses-seuils nettement plus basses que celles nécessaires au contrôle tumoral, et de l'ordre de :

- 20 Gy pour les retards du développement cognitif en cas d'irradiation large des hémisphères cérébraux ;
- 15-20 Gy pour l'axe hypothalamohypophysaire (sécrétion de GH et TSH principalement) ;
- 30 Gy pour la fonction cochléaire, etc.

Lorsque l'irradiation couvre aussi l'axe spinal : 20 Gy pour la croissance vertébrale (action directe du rayonnement sur la maturation des noyaux de croissance), 20 Gy sur la fonction thyroïdienne primaire, etc.

Ces risques sont majorés chez les enfants qui présentent des facteurs de risque génétique, affectant la radiosensibilité (NF1) et, dans tous les cas, chez ceux de moins de 5 ans. D'autres facteurs liés à la présentation (hydrocéphalie) et au traitement (mutisme akinétique postopératoire, chimiothérapie lourde incluant du busulfan, etc.) ont été aussi incriminés.

Protonthérapie et toxicité

Données dosimétriques

Une indication phare : la PT CS, pour laquelle la technique active présente de multiples avantages : décubitus dorsal facilitant la réalisation sous anesthésie générale, jonction des faisceaux particulièrement homogène et robuste, etc. (**Fig. 16.2** et **16.3**).

2. Les doses mentionnées dans ce chapitre s'entendent selon le mode fractionné habituel de 1,8 Gy à 2 Gy par séance.

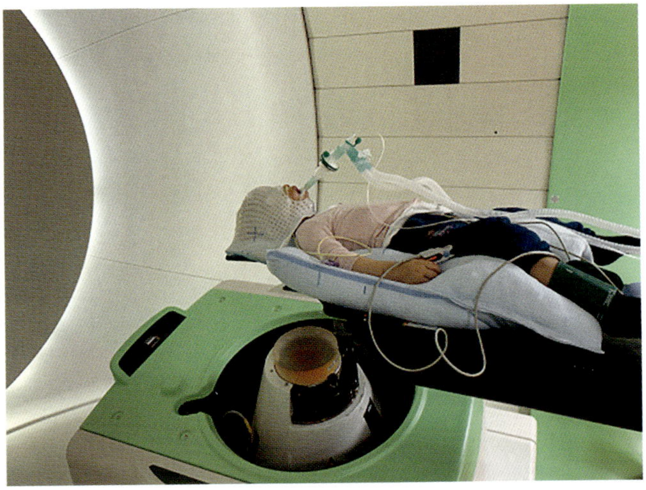

Figure 16.2. Protonthérapie craniospinale, sous anesthésie générale, en décubitus dorsal, de médulloblastome chez un enfant de 30 mois, en protonthérapie par modulation d'intensité (photo fournie par Monsieur F. Goudjil, service de radiophysique, Institut Curie, Orsay).

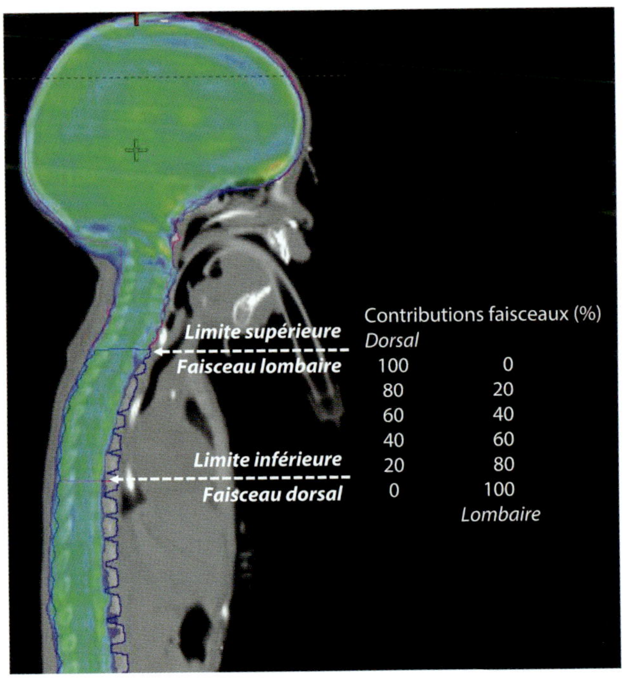

Figure 16.3. Même enfant que sur la **figure 16.2**. Dose prescrite au névraxe : 18 GyEBR (les surimpressions de dose sont omises). Détail de la jonction médullaire des faisceaux (Fx) postérieurs cervicodorsal et lombaire, par recouvrement (8 cm) en modulation d'intensité. Remarquer la variation linéaire et inversée de la contribution à la dose totale, de chacun d'eux (illustration fournie par Monsieur F. Goujil, service de radiophysique, Institut Curie, Orsay).

Les travaux initiaux pointaient unanimement une diminution de dose, souvent importante, de la PT aux corps vertébraux, cœur, foie, thyroïde, gonades, cochlées et hypophyse.

Les travaux récents, en introduisant des comparaisons entre RCMI et PBS, ont confirmé ces analyses, tout en introduisant de nouvelles structures cruciales pour l'évaluation de la mémoire, tels les hippocampes [16.7] (**Tab. 16.1**). Des batteries de tests sophistiquées se sont ajoutées au classique QI, explorant intelligence, mémoire, aptitudes scolaires, insertion sociale, etc.

Les indications plus discutées : les irradiations ventriculaires (TGM) et celles focales (gliomes de la voie optique, craniopharyngiome, etc.) moins étudiées, vont dans le même sens [16.8-16.11] (**Tab. 16.1**).

On peut reprocher à ces études de ne représenter que des preuves de concept.

Tableau 16.1. Toxicité tardive de l'irradiation cérébrale chez l'enfant. Données dosimétriques (2018-2022) comparant photons et protons. Seules les études comportant une analyse statistique ont été retenues.

Auteurs Études rétrospectives	**Nombre de patients, volume cible *Pathologie***	**Toxicité**		**Valeur ou fourchette du degré de signification**
		Structure anatomique, fonction	**Résultats**	
Dell'Oro *et al.*, 2022 [16.6]	3, CS *Médulloblastome* 3, focal *Épendymome*	Cerveau Audition	PBS < RCMI PBS < RCMI (sauf audition)	0,0001 0,0001
Mak *et al.*, 2022 [16.8]	58, ventricules *TGM*	Lobes cérébraux, hippocampe Cervelet Tronc cérébral Audition	PT < RTX PT < RTX RTX < PT PT = RTX	0,01-0,001 0,04-0,001 0,03 -
Aljabab *et al.*, 2021 [16.7]	10, CS *Médulloblastome*	Axe hypothalamo-hypophysaire Hippocampe	PT < RCMI PT < RCMI	0,05-0,001 0,02-0,001
Toussaint *et al.*, 2020 [16.9]	10, focal *Craniopharyngiome*	Lobe temporal, hippocampe QI Mémoire	PBS < PDS/RCMI PBS > RCMI (sauf petites tumeurs) PBS/PDS = RCMI	0,02-0,002 0,002 -
Eekers *et al.*, 2019 [16.10]	25, focal *Gliome bénin*	Cerveau, cervelet, hippocampe	PBS < RCMI	0,02
Correia *et al.*, 2019 [16.11]	11, ventricules *TGM*	Cerveau, cervelet Hippocampe Polygone de Willis (artères)	PBS < RCMI PBS < RCMI PBS < RCMI	0,01 0,01 0,01

NS : non significatif ; PBS : *pencil beam scanning* ; PDS : *double scattering* ; RTX : radiothérapie photonique ; TGM : tumeurs germinales.
> : « plus toxique que... » ; < : « moins toxique que... » ; = : « aussi toxique que... ».

Données cliniques

La PT CS reste l'indication principale. Inaugurée par une étude princeps qui incluait également des irradiations focales, elle comparait le devenir cognitif d'enfants traités aux États-Unis pour une tumeur cérébrale sur les côtes Est et Ouest, par PT et RT 3D respectivement : un avantage significatif au premier groupe apparaissait sur une batterie de tests, à l'exception notable des aptitudes scolaires de la PT CS [16.12] (**Tab. 16.2**).

Tableau 16.2. Toxicité tardive de l'irradiation cérébrale chez l'enfant. Données cliniques de la littérature (2018-2022) comparant photons et protons. Seules les études comportant une analyse statistique ont été retenues.

Auteurs Études rétrospectives	**Nombre de patients, volume cible *Pathologie***	**Toxicité**		**Valeur ou fourchette du degré de signification**
		Structure anatomique, type d'altération, fonction	**Résultats**	
Yip *et al.*, 2022 [16.17]	53, CS *Médulloblastome, pinéaloblastome* 59, focal *Gliome, méningiome*	Fonction hormonale : • thyroïde • gonades • traitement substitutif	PT < RCMI (CS) PT < RCMI (CS) PT = RCMI	0,002-0,004 NS -
Eaton *et al.*, 2021 [16.13]	50, CS *Médulloblastome*	Cognition	PT < RTX	0,01-NS (selon test)
Child *et al.*, 2021 [16.14]	45, CS 43, focal	Cognition	PT < RTX PT < RTX	0,05-NS (selon test) 0,04-NS (selon test)
Aldrich *et al.*, 2021 [16.18]	118, CS *Médulloblastome*	Fonction hormonale : • thyroïde • surrénale • croissance	PT < RTX PT < RTX RTX = PT	0,03 NS -
Kahalley *et al.*, 2020 [16.15]	79, CS *Médulloblastome*	Cognition	PT < RTX	0,001-0,05 (selon tests) Vitesse d'exécution : NS
Gross *et al.*, 2019 [16.16]	59, CS *Médulloblastome* 66, focal *Épendymome, craniopharyngiome, gliome, TGM, etc.*	Cognition	PBS < RCMI PBS < RCMI	0,009-0,04 (selon tests) Vitesse d'exécution : NS 0,04-NS (selon tests)
Bielamowicz *et al.*, 2018 [16.19]	95, CS *Médulloblastome*	Fonction thyroïdienne	PT < RTX	NS (primaire et secondaire)

NS : non significatif ; PBS : *pencil beam scanning* ; PDS : *double scattering* ; RTX : radiothérapie photonique ; TGM : tumeurs germinales.
> : « plus toxique que… » ; < : « moins toxique que… » ; = : « aussi toxique que… ».

Les travaux récents semblent confirmer un bénéfice à l'irradiation protonique de l'encéphale *in toto* sur les fonctions supérieures, mais restent difficiles à analyser au travers des résultats contradictoires des batteries de tests modernes [16.13-16.16]. Ils ont paradoxalement attiré l'attention sur le rôle potentiel des structures sous-tentorielles et de leurs connexions sus-jacentes, faisant suspecter le rôle indirect de la surimpression par PT, dans la fosse postérieure.

Les altérations consécutives à une irradiation moins « économique » de celle-ci pourraient ainsi mimer celles traumatiques ou vasculaires autrefois décrites par les neurologues (*cerebellar cognitive affective syndrom* [CCAS]).

La toxicité endocrinienne et neuroendocrinienne, plus facile à quantifier au travers des tests biologiques, a fait l'objet d'investigations pointant des différences significatives en faveur de la PT, au moins sur la fonction thyroïdienne [16.17-16.19]. Les conséquences sur la croissance staturale et pondérale et sur la consommation d'hormones de substitution sont beaucoup moins claires.

Une indication originale est récemment apparue sous la forme d'une meilleure tolérance aiguë (hématologique, digestive) de la PT [16.20-16.22][3]. Elle pourrait impacter favorablement la compliance à l'ensemble de la stratégie thérapeutique et, par contrecoup, le contrôle de la maladie.

Une mention particulière doit être faite de cas de radionécrose inattendus rapportés après PT : dans une revue radiologique de 72 enfants irradiés par PT ou RCMI pour un épendymome, l'équipe du MDAH de Houston signale un taux d'altérations de la substance blanche significativement augmentée dans le premier groupe (27 % *versus* 17 %, p = 0,002) [16.23]. Un enfant de 15 mois de ce groupe est décédé de leucoencéphalopathie au 5e mois.

Pathogénie

Les modélisations de parcours du rayonnement suspectent de longue date une augmentation brutale du TEL et de l'EBR, au voisinage de la chute du pic de dose physique. Celle-ci pourrait être incriminée, au même titre que les autres paramètres déjà mentionnés (voir *supra* « Nouveaux défis »). Des travaux en cours devraient nous éclairer sur la responsabilité de ces mécanismes et quantifier plus précisément ce risque comparativement aux photons [16.24].

Risque carcinogène

Contexte

Les progrès dans la stratégie thérapeutique des tumeurs de l'enfant se sont soldés par une amélioration constante de la survie (1,5 % environ/an) pour atteindre de nos jours environ 85 % à 5 ans.

---

3. Les grands enfants et adolescents traités par protons dans ces séries bénéficiaient d'une épargne des corps vertébraux.

Le taux de survenue de K2 est estimé à 20 % environ à 30 ans, soit 3,3 à 11,2 fois le risque attendu de la population générale (il n'est que de 2 fois, après cancer chez l'adulte). Les risques de K2 surviennent en deux « vagues » : l'une précoce (3 à 5 ans), sous forme de leucémies aiguës directement imputables à la chimiothérapie, et l'autre plus tardive (8 à 10 ans) sous forme de tumeurs solides dans, ou à proximité, du volume irradié. Il a été montré que la mortalité résiduelle à 30 ans (environ 9 %) était due principalement à ces événements tardifs.

Le risque de tumeur solide est conditionné par :

- la dose, préalablement administrée : basse (K2 : thyroïde, sein), modérée (K2 : poumon, foie, système lymphoïde) ou élevée (K2 : os) ;
- le volume, correspondant à la dose intégrale à l'organisme : bien qu'augmentée dans les techniques de RCMI, sa responsabilité n'est pour l'instant pas démontrée cliniquement ;
- certains facteurs associés : agents alkylants, rayonnements à haut TEL (neutrons).

Protonthérapie et seconds cancers

Données dosimétriques

Elles sont nombreuses, notamment de l'équipe du MGH qui estime que le risque d'une irradiation focale par RCMI comparativement aux protons, au voisinage du volume cible (hautes et moyennes doses), sur une vie entière, est multiplié par 1,3 à 4,6 pour les tissus mous et 3,5 à 9,5 pour le crâne [16.25]. Ces données, très dépendantes du modèle de relation dose-effet, doivent être prises avec prudence. La dose intégrale à l'organisme après RT CS a fait l'objet d'évaluations, estimant le rapport RCMI/PT entre 4,7 à 6,3 [16.26].

L'épargne des corps vertébraux par PT, lorsqu'elle est faisable (grands enfants), diminue encore le risque de K2 aux organes prévertébraux [16.27].

Données cliniques

La rareté des K2 dans le volume cible (ou à son voisinage) après PT est souvent mentionnée dans les publications, mais ces informations sont de valeur limitée, compte tenu du suivi des patients excédant rarement 5 ans.

Pour exemple, la série du MDAH, portant sur le médulloblastome, dont le suivi s'étage de 8,7 à 12,8 ans, retrouve un avantage non significatif en faveur des PT [16.28]. La série du MGH portant sur le rétinoblastome, avec un recul moyen de 6,9 ans, pour lequel la réduction par PT du risque dans le champ et en bordure, apparaît significative ($p = 0{,}001$) [16.29].

Enjeu majeur du rationnel de développement de la PT, voire de la substitution hypothétique de la RT photonique par la PT, la démonstration de la diminution du risque observable de K2 reste lointaine avec les suivis actuels.

Prise en charge et évaluation des patients de protonthérapie pédiatrique[4]

Prise en charge médicale locale adaptée

Elle impose de multiples contraintes que la PT partage largement avec la RT « conventionnelle » : équipe médicale dédiée, locaux adaptés à l'âge et séparés du circuit adulte, rendez-vous anticipés selon le degré d'urgence, etc.

Stratégie thérapeutique établie dans le cadre de décisions concertées avec les équipes locales d'oncopédiatres, validées en réunion de concertation pluridisciplinaire (RCP) régionale. Possible recours à des référents nationaux.

Prise en charge technique coordonnée au niveau national

Validation de l'indication de PT par une RCP nationale spécifique de RTP. Individualisation de RCP « techniques », au niveau de chaque centre de PT, en vue d'examiner tout nouveau dossier, d'en valider l'indication et d'orienter le patient vers le centre français de PT paraissant le plus adapté[5].

Évaluation des résultats

L'évaluation des résultats exige une collecte et un enregistrement aussi exhaustifs que possible des données cliniques, radiologiques et dosimétriques des patients.

Le projet ProtonShare[6] mis en commun par les trois centres de PT français est en cours de déploiement chez l'enfant. Il vise à collecter et archiver les données enregistrées lors des RCP « techniques » et permettre, après leur anonymisation, une exploitation ultérieure à des fins statistiques, accessibles aux professionnels et aux tutelles. La spécificité de la RTP a conduit de longue date la Société française des cancers de l'enfant (SFCE) à mettre en place des bases de données, dont certaines en partenariat avec le GFRP, spécifiques à la RT : Pedia-RT pour le contrôle de qualité de l'irradiation au niveau français, Quartet pour celui international en partenariat avec l'EORTC, EOL pour le suivi à long terme. Ces bases sont accessibles aux données de PT.

Le coût élevé de la PT a fait l'objet d'évaluations longitudinales « coût-bénéfice » tenant compte de l'investissement initial, du coût du traitement et du suivi des patients incluant la prise en charge d'éventuelles séquelles ultérieures. Un avantage à la PT a été montré en termes de QUALY (*quality-adjusted life years*) dans le médulloblastome [16.30].

4. Selon le modèle français.
5. Ce choix est conditionné par l'origine géographique du patient, la disponibilité des centres respectifs, le type d'équipements nécessaire (anesthésie générale, etc.), la préférence familiale.
6. Consultable sur le site de la SFRO.

Conclusion

La supériorité de la protonthérapie pédiatrique sur la RCMI n'est plus un mythe, mais une réalité au travers des nombreuses expérimentations « précliniques » (dosimétriques et modélisations). La validation par les études cliniques est moins avancée, mais en passe de rattraper son retard. La méthodologie reste toutefois fragile, en raison d'un appariement contestable entre les populations étudiées, de la faiblesse d'études prospectives et de l'absence d'études de phase III. Notre étude se focalise sur la protonthérapie pédiatrique des tumeurs cérébrales, pour lesquelles l'irradiation craniospinale a été la plus étudiée. Les avancées les plus marquantes se réfèrent aux séquelles tardives endocriniennes, neuro-endocriniennes et cognitives et à la tolérance aiguë (digestive, hématologique) à l'irradiation. Le risque à long terme de seconds cancers a déjà fait l'objet de travaux précliniques et cliniques encourageants.

Remerciements

Les auteurs remercient l'ensemble des équipes médicotechniques et administratives des trois centres de protonthérapie français, installés à Paris-Orsay, Nice et Caen, pour leur collaboration et plus généralement leur enthousiasme et leur professionnalisme dans la prise en charge de nos jeunes patients. Ils remercient également M. Gilles Girault (Caen) pour son aide à la recherche bibliographique.

Références

[16.1] Steinmeier T, Schulze Schleithoff S, Timmermann B. Evolving radiotherapy techniques in paediatric oncology. *Clinical Oncology* 2019 ; 31 : 142-50.

[16.2] Laprie A, Padovani L, Bernier V, *et al.* Radiotherapy for paediatric cancers. *Cancer Radiother* 2016 ; 20 Suppl : S216-26.

[16.3] Weil CR, Lew FH, Williams VM, Burt LM, Ermoian RP, Poppe MM. Patterns of Care and Utilization Disparities in Proton Radiation Therapy for Pediatric Central Nervous System Malignancies. *Adv Radiat Oncol* 2022 ; 7 : 100868.

[16.4] Moteabbed M, Yock TI, Depauw N, Madden TM, Kooy HM, Paganetti H. Impact of Spot Size and Beam-Shaping Devices on the Treatment Plan Quality for Pencil Beam Scanning Proton Therapy. *Int J Radiat Oncol Biol Phys* 2016 ; 95 : 190-8.

[16.5] Hall EJ. Intensity-modulated radiation therapy, protons, and the risk of second cancers. *Int J Radiat Oncol Biol Phys* 2006 ; 65 : 1-7.

[16.6] Dell Oro M, Wilson P, Short M, Chia-Ho H, Merchant TE, Bezak E. Normal Tissue Complication Probability modeling to guide individual treatment planning in pediatric cranial proton and photon radiotherapy. *Med Phys* 2022 ; 49 : 42-59.

[16.7] Aljabab S, Rana S, Maes S, *et al.* The advantage of proton therapy in hypothalamic-pituitary axis and hippocampus avoidance for children with medulloblastoma. *Int J Part Ther* 2021 ; 8 : 43-54.

[16.8] Mak DY, Siddiqui Z, Liu ZA, *et al.* Photon versus proton whole ventricular radiotherapy for non-germinomatous germ cell tumors: A report from the Children's Oncology Group *Pediatr Blood Cancer* 2022 ; 69 : e29697.

[16.9] Toussaint L, Indelicato DJ, Muren LP, *et al.* Temporal lobe sparing radiotherapy with photons or protons for cognitive function preservation in paediatric craniopharyngioma. *Radiother Oncol* 2020 ; 142 : 140-14.

[16.10] Eekers DBP, Roelofs E, Cubillos-Mesías M, *et al.* Intensity-modulated proton therapy decreases dose to organs at risk in low-grade glioma patients: results of a multicentric in silico ROCOCO trial. *Acta Oncol* 2019 ; 58 : 57-65.

[16.11] Correia D, Terribilini D, Zepter S, *et al.* Whole-ventricular irradiation for intracranial germ cell tumors: Dosimetric comparison of pencil beam scanned protons, intensity-modulated radiotherapy and volumetric-modulated arc therapy. *Clin Transl Radiat Oncol* 2019 ; 15 : 53-61.

[16.12] Yock TI, Bath S, Szymonifka J, *et al.* Quality of life outcomes in proton and photon treated pediatric brain tumor survivors. *Radiother Oncol* 2014 ; 113 : 89-94.

[16.13] Eaton BR, Fong GW, Ingerski LM, *et al.* Intellectual functioning among case-matched cohorts of children treated with proton or photon radiation for standard-risk medulloblastoma. *Cancer* 2021 ; 15 : 3840-6.

[16.14] Child AE, Warren EA, Grosshans DR, *et al.* Long-term cognitive and academic outcomes among pediatric brain tumor survivors treated with proton versus photon radiotherapy. *Pediatr Blood Cancer* 2021 ; 68 : e29125.

[16.15] Kahalley LS, Peterson R, Ris MD, *et al.* Superior Intellectual Outcomes After Proton Radiotherapy Compared With Photon Radiotherapy for Pediatric Medulloblastoma. *J Clin Oncol* 2020 ; 38 : 454-61.

[16.16] Gross JP, Powell S, Zelko F, *et al.* Improved neuropsychological outcomes following proton therapy relative to X-ray therapy for pediatric brain tumor patients. *Neuro Oncol* 2019 ; 11 : 934-43.

[16.17] Yip AT, Yu JD, Huynh-Le MP, *et al.* Post-treatment neuroendocrine outcomes among pediatric brain tumor patients: Is there a difference between proton and photon therapy? *Clin Transl Radiat Oncol* 2022 ; 34 : 37-41.

[16.18] Aldrich KD, Horne VE, Bielamowicz K, *et al.* Comparison of hypothyroidism, growth hormone deficiency, and adrenal insufficiency following proton and photon radiotherapy in children with medulloblastoma. *J Neurooncol* 2021 ; 155 : 93-100.

[16.19] Bielamowicz K, Okcu MF, Sonabend R, *et al.* Hypothyroidism after craniospinal irradiation with proton or photon therapy in patients with medulloblastoma. *Pediatr Hematol Oncol* 2018 ; 35 : 257-67.

[16.20] Yoo GS, Yu JI, Chu S, *et al.* Chronological analysis of acute hematological outcomes after photon and proton beam cranio spinal irradiation in pediatric brain tumors. *Cancer Res Treat* 2022 ; 54 : 907-16.

[16.21] Uemura S, Demizu Y, Hasegawa D, *et al.* The comparison of toxicities associated with craniospinal irradiation between photon beam therapy and proton beam therapy in children with brain tumors. *Cancer Med* 2022 ; 11 : 1502-10.

[16.22] Liu KX, Ioakeim-Ioannidou M, Susko MS, *et al.* A multi-institutional comparative analysis of proton and photon therapy – induced hematologic toxicity in patients with medulloblastoma. *Int J Radiat Oncol Biol Phys* 2021 ; 109 : 726-35.

[16.23] Gunther JM, Sato M, Chintagupala M, *et al.* Imaging changes in pediatric intra cranial ependymoma patients treated with proton beam radiation therapy compared to intensity modulated radiation therapy. *Int J Radiat Oncol Biol Phys* 2015 ; 95 : 54-63.

[16.24] Haas-Kogan D, Indelicato D, Paganetti H, *et al.* National Cancer Institute workshop on proton therapy for children: considerations regarding brainstem injury. *Int J Radiat Oncol Biol Phys* 2018 ; 101 : 153-67.

[16.25] Moteabbed M, Yock TI, Paganetti H. The risk of radiation-induced second cancers in the high to medium dose region: A comparison between passive and scanned proton therapy, IMRT and VMAT for pediatric patients with brain tumors. *Phys Med Biol* 2014 ; 59 : 2883-99.

[16.26] Sakthivel V, Ganesh KM, McKenzie C, Boopathy R, Selvaraj J. Second malignant neoplasm risk after craniospinal irradiation in X-ray-based techniques compared to proton therapy. *Australas Phys Eng Sci Med* 2019 ; 42 : 201-9.

[16.27] Suzuki S, Kato T, Murakami M. Impact of lifetime attributable risk of radiation-induced secondary cancer in proton craniospinal irradiation with vertebral-body-sparing for young pediatric patients with medulloblastoma. *J Radiat Res* 2021 ; 62 : 186-97.

[16.28] Paulino AC, Ludmir EB, Grosshans DR, *et al.* Overall survival and secondary malignant neoplasms in children receiving passively scattered proton or photon craniospinal irradiation for medulloblastoma. *Cancer* 2021 ; 15 : 3865-71.

[16.29] Sethi RV, Shih HA, Yeap BY, *et al.* Second nonocular tumors among survivors of retinoblastoma treated with contemporary photon and proton radiotherapy. *Cancer* 2014 ; 120 : 126-33.

[16.30] Mailhot-Vega RB, Kim J, Bussière M, *et al.* Cost effectiveness of proton therapy compared with photon therapy in the management of medulloblastoma. *Cancer* 2013 ; 119 : 4299-307.

Index

A

Accélérateurs circulaires 39, 147, 151, 154
Accélérateurs linéaires 37, 132
Anus 117
Apprentissage automatisé 32
Arc protonthérapie 160
Arcthérapie 160
Assurance qualité 111
Audit dosimétrique 69
Audit du contrôle de qualité interne 58
Audit par les pairs 82
Autorité de sûreté nucléaire 73, 75, 82

C

Calcul de dose 42, 155
Canal anal 181
Cancers gynécologiques 116
Cancers pelviens 115
Cancers profonds 170
Cancers superficiels 169
Cancers thoraciques 112
Carcinome bronchique non à petites cellules 248, 249
Carcinome hépatique 216
Carcinome hépatocellulaire 213
Carcinome rénal à cellules claires 231
Cellules dendritiques 246
Centres de protonthérapie monosalles 162
Centres de protonthérapie multisalles 163
Centres de traitement par protonthérapie 161
Cerveau 119
Champ magnétique statique 64
Cholangiocarcinome intrahépatique 214
Cicatrice chéloïde 184
Col 175
Collimateurs multilames 38, 60, 110
Comité de retour d'expérience 78
Contacthérapie 174, 181
Contrôle de qualité externe 58
Contrôle de qualité prétraitement 66, 67
Contrôle de qualité des équipements 57
Cou 118
Cumul de dose 49, 51
Curiethérapie 36, 173
CyberKnife® 39, 59, 132, 217
Cyclotrons 147, 149-151

D

Débits de dose 174
Décision de l'ANSM 58
Distributions de dose 40, 64, 66, 110, 116, 150
Dose-painting 27, 117
Dosimétrie 35, 44, 110, 174, 177, 211
Dossier médical partagé 96
Dossier pharmaceutique 96
Droit du patient à l'information 94

E

Effet abscopal 250, 253
Effet *bystander* 7, 8
Électrons 37, 40
Empowerment 95
Endomètre 176
Enfants 261, 265
EPID 59, 60, 66
Escalade de dose 112-115

F

Faisceau actif 157
Faisceau passif 156
Foie 213
Formation continue sur l'imagerie 85
Formation des personnels 73, 84, 85

G

Gamma Knife® 132
Garden fence 60
Gestion du mouvement 134
Gestion des risques 74, 78, 135
Glandes surrénales 235

H

Habilitation des personnels en radiothérapie 87
High dose rate 174
Histogramme dose-volume 48
Hyperfractionnement 9
Hypofractionnement 9
Hypofractionnement de la radiothérapie des aires ganglionnaires 200
Hypofractionnement de la radiothérapie du sein en totalité 193
Hypofractionnement de la radiothérapie partielle du sein 199
Hypofractionnement modéré 195
Hypofractionnement sévère 198

I

IGRT 225
Imagerie 17, 174
Imagerie moléculaire 26
Immunité antitumorale humorale 242
Immunothérapies 241, 246
Impact des modifications en RT 81
IMRT 59, 66, 109, 111, 121, 159
Index gamma 67
Information du patient 93
Inhibiteurs de PD-1/PD-L1 247
Institut de radiothérapie et de sûreté nucléaire 75
Intelligence artificielle 30, 53
IRM 17, 20, 64, 216
IRM en tenseur de diffusion 24, 28
IRM-Linac 38, 49, 64, 133, 136, 225, 226, 229, 237
Irradiation partielle et accélérée du sein 191, 199

L

Lésions hépatiques 231
Lésions périphériques 234
Ligne avec bras isocentrique 155
Ligne de traitement 154
Ligne fixe 154
Logiciels de double calcul 68
Lymphocytes B 245
Lymphocytes T 243

M

Macrophages 245
Maladie oligométastatique 237
Manipulateurs en électroradiologie médicale 73, 136
Marqueurs biologiques de mort cellulaire immunogène 242
MERM 84
Métastases rachidiennes 120
Métastases surrénaliennes 139
Méthode *gating* 135, 218
Méthode ITV 134
Méthode *mid-position* 134
Méthode ORION© 79
Méthode *tracking* 135
Méthodes actives 135
Méthodes passives 134
Microenvironnement immunitaire tumoral 242
Microenvironnement tumoral 243
Mort cellulaire immunogène 242
MRIdian® 39, 133, 218, 227
Multileaf collimator 58

N

Natural Killer 244

O

Œsophage 114
Oligométastases 129
Oncopédiatrie 261
Optimisation multicritères 54
Organes à risque 28, 35, 53, 138
Organisation de la présence médicale 136
Organisation des ressources humaines 136
ORL 179
Outils de télésurveillance 103

P

Pancréas 233
Parcours de soins 93, 97, 100, 101, 103
Patient acteur de sa sécurité 83
Patient à risque 262
Peau 182

Photons 40, 42, 268, 269
Pic de Bragg 41, 145, 148, 156, 263
Planification automatique 54
Planification dosimétrique 42
Poumon 113, 207
Programme d'amélioration continue de la qualité 74
Programme d'assurance qualité 135
Prostate 115, 139, 177, 229
Protons 41, 145, 268, 269
Protonthérapie 36, 145, 148, 150, 159, 163, 261, 263, 266, 271
Protonthérapie FLASH 164
Protonthérapie pédiatrique 264, 272

Q

Qualité prétraitement 68
Qualité/gestion des risques 74, 81

R

Radiations 7
Radiobiologie 3
Radiodégénerescence 11
Radionécrose 270
Radiosensibilité 5, 11, 12
Radiosusceptibilité 11
Radiothérapie-3D 111, 112, 114-116
Radiothérapie adaptative 49, 75
Radiothérapie adaptative *online* 39, 49, 64, 227
Radiothérapie adaptive en différé 51
Radiothérapie adaptive par bibliothèque de plans de traitement 51
Radiothérapie associée à des inhibiteurs de CTLA-4 249
Radiothérapie associée à des inhibiteurs de PD-1/PD-L1 247
Radiothérapie conformationnelle par modulation d'intensité 41, 44, 262
Radiothérapie conformationnelle tridimensionnelle-3D 41
Radiothérapie en condition stéréotaxique 73, 129-139
Radiothérapie externe 36, 57, 85, 181, 184
Radiothérapie FLASH 10
Radiothérapie guidée par IRM 136
Radiothérapie guidée par l'image 109, 130
Radiothérapie hypofractionnée 229
Radiothérapie stéréotaxique 213, 229
Rectum 116, 181
Recueil des événements indésirables 77
Réparation cellulaire 130
Réponse thérapeutique 32
Responsable opérationnel du système de management de la qualité 78
RTgIRM 237

S

SBRT 129, 207-222
SBRT hépatique 232
Scanner dosimétrique 4D 25, 26
Schémas hypofractionnés 192, 198, 209
Scores de criticité 75
Sécurité des patients 95
Sécurité des soins 95
Sécurité des traitements 74
Sein 112, 178, 191
Single field uniform dose 158
Stéréotaxie 129-131, 207
Surveillance 221
Synchrocyclotrons 149, 152
Synchrotrons 152
Système d'imagerie kilovoltage 60
Système documentaire 74

T

Technique VMAT 59
TEP-TDM 17, 20
Test 60
Tête 118
Thérapie FLASH 167-169
Tomodensitométrie 4 dimensions 216
Tomothérapie hélicoïdale 38
Toxicité 9, 112-120, 138, 140, 168, 194, 197, 201, 212, 220, 266
Traitements guidés par l'IRM 225
Transfert d'energie linéique 36
Treatment planning system 57, 65, 66
TrueBeam STx® 132
Tumeurs cérébrales 236, 261
Tumeurs cérébrales pédiatriques 266
Tumeurs de la tête et du cou 237
Tumeurs hépatiques 139
Tumeurs pancréatiques 138
Tumeurs primitives 208, 213
Tumeurs pulmonaires 234
Tumeurs rénales 231
Tumeurs secondaires 209, 215

Tumeurs solides 247
Tumeurs thoraciques 140

U

Unity® 39, 133, 218, 227

V

Vagin 177
Verge 183
Versa HD 132
VMAT 41, 67, 109, 110
Volume cible anatomoclinique 24
Volume cible interne 25
Volume cible planifié 35
Volume cible de planification 25
Volume tumoral macroscopique 19
Vulve 177

IMPRIM'VERT®

Mise en pages : Facompo

Achevé d'imprimer en mai 2025 par la Sepec - Péronnas
Dépôt légal : mai 2025 – n° d'imprimeur : 25347241201

Imprimé en France

Certifié PEFC
Ce produit est issu de forêts gérées durablement, de sources recyclées et contrôlées
PEFC
10-31-1470
www.pefc-france.org